Der urheberrechtliche Schutz des Filmwerks in Deutschland und der Türkei

Karolin Nilüfer Engl

Der urheberrechtliche Schutz des Filmwerks in Deutschland und der Türkei

Vom Recht zur Verfilmung bis zur Herstellung der Privatkopie

PETER LANG
Frankfurt am Main · Berlin · Bern · Bruxelles · New York · Oxford · Wien

Bibliografische Information der Deutschen Nationalbibliothek
Die Deutsche Nationalbibliothek verzeichnet diese Publikation in der Deutschen Nationalbibliografie; detaillierte bibliografische Daten sind im Internet über http://dnb.d-nb.de abrufbar.

Zugl.: Düsseldorf, Univ., Diss., 2010

Dissertation der juristischen Fakultät
der Heinrich-Heine-Universität Düsseldorf
Erstgutachter: Prof. Dr. Jan Busche
Zweitgutachter: Prof. Dr. Ulrich Noack
Tag der mündlichen Prüfung: 16. November 2010

Umschlaggestaltung und Lichtbildwerk:
© Olaf Glöckler, Atelier Platen, Friedberg

Gedruckt auf alterungsbeständigem,
säurefreiem Papier.

D 61
ISBN 978-3-631-61434-1

www.peterlang.de

Für einen besonderen Menschen:
Meine Mutter Nilgün Engl

Vorwort

Die vorliegende Arbeit wurde im Februar 2010 von der Juristischen Fakultät der Heinrich-Heine-Universität Düsseldorf als Dissertation angenommen und mit der Disputation im November 2010 abgeschlossen. Die Gesetzgebung sowie die zitierte Rechtsprechung und Literatur befinden sich auf dem Stand von Februar 2010.

Zunächst möchte ich meinem Doktorvater Professor Dr. Jan Busche dafür danken, dass er sich für mein Thema interessiert hat und die Betreuung meiner Arbeit sofort übernommen hat, so dass es mir möglich war, über ein für mich persönlich spannendes Thema zu schreiben. Herrn Professor Dr. Ulrich Noack bin ich für die äußerst schnelle Zweitkorrektur dankbar. Ein Dank gebührt insbesondere auch Frau Gudrun Mau und Frau Silvia Falagàn, dafür, dass sie immer ein offenes Ohr für die Doktoranden/Doktorandinnen haben.

Der türkische Teil der Arbeit war mit viel Recherche verbunden, die sich nicht immer als einfach gestaltet hat. Daher bin ich besonders Herrn Dr. Ali Yarayan sehr dankbar dafür, dass er mir ohne zu zögern seine gesamte Literatur zur Verfügung gestellt hat und stundenlang mit mir über das türkische Urheberrecht diskutiert hat. Diese Unterstützung in der Anfangsphase meiner Recherchen hat mir sehr geholfen. Herrn Dr. Mustafa Ateş möchte ich dafür danken, dass er sich so viel Zeit genommen hat, um sich mit mir über seine Veröffentlichungen zum urheberrechtlichen Schutz des Filmwerks auszutauschen. Außerdem danke ich Herrn Derman Kanal, dem Max-Planck-Institut für Geistiges Eigentum, Wettbewerbs- und Steuerrecht in München, dem Max-Planck-Institut für ausländisches und internationales Privatrecht in Hamburg und dem Deutschen Filminstitut in Frankfurt für die freundliche Unterstützung bei meinen Recherchen.

An dieser Stelle möchte ich meiner Familie und meinen Freunden danken. Im Besonderen: Meinen Eltern Nilgün und Dr. Winfried Engl möchte ich ein besonderes Dankeschön aussprechen, weil ohne ihre moralische und finanzielle Unterstützung die Erstellung dieser Arbeit nicht möglich gewesen wäre. Sie haben mir alles in meinem Leben ermöglicht. Ich kann mich sehr glücklich schätzen, Euch als Eltern zu haben. Meiner Oma, Hayriye Tekcanoĝlu, danke ich dafür, dass sie wochenlang in türkischen Antiquariaten nach nicht mehr bestellbaren Altauflagen gesucht hat. Ein Dankeschön geht außerdem an meine fleißige Korrekturleserin Isabella Torbus. Deniz Çayırlı danke ich dafür, dass sie immer für mich da gewesen ist, wenn ich sie gebraucht habe. Last but not least danke ich meinem Freund Thorsten Lubba für seine wertvolle moralische Unterstützung und ganz besonders dafür, dass ich meinen Disputationsvortrag stundenlang mit ihm üben konnte.

Karolin Nilüfer Engl

Düsseldorf, den 28.11.2010

Inhaltsverzeichnis

Einleitung

„Warum Filme machen? Ich empfinde, wie gesagt, die Welt als eine große Tragödie – ohne Humor wäre sie nicht zu ertragen. Im Kino können wir lachen, über was man sonst nicht lacht. Wir können Leben leben, die wir nicht gelebt haben und nie leben werden. Wir können durch die Lupe des Films Dinge verstehen, die wir sonst nicht verstehen würden. Und wir können Utopien bauen, uns eine bessere Welt vorstellen. Was man sich nicht vorstellen kann, wird auch nie passieren. And last but not least ist Filmemachen ein Handwerk. Der Mensch lebt nicht vom Brot allein, Geschichten sind doch wie ein Grundnahrungsmittel, zumindest für den Kopf, das Herz und die Seele. Die einen backen Brötchen, andere machen Filme…“[1]

Filme stellen ein bedeutendes Kulturgut sowohl für die deutsche als auch für die türkische Gesellschaft dar. Aufgabe des deutschen und des türkischen Urheberrechts ist es, den Schutz des Filmwerks und seiner Urheber zu gewährleisten. Ziel der Arbeit wird es sein herauszufinden, ob dies dem deutschen und dem türkischen Urheberrecht nach aktueller Gesetzeslage gelingt, oder ob es im Interesse der Urheber weiterer Novellierungen bedarf.

Im ersten Kapitel gilt es zunächst zu klären, welche Voraussetzungen ein Film sowohl nach deutschem als auch nach türkischem Recht erfüllen muss, um als Werk schutzfähig im Sinne des Urheberrechts zu sein. Als Filmwerke kommen hierbei nicht nur Spielfilme, sondern auch Dokumentarfilme, Aufzeichnungen, computeranimierte Filme, Tages- oder Wochenschauen, Fernsehshowformate und Computerspiele in Betracht. Es ist zu prüfen, welche dieser Filme die Anforderungen, die an ein Filmwerk gestellt werden, nach dem jeweiligen Rechtssystem erfüllen.

An der Herstellung eines Films ist eine Vielzahl von Personen beteiligt, etwa der Regisseur, der Kameramann, Cutter, Mischtonmeister, Drehbuchautor und der Musikkomponist. Im Zweiten Kapitel wird erörtert, bei welchen dieser Personen es sich um Urheber im Sinne des deutschen und des türkischen Urheberrechts handelt. Hierbei wird der Schwerpunkt auf zwei relevante Diskussionspunkte gesetzt.

---

1 Stöhr in: Ottersbach/Schadt, Regiebekenntnisse, S. 203.

Im deutschen Recht ist sich die Rechtsliteratur uneinig, ob auch Urheber eigens für den Film geschaffener Werke, wie Drehbuchautor und Musikkomponist, als Urheber des Filmwerks in Betracht kommen. Demgegenüber ist im türkischen Recht genau festgelegt, welche Personen Urheber eines Filmwerkes sind, jedoch ist umstritten, wie die Gemeinschaft dieser Urheber zu beurteilen ist. Diese Diskussionen werden ausführlich im zweiten Kapitel dargelegt.

Im dritten Kapitel wird kurz die Entstehung des Urheberrechtsschutzes nach deutschem und nach türkischem Recht dargestellt.

Für die Herstellung eines Films ist neben den Urhebern des Filmwerkes außerdem der Filmhersteller von zentraler Bedeutung. Im vierten Kapitel wird zunächst der Begriff des Filmherstellers nach deutschem und nach türkischem Recht erörtert. Es wird der Filmhersteller als Inhaber der von den Urhebern abgeleiteten Rechte und als Inhaber seines originären Leistungsschutzrechts bzw. verbundenen Rechts dargestellt. Hierzu wird zunächst ausgeführt, welche Rechte den Urhebern zustehen. Im Anschluss ist zu erörtern, wie die Rechtseinräumung an den Filmhersteller erfolgt. Im deutschen Recht sind hierbei die Vermutungsregelungen der §§ 88, 89 UrhG darzustellen. Im türkischen Recht bedarf die Entwicklung der Vorschriften zum Filmhersteller einer genauen Betrachtung, da dieser bis zum Jahre 1995 noch als Urheber galt. Es ist zu prüfen, ob nach türkischem Recht Vermutungsregelungen in Betracht kommen, oder ob die Rechtseinräumung nach den allgemeinen Vorschriften erfolgt. Außerdem wird das originäre Leistungsschutzrecht des Filmherstellers gem. § 94 UrhG bzw. das verbundene Recht gem. Art. 80 Nr. 2 FSEK („Fikir Ve Sanat Eserleri Kanunu") dargestellt. Besonders ausführlich ist hierbei die Voraussetzung zu diskutieren, dass die Entstehung des verwandten Rechts gem. Art. 80 Nr. 2 FSEK von der Zustimmung des Urhebers abhängig ist. Durch das gesamte Kapitel zieht sich die Frage, wie das Verhältnis zwischen den Urhebern und dem Filmhersteller nach aktueller Gesetzeslage zu beurteilen ist, und ob die Position des Filmherstellers gegenüber den Urhebern einer Stärkung oder einer Schwächung bedarf.

Die technischen Neuentwicklungen sind für das Urheberrecht von großer Bedeutung. Jedem Dritten, der im Besitz eines Computers ist, ist es möglich, originalgetreue Vervielfältigungen von DVDs und CDs herzustellen und kostenlos Filme und Musik aus dem Internet herunterzuladen. Werden die Vervielfältigungen jedoch zum privaten Gebrauch hergestellt, stellt sich die Frage, ob das Verhalten der privaten Nutzer gem. den Schrankenregelungen als zulässig zu beurteilen ist, oder im Interesse der Rechteinhaber einer Einschränkung bedarf. Gegenstand des fünften Kapitels ist die Erörterung dieser Frage. Im deutschen Recht wird hierzu § 53 Abs. 1 UrhG erörtert, der wichtige Änderungen im Rahmen der Umsetzung der Informationsrichtlinie[2] in das deutsche Recht erfahren hat. Die Umsetzung erfolgte in „ zwei Körben“, nämlich durch das Gesetz zur Regelung des Urheberrechts in der Informationsgesellschaft vom 10.09.2003 („Erster Korb“)[3] und durch das Zweite Gesetz zur Regelung des Urheberrechts in der Informationsgesellschaft vom 26.10.2007 („Zweiter Korb“)[4]. Diese Änderungen werden detailliert dargelegt. Im türkischen Recht ist die Vorschrift des Art. 38 Abs. 1 FSEK von Bedeutung, die die Vervielfältigung zum persönlichen Gebrauch regelt. Zum Schutze der Interessen der Rechteinhaber ist sowohl in das deutsche (§§ 95 a ff UrhG) als auch in das türkische Recht (Zusatzart. 4 FSEK) eine Vorschrift eingefügt worden, die die Umgehung von Schutzmaßnahmen, die der Rechteinhaber zum Schutz seiner Werke vor Vervielfältigungen und dergleichen anwendet, verbietet. Es wird dargelegt, in welchem Verhältnis diese Vorschrift zu der Privatkopie steht. Im türkischen Recht liegt der Schwerpunkt der Erörterungen jedoch nicht auf der Problematik der Privatkopie, sondern der Bekämpfung der Raubkopien, die den Hauptgegenstand gesetzgeberischer Verfahren in der Türkei dargestellt hat. Die Vorschrift des Art. 81 FSEK hat relevante Änderungen im Jahre 2001 durch das Gesetz Nr. 4630,[5] im Jahre 2004 durch das Gesetz Nr. 5101[6] und zuletzt durch das Gesetz Nr. 5728[7] im Jahre 2008 erfahren, die im Einzelnen im fünften Kapitel dargelegt werden.

Abschließend werden die einzelnen Erörterungen zusammengefasst und eine Prognose über zukünftige Entwicklungen des Films und damit einhergehende notwendige Anpassungen des Urheberrechts gestellt.

---

2 Richtlinie 2001/29/EG v. 22.05.2001 zur Harmonisierung bestimmter Aspekte des Urheberrechts und der verwandten Schutzrechte in der Informationsgesellschaft.

3 BGBl. 2003 Teil I, S. 1774.

4 BGBl. 2007 Teil I, S. 2513.

5 Resmi Gazete, 03.03.2001, mükerrer 24335.

6 Resmi Gazete, 12.03.2004, 25400.

7 Resmi Gazete, 23.01.2008, 26781.

Erstes Kapitel: Schutzgegenstand Filmwerke

A. Das Filmwerk im deutschen Recht

Das Jahr 1895 war die Geburtsstunde des Films. Jedoch erwähnten weder das Gesetz vom 19.06.1901 betreffend das Urheberrecht an Werken der Literatur und Tonkunst (LUG) noch das Gesetz vom 09.01.1907 betreffend das Urheberrecht an Werken der bildenden Künste und der Photographie (KUG) den Film.[8]

Im Rahmen der Berliner Revisionskonferenz 1908 zur Revidierten Berner Übereinkunft (RBÜ) wurde im Hinblick auf den Stummfilm die Einfügung des Art. 14 als eine eigene Vorschrift über die „Kinematographie" beschlossen. Die beschlossene Änderung der RBÜ erforderte eine Anpassung der nationalen Gesetze. Die Umsetzung erfolgte am 22.05.1910 durch das Gesetz zur Ausführung der revidierten Berner Übereinkunft. Der Anpassung an Art. 14 Abs. 1 RBÜ diente die Einfügung des Schutzes literarischer Werke gegen unerlaubte Verfilmung in § 12 Abs. 2 Nr. 6 LUG. Art. 14 Abs. 2 RBÜ forderte außerdem für kinematographische Erzeugnisse den gleichen Schutz, wie für Werke der Literatur und Kunst. Diesem wurde durch die Einfügung des § 15 a KUG Rechnung getragen. § 15 a KUG erkannte den Stummfilm als Werkgattung eigener Art an und räumte dem Filmurheber das Recht der öffentlichen Vorführung des Films ein. Das KUG schützte den Filmurheber jedoch nicht gegen eine Benutzung des Filmwerkes selbst. Die hierdurch entstehende Gesetzeslücke wurde durch eine analoge Anwendung des LUG geschlossen.[9]

Mit der Entstehung des Tonfilms und weiterer technischer Entwicklungen im Bereich des Films schien die Anwendung der im Rahmen der Stummfilmära entwickelten Normen auf den Tonfilm fraglich. Es kam die Diskussion auf, ob und unter welchen Voraussetzungen es sich beim Tonfilm um eine eigene Werkgattung handeln könnte. Diese Diskussion fand ihren Höhepunkt im Rahmen der geplanten Reformierung des Urheberrechts. Von den zur Novellierung des Urheberrechts

8 Reupert, Der Film im Urheberrecht, S. 28 f; Schricker/*Katzenberger*, Urheberrecht, Vor §§ 88 ff, Rn. 4 (mit weiteren Nachweisen).

9 Ausführlich: Reupert, Der Film im Urheberrecht, S. 31 ff; Schricker/*Katzenberger*, Urheberrecht, Vor §§ 88 ff Rn. 5 (mit weiteren Nachweisen).

erlassenen Entwürfen waren für die Entwicklung des Filmrechts der „Entwurf 1932", der sog. „Akademieentwurf" von 1939, der „Referentenentwurf" von 1954 und der „Regierungsentwurf" von 1962 am bedeutendsten.[10] Der Akademieentwurf von 1939[11] erkannte den Film erstmals als selbstständige Werkgattung an und ließ von einer ausdrücklichen Erwähnung von Stumm- und Tonfilm ab. [12]

Schließlich führte das Urheberrechtsgesetz vom 09.09.1965, welches das KUG und LUG ablöste, zu einer gesetzlichen Anerkennung des Films als eigene Werkgattung. Das Urheberrechtsgesetz trat am 01.01.1966 in Kraft und beruhte auf der Grundlage des Regierungsentwurfs von 1962.[13]

I. Der Filmbegriff

In der Überschrift des dritten Teils des Urhebergesetzes (§§ 88 – 94 UrhG) wird der Begriff des Films als Oberbegriff verwendet, der sowohl die Filmwerke (Abschnitt 1) als auch die Laufbilder (Abschnitt 2) umfasst.

§ 95 UrhG ist zu entnehmen, dass es sich beim Film um Bildfolgen und Bild- und Tonfolgen handelt. Hierunter sind nur solche Bildfolgen bzw. Bild- und Tonfolgen zu verstehen, die den Eindruck des bewegten Bildes entstehen lassen.[14]

Auf den Inhalt des Films kommt es nicht an. Daher sind neben den Kinofilmen und Fernsehfilmen jegliche Formen bewegter Bildfolgen geschützt, wie z.B. Dokumentarfilme, Naturfilme, Zeichentrickfilme, Werbefilme.[15]

Auch die Technik des Aufnahmeverfahrens ist unerheblich. Nicht nur der Zelluloidfilm, sondern auch die elektromagnetische, digitale oder sonstige neuartige Aufzeichnung fällt unter den Begriff des Films.[16] Des Weiteren sind das Format und die körperliche Form gleichgültig.[17] Es bedarf nicht einmal einer körperlichen

---

10 Ausführlich: Roeber in: Festschrift für Walter Bappert, Der Film in der deutschen Urheberrechtsreform, S. 189 ff (195); Reupert, Der Film im Urheberrecht, S. 34 ff (mit weiteren Nachweisen).

11 GRUR 1939, 242 ff.

12 Ausführlich: Roeber in: Festschrift für Walter Bappert, Der Film in der deutschen Urheberrechtsreform, S. 189 ff (195); Reupert, Der Film im Urheberrecht, S. 34 ff (mit weiteren Nachweisen).

13 Ausführlich: Reupert, Der Film im Urheberrecht, S. 39 f (mit weiteren Nachweisen).

14 Schricker/*Katzenberger*, Urheberrecht, Vor §§ 88 ff, Rn. 20; Fromm/Nordemann/*Axel Nordemann*, Urheberrecht, § 2, Rn. 203; Loewenheim/*Nordemann*, Handbuch des Urheberrechts, § 9, Rn. 161.

15 Dreier/Schulze/*Schulze*, Urheberrechtsgesetz, § 2, Rn. 206; Schricker/*Loewenheim*, Urheberrecht, § 2, Rn. 181; Fromm/Nordemann/*Axel Nordemann*, Urheberrecht, § 2, Rn. 203.

16 Schricker/*Loewenheim*, Urheberrecht, § 2, Rn. 181; Dreier/Schulze/*Schulze*, Urheberrechtsgesetz, § 2 Rn. 205; Fromm/Nordemann/*Axel Nordemann*, Urheberrecht, § 2, Rn. 203.

17 Dreier/Schulze/*Schulze*, Urheberrechtsgesetz, § 2, Rn. 205; V. Hartlieb/Schwarz/*Dobberstein/Schwarz*, Handbuch des Film-, Fernseh- und Videorechts, 35. Kap., Rn. 2; Wandtke/Bullinger/*Bullinger*, Praxiskommentar zum Urheberrecht, § 2, Rn. 120.

oder dauerhaften Fixierung. Nach höchstrichterlicher Rechtsprechung sind daher auch Live-Sendungen geschützt, welchen es an einer dauerhaften Festlegung des Bildes fehlt, und welche für das menschliche Auge erst durch die Projektion auf dem Bildschirm eines Fernsehgerätes sichtbar werden. Denn Gegenstand des Urheberrechts sei nicht der Sachgegenstand, sondern das Werk als geistiges, immaterielles Gut.[18]

Auch auf eine Vertonung kommt es nicht an, so dass sowohl Stummfilme als auch Tonfilme unter den Filmbegriff fallen. [19]

II. Der Filmträger

Der Film ist vom Filmträger, der eine körperliche Festlegung der Bildfolgen oder Bild- und Tonfolgen darstellt, zu unterscheiden.[20] Das Gesetz verwendet in § 94 Abs. 1, 3 UrhG den Begriff Bildträger oder Bild- und Tonträger und räumt dem Filmhersteller ein Leistungsschutzrecht an diesem ein.

Wie bereits im Rahmen des Filmbegriffs erörtert, erfordern Filme keine körperliche Fixierung, so dass auch Live-Sendungen hierüber geschützt werden, jedoch entsteht hieran kein verwandtes Leistungsschutzrecht gem. § 94 UrhG. An dessen Stelle tritt aber das verwandte Leistungsschutzrecht des Sendeunternehmens nach § 87 UrhG.[21]

Nachdem der Filmbegriff und die Definition des Filmträgers erläutert wurden, ist in Abgrenzung hierzu der Filmwerkbegriff darzulegen. Bevor jedoch auf die Voraussetzungen des Filmwerks einzugehen ist, bedarf es einer genauen Betrachtung der dem Filmwerk vorbestehenden Werke, die für die Filmherstellung von großer Bedeutung sind.

III. Die dem Filmwerk vorbestehenden Werke

Die besonderen Bestimmungen für Filme unterscheiden in den §§ 88, 89 UrhG zwischen den vorbestehenden Werken und den Filmwerken. Bei den vorbestehenden Werken handelt es sich um im Sinne des § 2 UrhG selbstständig geschützte und selbstständig verwertbare Werke, soweit sie die Voraussetzungen, die an ein

18 BGHZ 37, 1 (7).

19 Schricker/*Loewenheim,* Urheberrecht, § 2, Rn. 181; Fromm/Nordemann/*Axel Nordemann*, Urheberrecht, § 2, Rn. 203; Dreier/Schulze/*Schulze*, Urheberrechtsgesetz, § 2, Rn. 206.

20 Schricker/*Katzenberger*, Urheberrecht, Vor §§ 88 ff, Rn. 22; Wandtke/Bullinger/*Manegold*, Praxiskommentar zum Urheberrecht, Vor §§ 88 ff, Rn. 18; Rehbinder, Urheberrecht, Rn. 209.

21 Schricker/*Katzenberger*, Urheberrecht, Vor §§ 88 ff, Rn. 22.

Werk gestellt werden, erfüllen. Es kann sich hierbei beispielsweise um ein Sprachwerk oder Musikwerk handeln. Sie dienen dem Film als Vorlage und werden für dessen Herstellung genutzt.[22] Bei den vorbestehenden Werken ist außerdem zwischen den filmunabhängigen vorbestehenden Werken und den filmbestimmten vorbestehenden Werken zu unterscheiden.[23]

1. Beispiele für filmunabhängige vorbestehende Werke

Als Beispiele für filmunabhängige vorbestehende Werke kommen literarische Werke, wie Romane, Biographien oder Liedtexte in Betracht. Ein weiteres Beispiel stellen bekannte Musikwerke, die im Film verwendet werden, dar. Außerdem ist auch an Bühnenwerke, wie Opern, Balletaufführungen und Schauspiele, oder auch Choreographien zu denken.[24]

2. Beispiele für filmbestimmte vorbestehende Werke

a) Filmmusik

Ein Beispiel für ein filmbestimmtes vorbestehendes Werk ist die für den Film komponierte Filmmusik, welche gem. § 2 Abs. 1 Nr. 2 UrhG geschützt ist.[25] Die für den Film bestimmte Musik wird als „Score-Musik" bezeichnet und ist von der bereits erwähnten Musik zu unterscheiden, die filmunabhängig geschaffen wurde und als „Source-Musik" bezeichnet wird.[26]

b) Drehbuch, Exposé, Treatment

Ein weiteres Beispiel ist das Drehbuch als Sprachwerk gem. § 2 Abs.1 Nr.1 UrhG.[27] Das Drehbuch stellt die drehfertige Vorlage für den Film dar. Es enthält die genaue Beschreibung des Handlungsablaufs, der Schauplätze und ihrer Ausstattung,

---

22 Dreier/Schulze/*Schulze*, Urheberrechtsgesetz, § 88, Rn. 5; Schack, Urheber- und Urhebervertragsrecht, § 9, Rn. 212.

23 Dreier/Schulze/*Schulze*, Urheberrechtsgesetz, § 88, Rn. 5; Rehbinder, Urheberrecht, Rn. 205; V. Hartlieb/Schwarz/*Dobberstein/Schwarz*, Handbuch des Film-, Fernseh- und Videorechts, 38. Kap., Rn. 4 ff.

24 Dreier/Schulze/*Schulze*, Urheberrechtsgesetz, § 88 Rn. 6; Rehbinder, Urheberrecht, Rn. 205; Bohr, UFITA 78/1977, 95 (99); Reupert, Der Film im Urheberrecht, S. 90.

25 Rehbinder, Urheberrecht, Rn. 205; Dreier/Schulze/*Schulze*, Urheberrechtsgesetz, § 88 Rn. 5; Reupert, Der Film im Urheberrecht, S. 95.

26 V. Hartlieb/Schwarz/*Dobberstein/Schwarz*, Handbuch des Film-, Fernseh- und Videorechts, 38. Kap., Rn. 8.

27 OLG München, GRUR 1990, 674 (675).

Anweisungen zur Kameraführung mit allen Bildfolgen und Bildeinstellungen, außerdem sämtliche Text- und Dialogstellen und ausführliche Angaben zu Masken, Kostümen, Mimik und Gestik der Schauspieler, sowie Geräuschen und Musik.[28]

Auch die Vorstufen eines Werkes, hier des Drehbuches, sind geschützt, wie das Exposé oder Treatment.[29] Im Exposé wird in knapper Form die Filmhandlung skizziert. Es stellt eine Ausarbeitung dar, die auf wenigen Seiten eine Art Aufriss des gesamten Handlungsablaufs darbietet und die Möglichkeiten der filmischen Gestaltung des Stoffes aufzeigt.[30] Fraglich ist, ob die einzelnen Elemente eines Exposés ebenfalls geschützt sind. Überzeugend lehnt das OLG München dies jedoch mit dem Argument ab, dass es sich bei den einzelnen Elementen eines Exposés nur um eine Idee handele. Solche Einfälle und Ideen könnten nur in ihrer konkreten Ausgestaltung im Sinne des Urheberrechts schutzfähig sein. Als bloßen Handlungsansätzen fehle diesen Elementen die eigenpersönliche Prägung.[31] Nächste Stufe stellt das Treatment dar, welches bereits eine Einstellung nach Bildern aufweist, die Handlung nach Schauplätzen aufgliedert, Dialoge im Entwurf und eine Charakterisierung der mitwirkenden Personen enthält.[32]

c) Filmbauten und Filmkostüme

Nicht einheitlich wird in der Literatur die Frage beurteilt, ob Filmbauten und Filmkostüme filmbestimmte vorbestehende Werke darstellen oder es sich bei diesen um unmittelbare Beiträge zum Filmwerk handelt.

Einerseits werden Filmbauten und Filmkostüme als vorbestehende Werke eingeordnet, da diese nicht zwingend in den Filmwerken aufgehen würden, sondern eine separate Verwertung möglich sei. Für Kostüme und Masken kämen beispielsweise Merchandising, Ausstellungen in Museen oder Themenparks in Betracht.[33]

---

28 Bohr, ZUM 1992, 121 (122 f); Reupert, Der Film im Urheberrecht, S. 95; V. Hartlieb/Schwarz/*Dobberstein/Schwarz*, Handbuch des Film-, Fernseh- und Videorechts, 38. Kap., Rn. 8; Dreier/Schulze/*Schulze*, Urheberrechtsgesetz, § 88, Rn. 9.

29 Dreier/Schulze/*Schulze*, Urheberrechtsgesetz, § 88, Rn. 9; Rehbinder, Urheberrecht, Rn. 205; Loewenheim/*Nordemann*, § 9, Rn. 165; BGH, GRUR 63, 40 (42); OLG München, GRUR 1990, 674 (675); BGH, GRUR 1963, 441 (443).

30 Bohr, ZUM 1992, 121 (122); Dreier/Schulze/*Schulze*, Urheberrechtsgesetz, § 88, Rn. 9; OLG München, UFITA 60/1971, 317 (318).

31 OLG München GRUR 90, 674 (676).

32 Dreier/Schulze/*Schulze*, Urheberrechtsgesetz, § 88, Rn.9; OLG München, UFITA 60/1971, 317 (318); Bohr, ZUM 1992, 121 (122).

33 V. Hartlieb/Schwarz/*Dobberstein/Schwarz*, Handbuch des Film-, Fernseh-, und Videorechts, 38. Kap., Rn. 9; Schack, Urheber- und Urhebervertragsrecht, § 9, Rn. 212, Fn. 169.

Nach anderer Auffassung wird es als unhaltbar erachtet, Filmbauten und Filmkostüme als vorbestehende Werke anzusehen. Vielmehr würden diese einen untrennbaren und unverzichtbaren Beitrag zum Gesamtkunstwerk Film darstellen.[34]

Kanzog beschäftigt sich ausführlich mit der Frage, inwieweit Filmbauten und Filmkostüme einen unverzichtbaren Beitrag zum Filmwerk darstellen können.[35] Zusammenfassend führt er aus, dass zunächst das Szenenbild nicht nur ein Baustein, sondern auch ein Steuerungsphänomen im Film als Werk sei. Es habe vor allem im Filmeingang eine starke Signalfunktion und erzeuge im Kopf des Zuschauers Modelle für die Rezeption der Handlung.[36] Eine vergleichbare Funktion hätten auch Kostüme für den Film. Auch diese würden Signale setzen, die den Zuschauer auf spezifische, mit dem Erscheinungsbild der Schauspielerin bzw. des Schauspielers koordinierte Merkmale aufmerksam machen.[37] Loewenheim stimmt der Ansicht Kanzogs zu und hält im Ergebnis fest, dass Szenenbilder bzw. Filmbauten und Kostüme im Zeichensystem eines Films notwendige Bausteine sind, ohne die Bilder nicht effektiv werden können.[38]

Er führt des Weiteren aus, dass eine selbstständige Verwertbarkeit der Szenenbilder bzw. Filmbauten und Kostüme ausscheide.[39] Filmbauten und Kostüme seien meist viel zu sehr auf das konkrete Filmwerk zugeschnitten, als dass eine Übernahme ohne weiteres in Frage komme. Insbesondere bei Filmbauten und Szenenbildern würden erfahrungsgemäß nur kleinere Teile wiederbenutzt werden. Größere und aufwendigere Filmbauten würden grundsätzlich vernichtet, da eine Aufbewahrung sich als zu kostspielig erweise. Zur Verdeutlichung seiner Ansicht zitiert Loewenheim die Aussage einer Kostümbildnerin, die betont habe, dass ein Filmkostüm nicht unverändert für einen anderen Film übernommen werden könne, sondern allenfalls neu kombiniert Teil eines neuen Kostüms werde. Im Ergebnis stellen nach dieser Ansicht Filmbauten und Filmkostüme somit wesentliche Beiträge zum Filmwerk dar.[40]

Das Argument, dass Filmbauten und Filmkostüme einer selbstständigen Verwertung nicht zugänglich seien, überzeugt nicht. Insbesondere Filmmasken können nicht nur an Halloween und Karneval in den Kaufhäusern, sondern jederzeit auch über spezielle Fanartikelshops im Internet käuflich erworben werden. Beispiele hierfür sind insbesondere Masken aus Horrorfilmen, wie die Maske von Freddie Krueger („Nightmare on Elm Street“), Jason („Halloween“), Leatherface („Texas

34 Loewenheim, UFITA 126/1994, 99 (122 ff).
35 Kanzog, UFITA 126/1994, 31 ff.
36 Kanzog, UFITA 126/1994, 31 (75).
37 Kanzog, UFITA 126/1994, 31 (96).
38 Loewenheim, UFITA 126/1994, 99 (121 ff).
39 Loewenheim, UFITA 126/1994, 99 (123 ff).
40 Loewenheim, UFITA 126/1994, 99 (123 ff).

Chainsaw Massacre“), das Kostüm aus „Scream“, etc. Des Weiteren finden auch Ausstellungen statt, wo Filmbauten und Kostüme den Filmfans gegen Entgelt präsentiert werden. Bisher haben z.B. Ausstellungen zu „Titanic“ und auch zu „Herr der Ringe“ stattgefunden. Somit sind Filmbauten und auch Filmkostüme als vorbestehende Werke einzuordnen, da diese, wie aufgezeigt, auch selbstständig neben den Filmwerk bestehen können.

d) Filmwerk (Neuverfilmung, Sequel, Prequel, Spin-off)

Auch bei Filmwerken selbst kann es sich um vorbestehende Werke handeln. Filme können sich als Neuverfilmung, als Fortsetzung eines Filmwerks (Sequel), als Verfilmung der Vorgeschichte (Prequel) oder als Spin-off erweisen. Ein Spin-off stellt die filmische Fortentwicklung eines Handlungsstranges und/oder einer handelnden Person dar. Werden bereits vorbestehende Filmwerke verwendet und hieraus schöpferische Elemente entnommen, dann besteht die Pflicht des Produzenten der neuen Filmproduktion, die Zustimmung der Urheber des vorangegangenen Filmwerks einzuholen.[41]

IV. Das Filmwerk

Das Filmwerk gehört gem. § 2 Abs.1 Nr. 6 UrhG zu den urheberrechtlich geschützten Werken. Unter Werk ist gem. § 2 Abs. 2 UrhG eine persönliche geistige Schöpfung zu verstehen.

1. persönliche geistige Schöpfung

Eine Schöpfung ist zunächst persönlich, wenn sie von einer oder mehreren natürlichen Personen geschaffen wurde.[42] Eine juristische Person scheidet als Schöpfer aus.[43] Des Weiteren ist die Schöpfung geistig, wenn sie geistigen Inhalt besitzt, d.h. der menschliche Geist im Werk zum Ausdruck kommt.[44] Das Werk muss so-

---

41 V. Hartlieb/Schwarz/*Dobberstein/Schwarz*, Handbuch des Film-, Fernseh- und Videorechts, 38. Kap., Rn. 8.

42 Dreier/Schulze/*Schulze*, Urheberrechtsgesetz, § 2, Rn. 8 ff; Fromm/Nordemann/*Axel Nordemann*, Urheberrecht, § 2, Rn. 21; V. Hartlieb/Schwarz/*Dobberstein/Schwarz*, Handbuch des Film-, Fernseh, und Videorechts, 35. Kap., Rn. 4.

43 V. Hartlieb/Schwarz/*Dobberstein/Schwarz*, Handbuch des Film-, Fernseh-, und Videorechts, 35. Kap., Rn. 4.

44 Dreier/Schulze/*Schulze*, Urheberrechtsgesetz, § 2, Rn. 11 ff; Fromm/Nordemann/*Axel Nordemann*, Urheberrecht, § 2, Rn. 25; Wandtke/Bullinger/*Bullinger*, Praxiskommentar zum Urheberrecht,

mit eine gewisse Gedankenäußerung besitzen, es muss über seine objektive Eigenartigkeit hinausgehen und den Willen und Ausdruck des Schöpfers erkennen lassen. Durch mechanische bzw. elektronische Tätigkeit geschaffene Erzeugnisse scheiden somit aus.[45] Der Begriff der Schöpfung setzt zwar keine absolute Neuheit des Werkes voraus, jedoch zumindest eine Andersartigkeit gegenüber dem bereits Bestehenden.[46] Darüber hinaus muss sich das Werk von der Masse des Alltäglichen und von lediglich handwerklichen und routinemäßigen Leistungen abheben und eine gewisse schöpferische Eigentümlichkeit, Individualität vorweisen.[47]

Im Rahmen des Films ist die kollektive Leistung der an der Filmherstellung schöpferisch mitwirkenden Urheber für die persönliche geistige Schöpfung maßgeblich.[48] Die Urheber nutzen hierzu eine Vielzahl filmischer Gestaltungsmöglichkeiten. Schöpferisch sind in erster Linie Regie, Bildgestaltung und Schnitt und die weiteren gestalterischen Leistungen, mit denen der erfundene oder vorgegebene Stoff ins Bildliche umgewandelt wird.[49] Bei welchen Beteiligten es sich um an der Filmherstellung schöpferisch mitwirkende Urheber handelt und welche ihrer Leistungen eine schöpferische Leistung darstellt, wird im Rahmen des zweiten Kapitels zur Urheberschaft dargestellt.

2. Schöpfungshöhe

An die Individualität des Filmwerkes sind geringe Anforderungen zu stellen. Demnach ist auch die kleine Münze schutzfähig. [50]

Gem. Art. 6 der EG- Richtlinie zur Harmonisierung der Schutzdauer des Urheberrechts vom 29.10.1993 ist für die Schutzfähigkeit von Fotografien nur Voraussetzung, dass sie das Ergebnis der eigenen geistigen Schöpfung ihres Urhebers sind. Andere Kriterien zur Bestimmung ihrer Schutzfähigkeit sind nicht heranzuziehen. Die europaweit geringen Schutzanforderungen für Lichtbildwerke sollen

---

§ 2, Rn. 21; V. Hartlieb/Schwarz/*Dobberstein/Schwarz*, Handbuch des Film-, Fernseh-, und Videorechts, 35. Kap., Rn. 5.

45 Fromm/Nordemann/*Axel Nordemann*, Urheberrecht, § 2, Rn. 25; V. Hartlieb/Schwarz/*Dobberstein/Schwarz*, Handbuch des Film-, Fernseh- und Videorechts, 35. Kap., Rn. 5.

46 Dreier/Schulze/*Schulze*, Urheberrechtsgesetz, § 2, Rn. 17.

47 Dreier/Schulze/*Schulze*, Urheberrechtsgesetz, § 2, Rn. 18; Schricker/*Loewenheim*, Urheberrecht, § 2, Rn. 26; BGH, GRUR 1987, 704 (706).

48 Schricker/*Loewenheim*, Urheberrecht, § 2, Rn. 186; Dreier/Schulze/*Schulze*, Urheberrechtsgesetz, § 2, Rn. 208.

49 Dreier/Schulze/*Schulze*, Urheberrechtsgesetz, § 2, Rn. 208.

50 Dreier/Schulze/*Schulze*, Urheberrechtsgesetz, § 2, Rn. 211; Schricker/*Loewenheim*, Urheberrecht, § 2, Rn. 188; Loewenheim/*Nordemann*, Handbuch des Urheberrechts, § 9, Rn. 174 ff.

ebenso für Filmwerke gelten, da keine überzeugenden Argumente vorliegen, die eine unterschiedliche Behandlung rechtfertigen würden.[51]

V. Abgrenzung Filmwerk und Laufbilder

Fehlt es den Bildfolgen und Bild- und Tonfolgen an der persönlichen geistigen Schöpfung, so sind sie nicht als Filmwerk geschützt und es handelt sich bei ihnen um Laufbilder gem. § 95 UrhG. Eine Abgrenzung zwischen Filmwerken und Laufbildern lässt sich am besten anhand von folgenden Beispielen erläutern:

1. Kultur- und Dokumentarfilme

Auch bei Kultur- und Dokumentarfilmen können die Voraussetzungen eines Filmwerkes vorliegen und diese nicht nur als Laufbilder zu beurteilen sein.[52]

Eine grundlegende Entscheidung in der Frage, ob Dokumentarfilme die Voraussetzungen eines Filmwerkes erfüllen können, stellt die „Lied der Wildbahn"-Entscheidung des BGH aus dem Jahre 1953 dar.[53]

Zunächst legt der BGH dar, dass sich reine Naturfilme auf die Wiedergabe der in der Wirklichkeit gegebenen Gegenstände und Naturereignisse beschränken würden und die Formgebung weitgehend durch den Geschehensablauf in der Natur festgelegt sei. Es könne einem Naturfilm dennoch ein Urheberrechtsschutz eingeräumt werden, wenn er sich nicht in der bloß schematischen Aneinanderreihung von Lichtbildern erschöpfe, sondern sich durch die Auswahl, Anordnung und Sammlung des Stoffes sowie durch die Zusammenstellung der einzelnen Bildfolgen als das Ergebnis individuellen geistigen Schaffens darstelle.[54]

Die Eigenart des Films „Lied der Wildbahn" sah der BGH in der Auswahl der besonderen charakteristischen Lebensformen des Wildes aus der Fülle der sich bietenden Beobachtungen wie auch in der Wahl des Hintergrundes sowie des gesamten Bildrahmens und der zeitlichen Folge der einzelnen Bildmotive. Jedoch sprach der BGH dem Filmausschnitt, über welchen er zu befinden hatte, die Schutzfähigkeit ab. Dieser Ausschnitt gebe nur das Flugbild der Schwäne wieder,

---

51 Schricker/*Loewenheim*, Urheberrecht, § 2, Rn. 188; Dreier/Schulze/*Schulze*, Urheberrechtsgesetz, § 2, Rn. 195, 211.

52 V. Hartlieb/Schwarz/*Dobberstein/Schwarz*, Handbuch des Film-, Fernseh- und Videorechts, 36. Kap., Rn. 3; Schricker/*Loewenheim*, Urheberrecht, § 2, Rn. 186; Dreier/Schulze/*Schulze*, Urheberrechtsgesetz, § 2, Rn. 209; Wandtke/Bullinger/*Bullinger*, Praxiskommentar zum Urheberrecht, § 2, Rn. 122; Hoeren, GRUR 1992, 145 ff; Reupert, Der Film im Urheberrecht, S. 53 ff.

53 BGHZ 9, 262 ff.

54 BGHZ 9, 262 (268).

das bei gleicher Aufgabenstellung in seinen typischen Bewegungselementen eben nur in dieser naturgegebenen und im wesentlichen unveränderbaren Form von der Kamera eingefangen werden könne.[55]

Auch im Rahmen weiterer Entscheidungen wurde die Schutzfähigkeit von Dokumentarfilmen behandelt. In der Entscheidung „Filmregisseur“ aus dem Jahre 1983 hatte der BGH über die Schutzfähigkeit der Filme „Die Operation“ und „Ariadne aus Naxos“ zu urteilen.[56]

Der BGH zog hierbei die im Rahmen der „Lied der Wildbahn“ – Entscheidung entwickelten Abgrenzungskriterien heran und bejahte in beiden Fällen die Schutzfähigkeit der Filme als Filmwerke. Auch wenn im Mittelpunkt des ersten Films die dokumentarisch genaue, informative Darstellung einer Herzoperation stehe, so würden aber durch das Einblenden von Erläuterungen, Interviews und Gesprächen wesentliche Begleitumstände dargestellt, die über das reine Operationsgeschehen hinausgehen würden. Durch diese Verbindung hebe sich der Film von einem reinen, chronologisch und schematisch ablaufenden Abfilmen ab.[57] Auch dem zweiten Film, der die politischen, kulturellen, sozialen und wirtschaftlichen Aspekte Griechenlands durch die Dokumentation von Szenen aus dem Leben eines einfachen Mädchens darstelle, könne eine schöpferische Eigenart nicht abgesprochen werden. Diese Eigenart finde darin ihren Ausdruck, dass die dokumentarischen und informativen Teile in eine dramaturgisch durchgearbeitete Handlung eingebaut seien, die sich für den Zuschauer als das beherrschende Element darstelle.[58]

Auch das LG München hat im Rahmen der „NS-Propagandafilme“ – Entscheidung den Filmen „Sieg im Westen“ und „Der Marsch zum Führer“ Schutzfähigkeit eingeräumt.[59] Die Auswahl der Szenen sei nicht zufällig, die Szenen seien teilweise sogar bewusst nachgestellt, um bestimmte künstlerische Eindrücke zu erzielen und der Wechsel von Kampf- und friedlichen Szenen sei bewusst zur gezielten Einwirkung auf den Betrachter gewählt. Dasselbe gelte auch für den zweiten Film. Auch hier seien die Auswahl und Anordnung der Szenen, die Aufnahmetechnik und die Musikuntermalung bewusst zur Erzielung künstlerischer Eindrücke eingesetzt worden.[60]

Auch in der Entscheidung „Meisterwerke“ aus dem Jahre 2001 hat das OLG Frankfurt am Main die Filmbeiträge der Reihe Meisterwerke als persönliche geistige Schöpfungen beurteilt, da diese über eine rein schematische Bildbeschreibung hinausgingen und auf eine Vielzahl übergreifender Gesichtspunkte wie die Person

55 BGHZ 9, 262 (268 f).
56 BGH, GRUR 1984, 730.
57 BGH, GRUR 1984, 730 (732).
58 BGH, GRUR 1984, 730 (733).
59 LG München, ZUM 1993, 370.
60 LG München, ZUM 1993, 370 (373).

des Künstlers, seine sonstigen Werke, seine Maltechnik, Epoche, Zeitgenossen sowie auf die gesellschaftlichen und sozialen Hintergründe eingingen.[61]

Hoeren bezeichnet den Dokumentarfilm als das „Stiefkind“ der Filmforschung und kritisiert dessen Behandlung in Rechtsprechung und Literatur.[62] Der Dokumentarfilm habe sich seit den 60er Jahren durch die Möglichkeit synchroner Tonaufnahmen fundamental verändert. Er habe sich zum Medium politischer Opposition, zum subjektiven Instrument von Alltagsbeobachtungen, zum Aufhänger für autobiographische, essayistische oder spielfilmartige Erzählhandlungen entwickelt.[63]

Er betont, dass Dokumentarfilme nie die Wirklichkeit abbilden könnten, sondern immer von der subjektiv-künstlerischen Gestaltung ihrer Urheber geprägt und damit grundsätzlich Filmwerke im Sinne des § 2 Abs.1 Nr. 6 UrhG seien.[64]

Zwar habe die Rechtsprechung in den letzten Jahren teilweise eine großzügigere Haltung im Hinblick auf die Urheberrechtsfähigkeit des Dokumentarfilms eingenommen und im Rahmen der „NS Propagandafilme“ sogar ohne nähere Prüfung bejaht, jedoch sei der BGH im Rahmen der „Filmregisseur“-Entscheidung von einer Art „Sphärentheorie“ ausgegangen, die dem Wesen des Dokumentarfilms nicht gerecht geworden sei.[65] Unter der „Sphärentheorie“ versteht Hoeren Folgendes: Der Dokumentarfilm bestehe aus einem dokumentarisch-informativen Kern. Um diesen Kern herum gruppierten sich subjektiv-gedankliche Elemente, wie die Konzeption eines Randgeschehens. Der Kern sei für sich genommen nicht schutzfähig, erst durch die subjektiven Elemente entstehe das schutzfähige Werk. Doch werde dadurch verkannt, dass jeder Dokumentarfilm insgesamt, als Ganzes von einer bestimmten gedanklichen Konzeption geprägt sei.[66]

Natürlich hat der Dokumentarfilm sich im Laufe der Zeit stark weiter entwickelt und wird, wie Hoeren betont, in verschiedensten Formen geschaffen und als Ausdrucksmittel verschiedenster Art genutzt. Dokumentarfilme wie „Buena Vista Social Club“, „Die Reise der Pinguine“, „Bowling for Columbine“ sind nur einzelne Bespiele für diese Entwicklung.

Jedoch ist Hoeren nicht darin zuzustimmen, dass die Rechtsprechung und Literatur den Dokumentarfilm stiefmütterlich behandeln würden. Dem Abgrenzungskriterium der Rechtsprechung ist zuzustimmen. Dokumentarfilme werden als Filmwerk geschützt, sofern sie schöpferische Individualität aufweisen und sich nicht in der bloßen schematischen Aneinanderreihung von Lichtbildern erschöp-

---

61 OLG Frankfurt a.M., ZUM 2002, 226 (227).

62 Hoeren, GRUR 1992, 145.

63 Hoeren, GRUR 1992, 145 (146).

64 Hoeren, GRUR 1992, 145 (147).

65 Hoeren, GRUR 1992, 145 (147 f).

66 Hoeren, GRUR 1992, 145 (148).

fen. Solange ein Dokumentarfilm diese schöpferische Individualität aufweist, wird dieser auch als Filmwerk geschützt werden. In jeder zuvor aufgeführten Entscheidung, abgesehen von „Lied der Wildbahn“, in der es jedoch um einen Filmausschnitt ging, hat die Rechtsprechung den Filmen die Schutzfähigkeit zugesprochen. Hoeren gesteht selbst ein, dass der BGH bei den „NS-Propagandafilmen“ „erstaunlicherweise ohne weitere Prüfung“[67] die Schutzfähigkeit bejaht habe. Auch ist der Dokumentarfilm in der „Filmregisseur“- Entscheidung nicht „zerstückelt“ worden, wie Hoeren kritisiert, vielmehr sind nur die Elemente hervorgehoben worden, die die Individualität des gesamten Films ausgemacht haben.

Eine stiefmütterliche Behandlung des Dokumentarfilms ist bei Betrachtung der bisherigen Rechtsprechung somit nicht erkennbar. Daher muss man nicht wie Hoeren bereits in jedem Dokumentarfilm „automatisch“ eine künstlerische Gestaltung sehen mit der Begründung, dass es nie eine objektive Betrachtung der Wirklichkeit gebe, da diese immer von der subjektiven Wahrnehmung des Betrachters geprägt sei.[68]

2. Filmaufzeichnungen

Aufzeichnungen von Sportveranstaltungen oder anderer Veranstaltungen wie Theateraufführungen und Konzerten kann es an einer persönlichen geistigen Schöpfung fehlen, wenn diese nur ein Abfilmen der Ereignisse darstellen.[69] Jedoch kann auch bei diesen Aufzeichnungen eine bildliche Erfassung, Auswahl und Anordnung stattfinden. Regisseur, Kameramann und Cutter können die Aufnahmen filmtechnisch kreativ aufarbeiten (durch kreative Beleuchtung, Kameraeinstellung und Schnitt) und durch die Auswahl und die Zusammenstellung der einzelnen Szenen der Veranstaltung dem Zuschauer das Wesentliche vermitteln. Dies kann die Urheberrechtsfähigkeit der Aufzeichnungen begründen.[70]

Im „Alpensinfonie“-Urteil ist entschieden worden, dass die filmische Gestaltung der Konzertaufzeichnung erhebliche schöpferische Gestaltungselemente aufweise und deshalb Werkcharakter habe.[71] Durch die Verwendung mehrerer Kameras und den gezielten Schnitt der von ihnen erzeugten Bilder sei in schöpferischer Weise ein Filmwerk hergestellt worden, das den Betrachtern neben dem Kunstge-

---

67 Hoeren, GRUR 1992, 145 (147 Fn. 47).

68 Hoeren, GRUR 1992, 145 (146).

69 V. Hartlieb/Schwarz/*Dobberstein/Schwarz*, Handbuch des Film-, Fernseh- und Videorechts, 36. Kap., Rn. 6.

70 Dreier/Schulze/*Schulze*, Urheberrecht, § 2, Rn. 210; V. Hartlieb/Schwarz/*Dobberstein/Schwarz*, Handbuch des Film-, Fernseh- und Videorechts, 36. Kap., Rn. 6.

71 OLG München, NJW 2003, 683 (684).

nuss einen unmittelbaren Eindruck von der Konzertatmosphäre durch einerseits Einblendung des Publikums, andererseits des Musikerensembles vermittele.[72]

Aufzeichnungen von Fußballspielen, wie z.B. die Bundesliga, können ebenfalls Werkschutz genießen. Im Rahmen von Fußballaufzeichnungen werden auch schöpferische Stilmittel verwendet. Schnittregie von bis zu 14 Kameras, Nahaufnahmen, Zeitlupen, Wiederholungen und die Einspielung von Spielsequenzen stellen nur Beispiele der schöpferischen Möglichkeiten dar.[73]

3. Zeichentrickfilme/computeranimierte Filme

Zeichentrickfilme sind gem. § 2 Abs. 1 Nr. 6 UrhG als Filmwerk geschützt. [74] Die Schutzfähigkeit ist zu bejahen, sofern diese eine Handlung wiedergeben und Elemente von Phantasie und Aktion enthalten. Als Beispiele nennt Reupert „Das Dschungelbuch" oder „Asterix, der Gallier".[75]

Seit einigen Jahren ist die Anzahl der klassischen Zeichentrickfilme jedoch zurückgegangen. Die meisten Filme sind computeranimiert, wie z.B. „Toy Story", „Findet Nemo", „Shrek", ein Beispiel aus Deutschland ist „Lissi und der wilde Kaiser". Jedoch sind auch Computeranimationen ähnlich wie Filmwerke geschaffen worden und somit den Filmwerken zuzurechnen.[76] Die Computeranimation kann zwar als Computerprogramm geschützt werden, doch darüber hinaus stellt sie auch eine Bild- oder Bildtonfolge dar, die den Eindruck des bewegten Bildes entstehen lässt, was das kennzeichnende Merkmal eines Films ist. Auf die Herstellungsmethode kommt es hierbei nicht an. Somit fällt auch die Computeranimation unter den Filmbegriff.[77]

4. Tages- oder Wochenschauen

Tages- oder Wochenschauen können wie Dokumentarfilme Urheberrechtsschutz genießen, soweit diese eine individuelle schöpferische Leistung aufweisen.[78]

---

72 OLG München, NJW 2003, 683 (684).

73 Wandtke/Bullinger/*Bullinger*, Praxiskommentar zum Urheberrecht, § 2, Rn. 123; V. Hartlieb/Schwarz/*Dobberstein/Schwarz*, Handbuch des Film-, Fernseh- und Videorechts, 36. Kap., Rn. 6.

74 Dreier/Schulze/*Schulze*, Urheberrechtsgesetz, § 2, Rn. 206; Wandtke/Bullinger/*Bullinger*, Praxiskommentar zum Urheberrecht, § 2, Rn. 122; Schricker/*Loewenheim*, Urheberrecht, § 2, Rn. 184; Reupert, Der Film im Urheberrecht, S. 61.

75 Reupert, Der Film im Urheberrecht, S. 61.

76 Gonzalez, Der digitale Film im Urheberrecht, S. 92; Schack, Urheber- und Urhebervertragsrecht, § 9, Rn. 215.

77 Gonzalez, Der digitale Film im Urheberrecht, S. 91 f.

78 Dreier/Schulze/*Schulze*, Urheberrechtsgesetz, § 2 Rn. 209; Wandtke/Bullinger/*Bullinger*, Praxiskommentar zum Urheberrecht, § 2, Rn. 123; Reupert, Der Film im Urheberrecht, S. 56.

Das Landgericht Berlin hat in seiner „Maifeier"-Entscheidung jedoch betont, dass ein Werkschutz nicht bei allgemeinen Wochenschauaufnahmen, Film- oder Fernsehreportagen von politischen, wirtschaftlichen oder kulturellen Begebenheiten bejaht werden kann.[79] Es muss somit eine hierüber hinausgehende schöpferische Leistung vorliegen.

Reupert differenziert zwischen den einzelnen Beiträgen und der Wochenschau in ihrer Gesamtheit:

a) Die einzelnen Beiträge

Lediglich um Laufbilder handelt es sich laut Reupert bei Beiträgen, deren Zweck es ausschließlich oder primär ist, aktuelle Ereignisse objektiv zu übermitteln. Das Ereignis selbst, nicht die Interpretation des Berichterstatters stehe in diesem Fall im Vordergrund. Auch eine Kommentierung des Geschehens ändere nichts an der Einordnung als Laufbild. Somit handele es sich bei aktuellen Berichten der Tagesschau oder anderer Nachrichtensendungen nur um Laufbilder.[80]

Werde jedoch in komplexer Weise ein Thema im politischen, gesellschaftlichen oder historischen Zusammenhang behandelt, sei eine individuelle schöpferische Prägung anzunehmen. Beispielsweise können laut Reupert Beiträge von Hintergrundmagazinen wie z.B. „Monitor", „Report", „Weltspiegel" oder „Auslandsjournal" schutzfähig sein.[81]

b) Die Wochen-/Tagesschau in ihrer Gesamtheit

Laut Reupert kann man bei der Wochen-/Tagesschau nur von einem eigenen Werk sprechen, wenn die Beiträge in einem gewissen Zusammenhang zueinander stehen und eine logisch strukturierte, systematische Einheit bilden.[82]

Ihrer Ansicht zufolge seien insbesondere Wochenschauen vor und während des zweiten Weltkriegs als Filmwerk einzustufen gewesen. Man habe in der Anordnung der Ereignisse ein System nach bestimmten Themenkategorien sehen können, die außerdem den Zweck verfolgt hätten, eine bestimmte Stimmung zu vermitteln und beim Publikum entsprechende Eindrücke hervorzurufen. Dies sei jedoch heutzutage bei den „Tagesthemen" oder dem „heute-Journal" nicht der Fall. Zunächst würden die Beiträge mehr oder weniger willkürlich aneinandergereiht. Außerdem sollen bzw. dürfen die öffentlich-rechtlichen „Tagesthemen" oder

79 LG Berlin, GRUR 1962, 207 (208.)

80 Reupert, Der Film im Urheberrecht, S. 57.

81 Reupert, Der Film im Urheberrecht, S. 57 f.

82 Reupert, Der Film im Urheberrecht, S. 58.

das „heute-Journal“ keine Stimmung als Ganzes vermitteln, so dass sich daraus auch kein einheitlicher Werkcharakter herleiten lasse.[83]

Der Ansicht Reuperts ist zuzustimmen. Sie führt zu einer angemessenen Differenzierung zwischen Laufbildern und Filmwerken. Grundsätzlich handelt es sich sowohl bei den einzelnen Beiträgen einer Wochenschau als auch der Wochenschau als Ganzes um bloße Laufbilder. Die einzelnen Beiträge weisen keine geistige schöpferische Leistung nach, die durch die Verwendung besonderer filmischer Gestaltungsmittel zum Ausdruck kommen könnte. Vielmehr dienen sie nur dem Zweck, den Zuschauern objektiv die aktuellen Tagesereignisse zu vermitteln. Auch die Anordnung der einzelnen Ereignisse im Rahmen der Tages-/ Wochenschau ist nicht als schöpferisch zu beurteilen. Grundsätzlich beginnt jede Tages-/ Wochenschau mit dem brisantesten Thema und endet mit dem Wetter. Wie Reupert darlegt, kann ein Schutz als Filmwerk somit nur im Rahmen von Hintergrundmagazinen in Betracht kommen, die die einzelnen Ereignisse nicht bloß wiedergeben, sondern umfassend auch mit politischem, historischem und gesellschaftlichem Hintergrund beleuchten und somit im Einzelfall durchaus eine geistige schöpferische Leistung darstellen können.

5. Fernsehshowformate

Die urheberrechtliche Schutzfähigkeit von Fernsehshowformaten/ Sendeformaten ist umstritten.[84]

Zunächst bedarf es der Definition des Begriffs Format. Der Begriff des Formats hat sich in der Medienbranche entwickelt und entstammt nicht der Gesetzessprache.[85] Der BGH definiert den Begriff des Formats einer Fernsehshow als die Gesamtheit aller ihrer charakteristischen Merkmale, die geeignet sind, Folgen der Show ungeachtet ihres jeweils unterschiedlichen Inhalts als Grundstruktur zu prägen und damit zugleich dem Publikum einen Wiedererkennungseffekt zu ermöglichen.[86] Der BGH betont, dass verschiedene Gestaltungselemente hierbei in Betracht kommen können, wie Titel, Logo, ein den Gesamtablauf bestimmender Grundgedanke, bestimmte Mitwirkende, die Art und Weise einer Moderation, die Benutzung bestimmter auffallender Sprachwendungen oder Sätze, bestimmte Sendeabläufe, der Einsatz von Erkennungsmelodien oder Signalfarben, die Bühnen-

---

83 Reupert, Der Film in Urheberrecht, S. 58 f.

84 Wandtke/Bullinger/*Bullinger*, Praxiskommentar zum Urheberrecht, § 2, Rn. 124 ff; Dreier/ Schulze/*Schulze*, Urheberrechtsgesetz, § 2, Rn. 216; Schricker/*Loewenheim*, Urheberrecht, § 2, Rn. 182; Schricker, GRUR Int. 2004, 923.

85 BGH, NJW 2003, 2828 (2829); Wandtke/Bullinger/*Bullinger*, Praxiskommentar zum Urheberrecht, § 2, Rn. 124.

86 BGH, NJW 2003, 2828 (2829).

dekoration oder sonstige Ausstattung, die Dauer von Sendung und Beiträgen sowie ein bestimmter Stil der Kameraführung, der Beleuchtung und des Schnitts.[87]

Im Fall „Sendeformat" ging es um die Frage, ob das Format der Sendung „L`ecole des fans", worin jeweils vier Kinder Gast der Sendung sind und in Anwesenheit von bekannten Künstlern und ihrer Familie ein Lied singen, schutzfähig ist und demzufolge die Ausstrahlung der Sendung „Kinderquatsch mit Michael", welcher ebenfalls das zuvor beschriebene Konzept zugrundeliegt, unterlassen werden muss. Der BGH sah ein solches Sendeformat unabhängig von seiner schöpferischen Leistung als nicht urheberrechtlich schutzfähig an.[88] Ein Werk im Sinne des § 2 UrhG könne nur das Ergebnis der schöpferischen Formung eines bestimmten Stoffes sein. Daran fehle es bei einer vom Inhalt losgelösten bloßen Anleitung zur Formgestaltung gleichartiger anderer Stoffe, auch wenn diese eine individuelle, eigenartige Leistung darstellen würden. Somit sei das Sendeformat „L`ecole des fans" in seiner Gesamtheit nur ein vorgegebener Rahmen zur Gestaltung gleichartiger Sendungen.[89]

Die Entscheidung des BGH wird teils in der Literatur stark kritisiert und eine Schutzfähigkeit von Sendeformaten vehement befürwortet.[90] Die Anwendung bekannter Methoden und Stilmittel schließt Schricker zufolge ein individuelles Schaffen nicht aus. Dies könne, wie der BGH es für Fernsehformate annehme, nicht den Werkschutz entfallen lassen. Auch Fernsehsendeformate könnten individuell geprägt sein und nur diese Individualität sei entscheidend. Die Argumentation des BGH sei daher in sich widersprüchlich, wenn sie einerseits davon ausgehe, dass das Format zwar individuelle Eigenart nachweise, dennoch als bloße Anleitung zur Formgestaltung gleichartiger anderer Stoffe nicht schutzfähig sei. Im Ergebnis handele es sich bei Fernsehsendeformaten um schutzfähige Werke im Sinne des Urheberrechts.[91]

Des Weiteren gibt es Ansichten, die statt des urheberrechtlichen Schutzes den ergänzenden Leistungsschutz aus dem Wettbewerbsrecht heranziehen.[92]

Mit Bullinger ist jedoch der Ansicht des BGH zuzustimmen. Bullinger hebt hervor, dass zwar jede der einzelnen Folgen einer Fernsehshow als urheberrechtlich schutzfähiges Werk in Betracht kommen könne, nicht jedoch das ihnen zugrunde liegende Format. Dieses sei als noch nicht ausgestaltete und geformte Vorstufe zu der einzelnen Show zu sehen. Ein urheberrechtlicher wie auch ergänzender wettbewerbsrechtlicher Schutz von Sendeformaten sei grundsätzlich abzulehnen. Das

87 BGH, NJW 2003, 2828 (2829).
88 BGH, NJW 2003, 2828 (2830).
89 BGH, NJW 2003, 2828 (2830).
90 Schricker, GRUR Int. 2004, 923.
91 Schricker, GRUR Int. 2004, 923 (927).
92 Dreier/Schulze/*Schulze*, Urheberrechtsgesetz, § 2, Rn. 216.

Urheberrecht dürfe dem allgemeinen freien Gebrauch keine einfachen Ideen und Grundgedanken sowie einfache Kombinationen entziehen. Die Ideen und Grundkonzepte zu Shows seien begrenzt und die Gewährung eines Schutzes würde zu einer Beschränkung der Gestaltungsmöglichkeiten für Showformate führen.[93] Somit sei ein Showformat nur ausnahmsweise, wenn es nicht nur aus einem bloßen Grundkonzept bestehe, dem Urheberrechtsschutz zugänglich.[94]

Diese Ansicht überzeugt, insbesondere das Argument, dass ein Schutz von Sendeformaten, die eine bloße Grundidee darstellen, zu einem zu geringen Spielraum der Gestaltung und somit zu einer Gefahr der Monopolisierung führen würde.[95] Der Begriff der Gefahr der Monopolisierung kann am Besten anhand eines Beispiels erläutert werden: bei Casting-Sendungen handelt es sich um aktuell sehr beliebte Sendeformate. Als Beispiele sind „Deutschland sucht den Superstar" (RTL) und „Popstars" (ProSieben) zu nennen. Das Grundkonzept dieser Sendungen ist identisch. Zunächst wählt die Jury, bestehend aus drei Mitgliedern, in offenen Castings, die in mehreren Städten stattfinden, potentielle Talente aus. Diese dürfen ihre Fähigkeiten in einzelnen Mottoshows unter Beweis stellen, bis nur ein „Superstar" übrigbleibt bzw. die Mitglieder einer neuen „Popstarsband" feststehen. Wäre dieses Sendeformat geschützt, würde der erste Sender, der eine Casting-Sendung ausstrahlt, eine Monoplstellung einnehmen, da kein anderer Sender eine ähnliche Sendung produzieren dürfte. Die Ansicht Schrickers ist demnach abzulehnen.

6. Computerspiele

Schließlich bedarf es der Klärung der Frage, ob auch Computerspiele zu den Filmwerken zählen.

Zunächst ist jedoch klarzustellen, dass es bei dieser Frage nicht um den Schutz der den Spielverlauf steuernden Computerprogramme, sondern um das Erscheinungsbild und den Spielablauf auf dem Bildschirm geht. [96]

Die Schutzfähigkeit von Computerspielen ist in Literatur und Rechtsprechung teils abgelehnt worden.[97] Reupert hat hierbei sogar nicht nur den Schutz als Filmwerk, sondern auch den Schutz als Laufbild abgelehnt.[98] Der Schutzfähigkeit des Computerspiels stehe entgegen, dass es an einer Fixierung des Spielergebnisses fehle und dass das charakteristische Wesensmerkmal des Computerspiels die Möglichkeit des Spielers sei, unterschiedliche Schritte vorzunehmen, was eben-

93 Wandtke/Bullinger/*Bullinger*, Praxiskommentar zum Urheberrecht, § 2, Rn. 125 ff.
94 Wandtke/Bullinger/*Bullinger*, Praxiskommentar zum Urheberrecht, § 2, Rn. 127.
95 Wandtke/Bullinger/*Bullinger*, Praxiskommentar zum Urheberrecht, § 2, Rn. 125.
96 Schricker/*Loewenheim*, Urheberrecht, § 2, Rn. 183.
97 Reupert, Der Film im Urheberrecht, S. 63 ff; OLG Frankfurt a.M., GRUR 1983, 757.
98 Reupert, Der Film im Urheberrecht, S. 66 f.

falls zu unterschiedlichen Bildfolgen führe. Das Nacheinander der sichtbaren Bilder sei somit nur auf die ausführende Tätigkeit des Spielers zurückzuführen. Diese vielfältigen Gestaltungsmöglichkeiten des Ablaufs durch den Spieler würden die Schutzfähigkeit des Computerspiels verbieten.[99]

Diese Ansicht wird jedoch von der überwiegenden Meinung als nicht überzeugend und überholt angesehen, somit die Schutzfähigkeit von Computerspielen bejaht.[100] Zunächst wird betont, dass Computerspiele als Bildfolgen oder Bild- und Tonfolgen einzuordnen seien, auch wenn der Spieler in das Spielgeschehen eingreife und somit die Bildfolgen oder Bild- und Tonfolgen ändern könne. Grund hierfür sei, dass alle auf dem Bildschirm darstellbaren Handlungsabläufe, ungeachtet der Gestaltungsmöglichkeiten durch den Spieler, bereits endgültig im Programm festgelegt seien. Somit werde der Urheber des Computerspiels und nicht der Spieler selbst künstlerisch gestaltend tätig.[101] Des Weiteren sei nicht Voraussetzung, dass die Bildfolge oder Bild- und Tonfolge fixiert sei und stets die gleiche Bildfolge zeige.[102]

Um die Bildfolgen oder Bild- und Tonfolgen des Computerspiels als Filmwerk zu qualifizieren, bedarf es einer persönlichen geistigen Schöpfung. Insbesondere bei modernen Computerspielen wie „Tomb Raider“ handelt es sich um aufwendige interaktive Filme. Bullinger zufolge entsprechen die figurativen Darstellungen, Raumbilder und Szenenabläufe einem gestalterischen Niveau, das den Anforderungen des Werkschutzes gerecht werden kann.[103] Dies ist überzeugend. Dennoch hat die Rechtsprechung in gewissen Fällen nur einen Laufbildschutz angenommen.[104] Wie Loewenheim dies jedoch richtigerweise beurteilt, war der Grund hierfür, dass die Rechtsverfolgung auf die Herstellerrechte gestützt wurde, für deren Anwendung es nicht darauf ankam, ob das Urheberrecht oder Leistungsschutzrecht verletzt wurde und demzufolge aus prozessökonomischen Gründen der Nachweis der persönlichen geistigen Schöpfung erspart werden konnte.[105] Auch wenn in gewissen Einzelfällen keine persönliche geistige Schöpfung vorliegen sollte, lässt

---

99 Reupert, Der Film im Urheberrecht, S. 65 f; OLG Frankfurt a.M., GRUR 1983, 757 (758).

100 Schricker/*Loewenheim*, Urheberrecht, § 2, Rn. 183; Wandtke/Bullinger/*Bullinger*, Praxiskommentar zum Urheberrecht, § 2, Rn. 129; Fromm/Nordemann/*Axel Nordemann*, Urheberrecht, § 2, Rn. 204; Loewenheim/*Nordemann*, Handbuch des Urheberrechts, § 9 Rn. 186 f; OLG Hamburg, GRUR 1983, 436; OLG Hamburg, GRUR 1990, 127; OLG Köln, GRUR 1992, 312; BayObLG, GRUR 1992, 508.

101 Wandtke/Bullinger/*Bullinger*, Praxiskommentar zum Urheberrecht, § 2, Rn. 129; OLG Köln, GRUR 1992, 312 (313); OLG Hamburg, GRUR 1983, 436 (437); BayObLG, GRUR 1992, 508 (509).

102 Wandtke/Bullinger/*Bullinger*, Praxiskommentar zum Urheberrecht, § 2, Rn. 129; OLG Köln, GRUR 1992, 312 (313).

103 Wandtke/Bullinger/*Bullinger*, Praxiskommentar zum Urheberrecht, § 2, Rn. 129.

104 OLG Köln, GRUR 1992, 312 (313); OLG Hamburg, GRUR 1990, 127 (128).

105 Schricker/*Loewenheim*, Urheberrecht, § 2, Rn. 183.

dies nicht darauf schließen, dass Computerspiele grundsätzlich nicht als Filmwerk schutzfähig seien, sondern dass nur in diesem Einzelfall die Voraussetzungen nicht vorlagen, aber dennoch in den meisten modernen aufwendigen Spielen vorliegen können. Im Ergebnis sind Computerspiele somit als Filmwerk gem. § 2 Abs.1 Nr. 6 UrhG zu qualifizieren, soweit sie eine persönliche geistige Schöpfung darstellen.

B. Das Kinofilmwerk im türkischen Recht

Das „Hakkı Telif Kanunu: Verfasserrechtsgesetz" aus dem Jahre 1910 schützte geistige Erzeugnisse wie z.B. Schriftwerke, Gemälde und Zeichnungen, Bühnenwerke, Plastiken, Karten und Pläne, technische Zeichnungen, Bauwerke sowie Werke der Musik. Neueren Werkarten wie Fotografien und Filmwerken wurde ein Urheberrechtsschutz jedoch nicht zuteil.[106]

Es wurde in der Literatur nach einem Weg gesucht, wie auch das Kinofilmwerk urheberrechtlich geschützt werden könnte. Hirsch versuchte, die Normen des „Hakkı Telif Kanunu" auszulegen und festzustellen, ob sie einen Schutz des Films hätten begründen können. Zwar entnahm er den Art. 3 und 29 des Hakkı Telif Kanunu, dass die Verfilmung eines Werkes eine Urheberrechtsverletzung darstellte, jedoch konnte man nach Hirschs Ansicht aus keiner der Normen ableiten, dass auch der hergestellte Film selbst als Werk schutzfähig sei. Derjenige, der einen Film geschaffen hatte, konnte seine Rechte nur über das Gesetz über den unlauteren Wettbewerb („gayri kanuni rekabet") geltend machen. Es bedurfte somit einer eigenen gesetzlichen Regelung.[107]

Schon längere Zeit war in der Türkei eine Novellierung des Urheberrechts geplant. Nachdem die Änderungsarbeiten für längere Zeit gestoppt worden waren, wurden die Unzulänglichkeiten des türkischen Urheberrechts auf dem Ersten Kongress für Publizistik in Ankara im Jahre 1938 in einem größeren Rahmen erörtert. Hierbei wurde die Notwendigkeit von Reformen und Gesetzesvorschlägen zum Ausdruck gebracht. Die Ausarbeitung des Gesetzes wurde Hirsch übertragen, der seit 1933 an den juristischen Fakultäten in Istanbul und Ankara seinem Lehrauftrag nachging. 1948 übergab er seinen Entwurf dem Justizministerium. Er wurde mit kleinen Änderungen am 27.10.1950 zum Regierungsentwurf erhoben und schließlich am 05.12.1951 durch die türkische Nationalversammlung als Gesetz verabschiedet.[108] In Art. 5 des „Fikir ve Sanat Eserleri Kanunu (FSEK): Gesetz

106 Nal, GRUR-Int. 2000, 1 (2); ders., Probleme des türkischen Urheberrechts aus der Sicht des deutschen und europäischen Rechts, S. 8.

107 Hirsch, Hukuki Bakımdan Fikri Say,Cilt II, S. 51 f.

108 Hirsch, Das neue Urheberrechtsgesetz der Türkei, S. 9 ff; Nal, GRUR-Int. 2000, 1 (3); Tekinalp, Fikri Mülkiyet Hukuku, § 7, Rn. 20.

über Geistes- und Kunstwerke“ wurde das Kinofilmwerk erstmals neben dem Literaturwerk, Musikwerk und dem Werk der schönen Künste als eigene Werkgattung anerkannt.[109]

I. Filmbegriff und Filmträger

Beim „Film“ handelt es sich um keinen rechtlichen Begriff. Dieser Begriff umfasst jegliche Arten des Films und stellt somit einen Oberbegriff dar.[110]

Der Film ist vom Filmträger zu unterscheiden. Dieser stellt die körperliche Festlegung des Films dar.[111]

II. Dem Kinofilmwerk vorbestehende Werke

Von Bedeutung sind ebenfalls die dem Kinofilmwerk vorbestehenden Werke. Besteht ein Musikstück, ein Roman oder eine Novelle unabhängig von einem Kinofilmwerk, so wird dieses zunächst als ein Musikwerk oder Literaturwerk geschützt. Wird das Literaturwerk/Musikwerk im Kinofilmwerk verwendet, so liegt ein Fall der Bearbeitung gem. Art. 6 FSEK vor. Der Bearbeiter bedarf der Zustimmung des Urhebers.[112]

Problematisch ist jedoch die Beurteilung hinsichtlich des Drehbuchs und der originellen Musik.[113] Nach Tosuns Auffassung ist grundsätzlich keine Bearbeitung anzunehmen, wenn ein Drehbuch im Kinofilmwerk verwendet werde. Es werde mit der Absicht geschrieben, dass daraus ein Kinofilmwerk entstehen solle. Somit solle das Drehbuch ein Teil eines anderen Werkes, nämlich des Kinofilmwerkes, werden. In diesem Punkt unterscheide sich das Drehbuch von den sonstigen Lite-

---

109 Genç, Sinema Ve Müzik Eserleri in: Ünal Tekinalp'e Armağan, S. 249 (258); dies. Türk Hukukunda Eser Sahibinin Çoğaltma Ve Yayma Hakları, S. 31; Kınacıoğlu, Sinema Eserleri Ve Bunlarda Eser Sahipliği in: Ali Bozer'e Armağan, S. 209 (210); Hirsch, Das neue Urheberrechtsgesetz der Türkei, S. 38, s. auch Fn. 31.

110 Tekinalp, Fikri Mülkiyet Hukuku, § 10, Rn. 54; Arkan, Eser Sahibinin Haklarına Bağlantılı Haklar, S. 24; Ayiter, Hukukta Fikir Ve Sanat Ürünleri, S. 61; Ateş, Fikir Ve Sanat Hukukunda Sinema Eseri Ve Eser Sahipliği in: Fikri Mülkiyet Hukuku Yıllığı 2009, S. 59 (65 f).

111 Tekinalp, Fikri Mülkiyet Hukuku, § 10, Rn. 57; Arkan, Eser Sahibinin Haklarına Bağlantılı Haklar, S. 24; Ayiter, Hukukta Fikir Ve Sanat Ürünleri, S. 61; Güneş, Uygulamada Fikir Ve Sanat Eserleri Hukuku, S. 80.

112 Genç, Sinema Ve Müzik Eserleri in: Ünal Tekinalp'e Armağan, S. 249 (270); Akkayan Yıldırım, Sinema Eseri Ve Sinema Eser Sahipliği in: Hayri Domaniç'e Armağan, S. 1 (9).

113 Tosun, Sinema Eserleri Ve Eser Sahibinin Hakları, S. 54 ff. Mit der wörtlichen Übersetzung "originelle Musik" ist der Begriff der Originalmusik gemeint.

raturwerken. Etwas anderes gelte nur in dem Falle, dass das Drehbuch unabhängig von dem Kinofilmwerk geschaffen worden sei und der Drehbuchautor nicht gemeinschaftlich mit den sonstigen Urhebern an der Herstellung des Kinofilmwerkes mitwirken wolle. Dies stelle jedoch nicht die Regel dar, da es sich ansonsten bei jedem Kinofilmwerk um die Bearbeitung eines Drehbuches im Sinne des Art. 6 FSEK handeln würde. Dagegen spreche jedoch die besondere Regelung für Kinofilmwerke gem. Art. 5 FSEK, der es nicht bedurft hätte, wenn Kinofilmwerke immer die Bearbeitung eines Drehbuchs darstellen würden.[114] Dasselbe vertritt Tosun auch für die eigens für den Film geschriebene Musik. Werde in einem Kinofilmwerk die eigens für den Film komponierte Musik verwendet, so liege auch hier keine Bearbeitung vor. Die Musik bestimme die Atmosphäre und den Verlauf des Films. Daher werde die Musik auch in den meisten Fällen während der Dreharbeiten oder nach Beendigung der Dreharbeiten komponiert. Es liege somit in den meisten Fällen kein fertiges Werk vor, das bearbeitet werden könne. Die Musik stelle somit ebenfalls einen Teil des Kinofilmwerkes dar.[115]

Es stellt sich somit die Frage, ob dieser Ansicht zuzustimmen ist und es sich demnach bei dem Drehbuch und der eigens für den Film komponierten Musik um einen Bestandteil des Kinofilmwerks handelt, der von diesem nicht zu trennen ist oder diese Ansicht abzulehnen ist, somit das Drehbuch und die eigens für den Film komponierte Musik durchaus einer selbstständigen Verwertung zugänglich sind. Diese Frage ist für die Beurteilung der Urheberschaft von Bedeutung und ist im zweiten Kapitel aufzugreifen und zu erörtern.

III. Das Kinofilmwerk

In der Türkei verwendet das Gesetz nicht den Begriff des Filmwerks wie im deutschen Recht, sondern den Begriff Kinofilmwerk. Das Kinofilmwerk ist ausführlich in Art. 5 des FSEK geregelt. Bis zu seiner Novellierung im Jahre 2001 enthielt der Art. 5 des FSEK folgenden Wortlaut:

„Filmwerke sind:

1. Spielfilme;
2. Lehrfilme und technische Filme oder Filme, die Tagesereignisse festhalten;
3. jede Art von Projektionsdiapositiven wissenschaftlichen, technischen oder künstlerischen Charakters.

114 Tosun, Sinema Eserleri Ve Eser Sahibinin Hakları, S. 59 ff, 404.
115 Tosun, Sinema Eserleri Ve Eser Sahibinin Hakları, S. 64 f.

Auch wenn die oben erwähnten Werke auf anderem Stoff als Film und Glas festgehalten sind, gehören sie zur Gruppe der Filmwerke unter der Voraussetzung, dass sie durch Projektion vorgeführt werden können.

Filme, die nur zur Wiedergabe von Kompositionen, Reden, Vorträgen und dergleichen dienen, gelten nicht als Filmwerke.“

Art. 5 des FSEK in seiner Fassung von 1951 war in der Literatur jedoch starker Kritik ausgesetzt, was zu einem späteren Zeitpunkt genauer auszuführen sein wird, und wurde schließlich im Jahre 2001 novelliert:

„Kinofilmwerke sind etwa alle Arten von Filmen, die künstlerischen, wissenschaftlichen, lehrenden oder technischen Charakter haben oder Tageserzeugnisse aufzeichnen oder Spielfilme, welche als eine Reihe von miteinander verbundenen, beweglichen Bildern laut oder lautlos sind und mit elektronischen, mechanischen oder ähnlichen Mitteln gezeigt werden können, ohne dass es auf das aufgezeichnete Material ankommt.“

Durch die Neuformulierung des Art. 5 FSEK ist es dem Gesetzgeber jedoch nicht gelungen, klare Voraussetzungen zur Bestimmung eines Kinofilmwerks zu schaffen. Dies spiegelt sich auch in der türkischen Rechtsliteratur wider. Gewisse Grundvoraussetzungen werden in der Literatur einheitlich vorausgesetzt, andere Voraussetzungen jedoch stark diskutiert. Gegenstand des folgenden Abschnitts wird es sein, die Merkmale eines Kinofilmwerks darzustellen und hierbei die Entwicklung der Norm und die verschiedenen Literaturansichten zu erörtern.

1. Abfolge miteinander verbundener beweglicher Bilder

Grundsätzliche Voraussetzung für das Vorliegen eines Kinofilmwerks ist zunächst die Abfolge miteinander verbundener beweglicher Bilder. Dies ist seit 2001 gesetzlich festgelegt.

Wie man der alten Fassung der Norm in Abs. 1 Nr. 3 entnehmen kann, war zuvor auch jede Art von Projektionsdiapositiven wissenschaftlichen, technischen oder künstlerischen Charakters geschützt. Somit galten auch nicht bewegliche Bilder als Kinofilmwerke. Dies wurde in der Literatur jedoch stark kritisiert. Die Besonderheit der Kinofilmwerke bestehe darin, dass es sich bei diesen um miteinander verbundene bewegliche Bilder handele. Projektionsdiapositive seien keine beweglichen Bilder, daher solle ihnen auch nicht der Schutz als Kinofilmwerk zuteil werden, nur weil sie durch Projektion vorgeführt werden können. Vielmehr seien diese als Werke der Fotografie einzuordnen.[116] Diese Regelung ist mit der

116 Erel, Musiki Ve Sinema Eserleri, Yargıtay Dergisi 1987, 532 (539); Ayiter, Hukukta Fikir Ve Sanat Ürünleri, S. 64; Arslanlı, Fikri Hukuk Dersleri II, S. 27 f.

Novellierung der Norm abgeschafft worden, was auch in der Literatur Zustimmung gefunden hat.[117]

Bei der Abfolge miteinander verbundener Bilder kann es sich um Bilder, gezeichnet per Hand oder hergestellt durch ein mechanisches oder elektronisches Gerät, oder um Fotografien, hergestellt durch einen Fotoapparat oder eine Kamera, handeln. Diese Bildfolgen stellen den Grundbaustein des Kinofilmwerkes dar.[118] Die Tatsache, dass es sich bei diesen Bildfolgen um bewegte Bildfolgen handelt und dass diesen durch die Verwendung verschiedener technischer Mittel Leben eingehaucht werden kann, zeichnet die Besonderheit des Kinofilmwerkes anderen Werken gegenüber aus. Kinofilmwerke sprechen jedoch nicht nur das Auge, sondern auch das Gehör durch die Verwendung von Musik und Dialogen an. Ton ist jedoch keine zwingende Voraussetzung, sowohl Bildfolgen mit als auch ohne Ton sind von der Norm erfasst.[119]

Außerdem ist der Inhalt der Bildfolgen unbedeutend.[120]

2. Unabhängigkeit vom Trägermaterial

Vor der Novellierung besagte die Norm in ihrem zweiten Absatz, dass Werke, die auf anderem Stoff als Film und Glas festgehalten seien, zur Gruppe der Filmwerke nur unter der Voraussetzung gehörten, dass sie durch Projektion vorgeführt werden könnten. Dem Wortlaut dieser Regelung konnte man somit entnehmen, dass als Filmträger grundsätzlich nur Film und Glas in Betracht kamen. Eine Ausnahme von dem Grundsatz wurde nur für die Werke gemacht, die trotz anderen Trägermaterials einer Vorführung durch Projektion zugänglich waren.

Jegliche Verwirrungen, die hierdurch hätten entstehen können, sind durch die Novellierung ausgeräumt worden. Diese legt wie erwähnt fest, dass das Trägermaterial ohne Bedeutung ist.

---

117 Akkayan Yıldırım, Sinema Eseri Ve Sinema Eser Sahipliĝi in: Hayri Domaniç'e Armaĝan, S. 1 (6 f); Genç, Sinema ve Müzik Eserleri in: Ünal Tekinalp'e Armaĝan, S. 249 (259); dies., Türk Hukukunda Eser Sahibinin Çoĝaltma Ve Yayma Hakları, S. 33; Tosun, Sinema Eserleri Ve Eser Sahibinin Hakları, S. 49 f; Ateş, Fikir Ve Sanat Hukukunda Sinema Eseri Ve Eser Sahipliĝi in: Fikri Mülkiyet Hukuku Yıllıĝı 2009, S. 59 (62 f, 72).

118 Özderyol, Fikir Ve Sanat Eserleri Kanunu'nda Düzenlenen Suçlar, S. 28; Ateş, Fikir Ve Sanat Eserleri Üzerindeki Hakların Kapsamı Ve Sınırlandırılması, S. 69; ders., Fikir Ve Sanat Hukukunda Sinema Eseri Ve Eser Sahipliĝi in: Fikri Mülkiyet Hukuku Yıllıĝı 2009, S. 59 (71).

119 Özderyol, Fikir Ve Sanat Eserleri Kanunu'nda Düzenlenen Suçlar, S. 28; Ateş, Fikir Ve Sanat Eserleri Üzerindeki Hakların Kapsamı ve Sınırlandırılması, S. 70; ders., Fikir Ve Sanat Hukukunda Sinema Eseri Ve Eser Sahipliĝi in: Fikri Mülkiyet Hukuku Yilliĝi 2009, S. 59 (72 f).

120 Karahan/Suluk/Saraç/Nal, Fikri Mülkiyet Hukukunun Esasları, S. 59; Ateş, Fikir Ve Sanat Hukukunda Sinema Eseri Ve Eser Sahipliĝi in: Fikri Mülkiyet Hukuku Yıllıĝı 2009, S. 59 (72).

Jegliches Trägermaterial kommt somit in Betracht, es kann sich hierbei um Zelluloidfilm oder auch eine neuere Aufzeichnungsmöglichkeit, nämlich die digitale Aufzeichnung, handeln. Dies ermöglicht es der Norm offen für jegliche technische Entwicklungen zu sein.[121]

3. Eigentümlichkeit

a) Der Begriff der Eigentümlichkeit

Des Weiteren muss das Kinofilmwerk die Eigentümlichkeit (hususiyet) des Filmschaffenden aufweisen. Diese Voraussetzung ist jedoch nicht Art. 5 FSEK, sondern Art. 1b lit. a FSEK zu entnehmen, der die allgemeinen Werkvoraussetzungen definiert.

aa) Der Begriff der Eigentümlichkeit allgemein

Der Begriff der Eigentümlichkeit wird in der Literatur sehr stark diskutiert. Hirsch legt den Begriff der Eigentümlichkeit zunächst sehr eng aus. Die Eigentümlichkeit des Werkes ist laut Hirsch zu verneinen, wenn das Werk von jedermann hergestellt werden kann. Das Werk muss das Produkt einer schöpferischen ideellen Leistung sein und nicht von jedermann hergestellt werden können. Erst dann könne die Werkeigenschaft angenommen werden.[122] Hirsch spricht hierbei auch von der besonderen Note des Urhebers.[123]

Die Ansicht Hirschs wird jedoch von Arslanlı stark kritisiert. Die strenge Auslegung Hirschs würde den Anwendungsbereich der Norm zu sehr verengen. Dieser spricht sich für eine weite Auslegung der Norm aus. Eine schöpferische ideelle Leistung treffe man sehr selten an, was dazu führe, dass einer Vielzahl von Werken die Möglichkeit einer Schutzfähigkeit versperrt sei. Es genüge eine relative Unabhängigkeit der geistigen Leistung. Das neu geschaffene Werk müsse nicht völlig neu gegenüber den bereits bestehenden Werken sein. Jeder könne bei der Schaffung seines Werkes in gewissen Grenzen die bereits bestehenden Werke

---

121 Genç, Sinema Ve Müzik Eserleri in: Ünal Tekinalp´e Armağan, S. 249 (260); dies., Türk Hukukunda Eser Sahibinin Çoğaltma Ve Yayma Hakları, S. 34; Suluk, Telif Hakları Ve Korsanlıkla Mücadele, S. 60.; Tosun, Sinema Eserleri Ve Eser Sahibinin Hakları, S. 48 f; Ateş, Fikir Ve Sanat Hukukunda Sinema Eseri Ve Eser Sahipliği in: Fikri Mülkiyet Hukuku Yıllığı 2009, S. 59 (64).

122 Hirsch, Hukuki Bakımdan Fikri Say, Cilt II, S. 12; Hirsch, Das neue Urheberrechtsgesetz der Türkei, S. 35 f.

123 Hirsch, Das neue Urheberrechtsgesetz der Türkei, S. 35.

nutzen. Das neue Werk dürfe jedoch keine Kopie des bereits bestehenden Werkes darstellen.[124]

Erel verlangt eine unabhängige geistige Leistung, die die besonderen schöpferischen Fähigkeiten des Werkschaffenden vermittelt. Dies bedeute jedoch nicht, dass das Werk eine nie zuvor gesehene absolute Originalität besitzen müsse. Auch Erel zufolge kann sich der Werkschaffende bereits bestehende Werke zunutze machen, solange sein Werk seine unabhängige geistige Leistung widerspiegele.[125]

Ayiter fordert eine die geistige Individualität widerspiegelnde Leistung. Dies bedeute jedoch nicht, dass das Werk den Stempel des Werkschaffenden tragen müsse. Es müsse etwas anderes geschaffen werden, als das bereits Vorhandene und es müsse eine gewisse Leistungshöhe vorliegen.[126]

Tekinalp versteht unter dem Begriff der Eigentümlichkeit einen gewissen geistigen Ausdruck, eine Erläuterung. Dieser spiegele die künstlerische Fähigkeit und die Kreativität des Werkschaffenden wider. Die Ausdrucksweise könne sich jedoch bei jedem Werk auf eine andere Art und Weise zeigen. Daher müsse bei der Bestimmung der Eigentümlichkeit auch immer die Art des Werkes beachtet werden. Das Werk müsse jedoch eine gewisse Kreativität besitzen und dürfe nicht gewöhnlich sein. Es genüge aber eine geringe Gestaltungshöhe, somit sei auch die kleine Münze geschützt.[127]

In der Literatur gibt es viele Stimmen, die vertreten, dass Hirsch den Begriff der Eigentümlichkeit zu eng und Arslanlı zu weit auslegt und dass es eines Mittelweges bedarf. Welche Ansicht jedoch den überzeugenden Mittelweg darstellt, ist umstritten.[128] Teils wird die Ansicht Erels als überzeugender Mittelweg angesehen.[129] Genç schließt sich demgegenüber Tekinalps Begrifflichkeit des geistigen Ausdrucks und der Erläuterung an.[130] Auch Karahan/Suluk/Saraç/Nal verwenden die Begriffe Tekinalps, betonen jedoch, dass die Begriffe des geistigen Ausdrucks und der Erläuterung nicht so einfach mit der Eigentümlichkeit gleichzusetzten seien, sondern dass zu diesen Begriffen noch drei wichtige Kriterien hinzutreten müssen: 1. Die Beurteilung, inwieweit dem Werkschaffenden ein Gestaltungsspielraum zusteht, 2. ob das Werk eine über das Gewöhnliche hinausgehende Eigenschaft

---

124 Arslanlı, Fikri Hukuk Dersleri II, S. 6, 7.

125 Erel, Fikri Hukukta Musiki Ve Sinema Eserleri, Yargıtay Dergisi 1987, 532 (533); ders., Türk Fikir ve Sanat Hukuku, S. 52 ff.

126 Ayiter, Hukukta Fikir Ve Sanat Ürünleri, S. 40 ff.

127 Tekinalp, Fikri Mülkiyet Hukuku, § 10, Rn. 7 ff.

128 Özderyol, Fikir Ve Sanat Eserleri Kanunu'nda Düzenlenen Suçlar, S. 15 f; Erdil, Fikir Ve Sanat Eserleri Kanunu Şerhi, Cilt 1, S. 16 f; Genç, Sinema Ve Müzik Eserleri in: Ünal Tekinalp'e Armağan, S. 249 (251 f); Karahan/Suluk/Saraç/Nal, Fikri Mülkiyet Hukukun Esasları, S. 35 ff.

129 Özderyol, Fikir Ve Sanat Eserleri Kanunu'nda Düzenlenen Suçlar, S. 16; Erdil, Fikir Ve Sanat Eserleri Kanunu Şerhi, Cilt 1, S. 16 f.

130 Genç, Sinema ve Müzik Eserleri in: Ünal Tekinalp'e Armağan, S. 249 (252).

besitzt und 3. ob das Werk eine über die Zweckmäßigkeit hinausgehende Eigenschaft besitzt.[131]

Die Ansicht Hirschs ist jedoch nicht nur Kritik ausgesetzt. Yarayan hebt hervor, dass vom Ausgangspunkt her den Auffassungen von Hirsch, Ayiter und Tekinalp zu folgen sei. Dem Wortlaut der Norm in Art. 1 b lit. a FSEK sei zu entnehmen, dass sich die Eigentümlichkeit nicht auf das Werk, sondern auf den Urheber beziehe. Mit Tekinalp sei zu fordern, dass das Werk einen geistigen Ausdruck bzw. einen geistigen Gehalt des Urhebers aufweise. Jedoch lehnt Yarayan es ab, an die gebotene Gestaltungshöhe wie Tekinalp niedrige Anforderungen zu stellen und somit auch die kleine Münze zu schützen. Dagegen spreche die historische Auslegung des Eigentümlichkeitsbegriffs. Hirsch, der wie bereits erörtert der „geistige Vater" des FSEK gewesen ist, habe darauf hingewiesen, dass mit der Forderung der Eigentümlichkeit ein echter Qualitätsunterschied zum Ausdruck kommen solle. Die Vorteile des Gesetzes sollten nur Werke in Anspruch nehmen können, bei denen dieser Qualitätsunterschied vorliege. Demnach seien nur solche Erzeugnisse urheberrechtlich zu schützen, die nicht von jedermann geschaffen werden können und somit die eigentümliche, besondere, persönliche Note des Urhebers bzw. seine Individualität zeigen. An dem Begriff der Eigentümlichkeit sei auch in Zukunft festzuhalten.[132]

Auf den ersten Blick scheint die Ansicht Yarayans zu überzeugen. Betrachtet man den Begriff der Eigentümlichkeit in Art. 1 b lit. a FSEK nur für sich, so könnte man durchaus der Ansicht folgen, dass ursprünglich eine enge Auslegung des Begriffs gefordert worden sei, und da der Wortlaut der Norm den ursprünglichen Begriff der Eigentümlichkeit beibehalten habe, folglich auch an der engen Definition festzuhalten sei. Jedoch könnte der Begriff der Eigentümlichkeit anders zu definieren sein, wenn man ihn im Zusammenhang mit der jeweiligen Werkart betrachten und definieren würde.[133] Fraglich ist somit, ob der Begriff der Eigentümlichkeit aus Art. 1 b lit. a FSEK anders zu verstehen ist, wenn man bei seiner Auslegung auch Art. 5 FSEK heranzieht.

bb) Der Begriff der Eigentümlichkeit im Rahmen des Kinofilmwerks

Bereits vor der Novellierung des Art. 5 FSEK haben Ansichten in der Literatur im Rahmen der Kinofilmwerke eine weite Auslegung des Begriffs der Eigentümlich-

131 Karahan/Suluk/Saraç/Nal, Fikri Mülkiyet Hukukun Esasları, S. 36 f.

132 Yarayan, Der Schutz von Datenbanken im deutschen und türkischen Recht, S. 161 ff.

133 Ähnlich: Tosun, Sinema Eserleri Ve Eser Sahibinin Hakları, S. 37, S. 42, Tosun weist darauf hin, dass der Begriff der Eigentümlichkeit in der türkischen Rechtsliteratur stark umstritten ist und sich keine einheitliche Definition finden lässt. Seiner Ansicht nach sollten keine zu hohen Anforderungen an die Eigentümlichkeit gestellt werden und die Beurteilung des Begriffs abhängig von der jeweiligen Werkart erfolgen.

keit bevorzugt.[134] Die Eigentümlichkeit des Werkes könne einerseits durch die Art der Verwendung der technischen Mittel, wie Kamera-, Licht-, Farbeffekte und dergleichen zum Ausdruck kommen, andererseits könne die Eigentümlichkeit abhängig von dem Filmgenre variieren und müsse die Besonderheiten des Genres widerspiegeln.[135] Überzeugend betont Erel, dass dies jedoch nicht so verstanden werden soll, dass ein Film, um als Filmwerk eingeordnet zu werden, diese gesamten Eigenschaften aufweisen müsse. Zeichne ein Film beispielsweise Tagesereignisse auf, so würde es zur Bejahung der Eigentümlichkeit genügen, wenn hierbei eine besondere Auswahl der Ereignisse und der Landschaften erfolge oder bei der Vermittlung der Idee des Films an den Zuschauer besondere Mittel verwendet würden.[136]

Es wurde auch kritisiert, dass gem. Art. 5 Abs. 3 FSEK a.F. Aufnahmen von Musikdarbietungen, Reden, Vorträgen und dergleichen von einem Schutz ausgenommen waren. Denn auch diese Aufnahmen könnten Eigentümlichkeit besitzen.[137] Die Eigentümlichkeit könne bei einer Musikdarbietung z.B. durch Nahaufnahmen der Musiker oder des Dirigenten, die bestimmte Bewegungen dieser auffangen, um die musikalische Darbietung zu untermalen, zum Ausdruck kommen. Art. 5 Abs. 3 des FSEK sei somit nicht gelungen. Würde Aufnahmen von Musikdarbietungen, Reden und Vorträgen ein Schutz verwehrt, so sollten auch Projektionsdiapositive, die bloß ein nicht bewegliches Bild wiedergeben, ebenfalls keinen Werkschutz genießen.[138]

Schließlich hat der Gesetzgeber Art. 5 Abs. 3 FSEK und, wie bereits erwähnt, auch die Projektionsdiapositive im Rahmen der Novellierung 2001 gestrichen und ästhetischen, wissenschaftlichen, unterrichtenden oder technischen Charakter aufweisende oder das Tagesgeschehen aufzeichnende Filme und Kinofilme als geschützte Filmarten geregelt.

Als Grund für die Novellierung führt die Gesetzesbegründung auf, dass der Anwendungsbereich der bisherigen Norm zu eng gewesen sei. Aus diesem Grunde habe es einer vollständigen Neuregelung bedurft. Diese Neuregelung beabsichtige

---

134 Arslanlı, Fikri Hukuk Dersleri II, S. 28 f; Erel, Musiki Ve Sinema Eserleri, Yargıtay Dergisi 1987, 532 (540); ders., Türk Fikir Ve Sanat Hukuku, 2. Aufl., S. 51 f.

135 Erel, Musiki Ve Sinema Eserleri, Yargıtay Dergisi 1987, 532 (540); ders., Türk Fikir Ve Sanat Hukuku, 2. Aufl., S. 51; Arslanlı, Fikri Hukuk Dersleri II, S. 28.

136 Erel, Musiki Ve Sinema Eserleri, Yargıtay Dergisi 1987, 532 (540); ders., Türk Fikir Ve Sanat Hukuku, 2. Aufl., S. 51 f.

137 Arslanlı, Fikri Hukuk Dersleri II, S. 29; Erel, Musiki Ve Sinema Eserleri, Yargıtay Dergisi 1987, 532 (540); ders., Türk Fikir Ve Sanat Hukuku, 2. Aufl., S. 51 f; Kınacıoğlu, Sinema Eserleri ve Bunlarda Eser Sahipliği in: Ali Bozer'e Armağan, S. 209 (211 f); Ayiter, Hukukta Fikir Ve Sanat Ürünleri, S. 63.

138 Erel, Musiki Ve Sinema Eserleri, Yargıtay Dergisi 1987, 532 (540); ders., Türk Fikir Ve Sanat Hukuku, 2. Aufl., S. 52.

eine Anpassung der Regelung des Kinofilmwerks an technische Entwicklungen und internationale Vorschriften.[139]

Der Novellierung des Art. 5 FSEK wird entnommen, dass der Gesetzgeber den Schutzbereich des Kinofilmwerks habe weiter fassen wollen, somit wird auch der Begriff der Eigentümlichkeit weit ausgelegt und der bereits vor der Novellierung vertretenen Ansicht gefolgt, dass sich die Eigentümlichkeit des Urhebers beim Kinofilmwerk bereits durch die Verwendung technischer und künstlerischer Mittel wie Zoom, Licht und dergleichen auszeichnen könne.[140]

Zur Klarstellung wird in der Literatur darauf hingewiesen, dass man die technischen Mittel nur zur Bestimmung der Eigentümlichkeit heranziehen solle und nicht allein anhand der verwendeten Mittel entscheiden dürfe, ob es sich bei dem Film um ein Werk handele oder nicht.[141] Dasselbe gelte für das Genre eines Films. Man dürfe die Schutzfähigkeit eines Films als Werk nicht von vornherein aufgrund des Genres, zu dem es gehöre, ausschließen. Man könne das Genre jedoch bei der Beurteilung der Eigentümlichkeit heranziehen. Gäbe es beispielsweise weitere Filme mit einer ähnlichen Handlung, könne ein Vergleich mit diesen Filmen bei der Bestimmung der Eigentümlichkeit behilflich sein.[142]

Zieht man somit bei der Bestimmung des Eigentümlichkeitsbegriffs neben Art. 1 b lit. a FSEK auch Art. 5 FSEK heran, so ist deutlich an der historischen Entwicklung der Norm zu erkennen und auch der Gesetzesbegründung der Norm zu entnehmen, dass der Schutzbereich der Kinofilmwerke erweitert werden sollte. Einer engen Auslegung des Begriffs der Eigentümlichkeit steht insbesondere die Streichung des Art. 5 Abs. 3 FSEK a.F. entgegen. Diese Streichung verdeutlicht nämlich, dass der Aufzeichnung von Musikdarbietungen, Reden und Vorträgen ein Urheberrechtsschutz nicht mehr verwehrt werden soll, sondern dass diese durchaus auch die Eigentümlichkeit ihres Urhebers besitzen können, wenn dieser, wie bereits dargelegt, besondere Techniken bei der Aufnahme wie Zoom und Lichteffekte verwendet, die den geistigen Gehalt des Urhebers auszeichnen. Somit ist insbesondere im Rahmen der Kinofilmwerke auch die kleine Münze geschützt. Um zukünftige Verwirrungen um den Begriff der Eigentümlichkeit zu vermeiden, wäre zumindest eine Klarstellung durch den Gesetzgeber in Art. 1 b lit. a FSEK

---

139 Gerekçe 4630-Komisyon zitiert in: Erdil, Fikir Ve Sanat Eserleri Kanunu Şerhi, Cilt 1, S. 215 f; Üstün, Istanbul Barosu Dergisi 2001, 139 (197); Kaçak, Fikir Ve Sanat Eserleri Kanunu, S. 70 f.

140 Arkan, Eser Sahibinin Haklarına Bağlantılı Haklar, S. 24 f; Erel hält auch nach der Novellierung an seiner in der 2. Auflage vertretenen Ansicht fest und begrüßt Streichung des Art. 5 Abs. 3 a.F. FSEK: Erel, Türk Fikir Ve Sanat Hukuku, S. 74.

141 Tosun, Sinema Eserleri Ve Eser Sahibinin Hakları, S. 78.

142 Tosun, Sinema Eserleri Ve Eser Sahibinin Hakları, S. 82 f.

in der Hinsicht zu begrüßen, dass sich die Eigentümlichkeit des Werkes nach den Besonderheiten der jeweiligen Werkart beurteilt.

b) Fehlende gesetzliche Regelung von Laufbildern

Fehlt es dem Film an der Eigentümlichkeit, so findet sich im FSEK keine dem Laufbildschutz nach § 95 UrhG entsprechende Regelung. In diesen Fällen sollen Tekinalp zufolge die Vorschriften des FSEK analog anwendbar sein. Je nach Einzelfall könnten die Vorschrift über Filmwerke, Art. 5 des FSEK oder die Vorschriften über die mit den Rechten des Urhebers verbundenen Rechte, Art. 80 des FSEK analog herangezogen werden.[143] Überzeugender ist es jedoch, wie Ateş auf Filme, die nicht die Voraussetzungen des Art. 5 FSEK erfüllen, somit nicht als Kinofilmwerk zu beurteilen sind, nur die Vorschrift des Art. 80 FSEK anzuwenden.[144]

4. Körperliche Festlegung und Wiedergabe

Darüber hinaus werden von einigen Stimmen in der Literatur die körperliche Festlegung des Kinofilmwerks und die Möglichkeit seiner Wiedergabe verlangt.[145]

a) Körperliche Festlegung

Die aneinander gereihten beweglichen Bilderfolgen müssten körperlich festgelegt sein. Man müsse sich die Bilderfolgen anschauen können. Dies solle jedoch nicht nur einmalig geschehen. Es solle die Möglichkeit bestehen, sich die beweglichen Bilderfolgen wiederholt anzuschauen. Diese müssten daher auf einem Träger festgelegt sein, der diesen Zweck erfülle.[146] Wie bereits dargelegt, ist das Trägermaterial nicht von Bedeutung.

---

143 Tekinalp, Fikri Mülkiyet Hukuku, § 10, Rn. 54.

144 Ateş, Fikir Ve Sanat Hukukunda Sinema Eseri Ve Eser Sahipliĝi in: Fikri Mülkiyet Hukuku Yıllıĝı 2009, S. 59 (80).

145 Erdil, Fikir Ve Sanat Eserleri Kanunu Şerhi, Cilt 1, S. 217; Ateş, Fikir ve Sanat Eserleri Üzerindeki Hakların Kapsamı ve Sınırlandırılması, 69 ff; ders., Fikir Ve Sanat Hukukunda Sinema Eseri Ve Eser Sahipliĝi in: Fikri Mülkiyet Hukuku Yıllıĝı 2009, S. 59 (73 ff); Özderyol, Fikir Ve Sanat Eserleri Kanunu´nda Düzenlenen Suçlar, S. 27 f; Güneş, Uygulamada Fikir Ve Sanat Eserleri Hukuku, S. 81.

146 Ateş, Fikir ve Sanat Eserleri Üzerindeki Hakların Kapsamı Ve Sınırlandırılması, S. 70 f; ders., Fikir Ve Sanat Hukukunda Sinema Eseri Ve Eser Sahipliĝi in: Fikri Mülkiyet Hukuku Yıllıĝı 2009, S. 59 (73 ff); Özderyol, Fikir Ve Sanat Eserleri Kanunu´nda Düzenlenen Suçlar, S. 28.

b) Wiedergabe

Die festgelegten Bildfolgen müssten auch jederzeit durch ein Gerät wiedergegeben werden können. Die Wiedergabegeräte würden den Bildfolgen ihre „künstliche Lebendigkeit" verleihen, was sie auch als Kinofilmwerke auszeichne.[147]

Vor der Novellierung 2001 beschränkte sich die Wiedergabe auf die Vorführung durch Projektion. Dies führte auch, wie bereits erörtert, dazu, dass Projektionsdiapositive wissenschaftlichen, technischen oder künstlerischen Charakters als Kinofilmwerke geschützt wurden. Dies wurde in der Literatur jedoch stark kritisiert.[148] Bei der Beurteilung, ob es sich um ein Kinofilmwerk handelt, solle nicht auf die Art der Wiedergabe abgestellt werden.[149] Diese Regelung ist jedoch aufgegeben worden. Das Gesetz spricht nun, wie bereits dargelegt, von der Vorführung durch elektronische oder mechanische oder ähnliche Geräte und stellt somit nicht mehr auf die Vorführung durch Projektion ab. Diese Änderung ist in der Literatur begrüßt worden.[150]

c) Problem: Fernsehwerke/Fernsehsendungen

Bedeutung erlangt die Forderung einer körperlichen Festlegung und der Wiedergabe im Rahmen der Fernsehwerke.

Fernsehwerke bzw. Fernsehsendungen finden keine Erwähnung in Art. 5 des FSEK. Art. 80 des FSEK legt nur fest, dass den Radio- und Fernsehgesellschaften verbundene Schutzrechte zustehen. Somit ist dem Gesetz nicht zu entnehmen, ob Fernsehwerke entsprechend der Vorschrift des Art. 5 FSEK geschützt werden können.

Bei Fernsehwerken bzw. Fernsehsendungen handelt es sich wie auch bei den Kinofilmwerken um eine Aneinanderreihung bewegter Bilderfolgen. In der Literatur wird jedoch teils begrifflich zwischen Fernsehwerken und Kinofilmwerken dif-

---

147 Ateş, Fikir ve Sanat Eserleri Üzerindeki Hakların Kapsamı ve Sınırlandırılması, S. 71 f; ders., Fikir Ve Sanat Hukukunda Sinema Eseri Ve Eser Sahipliği in: Fikri Mülkiyet Hukuku Yıllığı 2009, S. 59 (75 f); Özderyol, Fikir Ve Sanat Eserleri Kanunu´nda Düzenlenen Suçlar, S. 28.

148 Erel, Musiki Ve Sinema Eserleri, Yargıtay Dergisi 1987, 532 (539); Kınacıoğlu, Sinema Eserleri Ve Bunlarda Eser Sahipliği in: Ali Bozer´e Armağan, S. 209 (211f); Ayiter, Hukukta Fikir Ve Sanat Ürünleri, S. 64.

149 Erel, Musiki Ve Sinema Eserleri, Yargıtay Dergisi 1987, 532 (539); ders., Türk Fikir Ve Sanat Hukuku, 2. Aufl., S. 50 ff; Ayiter, Hukukta Fikir Ve Sanat Ürünleri, S. 64.

150 Ateş, Fikir Ve Sanat Eserleri Üzerindeki Hakların Kapsamı Ve Sınırlandırılması, S. 72, Fn. 179; ders., Fikir Ve Sanat Hukukunda Sinema Eseri Ve Eser Sahipliği in: Fikri Mülkiyet Hukuku Yıllığı 2009, S. 59 (76); Akkayan Yıldırım, Sinema Eseri Ve Sinema Eser Sahipliği in: Hayri Domaniç´e Armagan, S. 1 (6 f); Genç, Sinema ve Müzik Eserleri in: Ünal Tekinalp´e Armağan, S. 249 (259); dies., Türk Hukukunda Eser Sahibinin Coğaltma Ve Yayma Hakları, S. 33.

ferenziert. Fehle es an einer körperlichen Festlegung der Sendung (Live-Sendung), so handele es sich um ein Fernsehwerk. Werde jedoch eine bereits aufgezeichnete, somit körperlich festgelegte Sendung (Fernsehserie, Fernsehfilm) ausgestrahlt, so liege ein Kinofilmwerk vor.[151]

Verlangt man nun eine körperliche Festlegung und die Möglichkeit der Wiedergabe als eine zwingende Voraussetzung zur Bejahung der Schutzfähigkeit, können Live-Sendungen nicht entsprechend der Vorschrift des Art. 5 FSEK geschützt werden.[152]

Jedoch wird in der Literatur vertreten, dass Art. 5 FSEK entsprechend auf Fernsehwerke angewandt werden könne, solange diese die Voraussetzungen, die an ein Kinofilmwerk gestellt werden, erfüllen.[153] Spiegelt ein Fernsehwerk demnach die Eigentümlichkeit seiner Urheber wider, kann es gem. Art. 5 FSEK geschützt sein, auch wenn es sich hierbei um eine Live-Sendung handelt, die körperlich nicht festgelegt ist.

Es findet sich jedoch auch eine vermittelnde Ansicht in der Literatur. Diese Ansicht lehnt zunächst überzeugend den Begriff des Fernsehwerkes ab. Es sei falsch von vornherein den Begriff des Werkes zu verwenden, da in diesem Falle noch festgestellt werden müsse, ob die Sendungen die Anforderungen, die an ein Werk gestellt werden, erfüllen würden. Daher sei der Begriff der Fernsehsendungen vorzuziehen.[154] Die vermittelnde Ansicht hält zwar ebenfalls an den Voraussetzungen der körperlichen Festlegung und der Wiedergabe der festgelegten Bilderfolgen fest, legt jedoch die Begriffe weit aus, so dass auch Live-Sendungen hiernach geschützt sind. Grundsätzlich nehme jede Sendeanstalt die Livesendung auf und bewahre sie für ein Jahr auf. Dies schreibe Art. 39 Abs. 3 der Ausführungsverordnung zu den Grundsätzen der Radio- und Fernsehsendungen[155] vor. Außerdem könnten Live-Sendungen von jedem Zuschauer zu Hause aufgenommen werden.

---

151 Erel, Musiki Ve Sinema Eserleri, Yargıtay Dergisi 1987, 532 (541 f); ders., Türk Fikir Ve Sanat Hukuku, S. 75; Ayiter, Hukukta Fikir Ve Sanat Ürünleri, S. 64; Kınacıoğlu, Sinema Eserleri Ve Bunlarda Eser Sahipliği in: Ali Bozer'e Armağan, S. 209 (214 f); Genç, Sinema Ve Müzik Eserleri in: Ünal Tekinalp'e Armağan, S. 249 (261 f); dies., Türk Hukukunda Eser Sahibinin Çoğaltma Ve Yayma Hakları, S. 36; Akkayan Yıldırım, Sinema Eseri ve Sinema Eser Sahipliği in: Hayri Domaniç'e Armağan, S. 1 (9 f); Arkan, Eser Sahibinin Haklarına Bağlantılı Haklar, S. 25; Karahan/Suluk/Saraç/Nal, Fikri Mülkiyet Hukukunun Esasları, S. 60.

152 Ateş, Fikir Ve Sanat Hukukunda Sinema Eseri Ve Eser Sahipliği in: Fikri Mülkiyet Hukuku Yıllığı 2009, S. 59 (84 f).

153 Erel, Musiki Ve Sinema Eserleri, Yargıtay Dergisi 1987, 532 (541 f); ders., Türk Fikir Ve Sanat Hukuku, S. 75; Ayiter, Hukukta Fikir Ve Sanat Ürünleri, S. 64; Genç, Sinema Ve Müzik Eserleri in: Ünal Tekinalp'e Armağan, S. 249 (261 f); dies., Türk Hukukunda Eser Sahibinin Coğaltma Ve Yayma Hakları, S. 36; Akkayan Yıldırım, Sinema Eseri ve Sinema Eser Sahipliği in: Hayri Domaniç'e Armağan, S. 1 (9 f); Arkan, Eser Sahibinin Haklarına Bağlantılı Haklar, S. 25.

154 Tosun, Sinema Eserleri Ve Eser Sahibinin Hakları, S. 137, Fn. 35, 150.

155 Resmi Gazete, 17.04.2003, 25082.

Eine Festlegung und Wiedergabe müsse demnach nicht bereits erfolgt sein, es genüge die Möglichkeit hierzu. Somit seien die Anforderungen auch bei den Fernsehsendungen erfüllt und diese daher schutzfähig.[156]

Die Diskussion um die Live-Sendungen hat gezeigt, dass die Forderung einer körperlichen Festlegung Werken den Schutz als Kinofilmwerk verwehren kann, die die sonstigen Voraussetzungen, die an Kinofilmwerke gestellt werden, erfüllen. Somit sollte die körperliche Festlegung eines Werkes und die Möglichkeit seiner Wiedergabe keine zwingende Voraussetzung zur Bejahung eines Kinofilmwerkes darstellen. Dennoch wird dies, wie erörtert, in der Literatur gefordert. Grund hierfür scheint der Wortlaut der Norm zu sein, wonach Kinofilmwerke mit Hilfe von elektronischen, mechanischen oder ähnlichen Mitteln gezeigt werden können, ohne dass es auf das aufgezeichnete Material ankommt. Die Ansichten in der Literatur scheinen dieser Formulierung zu entnehmen, dass es sich hierbei um eine zwingende Voraussetzung handelt. Wie bereits zuvor dargelegt, war Sinn und Zweck der Novellierung unter anderem die Anpassung der Norm an technische Entwicklungen. Die Wiedergabe sollte nicht mehr nur durch Projektion möglich sein, sondern durch jegliche Wiedergabegeräte. Dies sollte die Neufassung der Norm zum Ausdruck bringen und gleichzeitig darauf hinweisen, dass auch das Trägermaterial nicht mehr von Bedeutung ist. Daher sollte die im Gesetz genannte körperliche Festlegung und die Wiedergabemöglichkeit des Werkes bei einer Heranziehung der historischen Entwicklung der Norm nicht als zwingende Voraussetzung verstanden werden. Zu demselben Ergebnis kommt auch die vermittelnde Ansicht, die nicht zwingend die körperliche Festlegung und die Wiedergabe fordert, sondern die Möglichkeit hierzu genügen lässt. Auch nach dieser Ansicht sind Fernsehsendungen schutzfähig. Dennoch kann der Wortlaut Missverständnisse verursachen und sollte daher klarer in der Hinsicht formuliert werden, dass Kinofilmwerke mit Hilfe von elektronischen, mechanischen oder ähnlichen Mitteln gezeigt werden können, ohne dass es auf das aufgezeichnete Material ankommt, hierbei jedoch eine körperliche Festlegung und Wiedergabe nicht zwingend ist.

5. Vorhandensein eines Regisseurs und Drehbuchs

Schließlich gibt es auch Ansichten in der Literatur, die zur Bejahung eines Kinofilmwerks weitere Voraussetzungen verlangen, die keine Erwähnung in Art. 5 FSEK finden, nämlich das Vorhandensein eines Regisseurs und Drehbuchs.[157]

---

156 Tosun, Sinema Eserleri Ve Eser Sahibinin Hakları, S. 152 ff.

157 Tekinalp, Fikri Mülkiyet Hukuku, § 10, Rn. 55; Özderyol, Fikir ve Sanat Eserleri Kanunu´nda Düzenlenen Suçlar, S. 29; Suluk/Orhan, Uygulamalı Fikri Mülkiyet Hukuku, Cilt II, S. 225; Suluk, Telif Hakları Ve Korsanlıkla Mücadele, S. 60; Güneş, Uygulamada Fikir Ve Sanat Eserleri Hukuku, S. 81.

Diese Ansicht stößt in der Literatur jedoch auch auf Kritik. Voraussetzung für ein Kinofilmwerk könne nicht das Vorhandensein eines Regisseurs und Drehbuchs sein. Auch ein spontan gedrehter Film könne als Kinofilmwerk zu beurteilen sein, solange dieser die Eigentümlichkeit seines Urhebers besitze. Art. 5 des FSEK regele ausdrücklich, dass auch das Tagesgeschehen aufzeichnende Filme als Kinofilmwerk geschützt würden. Auch diese benötigten grundsätzlich keinen Regisseur und kein Drehbuch. Somit sollte als Schutzvoraussetzung nur die Eigentümlichkeit der Urheber und das Vorliegen bewegter Bilderfolgen verlangt werden.[158]

Tosun nennt ebenfalls das Vorhandensein eines Regisseurs und Drehbuchs als zwingende Voraussetzung, legt jedoch den Begriff des Drehbuchs weit aus, da nur so ein umfassender Schutz für Kinofilmwerke gewährleistet werden könne.[159]

Ateş zufolge muss ein Filmwerk durch die „Verwendung kinematographischer Mittel“ zustande kommen. Zu diesen „kinematographischen Mitteln“ gehören auch das Vorhandensein eines Drehbuchs und eines Regisseurs.[160] Könnten diese Voraussetzungen bei einem Film nicht festgestellt werden, handele es sich bei diesem grundsätzlich um kein Kinofilmwerk. Ausnahmsweise könne dennoch auch bei Nichtvorhandensein dieser Voraussetzungen ein Kinofilmwerk bejaht werden, wenn sich der Film nicht nur auf ein bloßes Abfilmen eines Tagesgeschehens beschränke, sondern eine gewisse Eigentümlichkeit widerspiegele. Dies sei jedoch je nach Einzelfall zu entscheiden.[161]

Relevant wird diese Diskussion bei der Frage, ob auch Aufzeichnungen, insbesondere Aufzeichnungen von Sportveranstaltungen, Zeichentrickfilmen, Tages- oder Wochenschauen, Fernsehshowformate und Videospiele als Filmwerke im Sinne des Art. 5 FSEK schutzfähig sind und ist daher im Rahmen der einzelnen Filmarten zu erörtern.

6. Geschützte Werke

Es bedarf der Erörterung, welche Filmarten als Kinofilmwerke geschützt sind.

a) Gesetzlich geregelte geschützte Werke

Zunächst zählt Art. 5 des FSEK auf, welche Filmarten als Kinofilmwerke eingeordnet werden können. Diese gesetzliche Regelung hat mit der Novellierung 2001 jedoch eine Änderung erfahren.

---

158 Karahan/Suluk/Saraç/Nal, Fikri Mülkiyet Hukukun Esaslari, S. 59 f.

159 Tosun, Sinema Eserleri Ve Eser Sahibinin Hakları, S. 85 ff.

160 Ateş, Fikir Ve Sanat Hukukunda Sinema Eseri Ve Eser Sahipliĝi in: Fikri Mülkiyet Hukuku Yıllıĝı 2009, S. 59 (77 ff).

161 Ateş, Fikir Ve Sanat Hukukunda Sinema Eseri Ve Eser Sahipliĝi in: Fikri Mülkiyet Hukuku Yıllıĝı 2009, S. 59 (78 ff).

aa) Entwicklung der Norm

Vor 2001 galten Kinofilme, unterrichtende oder technischen Charakter aufweisende oder das Tagesgeschehen aufzeichnende Filme und Projektionsdiapositive wissenschaftlichen, technischen oder künstlerischen Charakters als Kinofilmwerke. Vom Schutz ausgenommen waren Aufnahmen von Musikdarbietungen, Reden und Vorträgen (Art. 5 Abs. 3 FSEK a. F.).

Wie bereits ausführlich erörtert, war diese Regelung starker Kritik ausgesetzt. Nicht nur die Einordnung der Projektionsdiapositive als Kinofilmwerk, sondern auch der Ausschluss der Aufnahmen von Musikdarbietungen, Reden und Vorträgen von jeglichem Schutz wurde bemängelt.[162] Im Rahmen der Novellierung sind die Projektionsdiapositive und Art. 5 Abs. 3 des FSEK, wie zuvor erwähnt, gestrichen worden.

bb) Interpretation der aktuellen Norm

Seit der Novellierung 2001 zählt das Gesetz folgende Filmarten auf: ästhetischen, wissenschaftlichen, unterrichtenden oder technischen Charakter aufweisende oder das Tagesgeschehen aufzeichnende Filme und Kinofilme.

Doch auch die Neuregelung wird in der Literatur unterschiedlich interpretiert.[163] Tekinalp unterteilt die Norm in zwei Gruppen. Die erste Gruppe stellen die Filme dar, die jede Art von ästhetischen, wissenschaftlichen, unterrichtenden oder technischen Charakter aufweisen oder das Tagesgeschehen aufzeichnen. Somit habe der Gesetzgeber an der bisherigen abschließenden Aufzählung festgehalten, jedoch ihren Anwendungsbereich erweitert. Die zweite Gruppe bilden laut Tekinalp die beweglichen Bilderfolgen. Diese müssen ähnlich wie Kinofilme sein, unabhängig von dem Material auf dem sie aufgezeichnet sind, durch elektronische oder mechanische oder ähnliche Geräte vorgeführt werden können, mit oder ohne Ton.[164] Dieser Unterteilung Tekinalps ist zu entnehmen, dass es sich bei der ersten Gruppe nicht um bewegliche Bilderfolgen handele, diese Eigenschaft somit nur für Kinofilme gelte.[165]

---

162 Erel, Musiki Ve Sinema Eserleri, Yargıtay Dergisi 1987, 532 (539 f); Kınacıoğlu, Sinema Eserleri ve Bunlarda Eser Sahipliği in: Ali Bozer'e Armağan, S. 209 (211 f); Ayiter, Hukukta Fikir Ve Sanat Ürünleri, S. 64; Arslanlı, Fikri Hukuk Dersleri II, S. 27 ff.

163 Tekinalp, Fikri Mülkiyet Hukuku, § 10, Rn. 56; Genç, Sinema Ve Müzik Eserleri in: Ünal Tekinalp'e Armağan, S. 249 (258 f); dies., Türk Hukukunda Eser Sahibinin Çoğaltma Ve Yayma Hakları, S. 32 f; Akkayan Yıldırım, Sinema Eseri Ve Eser Sahipliği in: Hayri Domaniç'e Armağan, S. 1 (10 f); Karahan/Suluk/Saraç/Nal, Fikri Mülkiyet Hukukun Esasları, S. 60.

164 Tekinalp, Fikri Mülkiyet Hukuku, § 10, Rn. 56.

165 Genç, Sinema Ve Müzik Eserleri in: Ünal Tekinalp'e Armağan, S. 249 (258 f); dies., Türk Hukukunda Eser Sahibinin Çoğaltma Ve Yayma Hakları, S. 32 f.

Demgegenüber finden sich jedoch auch Ansichten in der Literatur, die die Aufzählung der Filmarten in Art. 5 FSEK nicht als abschließende Aufzählung interpretieren, sondern darauf hinweisen, dass es sich hierbei nur um eine beispielhafte Aufzählung handele.[166] Der Gesetzesbegründung sei zu entnehmen, dass der bisherige Anwendungsbereich der Norm zu eng gewesen sei. Mit der Novellierung sei somit sowohl die Anpassung an technische Entwicklungen als auch eine Anpassung an internationale Vorschriften beabsichtigt. Die besondere Eigenschaft der Kinofilmwerke, die sie von anderen Werken unterscheide, sei die bewegliche Bilderfolge und es sei verfehlt, wenn diese Eigenschaft nur für Kinofilme gälte und nicht für die anderen in Art. 5 des FSEK genannten Filmarten. Daher sei die Auslegung Tekinalps abzulehnen.[167]

Diese Ansichten überzeugen. Wie bereits im Rahmen der Eigentümlichkeit dargelegt, weist die Gesetzesbegründung darauf hin, dass durch die Neuregelung der Anwendungsbereich der bisherigen Norm erweitert und somit die Regelung des Kinofilmwerks an technische Entwicklungen und internationale Vorschriften angepasst werden sollte. Der Sinn und Zweck der Neuregelung würde verfehlt, würde man der engen Auslegung der Norm Tekinalps folgen. Die Norm wäre nicht fähig sich noch in der Zukunft zu erwartenden Entwicklungen anzupassen. Des Weiteren gilt auch die Voraussetzung der beweglichen Bilderfolgen für alle Filmarten und nicht nur für Kinofilme. Diese stellt die charakteristische Grundvoraussetzung aller Filmarten dar. Somit ist im Ergebnis Tekinalps Ansicht abzulehnen.

b) Weitere Beispiele geschützter Werke

Folgt man der Ansicht, dass es sich bei den im Gesetz genannten Filmarten nur um Beispiele handelt, so kommen auch weitere Filmarten als Kinofilmwerke in Betracht.

---

166 Genç, Sinema Ve Müzik Eserleri in: Ünal Tekinalp'e Armağan, S. 249 (259); dies., Türk Hukukunda Eser Sahibinin Çoğaltma Ve Yayma Hakları, S. 33; Akkayan Yıldırım, Sinema Eseri Ve Eser Sahipliği in: Hayri Domaniç'e Armağan, S. 1 (11); Karahan/Suluk/Saraç/Nal, Fikri Mülkiyet Hukukunun Esasları, S. 60; Tosun, Sinema Eserleri Ve Eser Sahibinin Hakları, S. 53 f; Ateş, Fikir Ve Sanat Hukukunda Sinema Eseri Ve Eser Sahipliği in: Fikri Mülkiyet Hukuku Yıllığı 2009, S. 59 (67 ff).

167 Genç, Sinema Ve Müzik Eserleri in: Ünal Tekinalp'e Armağan, S. 249 (259); dies., Türk Hukukunda Eser Sahibinin Çoğaltma Ve Yayma Hakları, S. 33; Kaçak, Fikir Ve Sanat Eserleri Kanunu, S. 71; Tosun, Sinema Eserleri Ve Eser Sahibinin Hakları, S. 53 f.

aa) Aufzeichnungen

Wie bereits dargelegt, waren früher Aufnahmen von Musikdarbietungen, Reden und Vorträgen von der gesetzlichen Regelung ausgenommen. Doch bereits im Rahmen der damaligen Regelung wurde dies, wie bereits erörtert, kritisiert und dargelegt, dass auch diese als Kinofilmwerke geschützt werden könnten, solange sie Eigentümlichkeit aufweisen.

Auch im Rahmen der Neuregelung wird dies von der Literatur vertreten und ein Schutz der Aufnahmen von Musikdarbietungen, Reden und Vorträgen und dergleichen bejaht, soweit sie bewegliche Bilderfolgen darstellen und auch die Eigentümlichkeit ihres Urhebers besitzen.[168]

Wie bereits dargelegt, finden sich jedoch auch Ansichten in der türkischen Rechtsliteratur, die zur Bejahung eines Kinofilmwerkes neben den beweglichen Bilderfolgen und der Eigentümlichkeit der Urheber auch das Vorhandensein eines Regisseurs und eines Drehbuchs voraussetzen. Diskussionswürdig werden diese Voraussetzungen z.B. im Rahmen von Aufzeichnungen von Sportveranstaltungen. Teils werden Aufzeichnungen von Sportveranstaltungen aus diesem Grunde nicht als Kinofilmwerk geschützt.[169] Zu demselben Ergebnis gelangt auch Tosun, der keine zu hohen Anforderungen an das Vorhandensein eines Drehbuchs stellt. In vielen Fällen fehle es bereits an einem Regisseur. Auch wenn das Vorhandensein eines Regisseurs festgestellt werden könne, sei dennoch kein Drehbuch vorhanden. Sogar die weite Auslegung des Drehbuchs könne hier nicht helfen.[170] Es finden sich jedoch auch Gegenmeinungen in der Literatur. Voraussetzung für ein Kinofilmwerk könne nicht das Vorhandensein eines Regisseurs und Drehbuchs sein. Auch ein spontan gedrehter Film könne als Kinofilmwerk zu beurteilen sein, solange dieser die Eigentümlichkeit seines Urhebers besitze. Somit könne ein urheberrechtlicher Schutz auch für Sportreportagen in Betracht kommen.[171] Bei Sportveranstaltungen könne die Eigentümlichkeit z.B. durch technische Mittel wie Zoom, Freeze, Wiederholungen in Kombination mit dem die Sichtweise des Kommentators widerspiegelnden Kommentar zum Ausdruck kommen.[172] Somit wäre die Aufzeichnung einer Sportveranstaltung dieser Meinung zufolge im Sinne des Art. 5 FSEK geschützt. Ateş setzt, wie bereits erwähnt, ebenfalls das Vorhandensein eines Drehbuchs und Regisseurs als Voraussetzung zur Bejahung eines Kinofilmwerkes voraus, so dass nach dieser Ansicht grundsätzlich Aufzeichnungen von

168 Karahan/Suluk/Saraç/Nal, Fikri Mülkiyet Hukukunun Esasları, S. 60; Akkayan Yıldırım, Sinema Eseri Ve Sinema Eser Sahipliği in: Hayri Domaniç´e Armağan, S. 1 (11).

169 Tekinalp, Fikri Mülkiyet Hukuku, § 10, Rn. 56.

170 Tosun, Sinema Eserleri Ve Eser Sahibinin Hakları, S. 224 ff.

171 Karahan/Suluk/Saraç/Nal, Fikri Mülkiyet Hukukun Esasları, S. 59 f.

172 Arkan, Eser Sahibinin Haklarına Bağlantılı Haklar, S. 25.

Sportveranstaltungen nicht als Kinofilmwerk geschützt sind.[173] Ausnahmsweise würde jedoch auch Ateş die Schutzfähigkeit von Aufzeichnungen im Sinne des Art. 5 FSEK bejahen, wenn bei einer Einzelfallbetrachtung festgestellt werden kann, dass diese nicht ein bloßes Abfilmen der Ereignisse darstellen, sondern eine gewisse Eigentümlichkeit widerspiegeln und die Verwendung sonstiger filmischer Mittel erkennen lassen.[174]

bb) Zeichentrickfilme

Auch Zeichentrickfilme können als Kinofilmwerke gelten, soweit sie die Voraussetzungen, die an ein Kinofilmwerk gestellt werden, erfüllen.[175] Bei einem Zeichentrickfilm kann grundsätzlich davon ausgegangen werden, dass er wie ein Spielfilm über einen Regisseur und ein Drehbuch verfügt. Daher kämen alle Ansichten zu dem Ergebnis, dass Zeichentrickfilme im Sinne des Art. 5 FSEK schutzfähig sind.

cc) Tagesschauen, Podiumsdiskussionen, Reportagen

Des Weiteren könnten Tagesschauen, Podiumsdiskussionen und Reportagen als Kinofilmwerke im Sinne des Art. 5 FSEK schutzfähig sein. Dies wird ausführlich von Tosun erörtert, der das Vorhandensein eines Regisseurs und Drehbuchs als zwingend voraussetzt, jedoch den Begriff des Drehbuchs weit auslegt. Das Vorliegen eines Regisseurs könne grundsätzlich bejaht werden, wobei er betont, dass dies bei Tagesschauen schwieriger nachzuweisen sei, als bei Podiumsdiskussionen oder Reportagen. Bei Podiumsdiskussionen und Reportagen müsse der Regisseur ein Thema aussuchen, festlegen, wer an der Sendung teilnehmen werde, welche Fragen an den Gast gestellt werden und möglicherweise Filmausschnitte zu dem Gast heraussuchen. Tosun weist darauf hin, dass jedoch an Tagesschauen keine zu hohen Anforderungen gestellt werden sollten, somit auch hier das Vorhandensein eines Regisseurs zu bejahen sei. Anders sei jedoch das Vorliegen eines Drehbuchs zu beurteilen. Sogar die weite Auslegung des Begriffs führe zu dem Ergebnis, dass es Tagesschauen, Podiumsdiskussionen und Reportagen an einem Drehbuch fehle. Der Inhalt dieser Sendungen könne sich während der Ausstrahlung andauernd ändern. Fragen und Antworten der Gäste, des Reporters, der in die Sendung geschalteten Anrufer könnten zu einem unvorhersehbaren Verlauf der Sendung

173 Ateş, Fikir Ve Sanat Hukukunda Sinema Eseri Ve Eser Sahipliĝi in: Fikri Mülkiyet Hukuku Yıllıĝı 2009, S. 59 (80, 87 f).

174 Ateş, Fikir Ve Sanat Hukukunda Sinema Eseri Ve Eser Sahipliĝi in: Fikri Mülkiyet Hukuku Yıllıĝı 2009, S. 59 (80).

175 Karahan/Suluk/Saraç/Nal, Fikri Mülkiyet Hukukunun Esasları, S. 60.

führen. Aus diesem Grunde lehnt Tosun den Schutz von Tagesschauen, Podiumsdiskussionen und Reportagen als Kinofilmwerke ab.[176]

Zu demselben Ergebnis würden auch die Ansichten in der Literatur gelangen, die hohe Anforderungen an das Vorhandensein eines Regisseurs und Drehbuchs stellen. Auch hiernach wären Tagesschauen, Podiumsdiskussionen und Reportagen nicht als Kinofilmwerke im Sinne des Art. 5 FSEK geschützt.

Zu einem anderen Ergebnis gelangt erneut die Gegenmeinung, die das Vorhandensein eines Regisseurs und Drehbuchs ablehnt. Diese geht nicht davon aus, dass Tagesschauen, Podiumsdiskussionen und Reportagen grundsätzlich ein Schutz im Sinne des Art. 5 FSEK zu verwehren sei. Solange diese Sendungen die Eigentümlichkeit ihrer Urheber widerspiegeln, wären auch diese schutzfähig und das Vorhandensein eines Regisseurs und Drehbuchs nicht erforderlich. Die Eigentümlichkeit würde sich hierbei auch wie bei Spielfilmen beispielsweise durch die Verwendung technischer Mittel, die Zusammenstellung der einzelnen Bildfolgen auszeichnen. Somit könnte je nach Einzelfall auch der Schutz von Reportagen in Betracht kommen.[177] Tagesschauen, Podiumsdiskussionen und Reportagen können demnach nur im Sinne des Art. 5 FSEK geschützt werden, wenn sie die Eigentümlichkeit ihrer Urheber widerspiegeln und das Vorhandensein eines Regisseurs und Drehbuchs nicht zwingend vorausgesetzt wird.

Grundsätzlich lehnt auch Ateş die Schutzfähigkeit von Reportagen und Posiumsdiskussionen ab, wenn diese ein bloßes Abfilmen der Ereignisse darstellen. Bei der Herstellung von Reportagen und Posiumsdiskussionen könne grundsätzlich die Verwendung „kinematographischen Mittel" wie ein Drehbuch oder die Tätigkeit eines Regisseurs nicht festgestellt werden.[178] Doch könne auch in diesem Fall ausnahmsweise ein Kinofilmwerk bejaht werden, wenn nicht nur ein bloßes Abfilmen der Ereignisse vorliege. Dies sei je nach Einzelfall zu entscheiden.[179]

dd) Fernsehshowformate

Die Frage, ob es sich bei Fernsehshowformaten um Kinofilmwerke handelt, hatte das Yargıtay (das Revisionsgericht) am 05.04.2005 zu entscheiden.[180]

---

176 Tosun, Sinema Eserleri Ve Eser Sahibinin Hakları, S. 198 ff.

177 Karahan/Suluk/Saraç/Nal, Fikri Mülkiyet Hukukunun Esasları, S. 59 f.

178 Ateş, Fikir Ve Sanat Hukukunda Sinema Eseri Ve Eser Sahipliĝi in: Fikri Mülkiyet Hukuku Yıllıĝı 2009, S. 59 (80, 87 f).

179 Ateş, Fikir Ve Sanat Hukukunda Sinema Eseri Ve Eser Sahipliĝi in: Fikri Mülkiyet Hukuku Yıllıĝı 2009, S. 59 (80, 87).

180 11. HD, 05.04.2005, E. 2004/6612, K. 2005/3278, veröffentlicht in: Suluk/Orhan, Uygulamalı Fikri Mülkiyet Hukuku, Cilt II, S. 130 f.

Gegenstand des Verfahrens war das Showformat einer Fernsehspielshow, welches die Beklagte übernommen haben soll. Die Klägerin war der Meinung, auch ein Fernsehshowformat sei als Werk geschützt. Deshalb sei sie berechtigt als Urheberin das Einstellen der Sendung zu fordern. Die Beklagte stritt die Schutzfähigkeit eines Fernsehshowformats ab. Das Yargıtay entschied, dass Art. 5 des FSEK nicht abschließend festlege, welche Programme werkschutzfähig seien. Somit könnten und müssten auch Fernsehshowformate als Werk eingeordnet und geschützt werden.[181]

In der Literatur wird angeführt, dass das Yargıtay zwar den Werkschutz von Fernsehshowformaten anerkannt habe, jedoch gleichzeitig nicht festgelegt habe, unter welchen Voraussetzungen ein Schutz zu gewähren sei. Die Werkschutzfähigkeit könne nur in Betracht kommen, wenn das Fernsehshowformat die Eigentümlichkeit des Urhebers nachweise. Der Werkschutz beschränke sich auf die Bestandteile des Fernsehshowformats, bei denen die Eigentümlichkeit festgestellt werden könne. Besitze das Fernsehshowformat jedoch als Ganzes die Eigentümlichkeit seines Urhebers, so stehe auch dem Fernsehshowformat als Ganzes der Werkschutz zu. Bloße Grundideen seien von einem Schutz ausgeschlossen. Dies sei je nach Einzelfall zu überprüfen.[182]

Auch Özderyol und Güneş beurteilen Fernsehshowformate nur als Werk, soweit sie die Eigentümlichkeit ihres Urhebers besitzen.[183] Güneş weist jedoch darauf hin, dass eine ausdrückliche gesetzliche Regelung, die den Schutz von Fernsehshowformaten befürworten würde, Klarheit bringen würde. In den Fällen, in denen das Fernsehshowformat die Anforderungen, die an ein Werk gestellt werden, nicht erfüllen könne, seien die Vorschriften des unlauteren Wettbewerbs anwendbar.[184]

Demgegenüber differenziert Tosun zwischen der Fernsehshow und dem Format, auf dem die Show beruht. Es sei zunächst zu prüfen, ob das Format als Kinofilmwerk oder als Literaturwerk schutzfähig sei. Ein Format sei grundsätzlich schriftlich festgelegt und bestehe somit nicht aus bewegten Bilderfolgen, daher scheide von vorneherein ein Schutz als Kinofilmwerk aus.[185] Es käme jedoch ein Schutz des Formats als Literaturwerk in Betracht. Es könne sich bei dem Format um ein Drehbuch handeln. Jedoch könne ein Format die Anforderungen, die an ein Drehbuch gestellt würden, nicht erfüllen. Es könne nicht so detailliert den Verlauf der Sendung festlegen, wie das Drehbuch den Verlauf des Filmes. Zwar könnten

181 11. HD, 05.04.2005, E. 2004/6612, K. 2005/3278, veröffentlicht in: Suluk/Orhan, Uygulamalı Fikri Mülkiyet Hukuku, Cilt II, S. 130 f.

182 Karahan/Suluk/Saraç/Nal, Fikri Mülkiyet Hukukunun Esasları, S. 46.

183 Özderyol, Fikir Ve Sanat Eserleri Kanunu'nda Düzenlenen Suçlar, S. 29; Güneş, Uygulamada Fikir Ve Sanat Eserleri Hukuku, S. 83 f.

184 Güneş, Uygulamada Fikir Ve Sanat Eserleri Hukuku, S. 84.

185 Tosun, Sinema Eserleri Ve Eser Sahibinin Hakları, S. 190 f.

einige Aspekte in dem Format zuvor festgelegt werden, wie beispielsweise der Text des Moderators einer Gameshow, dennoch würden sich viele Dinge während der Sendung spontan ereignen, die nicht vorher festgelegt werden könnten. Somit könne das Format auch nicht als Drehbuch bzw. Literaturwerk schutzfähig sein.[186] Etwas anderes könne sich jedoch für die Fernsehshow ergeben, die auf diesem Format basiert. Diese könne als Kinofilmwerk im Sinne des Art. 5 FSEK schutzfähig sein. Tosun setzt jedoch zur Bejahung des urheberrechtlichen Schutzes das Vorhandensein eines Regisseurs und eines Drehbuchs voraus. Obwohl er den Begriff des Drehbuchs weit auslegt, erweist sich diese Voraussetzung bei der Beurteilung der Fernsehshows als problematisch. Nur in seltenen Fällen könne hier ein Drehbuch festgestellt werden. Wie bereits dargelegt, handele es sich bei dem Format, auf dem sie Sendung basiere, um kein Drehbuch. Es müssten weitere Faktoren hinzutreten, um ein Drehbuch annehmen zu können. Dies sei abhängig von der jeweiligen Show zu beurteilen.[187]

Tosun ist grundsätzlich darin zuzustimmen, dass zwischen der Fernsehshow und dem Format, auf dem die Show basiert, zu unterscheiden ist und ein urheberrechtlicher Schutz des Formats nicht in Betracht kommt. Überzeugender wäre es jedoch gewesen, die Schutzfähigkeit des Formats wie im deutschen Recht mit dem Argument abzulehnen, dass ein Schutz von Sendeformaten, die eine bloße Grundidee darstellen, zu einem zu geringen Spielraum der Gestaltung und somit zu einer Gefahr der Monopolisierung führen würde. Wie auch von Tosun betont, kommt durchaus ein Schutz der jeweiligen Fernsehshow als Kinofilmwerk in Betracht. Fragwürdig ist hierbei jedoch, ob der Schutz vom Vorhandensein eines Drehbuchs abhängig sein sollte.

ee) Videospiele

In der türkischen Rechtsliteratur stellt sich des Weiteren die Einordnung von Videospielen als problematisch dar.

Einerseits wird vertreten, dass es sich bei Videospielen grundsätzlich um Computerprogramme handele und somit ein Schutz als Kinofilmwerk ausscheide.[188]

Demgegenüber finden sich auch Meinungen, die die Schutzfähigkeit des Computerspiels als Kinofilmwerk bejahen.[189] Erfülle ein Videospiel Tekinalp zufolge die Voraussetzungen, die an ein Kinofilmwerk gestellt würden, käme durchaus ein Schutz als Kinofilmwerk in Betracht, auch wenn diese auf dem Computer pro-

186 Tosun, Sinema Eserleri Ve Eser Sahibinin Hakları, S. 178 ff.

187 Tosun, Sinema Eserleri Ve Eser Sahibinin Hakları, S. 191.

188 Suluk/Orhan, Uygulamalı Fikri Mülkiyet Hukuku, Cilt II, S. 253.

189 Tekinalp, Fikri Mülkiyet Hukuku, § 10, Rn. 30, Tosun, Sinema Eserleri Ve Eser Sahibinin Hakları, S. 241 ff.

grammiert seien.[190] Die Voraussetzungen werden ausführlich von Tosun geprüft. Zunächst erörtert er die Frage, ob der Eingriff des Spielers in den Spielverlauf der Eigentümlichkeit der Urheber entgegenstehen könne. Dies lehnt er jedoch mit dem Argument ab, dass sogar, wenn der Spieler durch sein Eingreifen den Spielverlauf beeinflusse, die Handlungsabläufe von den Urhebern des Spiels vorhergesehen und bestimmt worden seien. Außerdem sei grundsätzlich ein Regisseur bei der Herstellung eines Videospiels vorhanden. Auch die Anforderungen an ein Drehbuch seien dadurch erfüllt, dass Beginn, Verlauf und Ende des Spiels vorher festgelegt worden seien. Auch der Eingriff des Spielers in den Spielverlauf stehe der Bejahung eines Drehbuchs nicht entgegen, da wie bereits erläutert, die Handlungsabläufe des Spiels vorher festgelegt worden seien. Solange die Eigentümlichkeit der Urheber bei dem jeweiligen Spiel festgestellt werden könne, stehe der Annahme eines Kinofilmwerkes nichts entgegen.[191]

Es finden sich weitere Autoren in der Literatur, die die Schutzfähigkeit des Videospiels als Kinofilmwerk bejahen, hierbei jedoch eine Differenzierung vornehmen. Es solle zwischen dem Erscheinungsbild und Spielablauf auf dem Bildschirm und dem den Spielverlauf steuernden Spielprogramm zu unterscheiden sein. Bei dem Erscheinungsbild auf dem Bildschirm könne es sich um ein Kinofilmwerk handeln. Demgegenüber werde das Spielprogramm als Computerprogramm geschützt.[192] Ähnlich differenziert Güneş, der bei der Einordnung eines Computerspiels als Kinofilmwerk oder Computerprogramm darauf abstellt, ob der Schwerpunkt des Spiels auf dem entwickelten Spielprogramm oder auf der Optik und Akustik liegt.[193]

Die Ansichten, die eine Schutzfähigkeit des Videospiels als Kinofilmwerk in Betracht ziehen, überzeugen. Jedoch sollte, wie die Güneş betont, zwischen dem Erscheinungsbild auf dem Bildschirm und dem den Spielablauf steuernden Spielprogramm differenziert werden. Während es sich bei dem Spielprogram um ein Computerprogramm handelt, ist das Erscheinungsbild auf dem Bildschirm durchaus als Kinofilmwerk schutzfähig, solange es die Voraussetzungen, die an ein Kinofilmwerk gestellt werden, erfüllt. Sogar die Meinung, die das Vorhandensein eines Regisseurs und eines Drehbuchs voraussetzt, sieht diese Voraussetzungen als gegeben an, so dass sich die Diskussion, ob das Vorliegen eines Drehbuchs und Regisseurs zwingend sind, hier grundsätzlich nicht stellt. Spiegelt sich somit die Eigentümlichkeit der Urheber in dem Videospiel wider, handelt es sich um ein Kinofilmwerk im Sinne des Art. 5 FSEK.

190 Tekinalp, Fikri Mülkiyet Hukuku, § 10, Rn. 30.
191 Tosun, Sinema Eserleri Ve Eser Sahibinin Hakları, S. 241 ff.
192 Karahan/Suluk/Saraç/Nal, Fikri Mülkiyet Hukukunun Esasları, S. 60.
193 Güneş, Uygulamada Fikir Ve Sanat Eserleri Hukuku, S. 74.

ff) Zusammenfassung und Stellungnahme

Die einzelnen Filmarten sind im Hinblick auf die Frage dargestellt worden, ob es sich bei dem Vorhandensein eines Regisseurs und eines Drehbuchs um eine zwingende Voraussetzung zur Bejahung des Schutzes als Kinofilmwerk handelt. Bejaht man diese Frage, so gelangt man zu dem Ergebnis, dass auch bei Heranziehung der Erörterungen Tosuns, der keine zu hohen Anforderungen an das Vorhandensein eines Regisseurs und Drehbuchs stellt, Aufzeichnungen von Sportveranstaltungen, Tagesschauen, Podiumsdiskussionen, Reportagen und Fernsehshows grundsätzlich nicht als Kinofilmwerke geschützt werden können, da es diesen an einem Drehbuch fehlt. Überzeugend hält die Gegenansicht dem entgegen, dass die Schutzfähigkeit dieser Filmarten jedoch nicht hieran scheitern dürfe. Auch ein spontan gedrehter Film kann als Kinofilmwerk schutzfähig sein, solange es die Eigentümlichkeit seines Urhebers widerspiegelt. Die Eigentümlichkeit kann sich durch technische und künstlerische Mittel auszeichnen, die bei der Herstellung des Filmes verwendet werden. Zwar fordert Ateş ebenfalls das Vorhandensein eines Drehbuchs und eines Regisseurs, dennoch würde er im Rahmen einer Einzelfallbetrachtung gewissen Filmen die Schutzfähigkeit als Kinofilmwerk von vorneherein nicht versagen, solange diese die Eigentümlichkeit ihrer Urheber widerspiegeln und die Verwendung sonstiger filmischer Mittel festgestellt werden kann.

Wie bereits ausgeführt, hat der Gesetzgeber die Vorschrift des Art. 5 FSEK novelliert, um den Schutz der Kinofilmwerke zu erweitern und den technischen Entwicklungen anzupassen. Das Gesetz schreibt in Art. 5 FSEK nicht zwingend vor, dass weitere Voraussetzungen wie das Vorhandensein eines Drehbuchs oder eines Regisseurs vorliegen müssen, um die Schutzfähigkeit eines Filmes als Kinofilmwerk zu bejahen. Eine solche Forderung schränkt den durch den Gesetzgeber erweiterten Schutzbereich unnötig ein. Daher können Aufzeichnungen von Sportveranstaltungen, Tagesschauen, Podiumsdiskussionen, Reportagen und Fernsehshows durchaus im Sinne des Art. 5 FSEK schutzfähig sein, wenn diese die Eigentümlichkeit ihrer Urheber widerspiegeln.

7. Exkurs: „Sinema, Video ve Müzik Eserleri Kanunu: Das Kinofilm-, Video- und Musikwerkegesetz“ (SVMEK)

Eine Definition des Werkbegriffs befindet sich jedoch nicht nur im FSEK, sondern befand sich auch im zwischenzeitlich wieder aufgehobenen „Sinema, Video ve Müzik Eserleri Kanunu: Das Kinofilm-, Video- und Musikwerkegesetz“ (SVMEK), welches am 23.01.1986[194] erlassen wurde. Das SVMEK enthielt, wie

194 Resmi Gazete, 07.02.1986, 19012.

seinem Titel zu entnehmen ist, besondere Normen zum Kinofilm-, Video- und Musikwerk und es bestand neben dem FSEK. Das SVMEK enthielt jedoch Normen, die einen Widerspruch zu den Regelungen des FSEK darstellten, worauf im Folgenden genauer eingegangen wird.[195]

In Art. 3 a) und c) befanden sich Definitionen zum Werk- und Filmbegriff. Art. 3 a) zufolge handelt es sich bei einem Werk um bewegliche oder Ton enthaltende Geistes- und Kunsterzeugnisse, welche auf Film, Video und Tonträger oder ähnlichem fixiert sind. Gem. Art. 3 c) handelt es sich bei Filmen um mit Ton und Bildern oder nur Bildern erstellte, wirtschaftliche Zwecke verfolgende Werke, um werbenden, unterrichtenden oder technischen Charakter aufweisende oder das Tagesgeschehen aufzeichnende Kinofilmwerke und ähnliches.

Das SVMEK ist jedoch in der Literatur stark kritisiert worden.[196] Bereits der Titel des Gesetzes ist der Kritik ausgesetzt. Es sei fehlerhaft, Videos die Werkeigenschaft zuzusprechen. Beim Video handele es sich um einen Filmträger. Ein Filmträger sei ein Erzeugnis, worauf man das Kinofilmwerk körperlich fixieren könne. Dies könne nicht gleichzeitig ein Werk darstellen.[197]

Des Weiteren sei es die unverzichtbare Voraussetzung eines jeden Werkes, dass dieses die Eigentümlichkeit seines Schöpfers trage. Diese Voraussetzung sei jedoch nicht in Art. 3 a) SVMEK wiederzufinden, was einen erheblichen Mangel dieser Norm darstelle.[198]

Es werden auch die Widersprüchlichkeiten der gesetzlichen Definitionen hervorgehoben. Während in Art. 3 a) der Film als Filmträger dargestellt werde, würden Filme und Werke in Art. 3 c) ohne jegliche Differenzierung gleichgesetzt werden, was jedoch für Verwirrung sorge und eine klare Abgrenzung der Begriffe nicht fördere.[199] Wie zuvor dargelegt, sind die Begriffe Film, Filmträger und Kinofilmwerke voneinander abzugrenzen, was der Norm des SVMEK jedoch nicht gelang.

---

195 Erel, Musiki Ve Sinema Eserleri, Yargıtay Dergisi 1987, 532 (543); ders., Türk Fikir Ve Sanat Hukuku, 2. Aufl., S. 63.

196 Erel, Musiki Ve Sinema Eserleri, Yargıtay Dergisi 1987, 532 (542 ff); ders., Türk Fikir Ve Sanat Hukuku, 2. Aufl., S. 62 ff; Genç, Sinema ve Müzik Eserleri in: Ünal Tekinalp´e Armağan, S. 249 (262 ff).

197 Erel, Musiki Ve Sinema Eserleri, Yargıtay Dergisi 1987, 532 (543); ders., Türk Fikir Ve Sanat Hukuku, 2. Aufl., S. 64; Genç, Sinema ve Müzik Eserleri in: Ünal Tekinalp´e Armağan, S. 249 (264); Tosun, Sinema Eserleri Ve Eser Sahibinin Hakları, S. 88, Fn. 276.

198 Erel, Musiki Ve Sinema Eserleri, Yargıtay Dergisi 1987, 532 (544); ders., Türk Fikir Ve Sanat Hukuku, 2. Aufl., S. 64; Genç, Sinema ve Müzik Eserleri in: Ünal Tekinalp´e Armağan, S. 249 (262).

199 Erel, Musiki Ve Sinema Eserleri, Yargıtay Dergisi 1987, 532 (545); ders., Türk Fikir Ve Sanat Hukuku, 2. Aufl., S. 65; Genç, Sinema ve Müzik Eserleri in: Ünal Tekinalp´e Armağan, S. 249 (263); Tosun, Sinema Eserleri Ve Eser Sahibinin Hakları, S. 88 f.

Außerdem wurde kritisiert, dass die Aufzählungen der beispielhaften Werke des Art. 3 c) nicht mit den Aufzählungen im Art. 5 FSEK übereinstimmten und auch in diesem Falle Ungereimtheiten schafften.[200]

Das FSEK sei geschaffen worden, um den Schutz von Geistes- und Kunstwerken zu gewährleisten. Daneben könne und solle kein weiteres Gesetz bestehen, welches nur einzelne Werkarten regele und welches, wie bereits ausgeführt, zahlreiche Widersprüche und Ungereimtheiten zum FSEK enthalte. Dies schade nur dem Urheberrechtsschutz.[201]

Das SVMEK ist am 14.07.2004 durch Art. 16 des „Sinema Filmlerin Değerlendirilmesi ve Sınıflandırılması ile Desteklenmesi Hakkında Kanun: Das Gesetz zur Bewertung und Klassifizierung sowie Unterstützung der Kinofilme (kurz: SFDSDHK)“ komplett aufgehoben worden. In diesem Gesetz wird von einer Definition des Werkbegriffs abgesehen. Jedoch enthält das Gesetz in Art. 3 Definitionen der verschiedenen Filmarten, wie Kinofilme, Dokumentationsfilme und dergleichen. Auffällig bei der Definition des Begriffs der Kinofilme ist, dass dieser der Definition des Kinofilmwerks in Art. 5 FSEK sehr stark ähnelt. Teils wird die Vorschrift des Art. 3 SFDSDHK aus diesem Grunde bei der Beurteilung des Art. 5 FSEK herangezogen.[202] Demgegenüber weist Tosun jedoch überzeugenderweise darauf hin, dass der Gesetzgeber Art. 3 SFDSDHK dem Art. 5 FSEK angenähert habe, weil er die Widersprüchlichkeiten, die zuvor zwischen dem SVMEK und dem FSEK bestanden hätten, erkannt habe und durch die Annäherung der Begriffe dies in Zukunft vermeiden wolle. Dies bedeute jedoch nicht, dass ein Film, der die Voraussetzungen des SFDSDHK erfülle, auch automatisch ein Werk im Sinne des Art. 5 FSEK sei. Zur Bestimmung eines Films als Kinofilmwerk müsse allein die Vorschrift des Art. 5 FSEK herangezogen werden.[203] Diese Diskussion hat gezeigt, dass es zu bevorzugen gewesen wäre, wenn der Gesetzgeber von einer Bestimmung der Filmarten im SFDSDHK abgesehen hätte.

C. Vergleich

Eine Betrachtung des Art. 5 FSEK in seiner Fassung vor und nach der Novellierung im Jahre 2001 hat gezeigt, dass die Norm eine durchaus positive Entwicklung erfahren hat.

200 Genç, Sinema ve Müzik Eserleri in: Ünal Tekinalp'e Armağan, S. 249 (263).

201 Genç, Sinema ve Müzik Eserleri in: Ünal Tekinalp'e Armağan, S. 249 (264).

202 Ateş, Fikir Ve Sanat Hukukunda Sinema Eseri Ve Eser Sahipliği in: Fikri Mülkiyet Hukuku Yıllığı 2009, S. 59 (69 f).

203 Tosun, Sinema Eserleri Ve Eser Sahibinin Hakları, S. 90 ff.

Zunächst hat sie sich den technischen Entwicklungen im Rahmen der Filmherstellung angepasst. Art. 5 FSEK stellt, wie bereits erörtert, nicht mehr auf eine Vorführung durch Projektion ab, eine Vorführung kann durch elektronische, mechanische oder ähnliche Geräte erfolgen. Auch das Trägermaterial, worauf das Kinofilmwerk körperlich fixiert wird, ist nicht mehr von Bedeutung, während nach der alten Fassung der Norm das Trägermaterial nur ein anderes als Film und Glas sein konnte, wenn eine Vorführung durch Projektion erfolgte. Diese unklare Formulierung ist erfreulicherweise mit der Novellierung aufgehoben worden. Wie bereits erörtert, hat die Neufassung der Norm auch einen umfassenderen Schutz für Filmwerke ermöglicht, indem Art. 5 Abs. 3 FSEK a.F. gestrichen worden ist, der Aufnahmen von Musikdarbietungen, Reden und Vorträgen von einem Schutz als Kinofilmwerk ausschloss.

Zunächst können zwischen den Voraussetzungen, die an ein Filmwerk in Deutschland gestellt werden und den Voraussetzungen, die in der Türkei gefordert werden, durchaus Gemeinsamkeiten festgestellt werden.

Beide setzen voraus, dass es sich um bewegliche Bilderfolgen handelt. Dies entnimmt die deutsche Rechtsliteratur § 95 UrhG. Diese Vorschrift gilt sowohl für Laufbilder als auch für Filmwerke. In der Türkei fehlt es, wie bereits erwähnt, an einer speziellen Regelung für Laufbilder, daher findet sich die Voraussetzung der beweglichen Bilderfolgen hier in Art. 5 FSEK zum Kinofilmwerk. Außerdem fordern beide Rechtssysteme keine Vertonung. Sowohl Stummfilme als auch Tonfilme können unter die soeben genannten Normen fallen.

Sowohl nach deutschem als auch nach türkischem Recht müssen des Weiteren die subjektiven Anforderungen, die an ein Werk gestellt werden, vorliegen, um ein Filmwerk/Kinofilmwerk anzunehmen. In Deutschland spricht man hierbei von der persönlichen geistigen Schöpfung und in der Türkei von dem Begriff der Eigentümlichkeit. Wie bereits ausführlich erörtert, ist der Begriff der Eigentümlichkeit in der türkischen Literatur sehr umstritten und die Ansichten reichen von einer engen bis zu einer weiten Auslegung des Begriffs. Yarayan hat sich, wie bereits dargelegt, ausführlich mit dem Begriff der Eigentümlichkeit, insbesondere mit der historischen Auslegung, befasst und bevorzugt eine enge Auslegung des Begriffs, so dass der kleinen Münze der Schutz verwehrt bleibt. Etwas anderes gilt jedoch, wenn man bei der Bestimmung des Begriffs Art. 5 FSEK heranzieht und einen genauen Blick auf die Entwicklung dieser Norm wirft. Zunächst hat der türkische Gesetzgeber durch die Novellierung der Norm 2001 zum Ausdruck gebracht, dass der Anwendungsbereich der Norm zu eng gewesen ist und erweitert werden musste. Insbesondere der Streichung des Art. 5 Abs. 3 FSEK a.F. kann entnommen werden, dass der Begriff der Eigentümlichkeit im Rahmen der Kinofilmwerke nicht eng ausgelegt werden soll und auch der kleinen Münze ein Schutz zuteil werden kann. Im deutschen Recht werden, wie dargelegt, an die Schöpfungshöhe, insbesondere bei den Filmwerken, geringe Anforderungen gestellt. Wie bereits erörtert, wird bei der Abgrenzung von Laufbildern zu Filmwerken, insbesondere bei der Diskussion zu Dokumentarfilmen, deutlich, dass den Filmwerken ein umfassender Schutz zuteil werden soll. Solange Dokumentarfilme nicht ein bloßes Abfilmen der Ereignisse darstellen, sondern eine bildliche Erfassung, Auswahl und Anordnung stattfindet, kann eine persönliche geistige Schöpfung vorliegen. Somit ist im Ergebnis festzuhalten, dass auch wenn der Begriff der Eigentümlichkeit und der Begriff der persönlichen geistigen Schöpfung nicht übereinstimmen, sowohl die Türkei als auch Deutschland eine subjektive Voraussetzung fordern, um das Vorliegen eines Werkes zu bejahen und dass insbesondere im Rahmen des Filmwerks/Kinofilmwerks an die subjektive Voraussetzung nicht allzu strenge Anforderungen gestellt werden, um diesem einen umfassenden Schutz zu ermöglichen.

Trotz der dargelegten positiven Entwicklung des Art. 5 FSEK und der Gemeinsamkeiten zwischen dem türkischen und dem deutschen Urheberrechtsgesetz, muss man bei einer Betrachtung des Wortlauts des Art. 5 FSEK feststellen, dass dessen komplizierte Formulierung keine Klarheit schafft, sondern in vielen Fällen zu Diskussionen führt.

Die Diskussionen sind bereits ausführlich dargelegt worden und sind im Folgenden nur kurz aufzuführen. Zunächst ist es fraglich, ob die körperliche Fixierung des Films und dessen Wiedergabe zwingend erforderlich sind, um die Werkeigenschaft zu bejahen. Außerdem finden sich Ansichten in der Literatur, die als Voraussetzung für ein Kinofilmwerk das Vorliegen eines Regisseurs und eines Drehbuchs verlangen, was jedoch auch auf Kritik stößt. Des Weiteren wird die Frage diskutiert, ob es sich bei der Aufzählung der Filmarten in Art. 5 FSEK um eine abschließende Aufzählung handelt, und ob die Voraussetzung der beweglichen Bilderfolgen nur für Kinofilme gelten soll oder für jegliche in Art. 5 FSEK genannte Filmarten.

Mehrmals ist darauf hingewiesen worden, dass der Gesetzgeber Art. 5 FSEK novelliert hat, um den Anwendungsbereich der Norm zu erweitern und sie den technischen Entwicklungen und internationalen Vorschriften anzupassen. Dieser umfassende Schutz der Kinofilmwerke könnte jedoch nicht ermöglicht werden, wenn man zusätzliche Voraussetzungen zur Bejahung eines Kinofilmwerks fordern würde, die die Vorschrift nicht zwingend vorschreibt. Zunächst ist daher festzuhalten, dass der Sinn und Zweck der Neuregelung verfehlt werden würde, wenn man die Aufzählung in Art. 5 FSEK als abschließend beurteilen würde. Vielmehr handelt es sich bei den in der Vorschrift genannten Filmarten um eine beispielhafte Aufzählung. Außerdem sind die beweglichen Bilderfolgen als eine Grundvoraussetzung zu qualifizieren, die für jede Filmart gelten sollte und nicht nur für eine bestimmte Filmart. Des Weiteren muss ein Film nicht körperlich fixiert sein und wiedergegeben werden können, um als Kinofilmwerk zu gelten, was am Beispiel der Fernsehsendungen (Live-Sendungen) deutlich geworden ist. Zu demselben Ergebnis gelangt auch die Ansicht, die zwar an diesen Voraussetzungen festhält, jedoch die Möglichkeit der körperlichen Fixierung und der Widergabe genügen lässt, so dass auch diese zum Schutz von Live-Sendungen gelangt. Grundsätzlich setzt bei der Herstellung eines Kinofilmwerks der Regisseur ein Drehbuch in bewegliche Bilderfolgen um, jedoch können auch spontan gedrehte Filme ohne jegliches Drehbuch eine persönliche geistige Leistung/Eigentümlichkeit nachweisen, die durch die Verwendung bestimmter technischer und künstlerischer Mittel zum Ausdruck kommt. Daher sollte nicht zwingend das Vorhandensein eines Drehbuchs und eines Regisseurs verlangt werden. Sogar die Ansicht, die keine zu hohen Anforderungen an diese Begriffe stellt, schließt Filmarten wie Aufzeichnungen von Sportveranstaltungen, Tagesschauen, Podiumsdiskussionen, Reportagen und Fernsehshows grundsätzlich vom Schutzbereich aus, da es diesen an einem Drehbuch fehle. Doch auch diese Filmarten können je nach Einzelfall die Eigentümlichkeit ihres Urhebers widerspiegeln und sollten einem Schutz nach Art. 5 FSEK zugänglich sein. Im Ergebnis kann somit festgehalten werden, dass ein umfassender Schutz nur gewährleistet werden kann, wenn keine weiteren zwingenden Voraussetzungen wie die körperliche Fixierung und Wiedergabe des Films und das Vorhandensein eines Regisseurs und Drehbuchs gefordert werden.

Die Erörterungen haben gezeigt, dass die Definition des Begriffs des Kinofilmwerks im Gesetz nicht immer von Vorteil ist und nicht immer Klarheit schafft, sondern auch zu Diskussionen führen kann, insbesondere wenn die Norm so kompliziert formuliert ist wie Art. 5 FSEK.

Dennoch hat sich der türkische Gesetzgeber dafür entschieden, das Kinofilmwerk im Gesetz zu regeln. Solange der Gesetzgeber hieran festhält, sollte zumindest eine klarere Formulierung der Norm erfolgen, die die oben angeführten Diskussionen vermeidet.

Zweites Kapitel: Filmurheber

A. Die Filmurheber im deutschen Recht

Der Begriff des Filmurhebers wird im deutschen Recht nicht definiert. Es gilt das allgemeine „Schöpferprinzip“ gem. § 7 UrhG. Dieses wird seit 1966 auch uneingeschränkt im Filmbereich angewandt. Demzufolge ist derjenige Urheber, der einen schöpferischen Beitrag zur Herstellung des Films leistet, welcher über die handwerklich-routinemäßige Leistung hinausgeht. [204]

Hieran hat sich auch durch die Umsetzung des Art. 2 Abs. 2 der Richtlinie 93/98 EWG vom 29.10.1993 zur Harmonisierung der urheberrechtlichen Schutzdauer[205] in § 65 Abs. 2 UrhG nichts geändert. Maßgeblich für die Beurteilung der Schutzdauer ist laut § 65 Abs. 2 UrhG der Tod des Längstlebenden der folgenden Personen: Hauptregisseur, Urheber des Drehbuchs, Urheber der Dialoge, Komponist der für das betreffende Filmwerk komponierten Musik. Von diesem Zeitpunkt an ist die 70-jährige Schutzfrist zu berechnen. Diese Regelung bezieht sich jedoch nur auf die Schutzdauer von Filmwerken und bezweckt keine Festlegung in der Urheberschaftsfrage.[206] Dies bestätigt auch die Gesetzesbegründung, welche hervorhebt, dass die Bestimmungen der Urheberschaft unberührt bleiben und sich die Urheberschaft nach den bisher geltenden Kriterien des deutschen Urheberrechts bestimmt.[207] Somit sind die Filmurheber nach dem allgemeinen „Schöpferprinzip“ zu bestimmen.

---

204 Dreier/Schulze/*Schulze*, Urheberrechtsgesetz, § 89, Rn. 6; Fromm/Nordemann/*Jan Bernd Nordemann*, Vor §§ 88, Rn. 22; V. Hartlieb/Schwarz/*Dobberstein/Schwarz*, Handbuch des Film-, Fernseh- und Videorechts, 37. Kap., Rn. 1; Loewenheim/*Schwarz/Reber*, Handbuch des Urheberrechts, § 12, Rn. 17; Schricker/*Katzenberger*, Urheberrecht, Vor §§ 88 ff, Rn. 57; Wandtke/Bullinger/*Manegold*, Praxiskommentar zum Urheberrecht, Vor §§ 88 ff, Rn. 29; Reupert, Der Film im Urheberrecht, S. 69.

205 GRUR Int. 1994, 141 (142).

206 V. Hartlieb/Schwarz/*Dobberstein/Schwarz*, Handbuch des Film-, Fernseh- und Videorechts, 37. Kap., Rn. 1; Loewenheim/*Schwarz/Reber*, Handbuch des Urheberrechts, § 12, Rn. 17; Schricker/*Katzenberger*, Urheberrecht, Vor §§ 88 ff, Rn. 57.

207 BT-Drs. 13/781 S. 9, 13.

I. Rechtsverhältnisse zwischen den Urhebern

An der Herstellung eines Films sind mehrere Personen beteiligt. Bevor jedoch zu klären ist, welche Personen als Urheber in Betracht kommen, ist zunächst zu erörtern, in welchem Rechtsverhältnis diese zueinander stehen. Da das UrhG keine Spezialregelung für die Filmurheberschaft enthält, sind die allgemeinen Bestimmungen der §§ 8 und 9 UrhG anwendbar.[208]

Es kann sich bei den am Film mitwirkenden Personen somit um Miturheber eines gemeinschaftlich geschaffenen Werkes gem. § 8 Abs. 1 UrhG handeln, oder es liegt eine Werkverbindung gem. § 9 UrhG vor.

1. Werkverbindung

Bei der Werkverbindung wird kein gemeinsames Werk geschaffen, sondern selbstständig schutzfähige Einzelwerke mit Zustimmung der Urheber zur gemeinsamen Verwertung miteinander verbunden.[209] Bei den verbundenen Werken muss es sich um urheberechtlich geschützte Werke im Sinne des § 2 Abs. 2 UrhG handeln. Auch nicht schutzfähige oder nicht mehr geschützte Werke können miteinander verbunden werden, jedoch stellen diese keine Werkverbindung im Sinne des § 9 UrhG dar.[210] Es können Werke verschiedenartiger, aber auch gleichartiger Gattungen miteinander verbunden werden. Ein klassisches Beispiel für die Verbindung von Werken verschiedener Gattungen stellt die Verbindung von Musik und Text bei Opern, Musicals, Liedern und dergleichen dar.[211] Um eine Verbindung von Werken der gleichartigen Gattung handelt es sich bei einem Gesetzeskommentar, der aus selbstständigen Beiträgen verschiedener Mitarbeiter besteht.[212] Das grund-

---

208 Reupert, Der Film im Urheberrecht, S. 108; Loewenheim/*Schwarz/Reber*, Handbuch des Urheberrechts, § 12, Rn. 34.

209 Dreier/Schulze/*Schulze*, Urheberrechtsgesetz, § 9, Rn. 1; Wandtke/Bullinger/*Thum*, Praxiskommentar zum Urheberrecht, § 9, Rn. 1.

210 Dreier/Schulze/*Schulze*, Urheberrechtsgesetz, § 9, Rn. 4 f; Schricker/*Loewenheim*, Urheberrecht, § 9, Rn. 4; Möhring/Nicolini/*Ahlberg*, Urheberrechtsgesetz, § 9, Rn. 7; Wandtke/Bullinger/*Thum*, Praxiskommentar zum Urheberrecht, § 9, Rn. 2.

211 Dreier/Schulze/*Schulze*, Urheberrechtsgesetz, § 9, Rn. 3; Schricker/*Loewenheim*, Urheberrecht, § 9, Rn. 5; Möhring/Nicolini/*Ahlberg*, Urheberrechtsgesetz, § 9, Rn. 3; Wandtke/Bullinger/*Thum*, Praxiskommentar zum Urheberrecht, § 9, Rn. 9 f.

212 Möhring/Nicolini/*Ahlberg*, Urheberrechtsgesetz, § 9, Rn. 3; Wandtke/Bullinger/*Thum*, Praxiskommentar zum Urheberrecht, § 9, Rn. 10; a. A. Schricker/*Loewenheim*, Urheberrecht, § 8, Rn. 6.

legende Abgrenzungskriterium der Werkverbindung ist jedoch, dass trotz der Verbindung der einzelnen Werke diese selbstständig verwertbar bleiben.[213]

Filmwerke erfüllen jedoch diese Voraussetzung nicht und werden somit auch nicht als Werkverbindung gem. § 9 UrhG angesehen.[214] Beim Filmwerk handelt es sich um ein eigenständiges neues Gesamtkunstwerk.[215] Die einzelnen Werke sind im Filmwerk untrennbar miteinander verschmolzen. Eine eigenständige Verwertung der einzelnen Werke ist nicht denkbar.[216]

2. Miturheberschaft

Eine Miturheberschaft ist zu bejahen, wenn mehrere Personen ein Werk gemeinsam schaffen, wozu jede einzelne Person seinen schöpferischen Beitrag leistet und diese Beiträge nicht selbstständig verwertet werden können.[217]

a) persönliche geistige Schöpfung

Miturheber ist nur derjenige, der zum gemeinschaftlichen Werk einen Beitrag leistet, der die Voraussetzungen einer persönlichen geistigen Schöpfung im Sinne des § 2 Abs. 2 UrhG erfüllt[218] und sich nicht in bloßer Anregung und Gehilfenschaft erschöpft.[219] Es erfolgt zwar eine Zusammenarbeit mit den Gehilfen, jedoch leisten diese keinen schöpferischen Beitrag zum Gesamtwerk. Sie verrichten vielmehr Hilfstätigkeiten und ordnen sich den Anweisungen der eigentlichen Urheber unter. Somit scheiden diese als Miturheber aus.[220] Auch der Auftraggeber und der Ideengeber sind nicht zu den Miturhebern zu zählen, soweit der Auftraggeber die

---

213 Dreier/Schulze/*Schulze*, Urheberrechtsgesetz, § 9, Rn. 2; Schricker/*Loewenheim*, Urheberrecht, § 9, Rn. 6; Wandtke/Bullinger/*Thum*, Praxiskommentar zum Urheberrecht, § 9, Rn. 8.

214 Dreier/Schulze/*Schulze*, Urheberrechtsgesetz, § 9, Rn. 3; Schricker/*Loewenheim*, Urheberrecht, § 9, Rn. 6; Loewenheim/*Schwarz/Reber*, Handbuch des Urheberrechts, § 12, Rn. 35; Reupert, Der Film im Urheberrecht, S. 108; Bohr, Die Urheberrechtsbeziehungen der an der Filmherstellung Beteiligten, S. 35.

215 Loewenheim/*Schwarz/Reber*, Handbuch des Urheberrechts, § 12, Rn. 35; Reupert, Der Film im Urheberrecht, S. 108.

216 Loewenheim/*Schwarz/Reber*, Handbuch des Urheberrechts, § 12, Rn. 35.

217 Dreier/Schulze/*Schulze*, Urheberrechtsgesetz, § 8, Rn. 1.

218 Schricker/*Loewenheim*, Urheberrecht, § 8, Rn. 4; Wandtke/Bullinger/*Thum*, Praxiskommentar zum Urheberrecht, § 8, Rn. 3; Dreier/Schulze/*Schulze*, Urheberrechtsgesetz, § 8, Rn. 6; BGH, GRUR 1994, 39 (40); OLG München, ZUM 1990, 186 (190); a. A. Möhring/Nicolini/*Ahlberg*, Urheberrechtsgesetz, § 8, Rn. 9.

219 Schricker/*Loewenheim*, Urheberrecht, § 8, Rn. 4; Wandtke/Bullinger/*Thum*, Praxiskommentar zum Urheberrecht, § 8, Rn. 3; Dreier/Schulze/*Schulze*, Urheberrechtsgesetz, § 8, Rn. 7.

220 Wandtke/Bullinger/*Thum*, Praxiskommentar zum Urheberrecht, § 8, Rn. 6, 20; Dreier/Schulze/*Schulze*, Urheberrechtsgesetz, § 8, Rn. 7.

Schöpfung nur veranlasst und finanziert und der Ideengeber dem Urheber lediglich ein paar Tipps und Anregungen zu dem Werk gibt.[221] Für die Frage der Miturheberschaft kommt es nicht auf den Umfang und die Größe der Beiträge an, sofern sie nur schöpferischer Art sind.[222]

b) Gemeinsames Schaffen

Es entsteht jedoch nicht durch jede schöpferische Mitarbeit an einem Werk automatisch eine Miturheberschaft, vielmehr setzt die Miturheberschaft eine Zusammenarbeit, ein gemeinsames Schaffen voraus.[223] Die Zusammenarbeit erfordert eine Verständigung über die gemeinsame Aufgabe und eine gegenseitige Unterordnung unter diese Aufgabe.[224] Subjektiv ist der Wille zur Zusammenarbeit erforderlich. Ein natürlicher Handlungswille reicht hierbei aus, ein rechtsgeschäftlicher Wille ist nicht erforderlich. Somit können auch Geschäftsunfähige Miturheber sein.[225] Die einzelnen Urheber brauchen nicht jeden Beitrag zum Werk gemeinsam erbringen. Es reicht aus, dass jeder in Unterordnung unter die gemeinsame Idee einen Beitrag zu dem Werk als Ganzes leistet.[226] Ein gemeinsames Werkschaffen setzt nicht unbedingt voraus, dass die Beiträge gleichzeitig geschaffen werden, vielmehr können die Urheber auf verschiedenen Entstehungsstufen des Werkes nacheinander tätig werden. Die schöpferische Mitwirkung kann bei einem stufenweise entstehenden Werk somit auf jeder Stufe erfolgen, solange sie als unselbstständiger Beitrag zum einheitlichen Schöpfungsprozess geleistet wird.[227]

---

221 Wandtke/Bullinger/*Thum*, Praxiskommentar zum Urheberrecht, § 8, Rn. 5; Dreier/Schulze/*Schulze*, Urheberrechtsgesetz, § 8, Rn. 7.

222 BGH, GRUR 1994, 39 (40); Wandtke/Bullinger/*Thum*, Praxiskommentar zum Urheberrecht, § 8, Rn. 3; Schricker/*Loewenheim*, Urheberrecht, § 8, Rn. 4; Dreier/Schulze/*Schulze*, Urheberrechtgesetz, § 8, Rn. 6.

223 BGH, GRUR 1994, 39 (40); Wandtke/Bullinger/*Thum*, Praxiskommentar zum Urheberrecht, § 8, Rn. 16; Schricker/*Loewenheim*, Urheberrecht, § 8, Rn. 8; Dreier/Schulze/*Schulze*, Urheberrechtgesetz; § 8, Rn. 2; Möhring/Nicolini/*Ahlberg*, Urheberrechtsgesetz, § 8, Rn. 4.

224 Wandtke/Bullinger/*Thum*, Praxiskommentar zum Urheberrecht, § 8, Rn. 16; Schricker/*Loewenheim*, Urheberrecht, § 8, Rn. 9; Dreier/Schulze/*Schulze*, Urheberrechtsgesetz; § 8, Rn. 2; Möhring/Nicolini/*Ahlberg*, Urheberrechtsgesetz, § 8, Rn. 4; BGH, GRUR 1994, 39 (40).

225 Wandtke/Bullinger/*Thum*, Praxiskommentar zum Urheberrecht, § 8, Rn. 16; Schricker/*Loewenheim*, Urheberrecht, § 8, Rn. 8; Dreier/Schulze/*Schulze*, Urheberrechtsgesetz, § 8, Rn. 2.

226 BGH, GRUR 1994, 39 (40); Wandtke/Bullinger/*Thum*, Praxiskommentar zum Urheberrecht, § 8, Rn. 17; Möhring/Nicolini/*Ahlberg*, Urheberrechtgesetz, § 8, Rn. 5.

227 Schricker/*Loewenheim*, Urheberrecht, § 8, Rn. 7; Dreier/Schulze/*Schulze*, Urheberrechtsgesetz, § 8, Rn. 3; Wandtke/Bullinger/*Thum*, Praxiskommentar zum Urheberrecht, § 8, Rn. 9; BGH, GRUR 1994, 39 (40).

c) Keine gesonderte Verwertbarkeit der einzelnen Beiträge

Eine Miturheberschaft setzt insbesondere voraus, dass die von den verschiedenen Urhebern geschaffenen Beiträge nicht gesondert verwertbar sind.[228] Sind die Beiträge gesondert verwertbar, ist wie bereits dargelegt von einer Werkverbindung im Sinne des § 9 UrhG auszugehen. Unter Verwertbarkeit ist die theoretische Möglichkeit der Verwertung zu verstehen. Diese ist anzunehmen, wenn sich die Anteile an einem Werk, ohne dadurch unvollständig und ergänzungsbedürftig zu werden, aus dem gemeinschaftlichen Werk herauslösen lassen und es denkbar ist, dass sie in irgendeiner Weise wieder Verwendung finden könnten.[229] Es wird außerdem vertreten, dass die Beiträge der gleichen Werkart angehören müssen. Eine Miturheberschaft sei bei unterschiedlichen Werkarten abzulehnen.[230] Jedoch seien auch durchaus Fälle denkbar, wo schöpferische Beiträge verschiedener Werkarten zu einer Einheit verschmelzen.[231]

d) Einordnung der Urheber des Filmwerks

Nach herrschender Ansicht wird das Filmwerk als ein in Miturheberschaft geschaffenes Werk angesehen.[232] Wie bereits im Rahmen der Werkverbindung dargelegt, handelt es sich beim Filmwerk um ein eigenständiges neues Gesamtkunstwerk, bei dem die Leistungen der schöpferisch Mitwirkenden in der Einheit aufgehen.[233] Die zum Filmwerk geleisteten Beiträge der Mitwirkenden können in aller Regel nicht gesondert verwertet werden, sie besitzen keine selbstständige Verkehrsfähigkeit.[234] Auch die Tatsache, dass es sich bei den schöpferischen Beiträgen zum Filmwerk um Beiträge verschiedener Werkgattungen handelt, steht einer Mit-

---

228 Schricker/*Loewenheim,* Urheberrecht, § 8, Rn. 5 f; Dreier/Schulze/*Schulze*, Urheberrechtsgesetz, § 8, Rn. 4 f; Wandtke/Bullinger/*Thum*, Praxiskommentar zum Urheberrecht, § 8, Rn. 7 ff; kritisch Möhring/Nicolini/*Ahlberg*, Urheberrechtsgesetz, § 8, Rn. 15 ff.

229 Schricker/*Loewenheim,* Urheberrecht, § 8, Rn. 5; Wandtke/Bullinger/*Thum*, Praxiskommentar zum Urheberrecht, § 8, Rn. 7.

230 Schricker/*Loewenheim*, Urheberrecht, § 8, Rn. 6.

231 Dreier/Schulze/*Schulze*, Urheberrechtsgesetz, § 8, Rn. 4.

232 Reupert, Der Film im Urheberrecht, S. 108 ff; Bohr, Die Urheberrechtsbeziehungen der an der Filmherstellung Beteiligten, S. 37 ff; Loewenheim/*Schwarz/Reber*, Handbuch des Urheberrechts, § 12, Rn. 36 ff; Wandtke/Bullinger/*Thum*, Praxiskommentar zum Urheberrecht, § 8, Rn. 57; Schricker/*Loewenheim*, Urheberrecht, § 9, Rn. 6; Dreier/Schulze/*Schulze*, Urheberrechtsgesetz, § 8, Rn. 2 ff.

233 Loewenheim/*Schwarz/Reber*, Handbuch des Urheberrechts, § 12, Rn. 35; Reupert, Der Film im Urheberrecht, S. 108.

234 Loewenheim/*Schwarz/Reber*, Handbuch des Urheberrechts, § 12, Rn. 37; Wandtke/Bullinger/*Thum*, Praxiskommentar zum Urheberrecht, § 8, Rn. 57; Reupert, Der Film im Urheberrecht, S. 108 f.

urheberschaft nicht entgegen. Denn auch schöpferische Beiträge verschiedener Werkarten können zu einer Einheit verschmelzen, so dass diese Beiträge nicht gesondert verwertbar sind. Dies ist insbesondere beim Filmwerk der Fall.[235] Ein gemeinsames Schaffen ist ebenfalls grundsätzlich anzunehmen. Dies ergibt sich aus der eng verflochtenen und kooperativ arbeitsteiligen Schaffensweise der bei der Filmherstellung Beteiligten.[236] Welche Personen nun das Filmwerk gemeinsam schaffen und hierzu ihren schöpferischen Beitrag leisten, der nicht selbstständig verwertet werden kann, wird im Folgenden untersucht.

II. Einzelne Filmurheber

Zunächst sind die Urheber darzulegen, die grundsätzlich einen schöpferischen Beitrag zum Filmwerk leisten, welcher nicht gesondert vom Gesamtwerk verwertet werden kann und die somit als (Mit-) Urheber des Filmwerks in Frage kommen.

1. Regisseur

In erster Linie kommt der Regisseur als Film(mit-)urheber in Betracht.[237] Der Regisseur wacht als An- und Oberleiter des Filmprojekts über das gesamte Filmteam. Seine Aufgabe besteht darin, die dem Drehbuch zugrunde liegende Idee von der Schriftform in die Bildform umzusetzen, somit ein visuell wahrnehmbares Kunstwerk zu gestalten und zu prägen.[238]

Hierbei führt der Regisseur häufig wiederkehrende Tätigkeiten aus. Die Tätigkeiten können jedoch je nach Regisseur und nach konkreter Produktion variieren. Es sind hierbei drei Tätigkeitsphasen zu unterscheiden: die Pre-Production-Phase,

---

235 Dreier/Schulze/*Schulze*, Urheberrechtsgesetz, § 8, Rn. 4; Reupert, Der Film im Urheberrecht, S. 108.

236 Reupert, Der Film im Urheberrecht, S. 109 f; Loewenheim/*Schwarz/Reber*, Handbuch des Urheberrechts, § 12, Rn. 38.

237 Dreier/Schulze/*Schulze*, Urheberrechtsgesetz, § 89, Rn. 10; Fromm/Nordemann/*Jan Bernd Nordemann*, Urheberrecht, § 89, Rn. 20; V. Hartlieb/Schwarz/*Dobberstein/Schwarz*, Handbuch des Film-, Fernseh- und Videorechts, 37. Kap., Rn. 5 ff; Loewenheim/*Schwarz/Reber*, Handbuch des Urheberrechts, § 12, Rn. 19; Möhring/Nicolini/*Lütje,* Urheberrechtsgesetz, § 89, Rn. 11; Schricker/*Katzenberger*, Urheberrecht, Vor 88 ff, Rn. 61; Wandtke/Bullinger/*Manegold*, Praxiskommentar zum Urheberrecht, Vor §§ 88 ff, Rn. 29; Bohr, UFITA 78/1977, 95 (109 ff); ders., Die Urheberrechtsbeziehungen der an der Filmherstellung Beteiligten, S. 56 f; Reupert, Der Film im Urheberrecht, S. 71 ff; Rehbinder, Urheberrecht, § 22, Rn. 279; Schack, Urheber- und Urhebervertragsrecht, § 10, Rn. 298 f; BGH, GRUR 1984, 730 (732 f); OLG München, ZUM 1985, 514 (515).

238 V. Hartlieb/Schwarz/*Dobberstein/Schwarz*, Handbuch des Film-, Fernseh- und Videorechts, 37. Kap., Rn. 5; Bohr, UFITA 78/1977, 95 (109); Reupert, Der Film im Urheberrecht, S. 71.

die Production-Phase und die Post-Production-Phase. In der Pre-Production-Phase bestimmt der Regisseur zunächst die bei der Filmherstellung Mitwirkenden. Darunter fallen beispielsweise der Kameramann, Cutter, der (Misch-) Tonmeister und die Darsteller. Er legt die endgültige Fassung des Drehbuchs fest, wählt Kulissen und Dekoration aus und nimmt die endgültigen Entwürfe für Ausstattung, Bauten, Kostüme ab. Er bestimmt des Weiteren die Drehorte und Schauplätze und legt die Einteilung und Gestaltung der Einstellungen in sachlicher und zeitlicher Reihenfolge fest. Während der Production-Phase leitet er in Abstimmung mit seinen Mitarbeitern die gesamten Dreharbeiten. Er wirkt bei den Kameraeinstellungen, der Beleuchtung, der Führung der Schauspieler und beim szenischen Arrangement mit. In der Post-Production-Phase überwacht der Regisseur unter Mitwirkung des Cutters, teils auch des Kameramanns und des Tonmeisters, den Schnitt, die Montage und die Vertonung des Films. Er wirkt somit bei der Herstellung der Endfassung des Films mit.[239]

Soweit ein Regisseur diese Tätigkeiten erbringt, ist eine schöpferische geistige Leistung anzunehmen, welche auch nicht gesondert vom Gesamtwerk verwertet werden kann. In diesem Fall handelt es sich bei dem Regisseur um einen (Mit-) Urheber des Filmwerks. Die schöpferische Leistung der Regisseure prägt ihre Filme stark und verleiht ihnen den Wiedererkennungswert ihrer künstlerischen Handschrift. Hierbei sind einige Beispiele aus Amerika und Deutschland zu nennen: Internationale Erfolge feierten die deutschen Regisseure Wolfgang Petersen („Das Boot“, „Die unendliche Geschichte“, „Outbreak“, „Air Force One“, „Troja“), Tom Tykwer („Lola Rennt“, „Das Parfüm“), Fatih Akin („Gegen die Wand“, „Auf der anderen Seite“). Regiegrößen aus Hollywood sind unter anderem Steven Spielberg („E.T.“, „Die Farbe Lila“, „Indiana Jones Filme“, „Schindlers Liste“, „Minority Report“, „München“, „Krieg der Welten“), George Lucas (“Star Wars Filme”), Martin Scorsese („Taxi Driver“, „The Good Fellas“, „Casino“, „Gangs of New York“, „Departed“), David Fincher („Seven“, „Fight Club“, „Zodiac“), Quentin Tarantino („Pulp Fiction“, „Kill Bill Filme“, „Death Proof”).[240] Dies sind nur wenige Beispiele.

Der Regisseur kann jedoch auch eine Doppel- oder Mehrfachfunktion ausüben.[241] Es kommt des Öfteren vor, dass der Regisseur das Drehbuch selbst schreibt oder an diesem mitarbeitet. Dann ist er einerseits, wie bereits erörtert, als

239 V. Hartlieb/Schwarz/*Dobberstein/Schwarz*, Handbuch des Film-, Fernseh- und Videorechts, 37. Kap., Rn. 5 f; Reupert, Der Film im Urheberrecht, S. 71 f.

240 Siehe hierzu: www.imdb.com, zuletzt besucht am: 21.04.08.

241 Dreier/Schulze/*Schulze*, Urheberrechtsgesetz, § 89, Rn. 6; Fromm/Nordemann/*Jan Bernd Nordemann*, Urheberrecht, § 89, Rn. 18.

Regisseur Filmurheber, andererseits ist er als Drehbuchautor Urheber oder Miturheber eines vorbestehenden Werkes.[242]

Es stellt sich außerdem die Frage, ob die Regietätigkeit neben dem Urheberrecht ein Leistungsschutzrecht begründen kann. Zu dieser Frage hat sich der BGH in seiner Entscheidung vom 24.11.1983 geäußert.[243] Der BGH führt aus, dass grundsätzlich Urheber- und Leistungsschutz unabhängig nebeneinander bestehen, ein ausübender Künstler somit zugleich Urheber sein kann. Dies sei der Fall bei einer Person, die das Werk schöpferisch (mit-)gestalte und unabhängig davon bei dessen Vortrag oder Aufführung als ausübender Künstler mitwirke, also voneinander trennbare und unterschiedliche Leistungen, gegebenenfalls auch gleichzeitig, erbringe. Als Beispiel nennt der BGH den Vortrag eines Stegreifgedichts oder eine improvisierte Musikdarbietung. Dies könne auch auf die Leistungen des Regisseurs zutreffen, jedoch müssten diese ihrem Wesen nach etwas Verschiedenes sein, also sachlich auseinander gehalten werden können. Fielen jedoch schöpferische Filmgestaltung und künstlerisch mitwirkende Regieleistung untrennbar zusammen, sei kein Raum für einen gleichzeitigen Urheberrechts- und Leistungsschutz für dieselbe Leistung.[244] Die Entscheidung des BGH ist von Schricker kritisiert worden. Er unterscheidet im Rahmen seiner Argumentation zwischen phänomenologischen und normativen Argumenten. Phänomenologisch bestehe kein Grund, das Leistungsschutzrecht im Urheberrecht aufgehen zu lassen. Es sei nicht ersichtlich, warum schöpferische Filmgestaltung und künstlerisch mitwirkende Regieleistung untrennbar zusammenfallen würden. Man könne und müsse auch beim Regisseur die Leistungen gedanklich trennen. Dass es im Einzelfall schwierig sei, die Schöpfung von der Interpretation abzugrenzen, sei auch kein Grund den Unterschied der beiden Kategorien fallenzulassen.[245] Der vom BGH vertretene Wegfall des Leistungsschutzrechts könne nur normativ begründet werden. Die Leistungsschutzrechte seien zwar eingeführt worden, um Leistungen zu schützen, denen kein urheberrechtlicher Schutz galt, dies bedeute jedoch nicht, dass automatisch der Leistungsschutz bei jemandem entfalle, dem ein Urheberrecht zustehe. Man solle auch in den Genuss beider Rechte kommen können, es sei denn, das Gesetz bestimme ausnahmsweise etwas anderes. Der BGH hätte Schrickers Ansicht zufolge seine Entscheidung zumindest auf § 92 UrhG stützen müssen. Der relevante Unterschied zwischen dem von ihm vorgeschlagenen und dem vom BGH eingeschlagenen Lösungsweg liege darin, dass der BGH dem Regisseur von

242 Dreier/Schulze/*Schulze*, Urheberrechtsgesetz, § 89, Rn. 6; Fromm/Nordemann/*Jan Bernd Nordemann*, Urheberrecht, § 89, Rn. 18; V. Hartlieb/Schwarz/*Dobberstein/Schwarz*, Handbuch des Film-, Fernseh- und Videorechts, 37. Kap., Rn. 8.

243 BGH, GRUR 1984, 730 ff.

244 BGH, GRUR 1984, 730 (732).

245 Schricker, GRUR 1984, 733 (734).

vorneherein zwingend und in vollem Umfang das Leistungsschutzrecht abgesprochen habe, während § 92 UrhG das Recht nur teilweise entfallen lasse.[246]

Zunächst ist festzuhalten, dass die Entscheidung des BGH nun nicht mehr auf § 92 UrhG gestützt werden könnte, wie Schricker dies zum Zeitpunkt des Urteils vorschlug. Ursprünglich ließ diese Vorschrift bestimmte Rechte der ausübenden Künstler nicht entstehen. Diese Regelung ist jedoch durch das 3. Gesetz zur Änderung des Urheberrechtsgesetzes vom 23.06.1995 aufgehoben worden. Dennoch überzeugt die Ansicht Schrickers auch bezüglich seiner weiteren Argumente nicht. Der BGH spricht dem Regisseur nicht in jedem Fall von vorneherein zwingend und in vollem Umfang das Leistungsschutzrecht ab. Er betont sogar, dass ein Filmregisseur gleichzeitig Urheberrechts- und Leistungsschutz erwerben kann, jedoch nur wenn er die schöpferischen und künstlerischen Leistungen erbringt und diese auch sachlich auseinandergehalten werden können.[247] Auch überzeugen die Beispiele, die der BGH zur Differenzierung heranzieht. Bei jemandem, der ein Gedicht oder ein Musikwerk spontan vorträgt, sind deutlich die Werkschöpfung und die Darbietung unterscheidbar, auch wenn die Leistungen zeitlich zusammenfallen. Die schöpferische Leistung eines Urhebers ergibt sich aus der Schaffung des Gedichts und die Leistung eines ausübenden Künstlers aus dem Vortrag. Konzeption und Ausführung sind im Rahmen einer Regietätigkeit jedoch nicht trennbar, sondern gehen fließend ineinander über. Somit überzeugt die Unterscheidung des BGH. Diesem schließen sich auch viele Meinungen in der Literatur an.[248] Sind die einzelnen Leistungen des Regisseurs unterscheidbar, kommen Urheber- und Leistungsschutz gleichzeitig in Betracht, ansonsten entfällt der Leistungsschutz.

Ein Urheberrecht und ein Leistungsschutzrecht stehen dem Regisseur jedoch in dem Fall zu, wenn dieser nicht nur Regie führt, sondern auch eine Hauptrolle in demselben Film spielt.[249] In diesem Fall sind die Leistungen nämlich deutlich voneinander unterscheidbar.

Es sind abschließend einige Beispiele aus Deutschland und Amerika zu nennen, wo der Regisseur neben seiner Regieleistung auch das Drehbuch geschrieben hat und sogar als ausübender Künstler tätig gewesen ist: Till Schweiger hat in „Keinohrhasen" Regie geführt, die Hauptrolle gespielt und gemeinsam mit Anika Decker das Drehbuch verfasst. Quentin Tarantino hat beispielsweise in „Death Proof" Regiearbeit geleistet, er war in einer Nebenrolle zu sehen und er hat das

---

246 Schricker, GRUR 1984, 733 (734).

247 BGH, GRUR 1984, 730 (732).

248 Dreier/Schulze/*Schulze*, Urheberrechtsgesetz, § 89, Rn. 6; Fromm/Nordemann/*Jan Bernd Nordemann*, Urheberrecht, § 89, Rn. 18; Rehbinder, Urheberrecht, Rn. 179.

249 Dreier/Schulze/*Schulze*, Urheberrechtsgesetz, § 89, Rn. 6; Fromm/Nordemann/*Jan Bernd Nordemann*, Urheberrecht, § 89, Rn. 18; Loewenheim/*Schwarz/Reber*, Handbuch des Urheberrechts, § 12, Rn. 24.

Drehbuch zum Film geschrieben. M. Night Shyamalan führt in seinen Filmen nicht nur Regie und ist Drehbuchautor, er ist auch für die kurzen Gastauftritte in seinen Filmen bekannt.[250]

2. *Kameramann*

Des Weiteren kommt der Kameramann als Miturheber des Filmwerks in Betracht.[251] Ist bei der Herstellung des Films ein Kamerateam beteiligt, bedarf es zunächst einer Klärung der Begrifflichkeit. Mit Kameramann ist in diesem Fall der Chefkameramann gemeint, der für das Bild, die Optik und das Licht verantwortlich ist. Von diesem sind die Kameramitarbeiter bzw. Assistenten zu unterscheiden. Ihr Aufgabenschwerpunkt liegt im technisch-manuellen Bereich. Sie führen grundsätzlich nur die Anweisungen des Chefkameramanns aus.[252]

Zunächst sind die Tätigkeiten darzustellen, die grundsätzlich in den Aufgabenbereich des Chefkameramannes fallen und möglicherweise einen schöpferischen Beitrag zur Herstellung des Filmwerks darstellen. Hierbei ist erneut zwischen der Pre-Production-Phase, der Production-Phase und der Post-Production-Phase zu unterscheiden. In der Pre-Production-Phase findet zunächst die Auswahl des Materials statt. Der Chefkameramann entscheidet, welches Filmmaterial verwandt werden soll. Er wählt die Kameras, die Kamerawagen, die Kamerabewegungsgeräte und die Lichtausrüstung aus.[253] Des Weiteren kommt ein Mitspracherecht des Chefkameramanns bei der Motivsuche und Motivauswahl in Betracht.[254] Im Rahmen der Production-Phase fällt die Bild-, Licht- und Farbgestaltung und die

---

250 Siehe hierzu: www.imdb.com, zuletzt besucht am: 21.04.08.

251 Prümm, UFITA 118/1992, 23 ff; Hertin, UFITA 118/1992, 57 ff; Schulze, GRUR 1994, 855 ff; Reupert, Der Film im Urheberrecht, S. 72 ff, 81 ff; Bohr, Die Urheberrechtsbeziehungen der an der Filmherstellung Beteiligten, S. 59 f; ders., UFITA 78/1977, 144 f; V. Hartlieb/Schwarz/*Dobberstein/Schwarz*, Handbuch des Film-, Fernseh- und Videorechts, 37. Kap., Rn. 9 ff; Loewenheim/*Schwarz/Reber*, Handbuch des Urheberrechts, § 12, Rn. 20; Schack, Urheber- und Urhebervertragsrecht, § 10, Rn. 299; Wandtke/Bullinger/*Manegold*, Praxiskommentar zum Urheberrecht, Vor §§ 88 ff, Rn. 29; Schricker/*Katzenberger*, Urheberrecht, Vor §§ 88 ff, Rn. 61; Fromm/Nordemann/*Jan Bernd Nordemann*, Urheberrecht, § 89, Rn. 21; Dreier/Schulze/*Schulze*, Urheberrechtsgesetz, § 89, Rn. 11; Martina Merker, Das Urheberrecht des Chefkameramannes am Spielfilmwerk.

252 Hertin, UFITA 118/1992, 57 (59 f); Prümm, UFITA 118/1992, 23 (25); Reupert, Der Film im Urheberrecht, S. 72.

253 Prümm, UFITA 118/1992, 23 (30); Martina Merker, Das Urheberrecht des Chefkameramannes am Spielfilmwerk, S. 88.

254 Hertin, UFITA 118/1992, 57 (72); Prümm, UFITA 118/1992, 23 (30 f); Reupert, Der Film im Urheberrecht, S. 81; Martina Merker, Das Urheberrecht des Chefkameramannes am Spielfilmwerk, S. 88.

Art und Weise der Kameraführung in seinen Tätigkeitsbereich.[255] Der Chefkameramann nimmt das gesamte Filmgeschehen auf, fixiert dieses somit bildlich und gestaltet dadurch den Bildteil des Films mit.[256] Relevant ist hierbei die Wahl des Bildausschnitts, der Bildkomposition, die Entscheidung über das Arrangement der Figuren im Bild, den Bildraum und die Tiefenschärfen.[257] Auch die Art und Weise der Kameraführung (Horizontal-, Vertikal- oder Kreisschwenk), der Einsatz von Hilfsmitteln (Dolly, Schienenwagen, Kran, Steadicam), Zeitpunkt, Dauer und Geschwindigkeit der Kamerabewegung stellen wichtige gestalterische und technische Mittel dar.[258] Während Bohr zwischen dem Beleuchter und dem Chefkameramann unterscheidet[259], lehnen Hertin, Prümm, Merker und Reupert eine solche Unterscheidung überzeugend ab.[260] Der Beleuchter ist ein dem Chefkameramann unterstellter Techniker und Helfer. Er führt die an ihn erteilten technischen Anweisungen aus, er platziert z.B. die Lampen mit den genau angegebenen Lichtstärken an die vom Chefkameramann bezeichneten Plätze oder er stellt die abgesprochenen Beleuchtungswinkel ein.[261] Der Chefkameramann bestimmt demgegenüber die Lichtgestaltung, die ein bedeutendes bildnerisches Gestaltungsmittel darstellt.[262] Das Licht verleiht den Bildern Kontur und Struktur. Die Lichtgestaltung bestimmt die Atmosphäre, die Stimmung und die Aussage des Films.[263] Als Beispiel ist der „Low-Key-Stil" zu nennen, der harte Hell-Dunkel-Kontraste schafft. Dadurch wird eine schwere und bedrückende Grundstimmung ausgedrückt. Dieser Stil wird grundsätzlich eingesetzt, um die Dramatik einer Szene zu vermitteln.[264] Dasselbe gilt auch für die Farbgestaltung, welche in einem engen Zusammenhang mit

---

255 Hertin, UFITA 118/1992, 57 (68 ff); Prümm, UFITA 118/1992, 23 (31 ff); Reupert, Der Film im Urheberrecht, S. 81 f; ausführlich: Martina Merker, Das Urheberrecht des Chefkameramannes am Spielfilmwerk, S. 89 ff.

256 V. Hartlieb/Schwarz/*Dobberstein/Schwarz*, Handbuch des Film-, Fernseh- und Videorechts, 37. Kap., Rn. 9; Hertin, UFITA 118/1992, 57 (68).

257 Prümm, UFITA 118/1992, 23 (31); ausführlich: Martina Merker, Das Urheberrecht des Chefkameramannes am Spielfilmwerk, S. 91 ff, 103 f.

258 Hertin, UFITA 118/1992, 57 (68 f); Prümm, UFITA 118/1992, 23 (35); Reupert, Der Film im Urheberrecht, S. 81 f; ausführlich: Martina Merker, Das Urheberrecht des Chefkameramannes am Spielfilmwerk, S. 98 ff.

259 Bohr, Die Urheberrechtsbeziehung der an der Filmherstellung Beteiligten, S. 59; ders., UFITA 78/1977, 95 (144).

260 Hertin, UFITA 118/1992, 57 (69 f); Prümm, UFITA 118/1992, 23 (32 f); Reupert, Der Film im Urheberrecht, S. 82; Martina Merker, Das Urheberrecht des Chefkameramannes am Spielfilmwerk, S. 105.

261 Prümm, UFITA 118/1992, 23 (32); Reupert, Der Film im Urheberrecht, S. 82, Fn. 54.

262 Prümm, UFITA 118/1992, 23 (32); Reupert, Der Film im Urheberrecht, S. 82.

263 Hertin, UFITA 118/1992, 57 (69 f); Martina Merker, Das Urheberrecht des Chefkameramannes am Spielfilmwerk, S. 106 ff.

264 Martina Merker, Das Urheberrecht des Chefkameramannes am Spielfilmwerk, S. 106.

der Lichtgestaltung steht. Insbesondere das Zusammenspiel von Licht und Farbe kann dramaturgische, emotionale und atmosphärische Wirkungen erzeugen.[265] Auch in der Post-Production-Phase besteht die Möglichkeit der Beteiligung des Chefkameramanns an der Herstellung des Filmwerks. Aufgrund seines speziellen Wissens kann er Anregungen zu Schnitt und Montage geben.[266]

Diese Tätigkeiten stellen grundsätzlich persönliche geistige Schöpfungen im Sinne des § 2 Abs. 2 UrhG dar, welche auch nicht gesondert vom Filmwerk verwertbar sind. Etwas anderes gilt jedoch, wenn der Chefkameramann diese Tätigkeiten nur aufgrund strikter Anweisungen des Regisseurs ausführt. In diesem Falle wird der Chefkameramann nicht schöpferisch tätig, sondern lediglich handwerklich-routiniert.[267] Dies ist beispielsweise bei alltäglichen Studio- oder Serienproduktionen der Fall. Die Kameraeinstellungen sind vorgegeben oder vom Regisseur bestimmt, dem Chefkameramann ist keine schöpferische Leistung möglich, somit scheidet in diesen Fällen eine Miturheberschaft aus.[268] Jedoch ist durchaus in vielen Fällen eine kooperative und partnerschaftliche Zusammenarbeit zwischen Regisseur und Kameramann zu bejahen.[269] Dies ist insbesondere bei großen und anspruchsvollen Kinofilm- und Fernsehfilmproduktionen der Fall. Einerseits kommt dies dadurch zum Ausdruck, dass sich in vielen Fällen Regisseure nur in Zusammenhang mit einem bestimmten Kameramann verpflichten lassen, da dieser die Vorstellungen des Regisseurs am besten umsetzen kann. Andererseits kommt dies insbesondere auch bei Filmen zur Geltung, deren Bild-, Licht- und Farbgestaltung ein nicht unerhebliches Maß an Originalität für sich in Anspruch nehmen, für deren Umsetzung die technischen und künstlerischen Kenntnisse des Kameramannes von Bedeutung sind.[270] Liegt eine solche gemeinschaftliche Arbeit vor, dann ist auch eine Miturheberschaft des Kameramannes anzunehmen.

---

265 Hertin, UFITA 118/1992, 57 (70); Prümm, UFITA 118/1992, 23 (34); Reupert, Der Film im Urheberrecht, S. 82, Martina Merker, Das Urheberrecht des Chefkameramannes am Spielfilmwerk, S. 107, 109 f.

266 Hertin, UFITA 118/1992, 57 (72 f); Prümm, UFITA 118/1992, 23 (36); Reupert, Der Film im Urheberrecht, S. 82; Martina Merker, Das Urheberrecht des Chefkameramannes am Spielfilmwerk, S. 114 f.

267 V. Hartlieb/Schwarz/*Dobberstein/Schwarz*, Handbuch des Film-, Fernseh- und Videorechts, 37. Kap., Rn. 9 f; Loewenheim/*Schwarz/Reber*, Handbuch des Urheberrechts, § 12, Rn. 20; LG München, ZUM 1999, 332 (337).

268 V. Hartlieb/Schwarz/*Dobberstein/Schwarz*, Handbuch des Film-, Fernseh- und Videorechts, 37. Kap., Rn. 13.

269 Prümm, UFITA 118/1992, 23 (31, 38 ff mit Beispielen); Reupert, Der Film im Urheberrecht, S. 83 f.

270 V. Hartlieb/Schwarz/*Dobberstein/Schwarz*, Handbuch des Film-, Fernseh- und Videorechts, 37. Kap., Rn. 11 f; Reupert, Der Film im Urheberrecht, S. 83 f.

Einer der bedeutendsten deutschen Kameramänner ist Michael Ballhaus, der sich nicht nur mit deutschen Filmen, sondern auch mit amerikanischen Filmen einen Namen gemacht hat. Ballhaus hat auch mehrmals mit Martin Scorsese („The Departed“, „Gangs of New York“, „The Good Fellas“) und Wolfgang Peterson (“Outbreak”, “Air Force One”) zusammengearbeitet.[271]

Des Weiteren steht dem Kameramann auch ein Urheberrecht an den einzelnen Filmbildern zu. Bei diesen handelt es sich um Lichtbilder im Sinne des § 72 UrhG, jedoch bei Bejahung der Werkvoraussetzungen um Lichtbildwerke im Sinne des § 2 Abs. 1 Nr. 5 UrhG.[272] Die amtliche Begründung vertritt die Ansicht, dass es sich bei den bei der Herstellung des Filmwerks entstehenden Einzelbildern lediglich um zwangsläufige Zufallsprodukte handelt.[273] Demnach würde es sich bei den Einzelbildern eines Filmwerks niemals um Lichtbildwerke im Sinne des § 2 Abs. 1 Nr. 5 UrhG handeln. Diese Ansicht ist jedoch mit der überwiegenden Ansicht in der Literatur abzulehnen.[274] Ob der Chefkameramann bei der Herstellung des Filmwerks auch an die Gestaltung der Einzelbilder dachte oder nicht, ändert nichts an dieser Beurteilung. Denn bei der Feststellung des Urheberrechts kommt es nicht auf den Willen des Chefkameramannes, sondern auf das Ergebnis seiner Schaffenstätigkeit an.[275] Die schöpferischen Beiträge des Kameramannes, die ihn auch in den meisten Fällen zum Miturheber des Filmwerks machen, können sich auch in den einzelnen Bildern niederschlagen.[276] Bei der Herstellung des Filmwerks werden, wie bereits ausgeführt, viele gestalterische Elemente wie Bildgestaltung und Lichtgestaltung verwendet, um bestimmte Emotionen und Aussagen zu vermitteln. Hierbei kann auch die Wirkung der jeweiligen Einzelbilder von Bedeutung sein.[277] Somit kommt auch durchaus für die Einzelbilder die Schutzfähigkeit als Lichtbildwerk in Betracht, soweit diese die Werkvoraussetzungen erfüllen.

---

271 Siehe hierzu: www.imdb.com, zuletzt besucht am: 21.04.08.

272 Reupert, Der Film im Urheberrecht, S. 84 f; Martina Merker, Das Urheberrecht des Chefkameramannes am Spielfilmwerk, S. 181 f; Schulze, GRUR 1994, 855 (858 f); Dreier/Schulze/*Schulze*, Urheberrechtsgesetz, § 89, Rn. 11.

273 BT.-Drs. IV/270, S. 101.

274 Reupert, Der Film im Urheberrecht, S. 85; Martina Merker, Das Urheberrecht des Chefkameramannes am Spielfilmwerk, S. 181 f; Schulze, GRUR 1994, 855 (858).

275 Reupert, Der Film im Urheberrecht, S. 85; Martina Merker, Das Urheberrecht des Chefkameramannes am Spielfilmwerk, S. 182; Schulze, GRUR 1994, 855 (858).

276 Martina Merker, Das Urheberrecht des Chefkameramannes am Spielfilmwerk, S. 182.

277 Reupert, Der Film im Urheberrecht, S. 85; Schulze, GRUR 1994, 855 (858).

3. Cutter

Ein weiterer Mitwirkender bei der Herstellung des Filmwerks ist der Cutter. Auch bei ihm kann es sich um einen Miturheber des Filmwerks handeln.[278] Der Cutter hat die Aufgabe, durch Schnitt und Montage der einzelnen Szenen und Bilder die Endfassung des Films herzustellen. Er wird somit grundsätzlich in der Post-Production-Phase tätig und übt im idealtypischen Fall folgende Tätigkeiten aus: Er sichtet das gesamte Filmmaterial, die Bild- und Tonmuster, er wählt diese nach ihrer Eignung für den Film aus und verbindet diese. Zunächst nimmt er den Rohschnitt des Films vor und nähert sich dann durch die Feinschnitte der Endfassung. Durch Schnitt und Montage werden Tempo und Rhythmus des Films festgelegt und somit auch die inhaltliche Aussage des Films beeinflusst.[279]

Bei diesen Tätigkeiten handelt es sich durchaus um schöpferische Leistungen, die auch nicht gesondert vom Filmwerk verwertbar sind. Soweit der Cutter diese Tätigkeiten erfüllt, ist eine Miturheberschaft anzunehmen. Jedoch gilt auch hier das für den Kameramann Gesagte entsprechend. Eine Miturheberschaft ist nur in den Fällen zu bejahen, in denen der Cutter nicht den Anweisungen des Regisseurs unterliegt, somit schöpferisch und nicht bloß handwerklich handelt.[280]

4. Mischtonmeister

Auch bei dem Mischtonmeister kann es sich um einen Miturheber des Filmwerks handeln.[281] Die Tätigkeiten des Mischtonmeisters sind im idealen Fall folgende: Seine Hauptaufgabe besteht in der Verbindung von Bild und Ton. Hierbei koor-

---

278 Reupert, Der Film im Urheberrecht, S. 73 f, S. 85 f; V. Hartlieb/Schwarz/*Dobberstein/Schwarz*, Handbuch des Film-, Fernseh- und Videorechts, 37. Kap., Rn. 14 ff; Dreier/Schulze/*Schulze*, Urheberrechtsgesetz § 89, Rn. 12; Möhring/Nicolini/*Lütje*, Urheberrechtsgesetz, § 89, Rn. 11; Schricker/*Katzenberger*, Urheberrecht, Vor §§ 88 ff, Rn. 61; Schack, Urheber- und Urhebervertragsrecht, § 10, Rn. 299; Bohr, Die Urheberrechtsbeziehung der an der Filmherstellung Beteiligten, S. 59; ders., UFITA 78/1977, 95 (144); Rehbinder, Urheberrecht, Rn. 179; Loewenheim/*Schwarz/Reber*, Handbuch des Urheberrechts, § 12, Rn. 21; Wandtke/Bullinger/*Manegold*, Praxiskommentar zum Urheberrecht, Vor §§ 88 ff, Rn. 29.

279 Reupert, Der Film im Urheberrecht, S. 73, S. 85 f; V. Hartlieb/Schwarz/*Dobberstein/Schwarz*, Handbuch des Film-, Fernseh- und Videorechts, 37. Kap., Rn. 14.

280 Reupert, Der Film im Urheberrecht, S. 86; V. Hartlieb/Schwarz/*Dobberstein/Schwarz*, Handbuch des Film-, Fernseh- und Videorechts, 37. Kap., Rn. 15 ff; Loewenheim/*Schwarz/Reber*, Handbuch des Urheberrechts, § 12, Rn. 21; Rehbinder, Urheberrecht, Rn. 179.

281 V. Hartlieb/Schwarz/*Dobberstein/Schwarz*, Handbuch des Film-, Fernseh- und Videorechts, 37. Kap., Rn. 18 ff; Dreier/Schulze/*Schulze*, § 89, Rn. 14; Schricker/*Katzenberger*, Urheberrecht, Vor §§ 88 ff, Rn. 61; Schack, Urheber- und Urhebervertragsrecht, § 10, Rn. 299; Bohr, Die Urheberrechtsbeziehung der an der Filmherstellung Beteiligten, S. 59 f; ders., UFITA 78/1977, 95 (144 f); Loewenheim/*Schwarz/Reber*, Handbuch des Urheberrechts, § 12, Rn. 22;

diniert und mischt er Texte, Dialoge, Geräusche und Begleitmusik. Er bestimmt bei Originalaufnahmen die Stärke und Intensität des Tones. Er nimmt nachträgliche Synchronisationen von Dialogen vor und kombiniert diese zusammen mit künstlich erzeugten Geräuschen mit dem Originalton.[282] Der Beitrag eines Mischtonmeisters kann durchaus eine urheberrechtlich geschützte persönliche geistige Schöpfung darstellen, die nicht gesondert verwertbar ist, es sei denn, der Mischtonmeister befolgt bloß die detaillierten Anweisungen des Regisseurs.[283] Ein urheberrechtlicher Schutz der Leistung des Mischtonmeisters kommt jedoch insbesondere in Betracht, wenn ihm eine hoch entwickelte technische Ausstattung zur Verfügung steht und der Film mehr als einen einfachen handwerklichen Umgang damit erfordert.[284] Die moderne Technik ermöglicht es, ein vielschichtiges, differenziertes und durch unterschiedliche Tonquellen im gesamten Kino, sogar auch im heimischen Wohnzimmer verteiltes Klangbild zu schaffen. Durch die Verwendung dieser Technik kann der Mischtonmeister den Film schöpferisch mitgestalten. Dies ist insbesondere der Fall, wenn es dem Michtonmeister überlassen bleibt, das Klangbild des Films eigenständig zu prägen und er als Vorgabe lediglich unpräzise und ausfüllungsbedürftige Vorgaben des Regisseurs erhält.[285] In diesen Fällen ist eine Miturheberschaft des Mischtonmeisters zu bejahen.

III. Urheber vorbestehender Werke

Wie bereits im Rahmen der vorbestehenden Werke dargestellt, ist zwischen unabhängig vom Film bestehenden und eigens für den Film geschaffenen Werken zu unterscheiden. Übereinstimmend wird vertreten, dass die Urheber filmunabhängiger vorbestehender Werke (Romane, Biographien, bekannte Musikwerke, die

---

Wandtke/Bullinger/*Manegold*, Praxiskommentar zum Urheberrecht, Vor §§ 88 ff, Rn. 31; BGH, GRUR 2002, 961 ff.

282 V. Hartlieb/Schwarz/*Dobberstein/Schwarz*, Handbuch des Film-, Fernseh- und Videorechts, 37. Kap., Rn. 18.

283 V. Hartlieb/Schwarz/*Dobberstein/Schwarz*, Handbuch des Film-, Fernseh- und Videorechts, 37. Kap., Rn. 19 f; Wandtke/Bullinger/*Manegold*, Praxiskommentar zum Urheberrecht, Vor §§ 88 ff, Rn. 31; Loewenheim/*Schwarz/Reber*, Handbuch des Urheberrechts, § 12, Rn. 22; BGH, GRUR 2002, 961 f.

284 V. Hartlieb/Schwarz/*Dobberstein/Schwarz*, Handbuch des Film-, Fernseh- und Videorechts, 37. Kap., Rn. 19 f; BGH, GRUR 2002, 961 f.

285 V. Hartlieb/Schwarz/*Dobberstein/Schwarz*, Handbuch des Film-, Fernseh- und Videorechts, 37. Kap., Rn. 19 f; BGH, GRUR 2002, 961 f.

im Film verwendet werden etc.) als (Mit-)Urheber des Filmwerks ausscheiden.[286] Bei den filmunabhängigen vorbestehenden Werken handelt es sich um eigenständige Werke, die nicht im Filmwerk aufgehen, sondern außerhalb des Filmwerks verwendbar sind.[287] Sie dienen als Vorlage für die Verfilmung, somit liegt in der Regel eine Bearbeitung im Sinne der §§ 3, 23 UrhG vor. Die Urheber der filmunabhängigen vorbestehenden Werke müssen der Bearbeitung zustimmen, erwerben an dieser jedoch kein eigenes Urheberrecht.[288] Umstritten ist jedoch die Frage, ob die Urheber eigens für den Film geschaffener vorbestehender Werke (Drehbuch, Filmmusik) auch als Filmurheber in Betracht kommen.

1. Herrschende Meinung

Nach herrschender Meinung zählen Urheber der filmabhängigen vorbestehenden Werke nicht zu den Urhebern des Filmwerks.[289]

Dies leitet die herrschende Meinung zunächst aus dem Gesetz ab. Das Gesetz unterscheidet in den §§ 88, 89 UrhG zwischen den Urhebern vorbestehender Werke und den Filmurhebern. § 88 UrhG richtet sich an die Urheber vorbestehender Werke und § 89 UrhG an die Filmurheber. § 89 Abs. 3 UrhG besagt, dass die Urheberrechte an den zur Filmherstellung benutzten Werken, wie Roman, Drehbuch und Filmmusik, unberührt bleiben. Dieser Regelung wird entnommen, dass sowohl die Urheber der filmabhängigen als auch filmunabhängigen vorbestehenden

---

286 Schricker/*Katzenberger*, Urheberrecht, Vor §§ 88 ff, Rn. 59; Bohr, Die Urheberrechtsbeziehung der an der Filmherstellung Beteiligten, S. 42 f; ders., UFITA 78/1977, 95 (99); Reupert, Der Film im Urheberrecht, S. 90; V. Hartlieb/Schwarz/*Dobberstein/Schwarz*, Handbuch des Film-, Fernseh- und Videorechts, 37. Kap., Rn. 3; Dreier/Schulze/*Schulze*, Urheberrechtsgesetz, Vor §§ 88 ff, Rn. 8; Rehbinder, Urheberrecht, Rn. 177; Schack, Urheber- und Urhebervertragsrecht, § 10, Rn. 298.

287 Bohr, Die Urheberrechtsbeziehung der an der Filmherstellung Beteiligten, S. 42 f; ders., UFITA 78/1977, 95 (99); Reupert, Der Film im Urheberrecht, S. 90; Dreier/Schulze/*Schulze*, Urheberrechtsgesetz, Vor §§ 88 ff, Rn. 8.

288 Bohr, Die Urheberrechtsbeziehung der an der Filmherstellung Beteiligten, S. 42 f; ders., UFITA 78/1977, 95 (99); Reupert, Der Film im Urheberrecht, S. 90; Schack, Urheber- und Urhebervertragsrecht, § 10, Rn. 298.

289 Loewenheim/*Schwarz/Reber*, Handbuch des Urheberrechts, § 12, Rn. 27 ff; V. Hartlieb/Schwarz/*Dobberstein/Schwarz*, Handbuch des Film-, Fernseh- und Videorechts, 37. Kap., Rn. 3; Schack, Urheber- und Urhebervertragsrecht, § 10, Rn. 300; Rehbinder, Urheberrecht, Rn. 274; Wandtke/Bullinger/*Manegold*, Praxiskommentar zum Urheberrecht, Vor §§ 88 ff, Rn. 30; Möhring/Nicolini/*Lütje*, Urheberrechtsgesetz, § 88, Rn. 7 ff.

Werke nicht zum Kreis der Filmurheber gehören sollen und vorbestehende Werke allein nach § 88 UrhG zu beurteilen seien.[290]

Außerdem stützt sich die herrschende Meinung auf die amtliche Begründung.[291] Auch diese gehe davon aus, dass vorbestehende Werke, die im Rahmen einer Verfilmung genutzt würden, kein Filmurheberrecht i.S.d. § 89 UrhG begründen würden.[292]

Des Weiteren führt die herrschende Meinung auf, dass es sich bei dem Filmwerk nicht nur um eine Bearbeitung des Romans, sondern auch um eine Bearbeitung des Drehbuchs gem. §§ 3, 23 UrhG handele.[293] Urheber eines bearbeiteten Werkes (eines Drehbuchs) könnten nicht gleichzeitig Urheber der Bearbeitung sein. Ihnen stehe das Verfilmungsrecht zu, dies bedeute, dass die Benutzung ihres Werkes zur Herstellung des Films ihrer Zustimmung bedürfe (§ 23 Abs. 2 und § 88 UrhG). Mit der Zustimmung erhalte der Filmurheber das Verfilmungsrecht als Recht der Bearbeitung.[294] Auch die Rechtsprechung ist in einzelnen Entscheidungen davon ausgegangen, dass es sich bei einem Filmwerk um eine Bearbeitung des Drehbuchs handele.[295] Uneinheitlich wird jedoch die Bestimmung des Verhältnisses zwischen Filmwerk und Filmmusik behandelt. Teils wird davon ausgegangen, dass es sich bei diesen um eine Werkverbindung gem. § 9 UrhG handele,[296] teils wird das Filmwerk auch als Vervielfältigung (§ 16 UrhG) oder als Bearbeitung (§ 23 UrhG) des vorbestehenden Werks (der Filmmusik) beurteilt.[297] Im Ergebnis ist jedoch festzuhalten, dass, welcher Ansicht auch der Vorzug gegeben wird, die Komponisten der Filmmusik nach allen Ansichten als Miturheber des Filmwerks ausscheiden.

Außerdem wird von der herrschenden Meinung das Kriterium der selbstständigen Verwertbarkeit angeführt.[298] Wie bereits im Rahmen der Miturheberschaft dargelegt, ist eine Miturheberschaft an dem Filmwerk abzulehnen, wenn die Beiträge der Urheber selbstständig verwertbar sind. Drehbuch und Filmwerk verschmelzen nach herrschender Meinung nicht zu einer Einheit, sondern bleiben

---

290 Loewenheim/*Schwarz/Reber*, Handbuch des Urheberrechts, § 12, Rn. 28; V. Hartlieb/Schwarz/*Dobberstein/Schwarz*, Handbuch des Film-, Fernseh- und Videorechts, 37. Kap., Rn. 3; Schack, Urheber- und Urhebervertragsrecht, § 10, Rn. 298.

291 BT.-Drs. IV/270, S. 99.

292 Loewenheim/*Schwarz/Reber*, Handbuch des Urheberrechts, § 12, Rn. 28.

293 Rehbinder, Urheberrecht, Rn. 274; Loewenheim/*Schwarz/Reber*, Handbuch des Urheberrechts, § 12, Rn. 16, 32.

294 Rehbinder, Urheberrecht, Rn. 274; Loewenheim/*Schwarz/Reber*, Handbuch des Urheberrechts, § 12, Rn. 32.

295 Ohne nähere Begründung: BGH, UFITA 24/1957, 399 (401); BGH, GRUR 1963, 441 (443).

296 Rehbinder, Urheberrecht, Rn. 177.

297 Loewenheim/*Schwarz/Reber*, Handbuch des Urheberrechts, § 12, Rn. 16, 32.

298 Loewenheim/*Schwarz/Reber*, Handbuch des Urheberrechts, § 12, Rn. 29 f.

vielmehr gesondert verwertbar. Nur in seltenen Fällen erscheine ein Drehbuch als Buch, dennoch gelte es unter Produzenten als „Handelsware“. Drehbücher würden einzeln oder als Paket von einem Produzenten auf den anderen übertragen. Des Öfteren würden sie auch als Grundlage der jahrelang dauernden Bemühungen um die Finanzierung von Filmprojekten dienen, die in vielen Punkten noch nicht konkretisiert seien. Es bestehe für Drehbuchautoren auch die Möglichkeit des so genannten „Turnaround“. In Anlehnung an die Regelung des § 41 UrhG würden Drehbuchautoren vereinbaren, dass die Rechte an dem von ihnen geschriebenen Drehbuch auf sie zurückübertragen würden, wenn die Produktion nicht innerhalb eines bestimmten Zeitraums umgesetzt werde.[299] Auch die Filmmusik sei gesondert verwertbar. Die Filmmusik könne eigenständig in Tonträgerform (sog. Soundtracks) unabhängig vom Filmwerk vermarktet werden.[300]

Schließlich scheiden nach herrschender Meinung Urheber vorbestehender Werke als Urheber des Filmwerks auch aus dem Grund aus, dass die Herstellung des Filmwerks erst mit Beginn der Dreharbeiten beginne. Demnach kämen als Filmurheber nur die Personen in Betracht, die ab diesem Zeitpunkt einen schöpferischen Beitrag zum Filmwerk erbringen würden. Entgegen der amtlichen Begründung[301] ende die Filmherstellung jedoch nicht mit Abschluss der Dreharbeiten, ansonsten müsse der Cutter als Miturheber ausscheiden. Sie ende daher erst mit Fertigstellung der Null-Kopie bzw. des Sendebandes.[302]

2. Lehre vom Doppelcharakter

Der Lehre vom Doppelcharakter zufolge können Urheber eigens für den Film geschaffener vorbestehender Werke nicht nur Alleinurheber dieser Werke, sondern auch Filmurheber sein.[303]

Zunächst führt die Lehre vom Doppelcharakter aus, dass der herrschenden Meinung darin zuzustimmen sei, dass § 89 UrhG zwischen den Urhebern vorbestehender Werke und den Urhebern des Filmwerks unterscheide und die Auslegung des Abs. 3 dafür sprechen könne, dass Drehbuchautoren und Filmmusikkomponisten somit als Filmurheber ausscheiden würden. Eine solche Auslegung

299 Loewenheim/*Schwarz/Reber*, Handbuch des Urheberrechts, § 12, Rn. 29.

300 Loewenheim/*Schwarz/Reber*, Handbuch des Urheberrechts, § 12, Rn. 30.

301 BT.-Drs. IV/270, S. 99

302 Loewenheim/*Schwarz/Reber*, Handbuch des Urheberrechts, § 12, Rn. 18; V. Hartlieb/Schwarz/*Dobberstein/Schwarz*, Handbuch des Film-, Fernseh- und Videorechts, 37. Kap., Rn. 3.

303 Schricker/*Katzenberger*, Urheberrecht, Vor §§ 88 ff, Rn. 65 ff; Bohr, Die Urheberrechtsbeziehungen der an der Filmherstellung Beteiligten, S. 44 ff; ders., UFITA 78/1977, 95 (129 ff); ders., ZUM 1992, 121 (124 ff); Reupert, Der Film im Urheberrecht, S. 98 ff; Henning-Bodewig in: Urhebervertragssrecht, Festgabe für Gerhard Schricker, 389 (406 ff); Götting, ZUM 1999, 3 (7 ff); Kühlberg, FuR 1981, 359 (360).

sei jedoch nicht zwingend. Die Formulierung des Gesetzes „Die Urheberrechte [....] bleiben unberührt" interpretiert die Lehre in dem Sinne, dass die in Abs. 3 angeführten Werke als solche neben dem Filmwerk uneingeschränkt verwertbar bleiben würden.[304]

Bei dem Filmwerk handelt es sich der Lehre vom Doppelcharakter zufolge um keine Bearbeitung des Drehbuchs im Sinne der §§ 3, 23 UrhG. Unter einer Bearbeitung i.S.d. § 3 UrhG sei eine schöpferische Umgestaltung der Vorlage zu verstehen. Jedoch finde bei der Herstellung des Filmwerks keine Umgestaltung des Drehbuchs statt. Vielmehr würden die detaillierten Angaben des Drehbuchs unverändert übernommen und in die filmische Ausdrucksform übersetzt.[305] Eine Bearbeitung komme nur ausnahmsweise in Betracht, wenn Konzeption und Inhalt des Drehbuches durch den Regisseur eine völlige Umgestaltung erfahren würden.[306] Laut Bohr handelt es sich bei Filmwerk und Filmmusik auch um keine Werkverbindung. Die Filmmusik sei bis ins Einzelne auf die spezifischen Besonderheiten der Filmhandlung abgestimmt und würde zum integralen Bestandteil des Filmwerks werden.[307] Ob die Filmmusik als Vervielfältigung (§ 16 UrhG) einzuordnen sei, könne dahingestellt bleiben, denn auch durch die unveränderte Einbringung eines körperlichen Substrates des Originalwerks in ein neues Gesamtkunstwerk könne der Schöpfer des Originalwerks Miturheber des Gesamtwerks, hier des Filmwerks, sein.[308]

Die Lehre vom Doppelcharakter lehnt des Weiteren die selbstständige Verwertbarkeit der vorbestehenden Werke ab. Die Gesamtwirkung und die Aussagekraft des Films würden durch die Dialoge des Drehbuchs und die Musik mitgeprägt. Sie würden in dem Film aufgehen und zu dessen integralem Bestandteil werden. Folglich seien sie einer gesonderten Verwertbarkeit nicht mehr zugänglich.[309] Die Filmmusik könne zwar als Soundtrack verkauft werden, sobald man sie jedoch

---

304 Bohr, Die Urheberrechtsbeziehungen der an der Filmherstellung Beteiligten, S. 45 f; ders., UFITA 78/1977, 95 (129 f); ders., ZUM 1992, 121 (124); Reupert, Der Film im Urheberrecht, S. 98.

305 Bohr, Die Urheberrechtsbeziehungen der an der Filmherstellung Beteiligten, S. 47 f; ders., UFITA 78/1977, 95 (132 ff); ders., ZUM 1992, 121 (125 f); Reupert, Der Film im Urheberrecht, S. 100 ff.

306 Reupert, Der Film im Urheberrecht, S. 102.

307 Bohr, Die Urheberrechtsbeziehungen der an der Filmherstellung Beteiligten, S. 54; ders., UFITA 78/1977, 95 (138 f).

308 Bohr, Die Urheberrechtsbeziehungen der an der Filmherstellung Beteiligten, S. 54, 50.

309 Bohr, Die Urheberrechtsbeziehungen der an der Filmherstellung Beteiligten, S. 52 ff; ders., UFITA 78/1977, 95 (136 ff); ders., ZUM 1992, 121 (127 f); Reupert, Der Film im Urheberrecht, S. 102 ff; ebenso: Götting, ZUM 1999, 3 (7).

von den übrigen Filmbestandteilen trenne, ändere sie ihren auf den Film bezogenen Aussagewert und damit auch ihr Wesen.[310]

Ebenso wenig sei ein Abstellen auf den Beginn der Dreharbeiten ein taugliches Abgrenzungskriterium zur Bestimmung der Miturheberschaft.[311] Es bestehe kein Grund die Pre-Production-Phase bei der Bestimmung des Miturheberrechts auszuschließen. Es sei nicht auf den Herstellungsvorgang als solchen, wie den Einsatz von Kamera und dergleichen abzustellen, relevant sei nur, dass irgendeine Form menschlicher schöpferischer Tätigkeit vorliege.[312] Die herrschende Meinung verkenne, dass die vorbestehenden Werke, wie das Drehbuch, zu den integralen Bestandteilen des Films gehören würden.[313] Ein Film könne in der Regel gar nicht ohne die vorbestehenden Werke, wie das Drehbuch, entstehen. Die schöpferische Tätigkeit des Drehbuchautors gehe im Filmwerk ebenso auf, wie die des Regisseurs. In der Praxis sei außerdem eine enge Zusammenarbeit zwischen Drehbuchautor und Regisseur zu beobachten, woran auch die Künstlichkeit einer zeitlichen Zäsur deutlich werde.[314] Die zeitliche Zäsur wird somit als unnötig formalistisch und zudem den tatsächlichen Gegebenheiten nicht gerecht werdend beurteilt.[315]

Für die Urheber der vorbestehenden Werke bedeute der Ausschluss von der Urheberschaft am Filmwerk außerdem eine Herabwürdigung ihrer eigenen künstlerischen Leistungen. Die herrschende Meinung berge die Gefahr einer verkürzten Betrachtungsweise in sich. Sie betrachte nur das einzelne vom Film losgelöste Werk oder Objekt und vernachlässige dabei seine für den konkreten Film spezifische dramaturgische, atmosphärische, inhaltliche und visuell-ästhetische Wirkung.[316]

Schricker äußert auch verfassungsrechtliche Bedenken gegen die herrschende Meinung. Es stelle nicht nur einen Verstoß gegen Art. 14 GG, sondern auch gegen Art. 1 und 2 GG dar, wenn Urhebern die Urheberschaft an Werken, zu denen sie einen wesentlichen schöpferischen Beitrag geleistet haben, verwehrt werde.[317]

---

310 Bohr, Die Urheberrechtsbeziehungen der an der Filmherstellung Beteiligten, S. 53 f; ders., UFITA 78/1977, 95 (138 f); Reupert, Der Film im Urheberrecht, S. 104.

311 Bohr, Die Urheberrechtsbeziehungen der an der Filmherstellung Beteiligten, S. 50 f; ders., UFITA 78/1977, 95 (135 ff); ders., ZUM 1992, 121 (126 f); Reupert, Der Film im Urheberrecht, S. 104 ff.

312 Reupert, Der Film im Urheberrecht, S. 104 f.

313 Bohr, Die Urheberrechtsbeziehungen der an der Filmherstellung Beteiligten, S. 50 f; ders., UFITA 78/1977, 95 (135); ders., ZUM 1992, 121 (127); Reupert, Der Film im Urheberrecht, S. 105.

314 Reupert, Der Film im Urheberrecht, S. 105.

315 Hennig-Bodewig in: Urhebervertragsrecht, Festgabe für Gerhard Schricker, 389 (407).

316 Schricker/*Katzenberger*, Urheberrecht, Vor §§ 88 ff, Rn. 66.

317 Schricker/*Katzenberger*, Urheberrecht, Vor §§ 88 ff, Rn. 67.

3. Stellungnahme

Zunächst ist der Lehre vom Doppelcharakter darin zuzustimmen, dass bei der Bestimmung der Miturheberschaft nicht auf einen bestimmten Zeitpunkt, nämlich den Beginn der Dreharbeiten abgestellt werden sollte. Wie bereits dargelegt, nehmen auch Filmurheber wie z.B. der Regisseur schöpferisch relevante Tätigkeiten in der Pre-Production- Phase vor. Daher erscheint ein Abstellen auf einen bestimmten Zeitpunkt zur Bestimmung der Urheberschaft willkürlich und nicht überzeugend.

Das Argument, dass die Urheber der eigens für den Film geschaffenen vorbestehenden Werke einen bedeutenden Beitrag zum Filmwerk leisten, ist durchaus nachvollziehbar. Insbesondere prägen die Dialoge des Drehbuchs und die Filmmusik jeden Film. Erklingt eine bestimmte Melodie, wie die emotionale Musik von James Horner in „Titanic", hat man sofort die bewegende Abschiedsszene zwischen den Hauptdarstellern vor Augen. Auch bestimmte Dialoge von Filmen gehören bereits zu unserem alltäglichen Sprachgebrauch wie z.B. „Ich schau Dir in die Augen Kleines" („Casablanca"). Das Drehbuch und die Filmmusik stellen somit einen bedeutenden Beitrag zum Filmwerk dar und daher ist es verständlich, dass die Urheber vorbestehender Werke auch an der Filmurheberschaft teilhaben möchten.

Dennoch stehen der Lehre vom Doppelcharakter überzeugende Argumente entgegen, die die herrschende Meinung ausführlich erörtert.

Zunächst sprechen, wie ausgeführt, die gesetzliche Regelung und die Gesetzesbegründung gegen eine Filmurheberschaft der Urheber vorbestehender filmabhängiger Werke. § 89 UrhG trennt zwischen den Urhebern des Filmwerks und den Urhebern vorbestehender Werke. Sowohl die Gesetzesbegründung als auch die Formulierung in § 89 Abs. 3 UrhG deuten darauf hin, dass die Urheber der filmabhängigen vorbestehenden Werke, wie Filmmusik und Drehbuch, nicht zu den Filmurhebern gezählt werden. Eine schöpferische Leistung kann nach deutschem Recht nicht zwei Urheberrechte an verschiedenen Werken begründen.[318]

Außerdem sind die filmabhängigen vorbestehenden Werke durchaus einer selbstständigen Verwertbarkeit zugänglich, wie die herrschende Meinung überzeugend darstellt. Auch wenn eine Verwertung des Drehbuchs in Buchform selten der Fall ist, so gilt das Drehbuch, wie ausgeführt, unter Produzenten als „Handelsware". Insbesondere die Filmmusik, die als Soundtrack/Score vermarktet wird, erfreut sich sehr großer Beliebtheit und füllt ganze Regale in den Musikgeschäften. Als ein Beispiel populärer Filmmusik ist die von Klaus Badelt komponierte Musik zu den „Fluch der Karibik" – Filmen zu nennen.

318 Schack, Urheber- und Urhebervertragsrecht, § 10, Rn. 300.

Im Ergebnis hat dieser Meinungsstreit jedoch keine praktischen Konsequenzen. Die Rechte der Urheber vorbestehender Werke gem. § 88 UrhG und die Rechte der Filmurheber gem. § 89 UrhG sind angeglichen worden. Somit erfahren die Urheber nach diesen Vorschriften keine unterschiedliche Behandlung. Der Streit wirkt sich demnach in der Praxis gar nicht aus.[319] Welcher Ansicht man folgt, hat auch keine Auswirkung auf den Nennungsanspruch der Urheber. Der Nennungsanspruch des Urhebers bestimmt sich in jedem Fall nach § 13 UrhG.[320]

Wie bereits dargelegt, leisten die Urheber vorbestehender filmabhängiger Werke einen bedeutenden Beitrag zum Filmwerk und es ist verständlich, dass diese daher zu den Filmurhebern gezählt werden möchten. Dies würde, wie erörtert, jedoch in rechtlicher Hinsicht zu keiner Besserstellung der Urheber vorbestehender filmabhängiger Werke führen, da das Gesetz ihnen bereits in § 88 UrhG dieselben Rechte einräumt, wie den Filmurhebern in § 89 UrhG. Somit werden sie nicht auf rechtlicher Ebene, sondern vielmehr auf emotionaler Ebene beeinträchtigt. Es ist für sie „eine Frage der Ehre" zu den Filmurhebern zu zählen. Es ist jedoch nicht die Aufgabe des Gesetzgebers ihnen diese Form von Anerkennung zukommen zu lassen, vielmehr erfahren sie eine solche Anerkennung durch nationale und internationale Preisverleihungen.

IV. Ergebnis

Somit kommen als Filmurheber grundsätzlich der Regisseur, der Kameramann, der Cutter und der Mischtonmeister in Betracht, soweit diese auch eigenständig und nicht unter Anweisung ihre schöpferischen Beiträge zum Filmwerk leisten. Dies stellt jedoch keine abschließende Aufzählung dar.

B. Die Filmurheber im türkischen Recht

Urheber eines Werkes ist gem. Art. 8 Abs. 1 FSEK derjenige, der es hervorgebracht hat. Beim Urheber handelt es sich um denjenigen, der dem Werk seine Eigentümlichkeit verleiht.[321] Liegt eine Bearbeitung vor, so ist gem. Art. 8 Abs. 2 FSEK der Bearbeitende Urheber. Es gilt somit auch in der Türkei der Grundsatz

319 Loewenheim/*Schwarz/Reber*, Handbuch des Urheberrechts, § 12, Rn. 28; Dreier/Schulze/*Schulze*, Urheberrechtsgesetz, Vor §§ 88, Rn. 12; Fromm/Nordemann/*Jan Bernd Nordemann*, Urheberrecht, Vor §§ 88, Rn. 17.

320 Fromm/Nordemann/*Jan Bernd Nordemann*, Urheberrecht, Vor § 88, Rn. 17.

321 Erel, Türk Fikir Ve Sanat Hukuku, S. 86; Erdil, Fikir Ve Sanat Eserleri Kanunu Şerhi, Cilt 1, S. 347 f.

der Schöpfungswahrheit.[322] Bei der Schaffung eines Werkes handelt es sich um einen Realakt.[323] Dieser setzt zur Begründung der Urheberschaft keine Geschäftsfähigkeit und auch keinen auf die Schaffung eines Werkes gerichteten Willen voraus.[324]

Im türkischen Urheberrecht sind in Art. 8 Abs. 3 FSEK die Urheber eines Kinofilmwerks festgelegt. Zunächst bestimmte die Vorschrift den Produzenten als Urheber. Der Produzent ist jedoch nicht an der Schöpfung eines Werkes beteiligt, sondern trägt die Kosten des Films. Dieser finanzielle Beitrag zum Kinofilmwerk begründete dennoch die Urheberschaft des Produzenten bis zur Novellierung der Vorschrift am 12.06.1995. Im Rahmen der Novellierung verabschiedete sich der Gesetzgeber von dieser Regelung und legte den Regisseur, den Komponisten einer originellen Musik und den Drehbuchautor als gemeinschaftliche Urheber fest. Im Jahre 2001 wurden diesen Urhebern außerdem der Dialogautor und bei Filmen, die mittels Animationstechnik hergestellt werden, der Animateur hinzugefügt.[325]

Ist die Herstellung eines Kinofilmwerkes jedoch vor dem 12.06.1995 begonnen und erst nach diesem Datum abgeschlossen worden, so wird in diesem Falle der Produzent als Urheber des Kinofilmwerkes beurteilt. [326]

I. Im Gesetz genannte Filmurheber

An der Herstellung eines Filmwerkes ist eine Vielzahl von Personen beteiligt. Der Gesetzgeber bezeichnet jedoch, wie bereits dargelegt, in Art. 8 Abs. 3 FSEK nur fünf Personen als gemeinschaftliche Urheber eines Kinofilmwerkes:

Zunächst nennt das Gesetz den Regisseur. Die türkische Literatur beschreibt den Regisseur als denjenigen, der das Drehbuch mit den Mitteln der Filmkunst und Filmtechnik, in vielen Fällen auch in Zusammenarbeit mit dem Drehbuchau-

322 Erel, Türk Fikir Ve Sanat Hukuku, S. 87; Erdil, Fikir Ve Sanat Eserleri Kanunu Şerhi, Cilt 1, S. 348; Karahan/Suluk/Saraç/Nal, Fikri Mülkiyet Hukukun Esasları, S. 67.

323 Tekinalp, Fikri Mülkiyet Hukuku, § 12, Rn. 1; Genç Arıdemir, Türk Hukukunda Eser Sahibinin Çogaltma Ve Yayma Hakları, S. 37; Karahan/Suluk/Saraç/Nal, Fikri Mülkiyet Hukukun Esasları, S. 67.

324 Karahan/Suluk/Saraç/Nal, Fikri Mülkiyet Hukukun Esasları, S. 67; Nal, Die Probleme des Türkischen Urheberrechts, S. 116; ders., GRUR-Int. 2000, 1 (15); ders. in: Möhring/Schulze/Ulmer/Zweigert, Quellen des Urheberrechts, Band 5, Türkei, S. 15.

325 Siehe zur Entwicklung der Norm: Akkayan Yıldırım, Sinema Eseri Ve Sinema Eser Sahipliği in: Hayri Domaniç'e Armağan, S. 1 (15 ff); Ateş, Fikir Ve Sanat Hukukunda Sinema Eseri Ve Eser Sahipliği in: Fikri Mülkiyet Hukuku Yıllığı 2009, S. 59 (97 ff).

326 Ateş, Fikir Ve Sanat Hukukunda Sinema Eseri Ve Eser Sahipliği in: Fikri Mülkiyet Hukuku Yıllığı 2009, S. 59 (108 ff).

tor, in bewegliche Bilderfolgen umsetzt.[327] Der Regisseur beachtet hierbei jedes Detail, das das Drehbuch vorschreibt. Er verteilt die Rollen und achtet darauf, dass die Schauspieler ihre Rollen gut umsetzen. Der Regisseur ist für die Beleuchtung, die Innen- und Außenaufnahmen verantwortlich. Er verleiht den Bildern eine gewisse Gestaltung und einen gewissen Inhalt.[328] Im Folgenden sind einige Beispiele der bedeutenden Regisseure der älteren und auch neueren türkischen Filmwerke zu nennen: Lütfi Akad („Vurun Kahpaye", „Lüküs Hayat"), Muharrem Gürses („Kubilay", „Sazlı Damın Kahpesi"), Metin Erksan („Susuz Yaz", erhielt 1963 den goldenen Bären), Mustafa Altıoklar („Istanbul Kanatlarımın Altında", „Âğır Roman"), Sinan Çetin („Berlin in Berlin", „Propaganda").[329]

Auch der Komponist einer originellen Musik zählt zu den gemeinschaftlichen Urhebern. Durch die von ihm komponierte Musik wird das Kinofilmwerk ausgeschmückt, der Komponist trägt damit zur Verschönerung und zur Wirkung des Werks bei.[330] Zu den ersten Komponisten einer originellen Musik gehört Nedim Otyam („Isyancılar", Kaçıklık Diplomasi"). Auch Yalçın Tura („Yılanların Öcü") wird zu den Pionieren der originellen Filmmusik gezählt. Die von Zülfü Livaneli („Sürü", „Mutluluk") komponierte Musik ist mit vielen Preisen ausgezeichnet worden.[331]

Von großer Bedeutung für das Filmwerk sind außerdem der Drehbuchautor und Dialogautor. Der Drehbuchautor visualisiert die bewegten Bilderfolgen der einzelnen Szenen bereits im Voraus und hält seine Vorstellung detailgetreu auf Papier fest.[332] Bei der Umsetzung des Drehbuchs arbeitet der Drehbuchautor, wie bereits angesprochen, in vielen Fällen gemeinschaftlich mit dem Regisseur.[333] Des Weiteren kommt den Dialogen eines Kinofilmwerks große Bedeutung zu, welche aus diesem Grunde auch ein besonderes Talent erfordern. Es muss eine Harmonie

---

327 Ateş, Fikir Ve Sanat Eserleri Üzerindeki Hakların Kapsamı Ve Sınırlandırılması, S. 84; Kınacıoğlu, Sinema Eserleri Ve Bunlarda Eser Sahipliği in: Ali Bozer´e Armağan, S. 209 (211; 217); Akkayan Yıldırım, Sinema Eseri Ve Sinema Eser Sahipliği in: Hayri Domaniç´e Armağan, 1 (23).

328 Kınacıoğlu, Sinema Eserleri Ve Bunlarda Eser Sahipliği in: Ali Bozer´e Armağan, S. 209 (211); Genç, Sinema Ve Müzik Eserleri in: Ünal Tekinalp´e Armağan, S. 249 (269).

329 Siehe hierzu: Giovanni Scognamillo, Türk Sinema Tarihi.

330 Kınacıoğlu, Sinema Eserleri Ve Bunlarda Eser Sahipliği in: Ali Bozer´e Armağan, S. 209 (211); Genç, Sinema Ve Müzik Eserleri in: Ünal Tekinalp´e Armağan, S. 249 (269); Akkayan Yıldırım, Sinema Eseri Ve Sinema Eser Sahipliği, 1 (23).

331 Siehe hierzu: www.imdb.com, zuletzt besucht am: 24.12.09.

332 Kınacıoğlu, Sinema Eserleri Ve Bunlarda Eser Sahipliği in: Ali Bozer´e Armağan, S. 209 (211); Genç, Sinema Ve Müzik Eserleri in: Ünal Tekinalp´e Armağan, S. 249 (269); Ateş, Fikir Ve Sanat Eserleri Üzerindeki Hakların Kapsamı Ve Sınırlandırılması, S. 84; Akkayan Yıldırım, Sinema Eseri Ve Sinema Eser Sahipliği, 1 (23).

333 Kınacıoğlu, Sinema Eserleri Ve Bunlarda Eser Sahipliği in: Ali Bozer´e Armağan, S. 209 (217).

zwischen den Dialogen und den Bildern hergestellt werden und die Bilder müssen durch die Dialoge vervollständigt oder unterstützt werden. Der Drehbuchautor und Dialogautor sind nicht immer ein und dieselbe Person. Aufgrund der unverzichtbaren Bedeutung der Dialoge sollte der Dialogautor jedoch dieselben Rechte erhalten wie der Drehbuchautor und wurde somit 2001 zu den gemeinschaftlichen Filmurhebern hinzugefügt.[334] Namhafte Autoren der türkischen Filmgeschichte sind: Osman F. Seden („Düşman Yolları Kesti", „Namus Uğruna"), Bülent Oran („Ankara Ekspresi") und Işıl Özgentürk („At", „Su da Yanar").[335]

Bei Filmen, die mittels Animationstechnik hergestellt werden, ist gem. Art. 8 Abs. 3 FSEK der Animateur ebenfalls Urheber des Kinofilmwerks. Der Gesetzesbegründung ist zu entnehmen, dass der Beitrag des Animateurs unverzichtbar für das Kinofilmwerk ist, und dass dieser aus diesem Grund zu den Filmurhebern zu zählen ist.[336] Der im Gesetz verwendete Begriff Animateur stammt von dem englischen Begriff „animate = beleben" ab. Im Rahmen der Kinofilmwerke ist unter Animateur derjenige zu verstehen, der die Zeichentrickfilme schafft. Es bestehen keine Zweifel, dass der Animateur die bedeutendste Person bei der Herstellung eines Zeichentrickfilms ist.[337] In der Literatur wird des Weiteren darauf hingewiesen, dass unter Filmen, die mittels Animationstechnik hergestellt werden, neben den vollständig animierten bzw. gezeichneten Filmen, auch teils animierte Filme zu verstehen sind. Als Beispiel wird der Film „Enchanted" aus dem Jahre 2007 genannt, der teils aus Schauspielern und teils aus animierten Figuren bestand.[338]

Neben dem Regisseur, dem Komponisten einer originellen Musik, dem Drehbuchautor, Dialogautor und dem Animateur ist noch an den Kameramann und den Cutter zu denken. Letztere sind jedoch von der Urheberschaft ausgeschlossen. Ihr Beitrag verleihe dem Kinofilmwerk keine Eigentümlichkeit, sondern sei nur technischer Art. Somit seien sie nur die Gehilfen der Urheber.[339] Auch stehe ihnen kein Leistungsschutzrecht zu.[340] Ateş hatte zunächst vorgeschlagen, dass diese Personen, die von einer Urheberschaft ausgeschlossen sind, in Art. 80 FSEK erwähnt werden sollten, so dass sie sich zumindest auf ein Leistungsschutzrecht stützen

334 Beşiroğlu, Fikir Hukuku Dersleri, S. 132 f; Karakuzu Baytan, Fikir Mülkiyeti Hukuku Kavramlar, S. 33; zur Unverzichtbarkeit der Dialoge siehe auch: Gerekçe 4630-Komisyon zitiert in: Erdil, Fikir ve Sanat Eserleri Kanunu Şerhi, Cilt 1, S. 347.

335 Siehe hierzu: www.imdb.com, zuletzt besucht am: 24.12.09.

336 Gerekçe 4630-Komisyon zitiert in: Erdil, Fikir ve Sanat Eserleri Kanunu Şerhi, Cilt 1, S. 347.

337 Tekinalp, Fikri Mülkiyet Hukuku, § 12, Rn. 12.

338 Tosun, Sinema Eserleri Ve Eser Sahibinin Hakları, S. 25, Fn. 80.

339 Genç, Sinema Ve Müzik Eserleri in: Ünal Tekinalp´e Armağan, S. 249 (271); Ateş, Fikir Ve Sanat Eserleri Üzerindeki Hakların Kapsamı Ve Sınırlandırılması, S. 84.

340 Genç, Sinema Ve Müzik Eserleri in: Ünal Tekinalp´e Armağan, S. 249 (271).

könnten.[341] Eine solche Änderung des Art. 80 FSEK ist allerdings nicht erfolgt, so dass auch Ateş nach aktuellem Wortlaut der Norm von einer Heranziehung des Leistungsschutzrechts absieht.[342] Jedoch ist die Vorschrift des Art. 8 Abs. 3 FSEK auch Kritik ausgesetzt. Es wird bemängelt, dass die Anzahl der Filmurheber zu gering gehalten wird und Personen, die ebenfalls einen relevanten Beitrag zum Kinofilmwerk leisten, ausgeschlossen werden.[343] Als Beispiel wird hier der Cutter genannt. Auch dieser ist von der Urheberschaft ausgeschlossen. Der Cutter sucht gemeinsam mit denjenigen, die das Kinofilmwerk umgesetzt haben, unter einer Vielzahl von Bildern und Geräuschaufnahmen die überzeugendsten aus und verbindet diese miteinander. Erst durch den Schnitt entsteht die eigentliche Bilderfolge.[344]

Der Ausschluss des Chefkameramanns und des Cutters von der Filmurheberschaft wird ihrer bedeutenden Funktion bei der Herstellung des Kinofilmwerks nicht gerecht. Wie zuvor bereits dargelegt, kann nicht grundsätzlich davon ausgegangen werden, dass diese eine bloße Gehilfentätigkeit erbringen. Soweit sie nicht nur den Anweisungen des Regisseurs folgen, werden sie durchaus auch schöpferisch tätig. Der Cutter wählt, zum Teil auch gemeinsam mit dem Regisseur oder Kameramann, die einzelnen Bilder aus und fügt diese zusammen. Erst durch seine Tätigkeit entsteht die Endfassung des Films. Der Chefkameramann ist für die Bild-, Farb- und Lichtgestaltung verantwortlich. Insbesondere bei anspruchsvollen Kinofilmproduktionen ist, wie bereits ausgeführt, der Regisseur auf die künstlerischen und technischen Fähigkeiten des Chefkameramanns angewiesen. Durch ihre Tätigkeiten verleihen der Chefkameramann und der Cutter dem Kinofilmwerk somit durchaus ihre Eigentümlichkeit. Jedoch werden diese Personen in der türkischen Literatur den Beleuchtern, Ingenieuren und Technikern gleichgestellt. Insbesondere der Chefkameramann und der Cutter hätten in Art. 8 Abs. 3 FSEK zu den Filmurhebern gezählt werden sollen. Jedoch beschränkt sich das Gesetz auf die oben aufgeführten Personen als gemeinschaftliche Urheber eines Kinofilmwerks.

Zu den Filmurhebern werden auch die Urheber vorbestehender Werke (wie Romane) nicht gezählt. Diese Werke bestehen unabhängig vom Kinofilmwerk. Sie werden jedoch in ein Kinofilmwerk umgesetzt. Es liegt ein Fall der Bearbeitung

---

341 Ateş, Fikir Ve Sanat Eserleri Üzerindeki Hakların Kapsamı Ve Sınırlandırılması, S. 85, Fn. 226.

342 Ateş, Fikir Ve Sanat Hukukunda Sinema Eseri Ve Eser Sahipliği in: Fikri Mülkiyet Hukuku Yıllığı 2009, S. 59 (103).

343 Kınacıoğlu, Sinema Eserleri Ve Bunlarda Eser Sahipliği in: Ali Bozer'e Armağan, S. 209 (217, 219).

344 Kınacıoğlu, Sinema Eserleri Ve Bunlarda Eser Sahipliği in: Ali Bozer'e Armağan, S. 209 (211, 217).

gem. Art. 6 FSEK vor, die der Zustimmung des Urhebers bedarf. Urheber des Kinofilmwerks sind die Bearbeiter.[345]

Fraglich ist, wie diese „Gemeinschaft" der oben aufgeführten Filmurheber zu beurteilen ist. Bevor jedoch darzulegen ist, wie die verschiedenen Ansichten in der Literatur diese „Gemeinschaft" definieren, bedarf es einer Betrachtung der Artikel Art. 9 und 10 FSEK, die Regelungen für Werke enthalten, die von mehreren gemeinsam geschaffen worden sind.

II. Bruchteilsurheberschaft/Urhebermehrheit, Art. 9 FSEK

Lässt sich gem. Art. 9 Abs. 1 FSEK ein von mehreren gemeinsam hervorgebrachtes Werk in Teile zerlegen, gilt jeder als Urheber seines Teils. Dies wird in der Literatur teils als eine Bruchteilsurheberschaft (Müşterek eser sahipliĝi)[346], teils als eine Urhebermehrheit (Ortak eser sahipliĝi)[347], teils auch als verbundenes Werk (baĝlı eser)[348] bezeichnet.

Das kennzeichnende Merkmal der Bruchteilsurheberschaft/ Urhebermehrheit besteht darin, dass das Werk in Teile zerlegt werden kann und jedes dieser Teile unabhängig bestehen kann.[349] Die einzelnen Teile müssen ebenfalls die Voraussetzungen, die an ein Werk gestellt werden, erfüllen.[350] Jeder Teil muss somit die Eigentümlichkeit seines Urhebers besitzen.[351]

Die Bruchteilsurheberschaft/Urhebermehrheit kommt durch den gemeinsamen Willen der Urheber zustande. Dieser Wille ist jedoch nicht so zu verstehen, dass die Urheber ein gemeinsames Werk schaffen wollen, sondern die einzelnen Teile so miteinander verbinden wollen, dass sie auch wieder in Teile zerlegt werden können.[352] Berechtigterweise wird in der Literatur daher auch der in der Vorschrift verwendete Ausdruck „gemeinsam hervorgebrachtes Werk" kritisiert. Denn es handelt

345 Genç, Sinema ve Müzik Eserleri in: Ünal Tekinalp'e Armaĝan, S. 249 (270).

346 Erel, Türk Fikir Ve Sanat Hukuku, S. 93 ff; Erdil, Fikir Ve Sanat Eserleri Kanunu Şerhi, Cilt 1, S. 362 f; Arslanlı, Fikri Hukuk Dersleri II, S. 72 f.

347 Tekinalp, Fikri Mülkiyet Hukuku, § 12, Rn. 15 ff; Suluk/Orhan, Uygulamalı Fikri Mülkiyet Hukuku, Cilt II, S. 285 f.

348 Ayiter, Hukukta Fikir Ve Sanat Ürünleri, S. 98 f.

349 Erel, Türk Fikir Ve Sanat Hukuku, S. 93; Arslanlı, Fikri Hukuk Dersleri II, S. 72; Ayiter, Hukukta Fikir Ve Sanat Ürünleri, S. 98; Erdil, Fikir Ve Sanat Eserleri Kanunu Şerhi, Cilt 1, S. 362; Tekinalp, Fikri Mülkiyet Hukuku, § 12, Rn. 16; Suluk/Orhan, Uygulamalı Fikri Mülkiyet Hukuku, Cilt II, S. 285; Karahan/Suluk/Saraç/Nal, Fikri Mülkiyet Hukukunun Esasları, S. 67 f; Tosun, Sinema Eserleri Ve Eser Sahibinin Hakları, S. 308.

350 Erel, Türk Fikir Ve Sanat Hukuku, S. 93.

351 Arslanlı, Fikri Hukuk Dersleri II, S. 72.

352 Erel, Türk Fikir Ve Sanat Hukuku, S. 93

sich um kein gemeinsam hervorgebrachtes Werk. Vielmehr entstehen die einzelnen Teile unabhängig voneinander und werden schließlich miteinander verbunden.[353]

Überträgt ein Urheber die an seinem Werk bestehenden materiellen Rechte (Verwertungsrechte) an einen anderen Urheber und verbindet dieser sein eigenes Werk mit diesem, so handelt es sich jedoch um keine Bruchteilsurheberschaft/Urhebermehrheit. Vielmehr ist der Urheber, dem die Rechte an dem Werk übertragen wurden, alleiniger Urheber eines von ihm durch Verwendung der an ihn übertragenen Rechte geschaffenen neuen Werkes.[354]

Die Voraussetzungen des Art. 9 Abs. 1 FSEK sind grundsätzlich bei einem Werk erfüllt, dessen Teile verschiedenen Werkarten angehören.[355] Als Beispiel ist ein Buch zu nennen, das neben dem Text auch Fotografien oder gezeichnete Bilder enthält. Der Verfasser des Textes und der Fotograf/Zeichner bilden eine Bruchteilsurheberschaft/Urhebermehrheit.[356] Die verbundenen Werke können auch einer Werkart angehören.[357] Sie müssen nur in einzelne Teile zerlegt werden können. Ein Beispiel hierfür ist ein Musical, welches aus drei Akten besteht, wovon jeder einzelne Akt von einer anderen Person komponiert worden ist.[358] Ein weiteres Beispiel ist eine Stadtkarte von Istanbul, die aus einem asiatischen Teil und einem europäischen Teil besteht, jeweils von einem anderen Zeichner gezeichnet.[359]

III. Gesamthandsurheberschaft/Urhebergemeinschaft, Art. 10 FSEK

Wenn das von mehreren gemeinsam hervorgebrachte Werk eine untrennbare Einheit bildet, ist Urheber die Gemeinschaft derer, die es hervorgebracht haben, Art. 10 Abs. 1 FSEK. Diese Gemeinschaft wird teils als Gesamthandsurheberschaft („Iştirak Halinde Eser Sahipliği")[360], teils als Urhebergemeinschaft („Eser Sahipleri Arasında Birlik")[361] bezeichnet. Ayiter verwendet hier jedoch den Begriff

---

353 Tekinalp, Fikri Mülkiyet Hukuku, § 12, Rn. 15; Suluk/Orhan, Uygulamalı Fikri Mülkiyet Hukuku, Cilt II, S. 285; Tosun, Sinema Eserleri Ve Eser Sahibinin Hakları, S. 308, Fn. 214.

354 Karahan/Suluk/Saraç/Nal, Fikri Mülkiyet Hukukunun Esasları, S. 68.

355 Karahan/Suluk/Saraç/Nal, Fikri Mülkiyet Hukukunun Esasları, S. 68.

356 Karahan/Suluk/Saraç/Nal, Fikri Mülkiyet Hukukunun Esasları, S. 68, Tekinalp, Fikri Mülkiyet Hukuku, § 12, Rn. 15.

357 Karahan/Suluk/Saraç/Nal, Fikri Mülkiyet Hukukunun Esasları, S. 68.

358 Karahan/Suluk/Saraç/Nal, Fikri Mülkiyet Hukukunun Esasları, S. 68; Tekinalp, Fikri Mülkiyet Hukuku, § 12, Rn. 15.

359 Tekinalp, Fikri Mülkiyet Hukuku, § 12, Rn. 5.

360 Erel, Türk Fikir Ve Sanat Hukuku, S. 89 ff; Erdil, Fikir Ve Sanat Eserleri Kanunu Şerhi, Cilt 1, S. 374 ff; Arslanlı, Fikri Hukuk Dersleri II, S. 67 ff.

361 Tekinalp, Fikri Mülkiyet Hukuku, § 12, Rn. 20 ff; Suluk/Orhan, Uygulamalı Fikri Mülkiyet Hukuku, Cilt II, S. 286 f.

der Urhebermehrheit (Ortak eserler)[362]. Um Verwechslungen zwischen Art. 9 und 10 FSEK zu vermeiden, wird dieser Begriff im Folgenden nicht herangezogen.

Wie der Norm zu entnehmen ist, ist das zentrale Unterscheidungsmerkmal der Gesamthandsurheberschaft/ Urhebergemeinschaft, dass das von ihnen gemeinsam hervorgebrachte Werk eine untrennbare Einheit bildet. Die einzelnen Beiträge, die sie jeweils leisten, können nicht unabhängig von dieser Einheit bestehen und auch nicht selbstständig verwertet werden. Würde man die einzelnen Beiträge von dem als untrennbare Einheit hervorgebrachtem Werk trennen, so würde das Werk auch nicht mehr als solches bestehen können.[363] Jedoch ist auch in dem Fall, dass die einzelnen Beiträge nicht in der Einheit aufgehen, sondern weiterhin voneinander unterscheidbar sind, eine Gesamthandsurheberschaft/ Urhebergemeinschaft anzunehmen, solange die einzelnen Beiträge nicht selbstständig verwertbar sind.[364]

Die Gesamthandsurheberschaft/Urhebergemeinschaft setzt den Willen zum gemeinsamen Schaffen eines Werkes voraus.[365] Es genügt, dass dieser gemeinsame Wille zu irgendeinem Zeitpunkt bis zur Vollendung des Werkes entsteht. Wird das von dem Urheber begonnene Werk von einer zweiten Person vollendet, ohne dass der Urheber den Willen zum Ausdruck gebracht hat, das Werk mit ihm gemeinsam schaffen zu wollen, ist eine Gesamthandsurheberschaft/Urhebergemeinschaft abzulehnen. In diesem Fall liegt entweder ein selbstständiges Werk oder eine Bearbeitung vor.[366]

Die jeweils geleisteten Beiträge müssen hierbei nicht gleichwertig sein. Leistet einer der Urheber einen geringeren Beitrag als die anderen Urheber, so steht das einer Gesamthandsurheberschaft/ Urhebergemeinschaft nicht entgegen, solange sich durch seinen Beitrag seine Eigentümlichkeit im gemeinsam hervorgebrachten Werk widerspiegelt.[367] Wie Art. 10 Abs. 3 FSEK zu entnehmen ist, bilden jedoch die bei der Hervorbringung eines Werkes geleisteten rein technischen Dienste und sonstigen Hilfsleistungen nebensächlicher Art keinen Rechtsgrund für die Teilnahme an der Gemeinschaft.

Auch das Yargıtay (das Revisionsgericht) hat sich in einer Entscheidung vom 22.10.1992[368] hierzu geäußert. Es spricht hierbei zwar von der Urhebermehrheit,

---

362 Ayiter, Hukukta Fikir Ve Sanat Ürünleri, S. 100 ff.

363 Erel, Türk Fikir Ve Sanat Hukuku, S. 89; Ayiter, Hukukta Fikir Ve Sanat Ürünleri, S. 100; Erdil, Fikir Ve Sanat Eserleri Kanunu Şerhi, Cilt 1, S. 374; Tekinalp, Fikri Mülkiyet Hukuku, § 12, Rn. 20; Suluk/Orhan, Uygulamalı Fikri Mülkiyet Hukuku, Cilt II, S. 286; Arslanlı, Fikri Hukuk Dersleri II, S. 68; Tosun, Sinema Eserleri Ve Eser Sahibinin Hakları, S. 309.

364 Erel, Türk Fikir Ve Sanat Hukuku, S. 89 f; Ayiter, Hukukta Fikir Ve Sanat Ürünleri, S. 100; a.A. Arslanlı, Fikri Hukuk Dersleri II, S. 68.

365 Arslanlı, Fikri Hukuk Dersleri II, S. 68 f; Erel, Türk Fikir Ve Sanat Hukuku, S. 90.

366 Erel, Türk Fikir Ve Sanat Hukuku, S. 90.

367 Erel, Türk Fikir Ve Sanat Hukuku, S. 90; Ayiter, Hukukta Fikir Ve Sanat Ürünleri, S. 100.

368 Yargıtay, 11. HD, 22.10.1992, E. 1991/5141, K. 1992/11254 in: Suluk/Orhan, Uygulamalı Fikri Mülkiyet Hukuku, Cilt II, S. 287 f.

jedoch ist in der Literatur angemerkt worden, dass damit wohl eher die Urhebergemeinschaft gemeint sei.[369] Das Yargıtay hat ausgeführt, dass es nicht von Bedeutung sei, ob der Beitrag gering sei oder nicht, solange er schöpferisch sei. Nicht die Quantität, sondern die Qualität des Beitrags sei hierbei von Bedeutung. Im vorliegenden Fall wurde ein Werk über die türkische Geschichte geschaffen. Die Kläger sahen ihre Beiträge zum Werk ebenfalls als schöpferisch an. Sie hatten zur Schaffung des Werkes ausführliche Recherchen im Staatsarchiv betrieben und die Schriften, die sie gefunden hatten, übersetzt. Diese Beiträge waren jedoch nach Ansicht des Yargıtay nicht schöpferisch, sondern stellten bloße Hilfsleistungen dar, die keine Urheberschaft begründeten.[370]

Bloße Hilfsleistungen stellen auch Ideen und Anregungen bei der Schaffung eines Werkes dar. Erzählt jemand einem Drehbuchautor seine Lebensgeschichte, die dieser als Drehbuch verfasst, so wird er ebenfalls nicht schöpferisch tätig, sondern leistet dem Urheber Hilfe.[371]

Um eine Gesamthandsurheberschaft/Urhebergemeinschaft handelt es sich in den Fällen, wo die einzelnen Beiträge derselben Werkart angehören, beispielsweise wenn zwei Komponisten ein Lied gemeinsam komponieren, zwei Künstler ein Bild gemeinsam malen, zwei Autoren eine Geschichte gemeinsam verfassen und zwei Architekten ein Bauprojekt gemeinsam entwerfen.[372] Bei einem von mehreren gemeinsam verfassten Lehrbuch oder Kommentar wird unterschieden. Können die einzelnen Abschnitte der Bücher selbstständig bestehen, handelt es sich um eine Bruchteilsurheberschaft/Urhebermehrheit, ansonsten um eine Gesamthandsurheberschaft/Urhebergemeinschaft.[373]

IV. Problem: Beurteilung der „Gemeinschaft" der Filmurheber

Nachdem Art. 9 und 10 FSEK ausführlich dargelegt worden sind, ist die Frage zu klären, wie die „Gemeinschaft" der Filmurheber zu beurteilen ist. Hierzu werden in der Literatur verschiedene Ansichten vertreten.

369 Tekinalp, Fikri Mülkiyet Hukuku, § 12, Rn. 21.

370 Yargıtay, 11. HD, 22.10.1992, E. 1991/5141, K. 1992/11254 in: Suluk/Orhan, Uygulamalı Fikri Mülkiyet Hukuku, Cilt II, S. 287 f.

371 Erel, Türk Fikir Ve Sanat Hukuku, S. 90; Ayiter, Hukukta Fikir Ve Sanat Ürünleri, S. 100 f.

372 Karahan/Suluk/Saraç/Nal, Fikri Mülkiyet Hukukunun Esasları, S. 69; Tekinalp, Fikri Mülkiyet Hukuku, § 12, Rn. 20.

373 Karahan/Suluk/Saraç/Nal, Fikri Mülkiyet Hukukunun Esasları, S. 69.

1. Gesamthandsurheberschaft/Urhebergemeinschaft

Ein Teil in der Literatur ordnet die „Gemeinschaft" der Filmurheber ohne jegliche Begründung der Gesamthandsurheberschaft/ Urhebergemeinschaft zu und wendet somit die Vorschriften des Art. 10 FSEK auf die Filmurheber an.[374]

Tosun erörtert demgegenüber jedoch ausführlich, weshalb die „Gemeinschaft" der Filmurheber der Vorschrift des Art. 10 FSEK zuzuordnen ist. Wie bereits ausgeführt, bilden bei der Gesamthandsurheberschaft/Urhebergemeinschaft die Beiträge der Urheber eine untrennbare Einheit. Die einzelnen geleisteten Beiträge sind nicht selbstständig verwertbar. Dies könnte sich bezüglich des Drehbuchs und der originellen Musik als problematisch erweisen. Im Rahmen der vorbestehenden Werke wurde jedoch bereits darauf hingewiesen, dass in der Literatur vertreten wird, dass es sich bei dem Kinofilmwerk um keine Bearbeitung des Drehbuchs und der originellen Musik handele, sondern dass diese vielmehr einen Teil des Kinofilmwerks darstellen würden.[375] Dieses Argument wird erneut im Rahmen der Beurteilung der „Gemeinschaft" der Filmurheber aufgegriffen und genauer ausgeführt. Das Drehbuch stelle einen wichtigen Bestandteil des Kinofilmwerkes dar. Es werde mit der Absicht geschrieben, ein gemeinschaftliches Werk zu schaffen. Der Regisseur arbeite nicht völlig unabhängig von der Leistung des Drehbuchautors oder des Dialogautors an der Herstellung des Kinofilmwerkes. Er orientiere sich an dem Drehbuch und ziehe von Zeit zu Zeit den Drehbuchautor zu Rate, so dass ein gemeinschaftliches Werk entstehe. Sobald das Drehbuch in dem Kinofilmwerk verwendet werde, stelle es einen Teil dessen dar und könne nicht mehr unabhängig hiervon bestehen. Als ein Teil des Kinofilmwerkes gewinne das Drehbuch an völlig neuer Bedeutung. Dasselbe gelte auch für die originelle Musik. Hierbei handele es sich um eine eigens für den Film komponierte Musik. Auch diese werde zum untrennbaren Teil des Kinofilmwerkes. Sogar wenn das Drehbuch und die originelle Musik eigenständig wirtschaftlich verwertbar sein sollten, ändere dies nichts daran, dass sie einen untrennbaren Bestandteil des Kinofilmwerks darstellen würden, da sie eigens hierfür geschaffen worden seien.[376]

Auch Ateş zufolge handelt es sich bei der „Gemeinschaft" der Filmurheber um eine Gesamthandsurheberschaft/Urhebergemeinschaft im Sinne des Art. 10 FSEK. Könne die originelle Musik oder das Drehbuch unabhängig von dem Kinofilmwerk verwertet werden, führe dies nicht dazu, dass die „Gemeinschaft" der Filmurheber nunmehr als Bruchteilsurheberschaft/Urhebermehrheit zu beurteilen sei. Eine selbstständige Verwertbarkeit dieser Beiträge sei nur mit Zustimmung

---

374 Tekinalp, Fikri Mülkiyet Hukuku, § 12, Rn. 12 mit Verweis auf Rn. 22; Karahan/Suluk/Saraç/Nal, Fikri Mülkiyet Hukukunun Esasları, S. 68 f; Kılıçoğlu, Ankara Barosu Dergisi 1995, 13 (15).

375 Siehe: Erstes Kapitel, S. 40 f.

376 Tosun, Sinema Eserleri Ve Eser Sahibinin Hakları, S. 312 ff.

der übrigen Urheber zulässig. Eine unabhängige Verwertung des Drehbuchs und der originellen Musik sei abzulehnen, wenn dies dem Kinofilmwerk schaden würde. Dies sei bei Filmen wie „Hababam Sınıfı“ der Fall, dessen Musik und Dialoge für diesen so charakterisitsch seien, dass eine eigenständige Verwertung dieser Beiträge nicht vorstellbar sei. [377]

2. Urheberschaft „sui generis“

Es gibt jedoch auch Ansichten in der Literatur, die die „Gemeinschaft“ der Filmurheber weder der Gesamthandsurheberschaft/ Urhebergemeinschaft gem. Art. 10 FSEK noch der Bruchteilsurheberschaft/Urhebermehrheit gem. Art. 9 FSEK zuordnen, sondern diese nach einer Urheberschaft „sui generis“ beurteilen.[378]

Erel hebt hervor, dass es sich bei den Beiträgen des Komponisten einer originellen Musik und des Drehbuchautoren um Musikwerke und Literaturwerke handele, die selbstständig verwertbar seien. Demgegenüber sei die Leistung des Regisseurs nicht einer selbstständigen Verwertbarkeit zugänglich. Vielmehr handele es sich bei dem Regisseur um eine Art „ausübenden Künstler“, der mit den ihm zur Verfügung stehenden künstlerischen und technischen Mitteln das Drehbuch umsetze. Auch wenn der Regisseur als „ausübender Künstler“ bezeichnet werde, so handele es sich bei diesem dennoch um einen Urheber. Die unterschiedliche Beurteilung der Beiträge verdeutliche, dass die Filmurheberschaft sowohl Elemente der Gesamthandsurheberschaft als auch Elemente der Bruchteilsurheberschaft beinhalte und somit als Urheberschaft „sui generis“ zu beurteilen sei.[379]

Der Ansicht Erels schließen sich weitere Stimmen in der Literatur an.[380] Im Rahmen der selbstständigen Verwertbarkeit der Filmmusik und des Drehbuchs heben sie außerdem hervor, dass die Filmmusik durch den Komponisten als CD verwertet und das Drehbuch durch den Autor in Buchform veröffentlicht und verkauft werden könne.[381]

---

377 Ateş, Fikir Ve Sanat Hukukunda Sinema Eseri Ve Eser Sahipliği in: Fikri Mülkiyet Hukuku Yıllığı 2009, S. 59 (100 f, 110 f).

378 Erel, Türk Fikir Ve Sanat Hukuku, S. 94 ff; Genç, Sinema Ve Müzik Eserleri in: Ünal Tekinalp'e Armağan, S. 249 (269 f); Akkayan Yıldırım, Sinema Eseri Ve Sinema Eser Sahipliği in: Hayri Domaniç'e Armağan, S. 1 (17 ff); Özderyol, Fikir Ve Sanat Eserleri Kanunu'nda Düzenlenen Suçlar, S. 48; Ateş, Fikir Ve Sanat Eserleri Üzerindeki Hakların Kapsamı ve Sınırlandırılması, S. 85; Erdil, Fikir Ve Sanat Eserleri Kanunu Şerhi, Cilt 1, S. 221, 378.

379 Erel, Türk Fikir Ve Sanat Hukuku, S. 95.

380 Akkayan Yıldırım, Sinema Eseri ve Sinema Eser Sahipliği in: Hayri Domaniç'e Armağan, S. 1 (18 f); Genç, Sinema Ve Müzik Eserleri in: Ünal Tekinalp'e Armağan, S. 249 (269); Özderyol, Fikir Ve Sanat Eserleri Kanunu'nda Düzenlenen Suçlar, S. 48.

381 Genç, Sinema Ve Müzik Eserleri in: Ünal Tekinalp'e Armağan, S. 249 (269); Özderyol, Fikir Ve Sanat Eserleri Kanunu'nda Düzenlenen Suçlar, S. 48.

Akkayan Yıldırım führt hierzu aus, dass zunächst durchaus davon ausgegangen werden könne, dass es sich bei der „Gemeinschaft“ der Filmurheber um eine Gesamthandsurheberschaft handele. Die einzelnen Beiträge der Filmurheber würden zu einer solchen Einheit verschmelzen, dass die Trennung eines Beitrags aus dem Ganzen die Eigentümlichkeit des Kinofilmwerks beeinträchtigen könne. Eine solche Betrachtung sei durchaus nachvollziehbar, jedoch blende man mit dieser Betrachtungsweise die wirtschaftlichen Verwertungsmöglichkeiten, die einem im Rahmen der Kinofilmwerke zur Verfügung stünden, vollkommen aus. Einzelne Beiträge des Kinofilmwerks seien durchaus selbstständig verwertbar. Daher sei im Ergebnis der Ansicht zu folgen, die die Gemeinschaft der Urheber als eine Urheberschaft „sui generis“ beurteilt.[382]

3. Stellungnahme

Die gesetzliche Regelung unterscheidet in Art. 9 und 10 FSEK zwei Arten von „Gemeinschaften“. Ein Werk, das von einer Gesamthandsurheberschaft/Urhebergemeinschaft hervorgebracht wird, bildet eine untrennbare Einheit, dessen einzelne Beiträge nicht selbstständig bestehen können. Demgegenüber sind die Beiträge im Rahmen einer Bruchteilsurheberschaft/Urhebermehrheit durchaus selbstständig verwertbar.

Eine Zuordnung der „Gemeinschaft“ der Filmurheber hängt somit von der Frage ab, ob ihre Beiträge selbstständig verwertet werden können, oder eine untrennbare Einheit bilden. Wie bereits dargelegt, sind die Urheber in Art. 8 Abs. 3 FSEK festgelegt. Problematisch scheint diese Beurteilung hinsichtlich des Drehbuchautors bzw. des Dialogautors und des Komponisten der originellen Musik zu sein. Einerseits wird vertreten, dass das Drehbuch und die originelle Musik, die eigens für den Film geschaffen worden seien, mit ihrer Verwendung zum untrennbaren Bestandteil des Kinofilmwerks werden würden und somit Art. 10 FSEK anwendbar sei. Eine mögliche wirtschaftliche Verwertbarkeit der Beiträge könne nichts hieran ändern. Ateş differenziert, ob die eigenständige Verwertbarkeit der Beiträge dem Kinofilmwerk schaden könne oder nicht. Könnten die Beiträge des Drehbuchautors bzw. des Dialogautors und des Komponisten der originellen Musik unabhängig von dem Kinofilmwerk verwendet werden, müssten sie jedoch die Zustimmung der übrigen Filmurheber zu einer selbstständigen Verwertung einholen. Durch diese Beurteilung werden jedoch die Grenzen zwischen Art. 9 und 10 FSEK verwischt. Die Zuordnung der „Gemeinschaft“ der Filmurheber zu Art. 10 FSEK wirkt gekünstelt. Vielmehr überzeugt die Beurteilung der „Ge-

382 Akkayan Yıldırım, Sinema Eseri ve Sinema Eser Sahipliĝi in: Hayri Domaniç'e Armaĝan, S. 1 (18 f).

meinschaft“ der Filmurheber als eine Urheberschaft „sui generis“. Die Beiträge des Komponisten der originellen Musik und des Drehbuchautors bzw. des Dialogautors sind selbstständig verwertbar (z.B. als Soundtrack oder als Buch zum Film), während die Leistung des Regisseurs nicht unabhängig vom Kinofilmwerk bestehen kann. Dies ist bei jedem Kinofilmwerk der Fall. Einer Differenzierung je nach Einzelfall bedarf es nicht. Die Filmurheberschaft beinhaltet somit sowohl Elemente der Gesamthandsurheberschaft/ Urhebergemeinschaft als auch Elemente der Bruchteilsurheberschaft/Urhebermehrheit.
Fragwürdig ist jedoch die Bezeichnung des Regisseurs als „ausübender Künstler“. Erel stellt dar, dass es sich bei dem Regisseur trotz dieser Bezeichnung um einen Urheber handele.[383] Er führt außerdem aus, dass einem ausübenden Künstler grundsätzlich kein Urheberrecht, sondern gem. Art. 80 FSEK ein mit den Rechten des Urhebers „verbundenes Recht“[384] zustehe. Der Regisseur stelle hierbei jedoch eine Ausnahme dar.[385] Diese Aussage erweckt den Eindruck, dass es sich bei dem Regisseur um einen „ausübenden Künstler“ handele, dem ausnahmsweise ein Urheberrecht zustehe. Ein ausübender Künstler kann, wie bereits im Rahmen des deutschen Rechts ausgeführt, durchaus auch gleichzeitig Urheber sein. Ein Beispiel ist ein Hauptdarsteller, der gleichzeitig Regie führt. Fallen seine Leistungen jedoch zusammen, wie es im Rahmen der Regietätigkeit der Fall ist, dann handelt es sich bei diesem grundsätzlich um einen Urheber, die Rechte des ausübenden Künstlers gehen hierin auf. Eine Bezeichnung des Regisseurs als „ausübender Künstler“ sorgt daher nur für Verwirrung und ist aus diesem Grunde abzulehnen.

C. Vergleich

Bei der Filmherstellung wirkt eine große Anzahl von Personen mit, von denen jedoch nur wenige als Urheber des Filmwerks in Betracht kommen. Art. 14 bis Abs. 2 a der Revidierten Berner Übereinkunft (RBÜ) überlässt den Mitgliedstaaten die Wahl, sich für oder gegen eine Bestimmung der Filmurheber zu entscheiden.

Während die Filmurheber im türkischen Urheberrecht in Art. 8 Abs. 3 FSEK festgelegt sind, hat sich der deutsche Gesetzgeber gegen eine Bestimmung der Filmurheber im Urheberrechtsgesetz entschieden. Aus diesem Grunde werden in der Rechtsliteratur des jeweiligen Landes unterschiedliche Aspekte der Filmurhe-

383 Erel, Türk Fikir Ve Sanat Hukuku, S. 95 f.
384 Zu diesem Begriff siehe: Viertes Kapitel S. 186 f.
385 Erel, Türk Fikir Ve Sanat Hukuku, S. 96.

berschaft diskutiert. Bevor jedoch diese Unterschiede hervorgehoben werden, ist eine Gemeinsamkeit beider Urheberrechtsnormen hervorzuheben.

Zwar werden hierfür jeweils unterschiedliche Begrifflichkeiten verwendet, jedoch findet sich in beiden Gesetzen die Abgrenzung zwischen einem „gemeinschaftlichen geschaffenen Werk" (Miturheberschaft, § 8 UrhG; Gesamthandsurheberschaft/ Urhebergemeinschaft, Art. 10 FSEK) und einem „verbundenen Werk" (Werkverbindung, § 9 UrhG; Bruchteilsurheberschaft/Urhebermehrheit, Art. 9 FSEK). In beiden Rechtsnormen ist das Unterscheidungskriterium die selbstständige Verwertbarkeit der einzelnen Beiträge. Sind die einzelnen Beiträge gesondert verwertbar, so handelt es sich, wie bereits ausgeführt, um ein „verbundenes Werk", ansonsten um ein „gemeinschaftlich geschaffenes Werk".

In der deutschen Rechtsliteratur beurteilt sowohl die herrschende Meinung als auch die Lehre vom Doppelcharakter das Kinofilmwerk unstreitig als ein in Miturheberschaft entstandenes Werk. Der Punkt, um den sich beide Ansichten streiten, ist, aufgrund fehlender gesetzlicher Regelung, vielmehr die Frage, ob die Urheber der filmabhängigen vorbestehenden Werke (Drehbuchautoren, Filmmusikkomponisten) als Miturheber eines Filmwerks in Betracht kommen. Der deutsche Gesetzgeber unterscheidet zwischen den Urhebern vorbestehender Werke und den Urhebern des Filmwerks, §§ 88, 89 UrhG. Wie bereits dargelegt, wird unter anderem auch das Kriterium der selbstständigen Verwertbarkeit im Rahmen dieser Diskussion herangezogen, um zwischen den Urhebern vorbestehender Werke, deren Beiträge gesondert vom Filmwerk verwertbar sind, und den Filmurhebern, deren Beitrag nicht losgelöst vom Filmwerk bestehen kann, zu unterscheiden. Da die Beiträge der Urheber filmabhängiger vorbestehender Werke (Drehbuchautoren/ Filmmusikkomponisten) nach herrschender Ansicht selbstständig verwertbar sind, scheiden diese als Miturheber aus, während die Lehre vom Doppelcharakter die Beiträge der Urheber dieser vorbestehenden Werke als integralen Bestandteil des Filmwerks beurteilt, somit nach dieser Ansicht die Urheber, sobald ihre Beiträge im Filmwerk aufgehen, auch Filmurheber sind.

Eine solche Diskussion stellt sich im türkischen Recht nicht. Zunächst unterscheidet das türkische Urheberrechtsgesetz nicht ausdrücklich zwischen Urhebern vorbestehender Werke und Filmurhebern. Das Gesetz bestimmt nur die Filmurheber in Art. 8 Abs. 3 FSEK. Da die Filmurheber festgelegt sind und auch nur den im Gesetz bezeichneten Urhebern ein Urheberrechtsschutz zusteht, entsteht in der türkischen Rechtsliteratur auch nicht die Frage, wer als Urheber in Betracht kommt. Problematisch ist, wie dargelegt, vielmehr die Frage, wie die Gemeinschaft der Filmurheber zu beurteilen ist. Somit verlagert sich die Diskussion auf die Frage, ob eine Gesamthandsurheberschaft/ Urhebergemeinschaft oder eine Bruchteilsurheberschaft/ Urhebermehrheit vorliegt. Auch hier dient als wichtiges Unterscheidungskriterium die selbständige Verwertbarkeit der Beiträge. Überzeugend wird die Gemeinschaft der Urheber als eine Gemeinschaft „sui generis" beurteilt, da die Beiträge der Urheber (Drehbuchautor, Komponist der originellen Musik) teils selbstständig verwertbar sind, teils (z.B. der Beitrag des Regisseurs) einen untrennbaren Bestandteil des Kinofilmwerks darstellen.

Im deutschen Recht kommen, wie erörtert, der Regisseur, der Chefkameramann, der Cutter und der Mischtonmeister als Miturheber des Filmwerks in Betracht, soweit diese schöpferisch tätig werden und nicht bloß Anweisungen folgen. Während nach herrschender Ansicht eine Urheberschaft des Drehbuchautors und des Filmmusikkomponisten am Filmwerk ausscheidet, zählt die Lehre vom Doppelcharakter diese zu den Miturhebern. Im Ergebnis ist es, wie bereits dargelegt, jedoch für die rechtliche Stellung der Drehbuchautoren und Filmmusikkomponisten nicht relevant, welcher Ansicht man folgt. Die §§ 88 und 89 UrhG räumen den Urhebern vorbestehender Werke und den Filmurhebern im Ergebnis dieselben Rechte ein. Somit beeinträchtigt ein Ausschluss der Urheber vorbestehender filmabhängiger Werke von der Filmurheberschaft diese, wie erläutert, nicht in rechtlicher, sondern vielmehr in emotionaler Hinsicht.

Demgegenüber steht im türkischen Recht den Drehbuchautoren/ Dialogautoren und den Musikkomponisten ein Urheberrecht am Kinofilmwerk zu. Jedoch werden gleichzeitig bedeutende, an der Kinofilmherstellung beteiligte Personen von einer Urheberschaft ausgeschlossen. Dies sind der Chefkameramann, der Cutter und auch der Mischtonmeister. Wie bereits dargelegt, werden diese mit den Technikern und Ingenieuren gleichgestellt und ihnen steht entweder kein Recht oder nur ein Leistungsschutzrecht zu. Wie ausführlich im Rahmen des deutschen Rechts ausgeführt, kann ihren Beiträgen jedoch durchaus schöpferische Bedeutung zukommen, soweit sie nicht bloß den Anweisungen des Regisseurs folgen. Ein Ausschluss von der Urheberschaft ist daher nicht nachvollziehbar. Dies verdeutlicht die negative Seite einer gesetzlichen Regelung der Filmurheber. Durch eine gesetzliche Regelung erübrigt sich zwar eine Diskussion, wer als Filmurheber in Betracht kommen könnte, sie schafft somit Klarheit, schließt jedoch gleichzeitig wichtige Personen von der Urheberschaft aus.

Drittes Kapitel: Die Entstehung des Urheberrechtsschutzes

A. Die Entstehung des Urheberrechtsschutzes im deutschen Recht

Relevant ist die Frage, ob es zur Entstehung des Urheberrechtsschutzes der Einhaltung von Formerfordernissen bedarf (wie die Eintragung in das öffentliche Register, Hinterlegung etc.), oder ob der Schutz formfrei entsteht. Die revidierte Berner Übereinkunft (RBÜ) setzt für das Urheberrecht keine Formerfordernisse zur Bejahung des Verbandsschutzes voraus. Dies ergibt sich aus Art. 5 Abs. 2 S. 1 RBÜ. Es ist nun zu untersuchen, ob der deutsche Gesetzgeber die Entstehung des Urheberrechtsschutzes von der Erfüllung von Formalitäten abhängig macht.

I. Keine Formerfordernisse

Seit dem LUG von 1901 (das Gesetz betreffend das Urheberrecht an Werken der Literatur und Tonkunst) entsteht der Urheberrechtsschutz unabhängig von der Erfüllung von Formalitäten (Eintragung in das öffentliche Register, Hinterlegung).[386] Er tritt automatisch mit dem Schöpfungsakt ein.[387] Darüber hinaus bedarf es auch nicht der Veröffentlichung und des Erscheinens des Werkes. Das unveröffentlichte Werk genießt denselben Urheberrechtsschutz wie das veröffentlichte oder erschienene Werk.[388]

Die Hinterlegung eines Werkes ist zwar nicht Voraussetzung für die Entstehung des Urheberrechtsschutzes, sie kann jedoch als Beweismittel für die Priorität dienen. In bestimmten Fällen kann die Priorität eines Werkes gegenüber Nachschaffungen angezweifelt werden. Als ein Beispiel ist der Fall zu nennen, dass Vertragsverhandlungen über unvollendete Werke geführt werden. Hier kann es von Vorteil sein, das Werk bei einem Rechtsanwalt oder Notar zu hinterlegen, um

386 Rehbinder, Urheberrecht, Rn. 157; Schack, Urheber- und Urhebervertragsrecht, § 9, Rn. 223; Dreier/Schulze/*Schulze*, Urheberrechtsgesetz, § 2, Rn. 245.

387 Rehbinder, Urheberrecht, Rn. 157; Dreier/Schulze/*Schulze*, Urheberrechtsgesetz, § 2, Rn. 245; Loewenheim/*Nordemann*, Handbuch des Urheberrechts, § 4, Rn. 9.

388 Rehbinder, Urheberrecht, Rn. 155; Schack, Urheber- und Urhebervertragsrecht, § 9, Rn. 228.

bei Bedarf den Eingangsstempel oder einen sonstigen Vermerk der Entgegennahme als Beweismittel zu verwenden.[389]

Der Urheberrechtsschutz entsteht darüber hinaus auch nicht durch Anbringung eines Urhebervermerks am Werk oder die Vereinbarung der Schutzfähigkeit.[390]

Des Öfteren werden an Werken Hinweise wie „alle Rechte vorbehalten" oder „urheberrechtlich geschützt" angebracht. Solche Hinweise dienen dem Urheber dazu, den Nutzer des Werkes auf möglicherweise bestehende Schutzrechte aufmerksam zu machen. Ein solcher Urhebervermerk begründet jedoch keinen Urheberrechtsschutz. Bei bestehendem Zweifel an der Schutzfähigkeit des Werkes sollte ein Urhebervermerk mit Vorsicht verwendet werden, da bei Fehlen der urheberrechtlichen Schutzfähigkeit ein derartiger Hinweis als unzulässige Schutzrechtsberühmung wettbewerbswidrig sein kann.[391]

Die Schutzfähigkeit eines Werkes ist außerdem der Dispositionsbefugnis der Parteien entzogen.[392] Die Überprüfung, ob ein Werk schutzfähig ist oder nicht, erfolgt von Amts wegen. Vereinbarungen zur Schutzfähigkeit sind unwirksam.[393]

II. Sonderfälle

Der Vollständigkeit halber sind noch zwei Sonderfälle zu erwähnen, bei denen, um bestimmte Rechte geltend machen zu können, gewissen Formerfordernissen genügt werden muss.

Der erste Sonderfall ergibt sich aus § 49 Abs. 1 UrhG und betrifft Rundfunkkommentare und Zeitungsartikel, die politische, wirtschaftliche oder religiöse Tagesfragen beinhalten. Diese müssen, wie man der gesetzlichen Regelung entnehmen kann, mit einem Vorbehalt der Rechte versehen sein, wenn die öffentliche Wiedergabe, Vervielfältigung und Verbreitung in anderen Zeitungen und Informationsblättern unzulässig sein soll.

§ 138 UrhG enthält außerdem Bestimmungen für das Register anonymer und pseudonymer Werke. Die fakultative Eintragung in das Register hat für den Urheber eines anonymen oder pseudonymen Werkes den Vorteil, dass die 70-jährige Schutzfrist nicht mehr von der Veröffentlichung des Werkes, sondern vom Tode des namentlich offenbarten Urhebers an berechnet wird, § 66 Abs. 2 S. 2 UrhG.

---

389 Dreier/Schulze/*Schulze*, Urheberrechtsgesetz, § 2 Rn. 251.

390 Dreier/Schulze/*Schulze*, Urheberrechtsgesetz, § 2 Rn. 248 ff.

391 Dreier/Schulze/*Schulze*, Urheberrechtsgesetz, § 2 Rn. 248.

392 Dreier/Schulze/*Schulze*, Urheberrechtsgesetz, § 2 Rn. 250; BGH, GRUR 191, 533 (533); OLG Karlsruhe, GRUR 1984, 521 (522).

393 Dreier/Schulze/*Schulze*, Urheberrechtsgesetz, § 2 Rn. 250; OLG Karlsruhe, GRUR 1984, 521 (522).

III. Ergebnis

Im Ergebnis ist somit festzuhalten, dass die Entstehung des Urheberrechtsschutzes an einem Filmwerk in Deutschland an keine Formalitäten gebunden ist, sondern automatisch mit der Schöpfung entsteht. Es bedarf keiner Eintragung in ein öffentliches Register oder Hinterlegung bei einer neutralen Person. Auch ein Urhebervermerk oder eine Vereinbarung können den Urheberrechtsschutz nicht begründen.

B. Die Entstehung des Urheberrechtsschutzes im türkischen Recht

Zur Zeit des „Hakkı Telif Kanunu: Verfasserrechtsgesetz“ aus dem Jahre 1910 war eine Registrierung Pflicht, um seine Urheberrechte geltend machen zu können. Wie bereits erwähnt, arbeitete Hirsch an der Novellierung des türkischen Urheberrechts und betonte im Rahmen der Ausarbeitung des Entwurfs, dass an dieser Voraussetzung nicht festgehalten werden könne. Insbesondere stelle die Forderung von Förmlichkeiten zur Entstehung des Urheberrechtsschutzes einen Widerspruch zur Berner Übereinkunft dar. Die Registrierungspflicht fiel im Rahmen der Novellierung weg, was laut Hirsch eine wichtige Neuerung und Verbesserung gegenüber dem Hakkı Telif Kanunu von 1910 darstellte.[394]

Seit dem FSEK von 1951 entsteht der Urheberrechtsschutz mit der Schöpfung des Werkes und ist nicht an eine Eintragung, Registrierung, Hinterlegung oder sonstige Formerfordernisse gebunden.[395] Es stellt sich jedoch die Frage, ob sich für die Geltendmachung von Rechten an Film- und Musikwerken Vorschriften im türkischen Recht finden, die eine Ausnahme von diesem Grundsatz darstellen.

I. Die Vorschriften des SVMEK

Eine Ausnahme von dem Grundsatz, dass der Urheberrechtsschutz an einem Werk mit dessen Schöpfung entsteht, befand sich in dem bereits erwähnten „Sinema, Video ve Müzik Eserleri Kanunu: Das Kinofilm-, Video- und Musikwerkegesetz“ (SVMEK). Voraussetzungen für die Geltendmachung von Rechten an Kinofilm-

394 Hirsch, Hukuki Bakımdan Fikri Say, Cilt II, S. 99; ders., Das neue Urheberrechtsgesetz der Türkei, S. 44.

395 Ayiter, Hukukta Fikir Ve Sanat Ürünleri, S. 105; Erel, Türk Fikir Ve Sanat Hukuku, S. 86; Karahan/Suluk/Saraç/Nal, Fikri Mülkiyet Hukukun Esasları, S. 39; Erdil, Fikir Ve Sanat Eserleri Kanunu Şerhi, Cilt 1, S. 422; Suluk/Orhan, Uygulamalı Fikri Mülkiyet Hukuku, Cilt II, S. 274.

und Musikwerken waren eine Eintragung und eine Registrierung. Diese Eintragungs- und Registrierungspflicht konnte man Art. 5 Abs. 1 und Art. 8 Abs. 1 und 2 SVMEK entnehmen. Art. 5 Abs. 1 SVMEK besagte, dass die Werke, wenn eine Produktion oder Einfuhr beabsichtigt war, vor einem Vertrieb im Großhandel oder einer Vorführung beim Ministerium für Kultur und Tourismus eingetragen und registriert werden mussten. In Folge dessen wurde eine Betriebsbescheinigung erteilt. Das Vervielfältigungs-, Verbreitungs- und Vorführungsrecht stand gem. Art. 8 Abs. 1 S. 1 SVMEK dem Inhaber der Betriebsbescheinigung zu. Art. 8 Abs. 2 SVMEK zufolge unterlagen Film- und Musikwerke nicht dem Vervielfältigungs-, Verbreitungs- und Vorführungsrecht, wenn eine Registrierung nicht erfolgt war.

Die Normen des SVMEK wurden in der Literatur stark kritisiert. Die Eintragungs- und Registrierungspflicht, die das SVMEK voraussetze, um den Urheberrechtsschutz entstehen zu lassen, stelle einen Widerspruch zu den Vorschriften des türkischen Urheberrechtsgesetzes und zu internationalen Vorschriften (wie Art. 5 Abs. 2 RBÜ) dar. Es gelte der „Grundsatz der Schöpfungswahrheit" und der Urheberrechtsschutz müsse unabhängig von jeglichen Formalitäten entstehen.[396]

In der Literatur wurde teils im Wege der Auslegung versucht, den Widerspruch, den die Normen des SVMEK verursachten, zu beheben. Nal zufolge ist in den Vorschriften des SVMEK eine Regelung zu sehen gewesen, die nicht die Entstehung des Schutzes, sondern die Zulässigkeit des Vertriebs betraf, und diesen bei Nichteinhaltung der Formalitäten verhindern sollte.[397] Auch Genç zufolge standen die Vorschriften des SVMEK der Entstehung des Urheberrechtsschutzes im Falle einer gemeinsamen Auslegung mit Art. 13 Abs. 3 FSEK (diese Norm wird im Anschluss genauer dargestellt) nicht entgegen.[398]

Das SVMEK ist, wie bereits erwähnt, am 14.07.2004 durch Art. 16 des „Sinema Filmlerin Değerlendirilmesi ve Sınıflandırılması ile Desteklenmesi Hakkında Kanun: Das Gesetz zur Bewertung und Klassifizierung sowie Unterstützung der Kinofilme" komplett aufgehoben worden. Der Widerspruch, den die Art. 5 Abs. 1 und Art. 8 Abs. 1 und 2 SVMEK verursacht hatten, ist somit beseitigt.

II. Art. 13 Abs. 3 FSEK

Fraglich ist, ob Art. 13 Abs. 3 FSEK die Entstehung des Urheberrechtsschutzes von Formalitäten abhängig macht. Gem. Art. 13 Abs. 3 S. 1 FSEK lassen die Filmhersteller, die erstmals eine Festlegung eines Filmes vornehmen, und Tonträ-

396 Erel, Türk Fikir Ve Sanat Hukuku, 2. Aufl., S. 66; ders., Musiki Ve Sinema Eserleri, Yargıtay Dergisi 1987, 532 (545 f); Tekinalp, Fikri Mülkiyet Hukuku, § 12, Rn. 14.

397 Nal in: Möhring/Schulze/Ulmer/Zweigert, Quellen des Urheberrechts, Band 5, Türkei, S. 14.

398 Genç, Sinema Ve Müzik Eserleri in: Ünal Tekinalp`e Armağan, S. 249 (275 f).

gerhersteller, die erstmals eine Festlegung von Tönen vornehmen, ihre Fertigungen, die Film- und Musikwerke enthalten, ohne den Zweck einer Rechtsgestaltung aufzuweisen, eintragen und registrieren, damit die ihnen zustehenden Rechte nicht beeinträchtigt werden, ihnen eine Beweiserleichterung bei der Feststellung ihrer Rechtsinhaberschaft gewährt wird und zur Verfolgung der Nutzungsberechtigungen an den materiellen Rechten. Art. 13 Abs. 3 S. 2 FSEK zufolge können zum gleichen Zweck auf Antrag der Urheber alle nach diesem Gesetz geschützten Werke eingetragen und registriert werden; ebenso können die Nutzungsberechtigungen an den materiellen Rechten eingetragen werden.

Die herrschende Meinung in der Literatur entnimmt der Norm keine Eintragungs- und Registrierungspflicht. Vielmehr solle die Regelung den Nachweis der Rechtsinhaberschaft erleichtern, um Rechtsverletzungen verhindern und die Wahrnehmung der Nutzungsbefugnisse ermöglichen zu können.[399] Insbesondere Kinofilm- und Musikwerke seien von der weiten Verbreitung von Raubkopien betroffen und bedürften daher einer Norm, die den Nachweis der Rechtsinhaberschaft erleichtert.[400]

Auch die Gesetzesbegründung weist ausdrücklich darauf hin, dass mit der Einfügung des Art. 13 Abs. 3 FSEK der Nachweis der Rechtsinhaberschaft erleichtert werden sollte. Eine weitere Absicht, die auf eine Registrierungspflicht hindeuten würde, ist der Begründung nicht zu entnehmen.[401]

Akkayan Yıldırım vergleicht jedoch die in Satz 1 und 2 des Art. 13 Abs. 3 FSEK gewählte Formulierung. Während in Satz 1 die Formulierung „[…] lassen […] eintragen und registrieren […]“ verwendet werde, spreche Satz 2 davon, dass eine Eintragung und Registrierung der geschützten Werke erfolgen „könne“. Dies könne so verstanden werden, dass Satz 1 eine Eintragungs- und Registrierungspflicht für Kinofilm- und Musikwerke vorschreibe, jedoch Satz 2 den Urhebern der sonstigen geschützten Werke die Wahl lasse, ob sie eine Eintragung vornehmen möchten oder nicht. Demnach könne eine Auslegung der Norm dafür sprechen, dass die Entstehung des Urheberrechtsschutzes bei Kinofilm- und Musikwerken von Formerfordernissen abhängig sei. Der Urheberrechtsschutz solle jedoch mit Schöpfung entstehen und nicht an die Erfüllung von Formalitäten gebunden sein.[402]

---

399 Tekinalp, Fikri Mülkiyet Hukuku, § 12, Rn. 14; Genç, Sinema Ve Müzik Eserleri in: Ünal Tekinalp´e Armağan, S. 249 (276); Erdil, Fikir Ve Sanat Eserleri Kanunu Şerhi, Cilt 1, S. 422; Karahan/Suluk/Saraç/Nal, Fikri Mülkiyet Hukukunun Esasları, S. 39 f; Nal in: Möhring/Schulze/Ulmer/Zweigert, Quellen des Urheberrechts, Band 5, Türkei, S. 14.

400 Tekinalp, Fikri Mülkiyet Hukuku, § 12, Rn. 14.

401 Gerekçe, 5101-Komisyon zitiert in: Erdil, Fikir Ve Sanat Eserleri Kanunu Şerhi, Cilt 1, S. 415.

402 Akkayan Yıldırım, Sinema Eseri Ve Sinema Eser Sahipliği in: Hayri Domaniç´e Armağan, S. 1 (13).

Suluk/Orhan folgen zwar der herrschenden Meinung und vertreten somit die Ansicht, dass Art. 13 Abs. 3 FSEK keine Registrierungspflicht begründe, sondern den Nachweis der Rechtsinhaberschaft erleichtern wolle, jedoch weisen sie auch auf Satz 2 und die dort gewählte Formulierung hin und betonen, dass diese der Grund für Missverständnisse sein könne. Daher sei eine Neuformulierung erforderlich.[403]

Auch wenn die Vorschrift etwas missverständlich formuliert ist, kann ihr dennoch keine Registrierungs- und Eintragungspflicht entnommen werden. Zunächst spricht die Gesetzesbegründung zu Art. 13 Abs. 3 FSEK dagegen. Außerdem hat der Gesetzgeber, wie bereits ausgeführt, das SVMEK aufgehoben, was ebenfalls darauf hindeutet, dass er die Entstehung des Urheberrechtsschutzes nicht an Formerfordernisse binden möchte. Auch die Formulierung in Art. 13 Abs. 3 S. 1 FSEK „ohne den Zweck einer Rechtsgestaltung aufzuweisen" spricht dafür, dass eine Eintragung nicht Urheberrechte entstehen lassen, sondern Beweiszwecken dienen soll.

Das Verfahren der Registrierung und Eintragung kann der im Jahre 2006 in Kraft getretenen Ausführungsverordnung[404] entnommen werden. Art. 5 der Ausführungsverordnung enthält denselben Wortlaut wie Art. 13 Abs. 3 FSEK. Daher wird auch hierzu in der Literatur ausgeführt, dass der Formulierung „ohne den Zweck einer Rechtsgestaltung aufzuweisen" entnommen werden könne, dass die Entstehung der Urheberrechte nicht von einer Eintragungs- oder Registrierungspflicht abhängig sei, sondern nur den Nachweis der Rechtsinhaberschaft erleichtern solle.[405] Wie auch im Rahmen von Art. 13 Abs. 3 FSEK ist darauf hinzuweisen, dass die Vorschrift missverständlich formuliert ist. Dies gilt auch für die Überschrift der Vorschrift, die von einer „Eintragungs- und Registrierungspflicht" spricht und daher unbedingt geändert werden sollte.

III. Banderolenpflicht gem. Art. 81 Abs. 1 FSEK

Für nicht periodisch erscheinende Druckwerke sowie für die Vervielfältigungsexemplare von Musik- und Filmwerken wird durch Art. 81 Abs. 1 FSEK eine Banderolenpflicht vorgeschrieben. Diese ist zu einem späteren Zeitpunkt genauer darzustellen. Es ist nur zu erwähnen, dass auch diese Kennzeichnungspflicht nicht Voraussetzung zur Entstehung des Urheberrechtsschutzes ist.

403 Suluk/Orhan, Uygulamalı Fikri Mülkiyet Hukuku, Cilt II, S. 275.

404 Resmi Gazete, 17.05.2006, 26171.

405 Tosun, Sinema Eserleri Ve Eser Sahibinin Hakları, S. 250 f.

IV. Ergebnis

Im Ergebnis ist somit festzuhalten, dass sich im türkischen Recht keine Regelung findet, die die Entstehung des Urheberrechtsschutzes an Kinofilmwerken von der Erfüllung von Formalitäten abhängig macht.

C. Vergleich

Sowohl im deutschen als auch im türkischen Recht entsteht der Urheberrechtsschutz an einem Filmwerk mit der Schöpfung des Werkes, und es müssen keine Formerfordernisse erfüllt werden. In Deutschland dient z.B. die Hinterlegung eines Werkes und in der Türkei eine Eintragung nach Art. 13 Abs. 3 FSEK nur dazu, den Nachweis der Rechtsinhaberschaft zu erleichtern. Sie sind jedoch nicht Voraussetzung für die Entstehung des Urheberrechtsschutzes. Dies entspricht auch den Vorgaben des Art. 5 Abs. 2 S. 1 RBÜ.

Viertes Kapitel: Der Filmhersteller und seine Beziehung zu den Urhebern

A. Der Filmhersteller im deutschen Recht

An der Herstellung eines Filmwerks in Deutschland sind, wie bereits ausgeführt, der Regisseur, Kameramann, der Cutter und der Mischtonmeister als Filmurheber beteiligt. Von den Filmurhebern sind, wie erörtert, die Urheber der vorbestehenden Werke zu unterscheiden, die nach hier vertretener Ansicht nicht zu den Filmurhebern zählen. Doch auch der Filmhersteller ist bei der Herstellung eines Filmwerks von zentraler Bedeutung. Gegenstand folgender Ausführungen wird es sein, den Begriff des Filmherstellers zu erläutern, und die ihm nach aktueller Gesetzeslage zustehende rechtliche Stellung (als Inhaber abgeleiteter Rechte und als Inhaber eines originären Rechtes) darzustellen. Außerdem wird die Diskussion um die Stärkung der Stellung des Filmherstellers erörtert, die bereits vor Entstehung des Urheberrechtsgesetzes aufkam und noch immer fortdauert.

I. Der Begriff des Filmherstellers

Das Urheberrechtsgesetz enthält keine Legaldefinition des Filmherstellerbegriffs. Daher bedarf es einer Bestimmung des Filmherstellerbegriffs durch Rechtsprechung und Literatur.

1. Rechtsprechung

Zunächst hat der BGH in seiner Entscheidung „Triumph des Willens“ vom 10.01.1969[406] nur diejenige natürliche oder juristische Person als Filmhersteller angesehen, die die von ihm angegebenen Tätigkeiten tatsächlich ausgeübt hat. Zu diesen Tätigkeiten gehörten nach Ansicht des BGH die Beschaffung des für die Herstellung des Films erforderlichen Kapitals, die Auswahl des zu verfilmenden

---

406 BGH, UFITA 56/1970, 313 ff.

Stoffes, des Drehbuchverfassers, der Hauptdarsteller, des Hauptregisseurs sowie des weiteren künstlerischen und technischen Personals, der Erwerb der zur Verfilmung des Stoffes erforderlichen Rechte, die Schaffung der weiteren betrieblichen Voraussetzungen für die Filmproduktion (z.B. Ateliermietung) und die Überwachung der Herstellung des Filmes bis zum Vorliegen der vorführungsbereiten Kopie.[407] Die für die Herstellung des Filmes erforderlichen Verträge schließe der Filmhersteller im eigenen Namen und für eigene Rechnung.[408]

Von der kumulativen Aufzählung von Tätigkeiten, die eine Person ausüben muss, um als Filmhersteller zu gelten, hat der BGH in seiner Entscheidung vom 22.10.1992 Abstand genommen und einer allgemeineren Begriffsbeschreibung den Vorzug gegeben.[409] Zunächst hebt der BGH hervor, dass die Leistung des Filmherstellers nicht in einem künstlerisch-schöpferischen Beitrag zum Filmwerk liege, wenn dieser auch im Einzelfall gegeben sein könne, sondern in der Übernahme der wirtschaftlichen Verantwortung und der organisatorischen Tätigkeit, die erforderlich seien, um den Film als fertiges Ergebnis der Leistungen aller bei seiner Schaffung Mitwirkenden und damit als ein zur Auswertung geeignetes Werk herzustellen. Filmhersteller sei diejenige natürliche oder juristische Person, die tatsächlich in diesem Sinne tätig geworden sei.[410] Der BGH führt weiter aus, dass es zur Begründung der Filmherstellereigenschaft darauf ankomme, wer letztlich die notwendigen Entscheidungen als Unternehmer, insbesondere durch den Abschluss der entsprechenden Verträge als Vertragspartner, in die Tat umsetze und ihre wirtschaftlichen Folgen verantworte.[411] Schließlich betont der BGH, wer Filmhersteller sei, bestimme sich nach den tatsächlichen Verhältnissen bei der Filmherstellung und nicht nach den subjektiven Vorstellungen der Beteiligten.[412]

2. Literatur

Der Begriff des Filmherstellers ist auch in der Literatur bestimmt worden.

Movsessian definiert den Filmhersteller als denjenigen, der das wirtschaftliche Risiko der Gesamtleistung trägt.[413]

Dünnwald zufolge ist Hersteller nicht derjenige, der das Programm inhaltlich gestaltet und die künstlerische Qualität bestimmt, sondern derjenige, der die Verantwortung für das Zustandekommen der Programmaufnahme und des fertigen

407 BGH, UFITA 56/1970, 313 (320).
408 BGH, UFITA 56/1970, 313 (320).
409 BGH, GRUR 1993, 472 ff.
410 BGH, GRUR 1993, 472 (472 f).
411 BGH, GRUR 1993, 472 (473).
412 BGH, GRUR 1993, 472 (473).
413 Movssesian, UFITA 79/1977, 213 (235).

Programmträgers hat. Verantwortlich in diesem Sinne sei, wer die Personal- und Sachverträge, derer es im Einzelfall zur Entstehung des vorgesehenen Programmträgers bedarf, im eigenen Namen abschließe und die Verfügungsmacht bei der körperlichen Festlegung des Programms habe.[414]

Teils wird der Filmhersteller als derjenige angesehen, dem die erste Bildfolgenfixierung unternehmerisch zuzurechnen ist. Maßgeblich für die Zurechenbarkeit seien die technische und organisatorische Leitung und die wirtschaftliche Verantwortung für den ersten Festlegungsvorgang. Filmhersteller könnten sowohl eine natürliche als auch eine juristische Person sein. Technische oder organisatorische Mitarbeiter, die bei der Filmherstellung unterstützend mitwirken würden, kämen nicht als Filmhersteller in Betracht.[415] Wem die wirtschaftliche Verantwortung und organisatorische Leitung zuzurechnen sei, könne aufgrund der Gesamtschau der technischen, organisatorischen, wirtschaftlichen, finanziellen und auch rechtlichen Aspekte ermittelt werden.[416] Ein deutliches Indiz für die Feststellung der Eigenschaft als Filmhersteller sei der Abschluss der Verträge im eigenen Namen und für eigene Rechnung.[417]

Jedoch findet sich auch eine Meinung, die den Abschluss von Verträgen im eigenen Namen und für eigene Rechnung nicht als entscheidendes Merkmal der Filmherstellung beurteilt.[418] Gegen das Erfordernis der unmittelbaren Begründung von Vertragsverhältnissen mit den Mitwirkenden durch den Filmhersteller spreche insbesondere der Sinn und Zweck der Einführung des Filmherstellerrechts. Der Filmhersteller sollte nicht auf die Übertragung der Verwertungs- und sonstigen Rechte angewiesen sein, sondern mit § 94 UrhG vielmehr einen eigenständigen und von abgeleiteten Rechten unabhängigen Schutz erhalten. Hierfür würden auch die Vermutungsregelungen der §§ 88, 89 UrhG sprechen.[419]

Zusammenfassend ist festzustellen, dass als Filmhersteller diejenige natürliche oder juristische Person zu betrachten ist, die das wirtschaftliche Risiko der Filmherstellung trägt und die für die organisatorische Leitung verantwortlich ist. Wem die wirtschaftliche und organisatorische Verantwortung zugerechnet werden kann, lässt sich am besten aufgrund einer Gesamtschau der technischen, organi-

---

414 Dünnwald, UFITA 76/1976, 165 (178).

415 V. Hartlieb/Schwarz/*U. Reber*, Handbuch des Film-, Fernseh- und Videorechts, 59. Kap., Rn. 2; Loewenheim/*Schwarz/Reber*, Handbuch des Urheberrechts, § 42, Rn. 7 f.

416 V. Hartlieb/Schwarz/*U. Reber*, Handbuch des Film-, Fernseh- und Videorechts, 59. Kap., Rn. 5 ff; Loewenheim/*Schwarz/Reber*, Handbuch des Urheberrechts, § 42, Rn. 7; Fromm/Nordemann/*Jan Bernd Nordemann,* Urheberrecht, § 94, Rn. 12.

417 V. Hartlieb/Schwarz/*U. Reber*, Handbuch des Film-, Fernseh- und Videorechts, 59. Kap., Rn. 12; Loewenheim/*Schwarz/Reber*, Handbuch des Urheberrechts, § 42, Rn. 8; Fromm/Nordemann/*Jan Bernd Nordemann,* Urheberrecht, § 94, Rn. 12.

418 Möhring/Nicolini/*Lütje*, Urheberrechtsgesetz, § 94, Rn. 10.

419 Möhring/Nicolini/*Lütje*, Urheberrechtsgesetz, § 94, Rn. 10.

satorischen, wirtschaftlichen, finanziellen und auch rechtlichen Aspekte ermitteln. Problematisch ist bei der Bestimmung des Filmherstellers, ob dem Abschluss von für die Filmherstellung erforderlichen Verträgen im eigenen Namen und für eigene Rechnung Bedeutung zukommt. Wie bereits dargelegt, wird dies in der Literatur unterschiedlich beurteilt. Nachvollziehbar ist es, dass der Abschluss von Verträgen im eigenen Namen und für eigene Rechnung keine zwingende Voraussetzung bei der Bestimmung des Filmherstellers sein darf, da dies dem Sinn und Zweck des Filmherstellerrechts widersprechen würde, wonach dem Filmhersteller ein von den abgeleiteten Rechten unabhängiges Recht eingeräumt werden soll. Wird das Kriterium jedoch nur als Indiz herangezogen, ist nicht ersichtlich, weshalb es einer Entstehung des originären Rechts des Filmherstellers entgegenstehen sollte. Daher kann der Abschluss von Verträgen im eigenen Namen und für eigene Rechnung bei der Beurteilung, wer die organisatorische und wirtschaftliche Verantwortung trägt, durchaus als Indiz herangezogen werden.

3. Auftragsproduktion/Co-Produktion

Die Bestimmung des Filmherstellerbegriffs ist im Rahmen der Auftragsproduktion und Co-Produktion von Bedeutung. Es stellt sich die Frage, welche Person(en) hierbei als Filmhersteller zu betrachten sind.

a) Auftragsproduktion

Eine Auftragsproduktion liegt vor, wenn jemand mit der Durchführung der Herstellung eines Films ganz oder teilweise beauftragt wird.[420] Man spricht von einer sogenannten echten Auftragsproduktion, wenn der Auftraggeber wirtschaftlich das Verwertungsrisiko des Films trägt und die Finanzierung des Films sichert, sich gleichzeitig aber auch gewisse Einflussmöglichkeiten auf die Gestaltung des Films vorbehält. Dennoch handelt es sich bei diesem nicht um den Filmhersteller, vielmehr ist der Auftragnehmer nach herrschender Meinung als Filmhersteller anzusehen, da dieser die Filmaufnahmen leitet und überwacht und somit die wirtschaftliche Letztverantwortlichkeit trägt.[421] Typische Fälle der echten Auftragsproduktion finden sich auf den Gebieten der Fernseh-, Industrie- und Werbefilm-

420 V. Hartlieb/Schwarz/*Schwarz/U. Reber*, Handbuch des Film-, Fernseh- und Videorechts, 84. Kap, Rn. 1.

421 Loewenheim/*Schwarz/Reber*, Handbuch des Urheberrechts, § 42, Rn. 20; V. Hartlieb/Schwarz/*Schwarz/U.Reber*, Handbuch des Film-, Fernseh- und Videorechts, 84. Kap., Rn. 2 f; Fromm/Nordemann/*Jan Bernd Nordemann*, Urheberrecht, § 94, Rn. 24; Wandtke/Bullinger/*Manegold*, Praxiskommentar zum Urheberrecht, § 94, Rn. 33; Movsessian, UFITA 79/1977, 213 (235); Dreier/Schulze/*Schulze*, Urheberrechtsgesetz, § 94, Rn. 8.

produktion.[422] Auch wenn der Begriff Auftragsproduktion zunächst etwas anderes vermuten lässt, wird das Verhältnis zwischen den Vertragsparteien nicht als Auftrag, sondern als ein Werkvertrag gem. §§ 631 ff BGB eingeordnet.[423]

Hiervon abzugrenzen ist die unechte Auftragsproduktion. Bei der unechten Auftragsproduktion führt der Auftragnehmer die Herstellung des Films in völliger Weisungsabhängigkeit vom Auftraggeber durch.[424] Auch wenn der Auftragnehmer vor Ort die routinemäßige Leitung und Überwachung der Filmherstellung vornimmt, so obliegen dennoch die wesentliche unternehmerische Verantwortung und die konkrete Weisungskompetenz dem Auftraggeber.[425] Er trägt das gesamte Risiko, somit ist hier der Auftraggeber der Filmhersteller.[426] In diesem Fall wird das Rechtsverhältnis zwischen Auftraggeber und Auftragnehmer nicht als Werkvertrag gem. §§ 631 ff BGB, sondern als Geschäftsbesorgungsvertrag mit dienstvertraglichen Elementen gem. §§ 675 Abs. 1 i.V.m. §§ 611 ff. BGB beurteilt.[427]

Es ist der Ansicht in der Literatur zuzustimmen, die darauf hinweist, dass nicht jede Auftragsproduktion unproblematisch einer dieser Kategorien zugeordnet werden könne, sondern durchaus auch Zwischenformen aus echter und unechter Auftragsproduktion möglich seien. Im Einzelfall sei hier auf die konkrete vertragliche Abrede zwischen Auftraggeber und –nehmer sowie auf die tatsächliche Verteilung von Leistung und Verantwortlichkeit abzustellen, um zu ermitteln, welcher Beteiligte die Filmherstellerschaft erwerbe.[428]

---

422 V. Hartlieb/Schwarz/*Schwarz/U.Reber*, Handbuch des Film-, Fernseh- und Videorechts, 84. Kap., Rn. 5; Loewenheim/*Schwarz/Reber*, Handbuch des Urheberrechts, § 42, Rn. 20.

423 Loewenheim/*Schwarz/Reber*, Handbuch des Urheberrechts, § 42, Rn. 20; V. Hartlieb/Schwarz/*Schwarz/U.Reber*, Handbuch des Film-, Fernseh- und Videorechts, 84. Kap., Rn. 4; Wandtke/Bullinger/*Manegold*, Praxiskommentar zum Urheberrecht, § 94, Rn. 33; Schack, Urheber- und Urhebervertragsrecht, § 20, Rn. 639.

424 V. Hartlieb/Schwarz/*Schwarz/U.Reber*, Handbuch des Film-, Fernseh- und Videorechts, 85. Kap., Rn. 1; Wandtke/Bullinger/*Manegold*, Praxiskommentar zum Urheberrecht, § 94, Rn. 34; Dreier/Schulze/*Schulze*, Urheberrechtsgesetz, § 94, Rn. 9.

425 Loewenheim/*Schwarz/Reber*, Handbuch des Urheberrechts, § 42, Rn. 21; V. Hartlieb/Schwarz/*Schwarz/U.Reber*, Handbuch des Film-, Fernseh- und Videorechts, 85. Kap., Rn. 1.

426 Loewenheim/*Schwarz/Reber*, Handbuch des Urheberrechts, § 42, Rn. 21; V. Hartlieb/Schwarz/*Schwarz/U.Reber*, Handbuch des Film-, Fernseh- und Videorechts, 85. Kap., Rn. 1 f; Fromm/Nordemann/*Jan Bernd Nordemann*, Urheberrecht, § 94, Rn. 25; Dreier/Schulze/*Schulze*, Urheberrechtsgesetz, § 94, Rn. 9; Schack, Urheber- und Urhebervertragsrecht, § 20, Rn. 639.

427 Loewenheim/*Schwarz/Reber*, Handbuch des Urheberrechts, § 42, Rn. 21; V. Hartlieb/Schwarz/*Schwarz/U.Reber*, Handbuch des Film-, Fernseh- und Videorechts, 85. Kap., Rn. 3.

428 Loewenheim/*Schwarz/Reber*, Handbuch des Urheberrechts, § 42, Rn. 22; so auch Möring/Nicolini/*Lütje*, Urheberrechtsgesetz, § 94 Rn. 14 f, wobei hier nicht nur auf die Zwischenformen hingewiesen wird, sondern außerdem die Abgrenzung Werk- und Dienstvertrag stark kritisiert wird.

b) Co-Produktion

Eine Co-Produktion ist grundsätzlich anzunehmen, wenn mehrere Partner bei der Herstellung eines Filmwerks tätig werden.[429] Bei der Co-Produktion wird das wirtschaftliche Risiko auf mehrere verteilt, weswegen sie auch bei großen und teuren Filmprojekten bevorzugt wird.[430] Nicht nur das wirtschaftliche Risiko wird gemeinsam getragen, auch die wesentlichen Entscheidungen werden gemeinschaftlich getroffen.[431] Die Herstellereigenschaft steht den Produzenten zur gesamten Hand zu.[432] Die herrschende Meinung beurteilt die Co-Produktion als Gesellschaft bürgerlichen Rechts gem. §§ 705 ff. BGB.[433]

Im Rahmen der Co-Produktion stellt sich jedoch die Frage, wer als Filmhersteller zu beurteilen ist, wenn ein federführender Produzent/ausführender Produzent („executive producer") tätig wird. Überzeugend ist hierbei folgende Differenzierung: Wird zwischen den Co-Produzenten vereinbart, dass die Federführung bis zur Auswertung des Films einem von ihnen mit der Maßgabe zugewiesen wird, dass er für die Herstellung des fertigen Films verantwortlich ist und diesen in die gemeinschaftliche Auswertung einzubringen hat, so ist dieser federführende Produzent Filmhersteller, und die Co-Produktionsgesellschaft erhält nur ein abgeleitetes Recht. Erwirbt der federführende Produzent jedoch die Rechte als Vertreter einer Mehrheit von Personen, welche die Herstellerfunktionen zusammen ausübt, und ist die Rechtslage für die Filmschaffenden nach außen klar erkennbar, so sind alle Einzelpersonen als Hersteller anzusehen.[434]

---

429 Loewenheim/*Schwarz/Reber*, Handbuch des Urheberrechts, § 42, Rn. 23; V. Hartlieb/Schwarz/*Schwarz/U.Reber*, Handbuch des Film-, Fernseh- und Videorechts, 83. Kap., Rn. 1; Dreier/Schulze/*Schulze*, Urheberrechtsgesetz, § 94, Rn. 10; Schack, Urheber- und Urhebervertragsrecht, § 20, Rn. 640; Fromm/Nordemann/*Jan Bernd Nordemann*, Urheberrecht, § 94, Rn. 22.

430 V. Hartlieb/Schwarz/*Schwarz/U.Reber*, Handbuch des Film-, Fernseh- und Videorechts, 83. Kap., Rn. 2.

431 V. Hartlieb/Schwarz/*Schwarz/U.Reber*, Handbuch des Film-, Fernseh- und Videorechts, 83. Kap., Rn. 3; Dreier/Schulze/*Schulze*, Urheberrechtsgesetz, § 94, Rn. 10.

432 Loewenheim/*Schwarz/Reber*, Handbuch des Urheberrechts, § 42, Rn. 23; Dreier/Schulze/*Schulze*, Urheberrechtsgesetz, § 94, Rn. 10; Schack, Urheber- und Urhebervertragsrecht, § 20, Rn. 640.

433 Loewenheim/*Schwarz/Reber*, Handbuch des Urheberrechts, § 42, Rn. 23; V. Hartlieb/Schwarz/*Schwarz/U.Reber*, Handbuch des Film-, Fernseh- und Videorechts, 83. Kap., Rn. 7, wobei nach dieser Ansicht im Regelfall eine Gesellschaft bürgerlichen Rechts oder eine offene Handelsgesellschaft vorliegen kann; Dreier/Schulze/*Schulze*, Urheberrechtsgesetz, § 94, Rn. 10; Schack, Urheber- und Urhebervertragsrecht, § 20, Rn. 640.

434 Wandtke/Bullinger/*Manegold*, Praxiskommentar zum Urheberrecht, § 94, Rn. 55; Fromm/Nordemann/*Jan Bernd Nordemann*, Urheberrecht, § 94, Rn. 23; Reupert, Der Film im Urheberrecht, S. 78 Fn. 40; ähnlich Dreier/Schulze/*Schulze*, Urheberrechtsgesetz, § 94, Rn. 10.

4. Auseinanderfallen von wirtschaftlichem Risiko und organisatorischer Leitung

Die Erörterungen haben gezeigt, dass es sich bei derjenigen natürlichen oder juristischen Person um den Filmhersteller handelt, die die wirtschaftliche Letztverantwortlichkeit trägt und die für die organisatorische Leitung verantwortlich ist. Es stellt sich jedoch hierbei die Frage, wer als Filmhersteller zu betrachten ist, wenn das wirtschaftliche Risiko und die organisatorische Leitung auseinanderfallen. Zunächst handelt es sich eindeutig bei der natürlichen oder juristischen Person um den Filmhersteller, die die wirtschaftliche Letztverantwortlichkeit trägt. Hierbei ist erneut zu betonen, dass der Abschluss von Verträgen im eigenen Namen und für eigene Rechnung keine zwingende Voraussetzung darstellt, um die Eigenschaft als Filmhersteller zu bejahen. Der Abschluss von Verträgen kann nur als ein Indiz herangezogen werden. Ist jemand nur für die organisatorische Leitung verantwortlich und trägt diese Person nicht das wirtschaftliche Risiko der Filmherstellung, so genügt dies alleine nicht, um die Eigenschaft als Filmhersteller anzunehmen. Anders könnte dies im Rahmen der Co-Produktion beurteilt werden. Trägt beispielsweise eine Person in diesem Falle die wirtschaftliche Letztverantwortlichkeit und ist die andere Person für die organisatorische Leitung zuständig und arbeiten diese untrennbar gemeinsam an der Filmherstellung, so handelt es sich bei diesen Personen um Filmhersteller.

II. Der Hersteller als Filmurheber

Wie bereits ausgeführt, gilt gem. § 7 UrhG im deutschen Recht das „Schöpferprinzip". Somit ist Urheber derjenige, der einen schöpferischen Beitrag zur Herstellung des Films leistet.[435] Es stellt sich die Frage, ob es sich bei dem Filmhersteller, also derjenigen Person, die, wie dargelegt, die organisatorische und wirtschaftliche Verantwortung bei der Filmherstellung trägt, ebenfalls um einen Filmurheber handeln kann.

Ein solches Urheberrecht des Filmherstellers hatte der Referentenentwurf aus dem Jahre 1954 in seinem § 93 Abs. 1 in Form einer gesetzlichen Fiktion vorgesehen: „Als Urheber eines Filmwerks gilt der Inhaber des Unternehmens, welches das Filmwerk hergestellt hat (Filmhersteller)".[436] Zunächst wird in der Begründung angeführt, dass es sich grundsätzlich bei den Personen um Urheber handele, deren Beitrag eine persönliche geistige Schöpfung darstelle. Hierbei käme

435 Siehe: Zweites Kapitel, S. 69 ff.

436 Bundesjustizministerium, Referentenentwürfe zur Urheberrechtsreform 1954, S. 36 f, 71, 217 ff.

jedoch eine Vielzahl von Personen in Betracht, wie der Regisseur, einzelne Darsteller, der Cutter, der Beleuchter, der Bühnenbildner, der Hersteller und andere. Die schöpferischen Beiträge dieser Personen fänden ihre Festlegung auf dem Filmstreifen selbst, der jedoch nicht erkennen lasse, von wem die schöpferischen Beiträge herrühren würden. Häufig wüssten die schöpferisch Mitwirkenden selbst nicht, welchen Beitrag sie geleistet hätten. Bei der Bestimmung der Urheber würden demnach erhebliche Schwierigkeiten entstehen.[437] Um diese Schwierigkeiten beseitigen zu können und die im Rechtsverkehr erforderliche Klarheit über die Rechtsverhältnisse am Filmwerk gewährleisten zu können, solle das Urheberrecht dem Unternehmer zuerkannt werden.[438] Eine Beschränkung erfuhr die Fiktion jedoch dadurch, dass sie nur für die bei der eigentlichen Herstellung des Films, bei den Dreharbeiten, erbrachten Leistungen galt. Den Schöpfungen, die den Dreharbeiten vorausgingen, einschließlich des Drehbuchs und der Komposition, stand ein eigenständiges Urheberrecht zu.[439] Grund für die Beschränkung sei, dass in diesem Falle die oben angeführten Schwierigkeiten kaum auftreten würden, denn die Urheber der zur Herstellung des Filmwerkes benutzten Werke seien leicht festzustellen, da ihre Zahl nicht so unüberschaubar sei, wie die der Mitwirkenden bei der Herstellung des Films.[440]

Die Regelungen, die der Referentenentwurf enthielt, wurden in der Literatur stark kritisiert. Ulmer erkannte zwar die Bedeutung der organisatorisch-technischen Leistungen des Produzenten für die Herstellung des Films an, jedoch betonte er auch, dass das fiktive Urheberrecht des Produzenten im Widerspruch zu den Grundsätzen des Urheberrechts stehe und auch keine Lösung von Dauer darstellen könne. Die Rechtsprechung könne hierbei vor die Frage gestellt werden, ob eine Fiktion, die den wahren Urhebern das Urheberrecht entziehe, nicht eine dem Grundgesetz zuwiderlaufende Enteignung darstelle.[441] Ulmer schlug vor, dass man dem Produzenten anstelle des Urheberrechts am Filmwerk ein originäres Recht als Leistungsschutzrecht am Filmband einräumen sollte.[442]

Schließlich konnte sich das Regelungsvorhaben des Referentenentwurfs, das dem Hersteller ein fiktives Urheberrecht einräumen sollte, nicht durchsetzen und man hielt im Rahmen der Gesetzgebung im Jahre 1965 am Schöpferprinzip fest. Als Begründung wurde hierzu aufgeführt, dass gegen eine solche Regelung grundsätzliche Bedenken bestünden, die durch die unzweifelhaften praktischen Vorteile nicht aufgewogen werden könnten. Durchbräche man in einem Fall den Grundsatz

437 Bundesjustizministerium, Referentenentwürfe zur Urheberrechtsreform 1954, S. 218.
438 Bundesjustizministerium, Referentenentwürfe zur Urheberrechtsreform 1954, S. 218 f.
439 Bundesjustizministerium, Referentenentwürfe zur Urheberrechtsreform 1954, S. 37, 222.
440 Bundesjustizministerium, Referentenentwürfe zur Urheberrechtsreform 1954, S. 222.
441 Ulmer, GRUR 1955, 518 (522 f).
442 Ulmer, GRUR 1955, 518 (523 f); ders. GRUR 1954, 493 (496 ff).

des § 7 UrhG aus praktischen Gründen, so würde damit ein Präzedenzfall geschaffen, dessen Auswirkungen nicht abzusehen seien.[443] Dem Hersteller wurde jedoch gem. § 94 UrhG ein eigenes Leistungsschutzrecht eingeräumt, worauf zu einem späteren Zeitpunkt genauer eingegangen wird.

Auch wenn dem Filmhersteller letztendlich kein fiktives Urheberrecht durch den Gesetzgeber eingeräumt wurde, kann es sich bei diesem dennoch um einen Filmurheber handeln. Dies ist ausnahmsweise der Fall, wenn der Filmhersteller als natürliche Person das Filmwerk schöpferisch mitgestaltet.[444] Der Filmhersteller kann kreativ bei der Filmherstellung mitwirken, indem er mit dem Regisseur die Tageskopien sichtet und infolgedessen künstlerische Entscheidungen für den Fortgang der Dreharbeiten mit verantwortet. Außerdem kann er im Rahmen der Post-Production-Phase schöpferisch tätig werden, wenn er darüber entscheidet, wie die Endfassung des Films auszusehen hat (Producer´s Cut). Lässt sich somit in diesen Einzelfällen eine schöpferische Mitwirkung des Filmherstellers feststellen, handelt es sich bei dem Filmhersteller um einen Miturheber des Filmwerks.[445]

III. Hersteller als Inhaber abgeleiteter Rechte

Beim Filmhersteller handelt es sich, wie ausgeführt, grundsätzlich um keinen Filmurheber, nur ausnahmsweise kann eine schöpferische Mitwirkung am Filmwerk festgestellt werden. Demnach stehen ihm keine Urheberrechte am Filmwerk zu. Der Filmhersteller kann jedoch Inhaber der vom Filmurheber abgeleiteten Rechte sein. Die Voraussetzungen einer solchen Nutzungsrechtseinräumung an den Filmhersteller gem. §§ 31 ff, 88, 89 UrhG sind im Folgenden darzulegen.

1. Die Verwertungsrechte am Filmwerk und die allgemeine Nutzungsrechtseinräumung gem. §§ 31 ff UrhG

Bevor auf die für Filme geltenden besonderen Vorschriften gem. der §§ 88,89 UrhG im Einzelnen einzugehen ist, bedarf es einer Darstellung der Rechte, die dem Urheber zustehen und der allgemeinen Vorschriften der Nutzungsrechtseinräumung gem. §§ 31 ff UrhG.

---

443 BT-Dr. IV/270, S. 100.

444 V. Hartlieb/Schwarz/*Dobberstein/Schwarz*, Handbuch des Film-, Fernseh- und Videorechts, 37. Kap., Rn. 23; Loewenheim/*Schwarz/Reber*, Handbuch des Urheberrechts, § 12, Rn. 25 f; Schricker/*Katzenberger*, Urheberrecht, Vor §§ 88 ff, Rn. 56; Dreier/Schulze/*Schulze*, Urheberrechtsgesetz, § 89, Rn. 19; Reupert, Der Film im Urheberrecht, S. 88.

445 V. Hartlieb/Schwarz/*Dobberstein/Schwarz*, Handbuch des Film-, Fernseh- und Videorechts, 37. Kap., Rn. 23; Loewenheim/*Schwarz/Reber*, Handbuch des Urheberrechts, § 12, Rn. 26.

a) Abgrenzung Urheberpersönlichkeitsrecht/Verwertungsrechte

Gem. § 11 S. 1 UrhG schützt das Urheberrecht den Urheber in seinen geistigen und persönlichen Beziehungen zum Werk und in der Nutzung des Werkes. Dieser Vorschrift ist zu entnehmen, dass das deutsche Urheberrecht der monistischen Lehre folgt. Demnach sind die beiden Seiten des Urheberrechts, das Persönlichkeitsrecht und das Vermögensrecht bzw. die Verwertungsrechte, untrennbar miteinander verbunden.[446] Sowohl ideelle als auch materielle Interessen des Urhebers können sich bei sämtlichen Rechten überschneiden. Die Persönlichkeitsrechte können einen materiellen Gehalt und umgekehrt die Verwertungsrechte einen persönlichkeitsrechtlichen Kern besitzen.[447]

Das Urheberpersönlichkeitsrecht betrifft die geistige und persönliche Beziehung des Urhebers zu seinem Werk.[448] Man unterscheidet das Urheberpersönlichkeitsrecht im engeren Sinne[449] bzw. den Kernbereich des Urheberpersönlichkeitsrechts[450] von dem Urheberpersönlichkeitsrecht im weiteren Sinne[451] bzw. den Normen mit urheberpersönlichkeitsrechtlichem Einschlag.[452] Zum Urheberpersönlichkeitsrecht im engeren Sinne bzw. zum Kernbereich des Urheberrechts gehören die Rechte, die in den §§ 12 – 14 UrhG geregelt sind.[453] Dies sind das Veröffentlichungsrecht gem. § 12 UrhG, das Recht auf Anerkennung der Urheberschaft gem. § 13 UrhG und das Recht, Entstellungen oder Beeinträchtigungen des Werkes zu verbieten gem. § 14 UrhG. Zu den Urheberpersönlichkeitsrechten im weiteren Sinne bzw. den Normen mit persönlichkeitsrechtlichem Einschlag werden unter anderem das Zugangsrecht gem. § 25 UrhG, das Änderungsverbot im Zusammenhang mit einer unerlaubten Werknutzung gem. § 39 UrhG, die Verpflichtung zur Quellenangabe bei Zitaten gem. § 63 UrhG sowie die Einschrän-

446 Dreier/Schulze/*Schulze*, Urheberrechtsgesetz, § 11, Rn. 1 f; Wandtke/Bullinger/*Bullinger*, Urheberrecht, § 11, Rn. 1 f.

447 Dreier/Schulze/*Schulze*, Urheberrechtsgesetz, § 11, Rn. 2.

448 Dreier/Schulze/*Schulze*, Urheberrechtsgesetz, Vor § 12, Rn. 1; Möhring/Nicolini/*Kroitzsch*, Urheberrechtsgesetz, § 11, Rn. 1; Wandtke/Bullinger/*Bullinger*, Vor §§ 12 ff, Urheberrecht, Rn. 1; Schack, Urheber- und Urhebervertragsrecht, § 12, Rn. 315.

449 Dreier/Schulze/*Schulze*, Urheberrechtsgesetz, Vor § 12, Rn. 2; Schricker/*Dietz*, Urheberrecht, Vor §§ 12 ff, Rn. 6 f.

450 Wandtke/Bullinger/*Bullinger*, Urheberrecht, Vor §§ 12 ff, Rn. 4.

451 Dreier/Schulze/*Schulze*, Urheberrechtsgesetz, Vor § 12, Rn. 3; Schricker/*Dietz*, Urheberrecht, Vor §§ 12 ff, Rn. 6, 8 ff.

452 Wandtke/Bullinger/*Bullinger*, Urheberrecht, Vor §§ 12 ff, Rn. 4; Schack, Urheber- und Urhebervertragsrecht, § 12, Rn. 318, lehnt in Fn. 19 eine Unterscheidung nach Urheberpersönlichkeitsrecht im engen und im weiteren Sinne ab.

453 Dreier/Schulze/*Schulze*, Urheberrechtsgesetz, Vor § 12, Rn. 2; Schricker/*Dietz*, Urheberrecht, Vor §§ 12 ff, Rn. 7; Wandtke/Bullinger/*Bullinger*, Urheberrecht, Vor §§ 12 ff, Rn. 4; Schack, Urheber- und Urhebervertragsrecht, § 12, Rn. 318.

kung bei der Zwangsvollstreckung in urheberrechtlich geschützte Werke gegen den Urheber gem. §§ 113 ff UrhG gezählt.[454]

Demgegenüber betreffen die Verwertungsrechte die materielle Seite des Urheberrechts. Sie sollen dem Urheber die wirtschaftliche Verwertung seines Werkes ermöglichen, der Urheber soll somit angemessen an dem wirtschaftlichen Nutzen seines Werkes beteiligt werden.[455] § 15 UrhG unterscheidet zwischen der Verwertung in körperlicher Form gem. § 15 Abs. 1 UrhG und der Verwertung in unkörperlicher Form gem. § 15 Abs. 2 UrhG. Unter einer Verwertung in körperlicher Form sind die Verwertungsformen zu verstehen, die das Original oder Vervielfältigungen des Werkes zum Gegenstand haben. Das Werk muss demnach körperlich festgelegt sein, wie z.B. auf einer CD, DVD, Videokassette oder einem anderen Werkträger.[456] Ist das Werk nicht körperlich festgelegt und kann das Werk nur in seinem geistigen Gehalt wahrgenommen werden, so ist eine unkörperliche Verwertung des Werkes gegeben.[457] § 15 Abs. 2 UrhG kann entnommen werden, dass die unkörperliche Verwertung nur dann Bedeutung erlangt, wenn sie öffentlich geschieht. Das Gesetz spricht hierbei im selben Absatz von dem „Recht der öffentlichen Wiedergabe“. Eine Definition des Begriffs „öffentlich“ findet sich in § 15 Abs. 3 UrhG. Demnach ist eine Wiedergabe öffentlich, wenn sie für eine Mehrzahl von Mitgliedern der Öffentlichkeit bestimmt ist, § 15 Abs. 3 S. 1 UrhG. Gem. § 15 Abs. 3 S. 2 UrhG gehört zur Öffentlichkeit jeder, der nicht mit demjenigen, der das Werk verwertet, oder mit den anderen Personen, denen das Werk in unkörperlicher Form wahrnehmbar oder zugänglich gemacht wird, durch persönliche Beziehungen verbunden ist.[458] Nach dem Wortlaut des § 15 Abs. 3 UrhG gilt die Definition des Öffentlichkeitsbegriffs zwar zunächst für alle Formen der unkörperlichen Verwertung, jedoch wird die Definition auch im Rahmen der körperlichen Verwertung gem. § 15 Abs. 1 UrhG (wenn auch nur sinngemäß) herangezogen, wenn eine Handlung vorliegt, die an die Öffentlichkeit gerichtet ist, wie es bei dem Verbreitungsrecht gem. §§ 15 Abs. 1 Nr. 2, 17 UrhG und dem Ausstellungsrecht gem. §§ 15 Abs. 1 Nr. 3, 18 UrhG der Fall ist.[459]

---

454 Dreier/Schulze/*Schulze*, Urheberrechtsgesetz, Vor § 12, Rn. 3; Schricker/*Dietz*, Urheberrecht, Vor §§ 12 ff Rn. 8 f; Wandtke/Bullinger/*Bullinger*, Urheberrecht, Vor §§ 12 ff, Rn. 4.

455 Dreier/Schulze/*Schulze*, Urheberrechtsgesetz, § 15, Rn. 1; Wandtke/Bullinger/*Heerma*, Urheberrecht, § 15, Rn. 1; Möhring/Nicolini/*Kroitzsch*, Urheberrechtsgesetz § 15, Rn. 1.

456 Dreier/Schulze/*Schulze*, Urheberrechtsgesetz, § 15, Rn. 25; Wandtke/Bullinger/*Heerma*, Urheberrecht, § 15, Rn. 8.

457 Dreier/Schulze/*Schulze*, Urheberrechtsgesetz, § 15, Rn. 25; Wandtke/Bullinger/*Heerma*, Urheberrecht, § 15, Rn. 9.

458 Ausführungen zum Öffentlichkeitsbegriff: Dreier/Schulze/*Dreier*, Urheberrechtsgesetz, § 15, Rn. 37 ff.

459 Dreier/Schulze, Urheberrechtsgesetz, § 15, Rn. 38, § 17, Rn. 7, § 18, Rn. 11; BGH, GRUR 1991, 316 (317).

b) Für die Verwertung des Filmwerks relevante Rechte

Für die Verwertung des Filmwerks von Bedeutung sind das Vervielfältigungsrecht gem. § 16 UrhG, das Verbreitungsrecht gem. § 17 UrhG, das Recht der öffentlichen Vorführung gem. § 19 Abs. 4 UrhG, das Recht der öffentlichen Zugänglichmachung nach § 19 a UrhG, das Senderecht gem. § 20 UrhG und das Wiedergaberecht gem. §§ 21, 22 UrhG.[460] Diese sind im Folgenden der Vollständigkeit halber kurz darzustellen.

aa) Vervielfältigungsrecht, § 16 UrhG

Unter Vervielfältigung ist jede körperliche Festlegung des Werkes zu verstehen, die geeignet ist, das Werk den menschlichen Sinnen auf irgendeine Art unmittelbar oder mittelbar wahrnehmbar zu machen.[461] § 16 Abs. 1 UrhG ist zu entnehmen, dass es unerheblich ist, in welchem Verfahren und in welcher Anzahl die Vervielfältigungsstücke hergestellt werden. Es genügt eine einzige Kopie, um eine Vervielfältigung anzunehmen.[462] Die Vervielfältigung kann analog oder digital erfolgen.[463] Jemand, der Werke, wie z.B. Filmwerke, in das Internet einstellt (Upload) oder diese aus dem Internet auf Festplatte, Diskette oder ein anderes Speichermedium herunterlädt (Download), vervielfältigt diese Werke.[464] Auch beim sogenannten Filesharing findet eine Vervielfältigung im Sinne des § 16 Abs. 1 UrhG statt, da die Nutzer dieser Tauschbörsen (für Musik, Filme etc.) auf bestimmte freigegebene Dateien anderer Nutzer zugreifen können, die sie von den fremden Festplatten auf die eigenen Festplatten kopieren, wobei die Datei auf der ursprünglichen Festplatte erhalten bleibt.[465]

Die Vervielfältigung kann außerdem gem. § 16 Abs. 1 UrhG dauerhaft oder nur vorübergehend erfolgen. Eine Ausnahme findet sich nur in § 44 a UrhG. Diese gilt für vorübergehende Vervielfältigungshandlungen, die flüchtig oder begleitend sind und einen integralen und wesentlichen Teil eines technischen Verfahrens dar-

---

460 V. Hartlieb/Schwarz/*N. Reber*, Handbuch des Film-, Fernseh- und Videorechts, 40. Kap., Rn. 3.

461 Dreier/Schulze/*Schulze*, Urheberrechtsgesetz, § 16, Rn. 6; Rehbinder, Urheberrecht, Rn. 318; V. Hartlieb/Schwarz/*N. Reber*, Handbuch des Film-, Fernseh- und Videorechts, 43. Kap., Rn. 1; BGH, GRUR 1955, 492 (494).

462 BGH, GRUR 1955, 544 (545); Wandtke/Bullinger/*Heerma*, Urheberrecht, § 16, Rn. 3; Dreier/Schulze/*Schulze*, Urheberrechtsgesetz, § 16, Rn. 8.

463 Dreier/Schulze/*Schulze*, Urheberrechtsgesetz, § 16, Rn. 7; Rehbinder, Urheberrecht, Rn. 318.

464 Wandtke/Bullinger/*Heerma*, Urheberrecht, § 16, Rn. 14; V. Hartlieb/Schwarz/*N. Reber*, Handbuch des Film-, Fernseh-, und Videorechts, 43. Kap., Rn. 2; Dreier/Schulze/*Schulze*, Urheberrechtsgesetz, § 16, Rn. 7, 13; Rehbinder, Urheberrecht, Rn. 319.

465 Wandtke/Bullinger/*Heerma*, Urheberrecht, § 16, Rn. 14.

stellen. Sie dienen allein dem Zweck, eine Übertragung in einem Netz zwischen Dritten durch einen Vermittler oder eine rechtmäßige Nutzung eines Werkes oder sonstigen Schutzgegenstandes zu ermöglichen und sie dürfen keine eigenständige wirtschaftliche Bedeutung haben. Sind diese Voraussetzungen erfüllt, so stellt dies eine zulässige Vervielfältigungshandlung dar.

§ 16 Abs. 2 UrhG stellt außerdem klar, dass das Aufnehmen oder Überspielen von Werken auf Tonband, CD, Videoband oder DVD immer eine Vervielfältigung des Werkes darstellt, und zwar nicht nur die Erstellung der ersten Aufnahme des Werkes, sondern auch das Überspielen des Werkes von einem Tonband bzw. Videoband auf ein anderes Tonband bzw. Videoband. Hiermit hat der Gesetzgeber deutlich zum Ausdruck gebracht, dass es sich bei der Übertragung von Werken auf Bild- oder Tonträger um Vervielfältigungen und nicht um Bearbeitungen gem. § 23 UrhG handelt.[466]

bb) Verbreitungsrecht, § 17 UrhG

Gem. § 17 Abs. 1 UrhG ist das Verbreitungsrecht das Recht, das Original oder Vervielfältigungsstücke des Werkes der Öffentlichkeit anzubieten oder in den Verkehr zu bringen. Gegenstand des Verbreitungsrechts sind nur Werkexemplare, die körperlich festgelegt sind.[467] Das Gesetz nennt zwei Verbreitungshandlungen, nämlich das Anbieten gegenüber der Öffentlichkeit und das Inverkehrbringen.

Es stellt sich hierbei die Frage, ob zur Annahme einer Verbreitungshandlung die Übertragung des Eigentums erforderlich ist. Bisher forderte der BGH keine Eigentumsübertragung, sondern ließ auch jede Art der Besitzerlangung genügen.[468] Zu einer anderen Beurteilung führt nun die Entscheidung des EuGH vom 17.04.2008.[469] Demnach setze jede Verbreitung zwingend eine Eigentumsübertragung voraus. Weder Art. 4 Abs. 1 noch irgendeine andere Bestimmung der Richtlinie 2001/29/EG präzisiere hinreichend den Begriff der Verbreitung. Dagegen werde die Verbreitung in Art. 6 Abs. 1 WCT-Vertrag und Art. 8 und 12 WPPT-Vertrag als Verkauf oder eine sonstige Eigentumsüberlassung definiert. Da mit der Richtlinie zur Informationsgsellschaft die Verpflichtungen des WCT-Vertrages und des WPPT-Vertrages umgesetzt werden sollen, müsse Art. 4 Abs. 1 der Richtlinie im

---

466 Dreier/Schulze/*Schulze*, Urheberrechtsgesetz, § 16, Rn. 16; V. Hartlieb/Schwarz/*N. Reber*, Handbuch des Film-, Fernseh- und Videorechts, 43. Kap., Rn. 1; Wandtke/Bullinger/*Heerma*, Urheberrecht, § 16, Rn. 8; BGH GRUR 1982, 102 (103).

467 Wandtke/Bullinger/*Heerma*, Urheberrecht, § 17, Rn. 5; Möhrung/Nicolini/*Kroitzsch*, Urheberrechtsgesetz, § 17, Rn. 9; Dreier/Schulze/*Schulze*, Urheberrechtsgesetz, § 17, Rn. 5; Schack, Urheber- und Urhebervertragsrecht, § 13, Rn. 386; Rehbinder, Urheberrecht, Rn. 321.

468 BGH, GRUR 1972, 141 f.

469 EuGH, GRUR 2008, 604 f.

Lichte der in diesen Verträgen enthaltenen Definitionen ausgelegt werden. Die Formulierung in Art. 4 Abs. 1 der Richtlinie, wonach eine Verbreitung „durch Verkauf oder auf sonstige Weise“ anzunehmen sei, könne nur so ausgelegt werden, dass die Verbreitung mit einer Eigentumsübertragung verbunden sein müsse.[470] Dem hat sich der BGH in seiner letzten Entscheidung angeschlossen und dargelegt, dass die Vorschrift des Art. 4 Abs. 1 der Richtlinie 2001/29/EG über das Verbreitungsrecht eine verbindliche Regelung des Verbreitungsrechts im Sinne eines Maximalschutzes darstelle. Somit könne eine Verbreitung auf andere Weise als durch Verkauf nur vorliegen, wenn eine Übertragung des Eigentums an dem Gegenstand erfolge.[471] Berechtigterweise sind diese Entscheidungen in der Literatur der Kritik ausgesetzt.[472] Es ist überzeugend darauf hingewiesen worden, dass der EuGH verkenne, dass der WCT-Vertrag und der WPPT-Vertrag einen Minimalschutz und nicht einen Maximalschutz regeln würden, so dass der Gemeinschaftsgesetzgeber nicht daran gebunden gewesen sei, diesen Mindestschutz auch als Maximalschutz anzusehen. Deshalb habe der Gemeinschaftsgesetzeber das Verbreitungsrecht weiter fassen und auch die Besitzüberlassung miteinbeziehen können. Der weite Wortlaut des Art. 4 Abs. 1 der Richtlinie beschränke das Verbreitungsrecht demnach nicht auf die Eigentumsübertragung.[473] Schulze kritisiert darüber hinaus, dass sich der BGH der Entscheidung des EuGH angeschlossen habe, vielmehr sei eine erneute Vorlage an den EuGH erforderlich gewesen. Es sei zwar richtig, dass Art. 4 Abs. 1 der Richtlinie 2001/29/EG eine verbindliche Regelung des Verbreitungsrechts im Sinne eines Maximalschutzes regele, jedoch gelte dies nicht für den WCT-Vertrag und den WPPT-Vertrag. Der BGH habe den EuGH darauf hinweisen müssen, dass der WCT-Vetrag und der WPPT-Vertrag nur einen Minimalschutz regeln würden. Außerdem habe der EuGH bei seinem Urteil die Sichtweise einer exklusiven Lösung zugrunde gelegt. Dies bedeute, dass er seiner Entscheidung nur das Verbreitungsrecht, jedoch nicht auch das Vermietrecht zugrunde gelegt habe. Demnach habe der BGH den EuGH fragen müssen, ob der Gebrauch eines Werkstücks ohne Verfügungsgewalt möglicherweise unter das Vermietrecht oder das Verleihrecht fallen könne.[474] Es bleibt abzuwarten, ob der BGH bezüglich dieser Frage, vielleicht sogar unter Vorlage an den EuGH, Klarheit schaffen wird. Solange diesbezüglich keine endgültige Klärung erfolgt,

470 EuGH, GRUR 2008, 604 (605).

471 BGH, GRUR 2009, 840 (841).

472 Zum EuGH: Dreier/Schulze/*Schulze,* Urheberrechtsgesetz, § 17, Rn. 4a; Wandtke/Bullinger/Heerma, Urheberrecht, § 17, Rn. 11; Schulze, GRUR 2009, 812 ff; zum BGH: Schulze, GRUR 2009, 812 ff.

473 Dreier/Schulze/*Schulze,* Urheberrechtsgesetz, § 17, Rn. 4a; Wandtke/Bullinger/Heerma, Urheberrecht, § 17, Rn. 11; Schulze, GRUR 2009, 812 (814).

474 Schulze, GRUR 2009, 812 (813 f).

ist die bisherige Definition des Begriffs der Verbreitungshandlung, wie sie bis zur Entscheidung des EuGH vom BGH verteten wurde und in der herrschenden Literatur auch weiterhin vertreten wird, noch von Bedeutung.

Nach bisheriger Definiton ist das Angebot an die Öffentlichkeit jede Aufforderung zum Eigentums- oder Besitzerwerb.[475] Der Begriff des öffentlichen Anbietens ist wirtschaftlich und nicht privatrechtlich zu beurteilen. Das Angebot muss auch nicht zum Erfolg kommen und es muss konkret sein, so dass der Adressat erfährt, was angeboten wird.[476] Das Werkstück muss öffentlich angeboten werden. Hier kann die Definition des § 15 Abs. 3 UrhG entsprechend herangezogen werden. Das Anbieten des Werkexemplars im privaten Bekanntenkreis stellt somit keine Verbreitungshandlung dar.[477] Ein Inverkehrbringen ist anzunehmen, wenn Vervielfältigungsstücke aus der internen Betriebssphäre der Öffentlichkeit zugeführt werden. Bis zur Entscheidung des EuGH ließ der BGH, wie erörtert, jede Art der Besitzerlangung hierfür genügen. Außerdem ist ausreichend, wenn ein einziges Werkexemplar der Öffentlichkeit zugeführt wird.[478]

Das Verbreitungsrecht wird durch den in § 17 Abs. 2 UrhG formulierten Erschöpfungsgrundsatz beschränkt. Nach dieser Vorschrift ist die Weiterverbreitung eines Originals oder von Vervielfältigungsstücken des Werkes zulässig, wenn es zuvor mit der Zustimmung des Berechtigten im Gebiet der Europäischen Union oder eines anderen Vertragsstaates des Abkommens über den Europäischen Wirtschaftsraum im Wege der Veräußerung in den Verkehr gebracht wurde. Ein Grundgedanke des Urheberrechts ist es, den Urheber an dem wirtschaftlichen Nutzen seines Werkes zu beteiligen. Dies bedeutet jedoch nicht, dass jegliche Verbreitungshandlungen von seiner Zustimmung abhängig sein sollen. Bei der ersten Veräußerung des Werkexemplars steht dem Urheber die Möglichkeit zu, für sein Werk ein Entgelt zu verlangen. Hiermit wird er jedoch an dem wirtschaftlichen Nutzen seines Werkes genügend beteiligt. Im Interesse des Verkehrs sollen daher die weiteren Verbreitungshandlungen nicht von seiner Zustimmung abhängig sein. Dies regelt der Erschöpfungsgrundsatz.[479] § 17 Abs. 2 UrhG stellt jedoch ausdrücklich

---

475 Wandtke/Bullinger/*Heerma*, Urheberrecht, § 17, Rn. 7.

476 Wandtke/Bullinger/*Heerma*, Urheberrecht, § 17, Rn. 7 f; Dreier/Schulze/*Schulze*, Urheberrechtsgesetz, § 17, Rn. 11 f; beide beurteilen die Frage, ob ein pauschales Angebot auch die Anforderungen eines konkreten Angebots erfüllt, unterschiedlich.

477 Wandtke/Bullinger/*Heerma*, Urheberrecht, § 17, Rn. 9; Dreier/Schulze/*Schulze*, Urheberrechtsgesetz, § 17, Rn. 7 f; Schack, Urheber- und Urhebervertragsrecht, § 13, Rn. 386; Rehbinder, Urheberrecht, Rn. 322.

478 Wandtke/Bullinger/*Heerma*, Urheberrecht, § 17, Rn. 11; Dreier/Schulze/*Schulze*, Urheberrechtsgesetz, § 17, Rn. 15 f.

479 Möhring/Nicolini/*Kroitzsch*, Urheberrechtsgesetz, § 17, Rn. 40; Rehbinder, Urheberrecht, Rn. 325; Wandtke/Bullinger/*Heerma*, Urheberrecht, § 17, Rn. 13; Dreier/Schulze/*Schulze*, Urheberrechtsgesetz, § 17, Rn. 24; BGH, GRUR 1985, 924 (925).

klar, dass die Vermietung von dem Erschöpfungsgrundsatz ausgenommen ist. Gem. § 17 Abs. 3 S. 1 UrhG ist die Vermietung die zeitlich begrenzte, unmittelbar oder mittelbar Erwerbszwecken dienende Gebrauchsüberlassung. Abzugrenzen ist die Vermietung vom Verleihen. Die Legaldefinition ist in § 27 Abs. 2 S. 2 UrhG geregelt. Verleihen ist demnach die zeitlich begrenzte, weder unmittelbar noch mittelbar Erwerbszwecken dienende Gebrauchsüberlassung. Abgrenzungsmerkmal ist somit der Erwerbszweck. Der Gesetzgeber hat es versäumt, auch das Verleihen in § 17 UrhG einzuführen, so dass hier mit Veräußerung der Vervielfältigungsstücke das Verleihrecht verbraucht ist. Dem Urheber steht jedoch gem. § 27 Abs. 2 UrhG ein Anspruch auf angemessene Vergütung zu, wenn die Originale oder Vervielfältigungsstücke durch öffentlich zugängliche Einrichtungen verliehen werden.[480]

cc) Recht der öffentlichen Vorführung, § 19 Abs. 4 UrhG

Das Vorführungsrecht für Filmwerke ist in § 19 Abs. 4 UrhG geregelt. Es ist gem. der Vorschrift das Recht ein Filmwerk durch technische Einrichtungen öffentlich wahrnehmbar zu machen. Das Filmvorführungsrecht besteht nur am Filmwerk als solchem und nicht an den zur Herstellung des Filmwerks benutzten Werken, wie Roman, Drehbuch und Filmmusik. Soweit die Voraussetzungen vorliegen, sind hier vielmehr § 21 UrhG (Wiedergabe durch Bild- oder Tonträger) oder § 22 UrhG (Wiedergabe von Funksendung) einschlägig.[481] Der Begriff der technischen Einrichtungen umfasst nicht nur die Projektion von Bildfolgen auf eine andere Fläche, sondern auch die Wiedergabe durch Fernseh- oder Computerbildschirme.[482]

dd) Recht der öffentlichen Zugänglichmachung, § 19 a UrhG

Gem. § 19 a UrhG ist das Recht der öffentlichen Zugänglichmachung das Recht, das Werk drahtgebunden oder drahtlos der Öffentlichkeit in einer Weise zugänglich zu machen, dass es Mitgliedern der Öffentlichkeit von Orten und zu Zeiten ihrer Wahl zugänglich ist. Das Recht der öffentlichen Zugänglichmachung ist durch das Gesetz zur Regelung des Urheberrechts in der Informationsgesellschaft vom 10.09.2003[483] neu eingeführt worden. Gem. § 15 Abs. 2 S. 2 Nr. 2 UrhG ist

---

480 Dreier/Schulze/*Schulze*, Urheberrechtsgesetz, § 17, Rn. 52.

481 V. Hartlieb/Schwarz/*N. Reber*, Handbuch des Film-, Fernseh- und Videorechts, 45. Kap., Rn. 1; Dreier/Schulze/*Dreier*, Urheberrechtsgesetz, § 19, Rn. 16; Wandtke/Bullinger/*Ehrhardt*, Urheberrecht, § 19, Rn. 57; Möhring/Nicolini/*Kroitzsch*, Urheberrechtsgesetz, § 19, Rn. 34; a.A. Rehbinder, Urheberrecht, Rn. 348.

482 V. Hartlieb/Schwarz/*N. Reber*, Handbuch des Film-, Fernseh- und Videorechts, 45. Kap., Rn. 1.

483 BGBl. 2003 I, S. 1774.

es dem Recht der öffentlichen Wiedergabe zugeordnet. Das Recht der öffentlichen Zugänglichmachung befasst sich hauptsächlich mit der Nutzung von Werken in elektronischen Netzwerken.[484] Von § 19 a UrhG ist z.B. das Bereitstellen von Filmwerken auf sogenannten Filesharing-Systemen erfasst.[485]

Kennzeichnend für das Recht der öffentlichen Zugänglichmachung ist die Möglichkeit des Verbrauchers zu bestimmen, zu welchem Zeitpunkt er das Werk abrufen möchte. Dadurch unterscheidet sich das Recht der öffentlichen Zugänglichmachung auch vom Senderecht gem. § 20 UrhG, bei dem der Nutzer den Zugriffszeitpunkt grundsätzlich nicht selbst bestimmen kann, sondern dieser vom Anbieter vorgegeben ist.[486]

Beispiele für die drahtgebundene Übertragung sind unter anderem das Internet über Telefonmodem, DSL (Digital Subscriber Line). Zur drahtlosen Übertragung zählen z.B. WLAN (Wireless Local Area Network), UMTS (Universal Mobile Telecommunications System), GPRS (General Packet Radio Service).[487] Die Verwertungshandlung ist bereits das Zugänglichmachen von Werken zum interaktiven Abruf.[488] Ein tatsächlicher Abruf des Werkes oder seine Speicherung durch den Internetnutzer ist nicht erforderlich.[489] Dies ermöglicht einen frühzeitigen und weitgehenden Schutz des Urhebers, der somit nur den Nachweis erbringen muss, dass das Werk der Öffentlichkeit bereitgehalten, damit zugänglich gemacht wurde.[490]

ee) Senderecht, §§ 20, 20 a und 20 b UrhG

Bei dem Senderecht handelt es sich gem. § 15 Abs. 2 S. 2 Nr. 3 UrhG um ein Recht der öffentlichen Wiedergabe. Es ist das Recht, das Werk durch Funk, wie Ton- und Fernsehrundfunk, Satellitenrundfunk, Kabelfunk oder ähnliche technische Mittel, der Öffentlichkeit zugänglich zu machen. Der Gesetzesbegründung

---

484 Dreier/Schulze/*Dreier*, Urheberrechtsgesetz, § 19 a, Rn. 1; Wandtke/Bullinger/*Bullinger*, Urheberrecht, § 19 a, Rn. 2.

485 LG Köln, MMR 2009, 645 (645).

486 Wandtke/Bullinger/*Bullinger*, Urheberrecht, § 19 a, Rn. 9; Dreier/Schulze/*Dreier*, Urheberrechtsgesetz, § 19 a, Rn. 9; V. Hartlieb/Schwarz/*N. Reber*, Handbuch des Film-, Fernseh- und Videorechts, 46. Kap., Rn. 10; Schack, Urheber- und Urhebervertragsrecht, § 13, Rn. 414.

487 Wandtke/Bullinger/*Bullinger*, Urheberrecht, § 19 a, Rn. 5.

488 Wandtke/Bullinger/*Bullinger*, Urheberrecht, § 19 a, Rn. 10; Dreier/Schulze/*Dreier*, Urheberrechtsgesetz, § 19 a, Rn. 6; V. Hartlieb/Schwarz/*N. Reber*, Handbuch des Film, Fernseh- und Videorechts, 46. Kap., Rn. 9; Schack, Urheber- und Urhebervertragsrecht, § 13, Rn. 416; Rehbinder, Urheberrecht, Rn. 349.

489 Wandtke/Bullinger/*Bullinger*, Urheberrecht, § 19 a, Rn. 10 f; OLG Hamburg, MMR 2006, 173 (174).

490 Wandtke/Bullinger/*Bullinger*, Urheberrecht, § 19 a, Rn. 10 f.

zufolge ist unter Funk jede Übertragung von Zeichen, Tönen oder Bildern durch elektromagnetische Wellen zu verstehen, die von einer Sendestelle ausgesandt werden und an anderen Orten von einer beliebigen Anzahl von Empfangsanlagen aufgefangen und wieder in Zeichen, Töne oder Bilder zurückverwandelt werden können.[491]

Die Endnutzer müssen die Sendung nicht tatsächlich empfangen, es genügt ein bloßes Zugänglichmachen der Sendung.[492] Der Empfang der Sendung ist somit nicht von § 20 UrhG erfasst und ist auch urheberrechtlich frei, solange keine Wiedergabe an die Öffentlichkeit erfolgt.[493] Wird die empfangene Sendung jedoch beispielsweise in dem Fersehraum eines Hotels, in Restaurants, Gaststätten sowie bei einer Sportveranstaltung wiedergegeben, so liegt ein neuer urheberrechtlich relevanter Wiedergabeakt vor, der gem. § 15 Abs. 2 S. 2 Nr. 4 i.V.m. § 22 UrhG nur dem Urheber zusteht.[494] Der private Rundfunkempfang ist urheberrechtlich irrelevant. Der Rundfunkteilnehmer muss jedoch eine Rundfunkgebühr an die öffentlich-rechtlichen Rundfunkanstalten leisten. Bei Pay-TV zahlt der private Empfänger an das Sendeunternehmen ein vertragliches Entgelt. Bei den sonstigen privaten Sendern muss der Empfänger nur die Werbung dulden.[495]

Der Norm zufolge zählen zum Funk der Ton- und Fernsehrundfunk, der Satellitenrundfunk, der Kabelfunk oder ähnliche technische Mittel. Diese Aufzählung ist nur beispielhaft und nicht abschließend. Funksendungen können somit drahtlos oder über Leiter ausgestrahlt werden. Zu den drahtlosen Sendungen gehören nicht nur die terrestrischen Sendungen, d.h. die Sendungen, die über see- oder landgestützte Sendestationen ausgestrahlt werden, sondern auch die Sendungen, die sich eines Satellits bedienen.[496]

Im Jahre 1998 sind durch das Vierte Gesetz zur Änderung des Urheberrechtsgesetzes[497] § 20 a und 20 b UrhG eingeführt worden. § 20 a UrhG enthält eine Sonderregelung für Europäische Satellitensendungen. Europäische Satellitensendungen sind, wie man § 20 a Abs. 1 UrhG entnehmen kann, Sendungen, die ihren Ursprung in einem Mitgliedsstaat der EU oder des EWR haben. Hierauf ist im Folgenden jedoch nicht genauer einzugehen.

---

491 BT.-Drs. IV/270 S. 50.

492 Dreier/Schulze/*Dreier*, Urheberrechtsgesetz, § 20, Rn. 1; Rehbinder, Urheberrecht, Rn. 350; Schack, Urheber- und Urhebervertragsrecht, § 13, Rn. 408; BGH, GRUR 1996, 875 (876).

493 BGH, GRUR 1996, 875 (876); Möhring/Nicolini/*Kroitzsch*, Urheberrechtsgesetz, § 20, Rn. 12.

494 Möhring/Nicolini/*Kroitzsch*, Urheberrechtsgesetz, § 22, Rn. 2; Rehbinder, Urheberrecht, Rn. 351; Dreier/Schulze/*Dreier*, Urheberrechtsgesetz, § 22, Rn. 3.

495 Rehbinder, Urheberrecht, Rn. 351; Schack, Urheber- und Urhebervertragsrecht, § 13, Rn. 408.

496 Dreier/Schulze/*Dreier*, Urheberrechtsgesetz, § 20, Rn. 7; V. Hartlieb/Schwarz/*N. Reber*, Handbuch des Film-, Fernseh- und Videorechts, 46. Kap., Rn. 1.

497 BGBl. 1998 I, S. 902.

§ 20 b UrhG regelt das Kabelweitersenderecht. Die Kabelweitersendung wird in § 20 b Abs. 1 UrhG als das Recht definiert, ein gesendetes Werk im Rahmen eines zeitgleich, unverändert und vollständig weiterübertragenen Programms durch Kabelsysteme oder Mikrowellensysteme weiterzusenden. Derselbe Absatz ordnet außerdem die Verwertungsgesellschaftenpflichtigkeit dieses Rechts an. Dies erleichtert nicht nur den Rechteerwerb, sondern gewährleistet auch, dass die Einnahmen aus der Kabelweitersendung angemessen nach den Grundsätzen des Urheberwahrnehmungsgesetzes verteilt werden.[498] § 20 b Abs. 2 UrhG regelt außerdem einen zusätzlichen Vergütungsanspruch des Urhebers. Den Anspruch kann der Urheber gegenüber demjenigen geltend machen, der die Kabelweitersendung vornimmt. Gem. § 20 b Abs. 2 S. 2 UrhG kann auf den Anspruch nicht verzichtet werden und er kann gem. § 20 b Abs. 2 S. 3 UrhG im Voraus nur an eine Verwertungsgesellschaft abgetreten werden. Dieser Anspruch soll sicherstellen, dass die Urheber an den Erlösen, die durch die Verwertung ihrer gesendeten Werke erzielt werden, auch tatsächlich beteiligt werden.[499] Bestimmungen in Tarifverträgen und Betriebsvereinbarungen gehen nach § 20 b Abs. 2 S. 4 UrhG nur vor, wenn sie dem Urheber eine angemessene Vergütung für jede Kabelweitersendung einräumen. Erhält der Urheber bereits im Rahmen von Tarifverträgen oder Betriebsvereinbarungen eine angemessene Vergütung, muss seine Beteiligung am Erlös nicht durch einen gesetzlichen Vergütungsanspruch gesichert werden.[500]

Sowohl vor als auch nach Einführung des § 20 b UrhG hat der BGH sich mit der Problematik der zeitgleichen Kabelweiterleitung befasst.[501] Zu vielen Diskussionen hat die Entscheidung des BGH vom 07.11.1980[502] geführt. Der BGH musste sich in seinem Urteil mit der Frage befassen, ob die zeitgleiche Weiterleitung von Rundfunkprogrammen mittels einer zentralen Antennen- und Kabelanlage an einen Empfängerkreis, der in einem im Funkschatten von Hochhäusern gelegenen Gebiet (sog. Abschattungsgebiet) wohnt, einen weiteren Eingriff in das Senderecht darstellen würde. Der Senat verneinte einen Eingriff in das Senderecht mit der Begründung, dass das Senderecht des Urhebers in diesem Fall erschöpft sei. Auch wenn technisch ein neuer Sendevorgang vorliege, erfolge keine neue Werkverwertung, es erschließe sich auch kein neuer Hörerkreis. Außerdem dürfe der Urheber keinen wirtschaftlichen Nutzen aus der Benachteiligung der Empfänger in Abschattungsgebieten ziehen und neben der Gebühr für die Erteilung der Sen-

498 Dreier/Schulze/*Dreier*, Urheberrechtsgesetz, § 20 b, Rn. 10.
499 Dreier/Schulze/*Dreier*, Urheberrechtsgesetz, § 20 b, Rn. 12.
500 Dreier/Schulze/*Dreier*, Urheberrechtsgesetz, § 20 b, Rn. 16.
501 BGH, GRUR 1981, 413 ff; BGH, GRUR 1988, 206 ff; BGH, GRUR 1994, 209 f; BGH, GRUR 2000, 699 ff.
502 BGH, GRUR 1981, 413 ff.

deerlaubnis auch eine Gebühr für die Weitersendung erhalten.[503] In seinem Urteil vom 04.06.1987 stellte der BGH dann fest, dass eine Kabelweiterübertragung außerhalb des Versorgungsbereichs des Ursprungsunternehmens einen Eingriff in das Senderecht darstelle. Auch werde der Verbraucher in diesem Fall nicht doppelt belastet, da er für Sendevorgänge außerhalb des Versorgungsbereichs keine Rundfunkgebühren, somit keine urheberrechtlichen Vergütungen zahlen müsse. Außerdem stelle dieses Argument für sich allein keinen selbstständigen Freistellungsgrund dar, sondern werde bei der Bestimmung des sachlichen Umfangs des Senderechts als Billigkeitserwägung herangezogen.[504] Zu den Bedenken, die in der Revisionserwiderung bezüglich der Heranziehung der Erschöpfungslehre geäußert wurden, nahm der BGH keine Stellung.[505] Einen Eingriff in das Senderecht gem. § 20 UrhG nahm der BGH auch in der Entscheidung vom 08.07.1993[506] an. Die zeitgleiche Weiterübertragung von Rundfunksendungen geschützter Werke über eine anstaltseigene Verteileranlage unterfalle dem Senderecht, da die Werke dabei mit Hilfe einer „ähnlichen technischen Einrichtung" im Sinne des § 20 UrhG einer Öffentlichkeit zugänglich gemacht würden.[507] Zuletzt befasste sich der BGH mit der Problematik der zeitgleichen Weitersendung in seiner Entscheidung vom 17.02.2000.[508] Die Entscheidung deutet die Abkehr des BGH von der Heranziehung des Erschöpfungsgrundsatzes bei einer zeitgleichen Weitersendung innerhalb des Versorgungsbereichs der öffentlich-rechtlichen Sendeunternehmen an.[509]

Auch in der Literatur gibt es Stimmen, die eine Heranziehung des Erschöpfungsgrundsatzes im Rahmen des Weitersenderechts stark kritisieren.[510] Jedoch sind sich diese Ansichten darin einig, dass die Entscheidung im Ergebnis richtig ist. Dem Verbraucher dürfe für ein und denselben Werkgenuss nicht eine doppelte Vergütungspflicht auferlegt werden und der Urheber somit aus den Abschattungsnachteilen der Empfänger profitieren.[511] Dies wird teils mit dem Argument der Rechtsmissbräuchlichkeit (§ 242 BGB) begründet[512], teils wird die Rechtseinräu-

---

503 BGH, GRUR 1981, 413 (417).

504 BGH, GRUR 1988, 206 (211).

505 BGH, GRUR 1988, 206 (210).

506 BGH, GRUR 1994, 209 f.

507 BGH, GRUR 1994, 209 f.

508 BGH, GRUR 2000, 699 ff.

509 BGH, GRUR 2000, 699 (700 f).

510 Schack, Urheber- und Urhebervertragsrecht, § 13, Rn. 410; V. Hartlieb/Schwarz/*N.Reber*, Handbuch des Film-, Fernseh- und Videorechts, 46. Kap., Rn. 2; Rehbinder, Urheberrecht, Rn. 358; a.A. Mand, GRUR 2004, 395 (398 f).

511 Schack, Urheber- und Urhebervertragsrecht, § 13, Rn. 410; V. Hartlieb/Schwarz/*N.Reber*, Handbuch des Film-, Fernseh- und Videorechts, 46. Kap., Rn. 2; Rehbinder, Urheberrecht, Rn. 358; Mand, GRUR 2004, 395 (399).

512 Schack, Urheber- und Urhebervertragsrecht, § 13, Rn. 410; Rehbinder, Urheberrecht, Rn. 358.

mung des Urhebers so ausgelegt, dass diese auch den abgeschotteten Empfängerkreis umfasse.[513]

Demgegenüber gibt es auch Ansichten in der Literatur, die vertreten, dass sich die Entscheidung des BGH aus dem Jahre 1980 mit der Einfügung des § 20 b UrhG erledigt habe. Die Definition des § 20 b Abs. 1 UrhG, die uneingeschränkt auf die Weitersendung durch Kabelsysteme abstelle, lasse keine Ausnahmen zu.[514]

Auch Pfennig sieht die Diskussion um die Doppelvergütung des Urhebers als erledigt an, weist jedoch auf eine allgemeine Problematik in der Vertragspraxis hin. Grundsätzlich erhalte der Urheber bei der Einräumung des Weitersenderechts von den Sendeunternehmen oder Filmherstellern keine oder nahezu keine zusätzliche Vergütung. Somit bleibe ihm nur der von der Verwertungsgesellschaft geltend gemachte Vergütungsanspruch gem. § 20 b Abs. 2 UrhG. Eine Doppelvergütung sei demnach nicht festzustellen.[515] Diese Argumentation entnimmt er der Gesetzesbegründung.[516]

§ 11 S. 2 UrhG formuliert den im Urheberrecht herrschenden Grundsatz, dass eine angemessene Vergütung des Urhebers erfolgen muss. Pfennig hat unter Heranziehung der Gesetzesbegründung verdeutlicht, dass im Falle der Kabelweiterleitung eine angemessene Vergütung des Urhebers nicht erfolgt ist, und dies nun durch die Einführung des § 20 b Abs. 2 UrhG sichergestellt werden sollte. Die Argumentation, der Urheber werde zu Unrecht doppelt vergütet, überzeugt somit nicht. Natürlich ist es ärgerlich, dass die Kabelunternehmen die Vergütung, die sie erbringen, auf die Endkunden abwälzen, die, wenn sie sich im Versorgungsbereich eines öffentlich-rechtlichen Sendeunternehmens befinden, daneben auch die Fernsehgebühren erbringen müssen. Doch sollte dies nicht zulasten der Urheber gehen. Diese verdienen für die Nutzung ihrer Werke eine angemessene Vergütung, die in vielen Fällen, wie Pfennig aufführt, jedoch nur durch die Geltendmachung des Vergütungsanspruchs gem. § 20 b Abs. 2 UrhG durch die Verwertungsgesellschaft sichergestellt werden kann. Auch eine teologische Reduktion von § 20 b Abs. 2 UrhG im Falle einer tatsächlichen Doppelvergütung würde hier nicht weiterführen. Da sich dann erneut die Frage stellen würde, ob tatsächlich eine Doppelvergütung vorliegt und wer dies bestimmen darf. Dies würde nur erneut zu der Gefahr führen, dass eine teologische Reduktion der Vorschrift zu Lasten der Urheber gehen würde. Daher ist an der Ansicht Pfennigs festzuhalten.

Zuletzt stellte sich die Frage einer Novellierung des § 20 b UrhG im Rahmen der Reformpläne eines Zweiten Gesetzes zur Regelung des Urheberrechts in der

513 V. Hartlieb/Schwarz/*N. Reber*, Handbuch des Film-, Fernseh- und Videorechts, 46. Kap., Rn. 2.

514 Möhring/Nicolini/*Kroitzsch*, Urheberrechtsgesetz, § 20, Rn. 25.

515 Pfennig, ZUM 2008, 363 (367 f).

516 BT.-Drs. 13/4796, S. 10 f, 13.

Informationsgesellschaft. Doch der Gesetzgeber hielt grundsätzlich an der bisherigen Regelung fest, insbesondere lehnte er die Streichung des Vergütungsanspruchs ab. Die Argumente, die hierbei vorgetragen wurden, wie z.B., dass die Vorschrift den Urhebern eine Doppelvergütung ermögliche, überzeugten den Gesetzgeber nicht. Bezugnehmend auf das vorgetragene Argument, dass mit dem neuen Urhebervertragsrecht der gesetzliche Vergütungsanspruch überflüssig geworden sei, betonte der Gesetzgeber, dass zunächst abzuwarten sei, ob und in welchem Umfang gemeinsame Vergütungsregeln die Aufgabe der Realisierung des gesetzlichen Vergütungsanspruchs tatsächlich übernehmen würden.[517] Die Gesetzesbegründung verdeutlicht, dass eines der Hauptanliegen des Gesetzgebers die angemessene Vergütung des Urhebers ist. Solange diese durch das Urhebervertragsrecht nicht gewährleistet werden kann, hält der Gesetzgeber an dem gesetzlichen Vergütungsanspruch fest. Er ermöglicht nur eine Vereinfachung der Verhandlungen über die Kabelweitersendung, indem er in § 20 b Abs. 2 S.4 UrhG neben dem Vorrang von Tarifverträgen und Betriebsvereinbarungen auch den Vorrang eines Anspruchs nach gemeinsamen Vergütungsregeln regelt, wenn diese dem Urheber eine angemessene Vergütung für jede Kabelweitersendung einräumen.[518] Aus der Beschlussempfehlung des Rechtsausschusses ergibt sich jedoch, dass ein Drittes Gesetz zur Regelung des Urheberrechts in der Informationsgesellschaft geplant ist, dass sich erneut mit der Regelung der Kabelweitersendung gem. § 20 b UrhG befassen soll.[519] Es bleibt somit abzuwarten, ob der Gesetzgeber auch in Zukunft an dieser Regelung festhalten wird.

ff) Wiedergaberecht, §§ 21 und 22 UrhG

Das Recht der Wiedergabe durch Bild- oder Tonträger ist gem. § 21 UrhG das Recht, Vorträge oder Aufführungen des Werkes mittels Bild- oder Tonträger öffentlich wahrnehmbar zu machen. Es handelt sich hierbei gem. §15 Abs. 2 Nr. 4 UrhG um ein ausschließliches Recht der öffentlichen Wiedergabe, das die Rechte der unmittelbaren Werkwiedergabe des § 19 UrhG ergänzt.[520] § 19 und § 21 UrhG haben gemeinsam, dass sich die Mitglieder der Öffentlichkeit bei der Wahrnehmbarmachung des Werkes zur gleichen Zeit auch am selben Ort befinden müssen. Die beiden Rechte unterscheiden sich jedoch in einem Punkt. Während bei § 19 UrhG die Werke den Empfängern unmittelbar zu Gehör gebracht oder wahrnehmbar gemacht werden, erfolgt die Wahrnehmbarmachung bei § 21 UrhG unter Be-

517 BT.-Drs. 16/1828, S. 22 f.
518 BT.-Drs. 16/1828, S. 23.
519 BT. Drs. 16/5939, S. 3 f.
520 Dreier/Schulze/*Dreier*, Urheberrechtsgesetz, § 21, Rn. 1; Wandtke/Bullinger/*Ehrhardt*, Urheberrecht, § 21, Rn. 1.

nutzung eines zuvor aufgenommenen Bild- oder Tonträgers.[521] § 21 UrhG betrifft Werke, die vorgetragen oder aufgeführt werden können, wie z.B. Sprachwerke, Werke der Musik oder pantomimische Werke.[522] Das Filmvorführungsrecht gem. § 19 Abs. 4 UrhG besteht, wie im Rahmen dieser Vorschrift bereits ausgeführt, nur am Filmwerk als solchem. Bezüglich der für die Herstellung des Filmwerks benutzten Werke, wie Roman, Drehbuch und Filmmusik, sind die §§ 21, 22 UrhG einschlägig, soweit die Voraussetzungen der Vorschriften vorliegen. Gem. § 16 Abs. 2 UrhG sind Bild- oder Tonträger Vorrichtungen zur wiederholbaren Wiedergabe von Bild– und Tonfolgen. Die Vorschrift beschränkt sich nicht auf bestimmte Trägermedien. Sowohl die analoge als auch die digitale Speicherung sind demnach erfasst.[523] Vom Senderecht der §§ 20 – 20 b UrhG unterscheidet sich § 21 UrhG dadurch, dass bei den §§ 20 – 20 b UrhG die bloße Empfangbarkeit der Werke genügt, während § 21 UrhG die unmittelbar für die menschlichen Sinne wahrnehmbare Wiedergabe des Werkes für einen an demselben Ort versammelten Empfängerkreis erfordert.[524] Das Recht der Wiedergabe durch Bild- oder Tonträger gilt grundsätzlich nur für den Veranstaltungsraum, wo das unmittelbare Wahrnehmbarmachen des Werkes erfolgt. Gem. § 21 S. 2 UrhG, der auf § 19 Abs. 3 UrhG verweist, ist jedoch auch die Wiedergabe außerhalb des Veranstaltungsraumes möglich, soweit eine ausdrückliche Vereinbarung gem. § 37 Abs. 3 UrhG vorliegt.

Das Recht der Wiedergabe von Funksendungen und der Wiedergabe von öffentlicher Zugänglichmachung ist gem. § 22 UrhG das Recht, Funksendungen und auf öffentlicher Zugänglichmachung beruhende Wiedergaben des Werkes durch Bildschirm, Lautsprecher oder ähnliche technische Einrichtungen öffentlich wahrnehmbar zu machen. Auch bei diesem Recht handelt es sich gem. § 15 Abs. 2 Nr. 5 UrhG um ein ausschließliches Recht der öffentlichen Wiedergabe. Der Begriff der Funksendung entspricht dem in § 20 UrhG. Wie bereits im Rahmen von § 20 UrhG erläutert, ist der private Empfang einer Sendung nicht von § 20 UrhG umfasst. Werden die Empfangsgeräte jedoch dazu genutzt, die Werke öffentlich wiederzugeben, wie z.B. in dem Fersehraum eines Hotels, in Restaurants, Gaststätten sowie bei einer Sportveranstaltung, ist § 22 UrhG einschlägig.[525] Bei der Benutzung von Verteileranlagen in Hotelzimmern, Krankenhauszimmern

---

521 Dreier/Schulze/*Dreier*, Urheberrechtsgesetz, § 19, Rn. 3.

522 Dreier/Schulze/*Dreier*, Urheberrechtsgesetz, § 21, Rn. 5.

523 Dreier/Schulze/*Dreier*, Urheberrechtsgesetz, § 21, Rn. 6; Wandtke/Bullinger/*Ehrhardt*, Urheberrecht, § 21, Rn. 3.

524 Wandtke/Bullinger/*Ehrhardt*, Urheberrecht, § 21, Rn. 4; Dreier/Schulze/*Dreier*, Urheberrechtsgesetz, § 21, Rn. 7.

525 Möhring/Nicolini/*Kroitzsch*, Urheberrechtsgesetz, § 22, Rn. 2; Dreier/Schulze/*Dreier*, Urheberrechtsgesetz, § 22, Rn. 3.

und Haftanstalten handelt es sich jedoch, wie bereits dargelegt, nach Ansicht des BGH um die Ausübung des Senderechts gem. § 20 UrhG.[526] Das Recht der öffentlichen Zugänglichmachung ist in § 22 UrhG durch das Gesetz vom 10.09.2003[527] eingefügt worden. Der Begriff der öffentlichen Zugänglichmachung ist bereits im Rahmen von § 19 a UrhG definiert worden. Gem. § 22 UrhG muss das gesendete Werk öffentlich wahrnehmbar gemacht werden. Hier können die Erläuterungen im Rahmen des § 21 UrhG herangezogen werden. Gem. § 22 S. 2 UrhG gilt auch hier § 19 Abs. 3 UrhG entsprechend. Somit erfordert eine Wiedergabe außerhalb des Veranstaltungsraumes eine ausdrückliche Vereinbarung gem. § 37 Abs. 3 UrhG.

c) Nutzungsrechte und Nutzungsrechtseinräumung, §§ 31 ff UrhG

In Deutschland gilt gem. § 29 Abs. 1 UrhG der Grundsatz der Unübertragbarkeit des Urheberrechts. Eine translative Übertragung, wonach das Urheberrecht als Ganzes oder in seinen Teilen (z.B. die oben einzeln aufgeführten Verwertungsrechte) auf den Erwerber übergeht, ist nicht möglich. Jedoch besteht gem. §§ 29 Abs. 2, 31 ff UrhG die Möglichkeit der konstitutiven Rechtseinräumung. Der Urheber kann demnach Nutzungsrechte an den bei ihm verbleibenden Verwertungsrechten einräumen.[528]

aa) Unterscheidung Nutzungsrecht und Nutzungsart

Bevor jedoch auf die Besonderheiten der Nutzungsrechtseinräumung einzugehen ist, bedarf es der Unterscheidung der Begriffe Nutzungsrecht und Nutzungsart. Das Nutzungsrecht ist in § 31 Abs. 1 UrhG legaldefiniert. Es ist das Recht, das Werk auf einzelne oder alle Nutzungsarten zu nutzen. Als Nutzungsart wird jede nach der Verkehrsauffassung wirtschaftlich-technisch selbstständige und abgrenzbare Art und Weise der Verwendung des Werkes bezeichnet.[529] Die Nutzungsarten müssen nicht mit einem Nutzungsrecht oder mit einem Verwertungsrecht inhaltlich korrespondieren. Sie beschreiben vielmehr den inhaltlichen Umfang des ein-

526 BGH, GRUR 1994, 209 f; BGH, GRUR 1994, 797 f.

527 BGBl 2003 I, S. 1774.

528 Dreier/Schulze/*Schulze*, Urheberrechtsgesetz, § 29, Rn. 15, § 31, Rn. 11; Wandtke/Bullinger/*Wandtke/Grunert*, Urheberrecht, Vor §§ 31 ff, Rn. 21; Rehbinder, Urheberrecht, Rn. 542; Schack, Urheber- und Urhebervertragsrecht, § 16, Rn. 529.

529 Dreier/Schulze/*Schulze*, Urheberrechtsgesetz, § 31, Rn. 9; Wandtke/Bullinger/*Wandtke/Grunert*, Urheberrecht, Vor §§ 31 ff, Rn. 25; Schack, Urheber- und Urhebervertragsrecht, § 16, Rn. 535; Schricker/*Schricker,* Urheberrecht, Vor §§ 28 ff, Rn. 52; BGH, GRUR 1986, 62 (65); BGH, GRUR 1992, 310 (311); BGH, GRUR 2001, 153 (154).

geräumten Nutzungsrechts.[530] Was als eigenständige Nutzungsart zu beurteilen ist, wird zu einem späteren Zeitpunkt erörtert.

bb) Die Einräumung des Nutzungsrechts

Zunächst ist darauf hinzuweisen, dass im Rahmen der Nutzungsverträge nach den allgemeinen Grundsätzen zwischen Verpflichtungs- und Verfügungsgeschäft zu unterscheiden ist. Dem dinglichen Verfügungsgeschäft, das die Rechtseinräumung regelt, liegt ein schuldrechtliches Grundgeschäft, das Verpflichtungsgeschäft, zugrunde, das den Umfang und die Konditionen des Nutzungsrechts zum Gegenstand hat.[531] Der einzige gesetzlich geregelte Urheberrechtsvertrag ist der Verlagsvertrag. Bei den sonstigen Verpflichtungsgeschäften sind die Vorschriften des BGB heranzuziehen. Je nach Gegenstand des Vertrages kann es sich um einen Werkvertrag gem. §§ 631 ff BGB, einen Dienstvertrag gem. §§ 611 ff BGB oder um einen Vertrag eigener Art handeln, bei dem je nach Einzelfall Vorschriften des Kauf-, Dienst-, Werkvertrags- und/oder Auftragsrechts Anwendung finden.[532]

Ob auch im Urheberrecht das Abstraktionsprinzip gilt, somit die Wirksamkeit des Verfügungsgeschäfts unabhängig vom Vorhandensein und der Wirksamkeit des Kausalgeschäfts ist, ist in der Literatur sehr umstritten[533] und auch in der Rechtsprechung nicht abschließend entschieden.[534] Eine Ausnahme vom Abstraktionsprinzip findet sich in § 9 VerlG. Nach dieser Vorschrift erlischt das Verlagsrecht des Verlegers mit der Beendigung des Vertragsverhältnisses. Somit gilt im Verlagsrecht das Kausalitätsprinzip. Diese Vorschrift soll jedoch nach der herrschenden Meinung in der Literatur und einigen Ansichten in der Rechtsprechung nicht nur im Verlagsrecht gelten, sondern aufgrund der vergleichbaren Interessenlage auch analog auf das Urheberrecht anwendbar sein.[535] Außerdem wird

530 Wandtke/Bullinger/*Wandtke/Grunert*, Urheberrecht, § 31, Rn. 2; Schack, Urheber- und Urhebervertragsrecht, § 16, Rn. 535.

531 Dreier/Schulze/*Schulze*, Urheberrechtsgesetz, § 31, Rn. 15; Rehbinder, Urheberrecht, Rn. 600 f; Wandtke/Bullinger/*Wandtke/Grunert*, Urheberrecht, Vor §§ 31 ff UrhG, Rn. 6.

532 Dreier/Schulze/*Schulze*, Urheberrechtsgesetz, Vor § 31, Rn. 5 f; Rehbinder, Urheberrecht, Rn. 601.

533 Dreier/Schulze/*Schulze*, Urheberrechtsgesetz, § 31, Rn. 16 ff; Wandtke/Bullinger/*Wandtke/Grunert*, Urheberrecht, Vor §§ 31 ff, Rn. 6, 50; Schricker/*Schricker*, Urheberrecht, Vor §§ 28 ff, Rn. 61; Möhring/Nicolini/*Spautz*, Urheberrechtsgesetz, § 31, Rn. 14; Wente/Härle, GRUR 1997, 96 ff; Rehbinder, Urheberrecht, Rn. 602; Schack, Urheber- und Urhebervertragsrecht, § 16, Rn. 525 ff; Schwarz/Klingner, GRUR 1998, 103 ff.

534 BGH, GRUR 1958, 504 ff; OLG Hamburg, GRUR 2002, 335 ff; OLG Karlsruhe, NJOZ 2007, 2089 ff.

535 Dreier/Schulze/*Schulze*, Urheberrechtsgesetz, § 31, Rn. 16 ff; Schricker/*Schricker*, Urheberrecht, Vor §§ 28 ff, Rn. 61; Wente/Härle, GRUR 1997, 96 ff; OLG Hamburg, GRUR 2002, 335 ff; OLG Karlsruhe, NJOZ 2007, 2089 ff.

darauf hingewiesen, dass im Urheberrecht die Zweckübertragungsregel gem. § 31 Abs. 5 UrhG gelte, wonach der Urheber im Zweifel nur in dem Umfang Rechte übertrage, wie es für die Erreichung des Vertragszwecks erforderlich sei. Diesem Zweckbindungsgedanken könne nur dann angemessen Rechnung getragen werden, wenn im Urheberrecht das Kausalitätsprinzip gelte.[536] Die höchstrichterliche Rechtsprechung hat sich zuletzt in der Entscheidung „Die Privatsekretärin" vom 15.04.1958 zu dieser Problematik geäußert.[537] Der BGH hat die analoge Anwendbarkeit von § 9 VerlG auf Verfilmungs- und Wiederverfilmungsverträge abgelehnt. Die Anwendung der verlagsrechtlichen Grundsätze setze voraus, dass die Interessenlage der Beteiligten im Wesenskern mit der Interessenlage der Beteiligten eines Verlagsvertrages übereinstimme. Dies sei jedoch beim Verfilmungs-/Wiederverfilmungsvertrag nicht der Fall. Der Verlagsvertrag schreibe eine Vervielfältigungs- und Verbreitungspflicht des Verlegers fest, es bestehe jedoch kein Verfilmungszwang. Eine Pflicht zur Verfilmung könne sich im Einzelfall nur aus einer besonderen Abmachung ergeben. Außerdem finde bei einer Verfilmung eine Bearbeitung des Werkes statt, während bei einem Verlagsvertrag ein bereits fertig gestelltes Werk vervielfältigt und verbreitet werde. Bei dieser noch zu leistenden Bearbeitung trage der Filmhersteller ein erhebliches wirtschaftliches Risiko, welches das normale Verlegerrisiko bei Weitem übersteige.[538] Jedoch ist in Literatur und Rechtsprechung darauf hingewiesen worden, dass der BGH nicht generell die analoge Anwendbarkeit des § 9 VerlG abgelehnt habe, sondern nur im Falle des Wiederverfilmungsvertrags. Somit könne § 9 VerlG durchaus im Urhebervertragsrecht herangezogen werden, wenn eine vergleichbare Interessenlage vorliege. Somit sei je nach Vertrag zu entscheiden.[539] Relevant ist vorliegend nur die Frage, wie die Diskussion im Rahmen der Filmverträge zu beurteilen ist. Wie bereits erörtert, hat der BGH eine analoge Heranziehung des § 9 VerlG für Verfilmungs-/Wiederverfilmungsverträge abgelehnt. Auch in der Literatur ist diese Frage diskutiert und unterschiedlich beurteilt worden.[540] Teils wird ohne genauere Begründung vertreten, dass die Interessenlage im Verlagsrecht mit der Interessenlage im Urheberrecht übereinstimme und eine unterschiedliche Behandlung einen Wertungswiderspruch darstellen würde. Dies gelte jedoch nur für die Verträge zwischen Urheber und Nutzer, die sich an erster Stelle der Lizenzkette befinden.[541] Demgegenüber wird

536 OLG Hamburg, GRUR 2002, 335 (336); so auch: Schricker/*Schricker*, Urheberrecht, Vor §§ 28 ff, Rn. 61.

537 BGH, GRUR 1958, 504 ff.

538 BGH, GRUR 1958, 504 (506 f).

539 Wente/Härle, GRUR 1997, 96 (98); Dreier/Schulze/*Schulze*, Urheberrechtsgesetz, § 31, Rn. 19; OLG Karlsruhe, NJOZ 2007, 2089 (2092).

540 Wente/Härle, GRUR 1997, 96 ff; Schwarz/Klingner, GRUR 1998, 103 ff.

541 Wente/Härle, GRUR 1997, 96 (99).

eine vergleichbare Interessenlage abgelehnt. Insbesondere könne ein Filmurheber, wie der Regisseur oder Kameramann, bei der Bejahung eines Rechterückfalls seine für den konkreten Film erbrachte schöpferische Leistung nicht verwerten. Aus dem Gesetz ergebe sich auch keine Auswertungsverpflichtung zugunsten des Filmurhebers, wie sie für den Autor gegenüber dem Verleger bestehe. Dies sind nur einige Argumente, die genannt werden.[542] Darüber hinaus wird auf einen weiteren Aspekt hingewiesen. Auch wenn im Urheberrecht gem. § 31 Abs. 5 UrhG zum Schutz der Interessen des Urhebers die Zweckübertragungsregel gelte, so habe der Gesetzgeber in den §§ 88 ff UrhG im Rahmen der Filmrechte besondere Reglungen eingeführt, die die Verkehrsfähigkeit der Nutzugsrechte am Filmwerk verbessern sollten. Hiermit habe der Gesetzgeber im Hinblick auf die bei einer Filmproduktion entstehenden hohen Herstellungskosten die Verfügungen erleichtern wollen. Hieraus wird der Umkehrschluss gezogen, dass im Filmlizenzrecht kein automatischer Rechterückfall erfolgen solle. Die vom Gesetzgeber beabsichtigte Verkehrsfähigkeit von Filmlizenzrechten würde hier ansonsten unterlaufen werden.[543] Diese Argumentation überzeugt und berücksichtigt die Gründe, die zur Einführung der §§ 88 ff UrhG geführt haben. Was Gegenstand der §§ 88 ff UrhG im Einzelnen ist und wie die Auswirkungen dieser Vorschriften auf das Verhältnis zwischen Urheber und Filmhersteller zu beurteilen sind, wird zu einem späteren Zeitpunkt ausführlich erörtert.

Abschließend ist noch anzumerken, dass im Urheberrecht ein gutgläubiger Erwerb der Nutzungsrechte ausscheidet. Grund hierfür ist der Schutz des Urhebers und die fehlende Rechtsscheinsgrundlage.[544] Es gilt jedoch eine Besonderheit im Bereich der Filmwerke zugunsten der Filmhersteller, die im Rahmen der §§ 88, 89 ff UrhG zu erörtern ist.

cc) Einfaches und ausschließliches Nutzungsrecht

Ein Nutzungsrecht kann gem. § 31 Abs. 1 S. 2 UrhG als einfaches oder ausschließliches Recht eingeräumt werden.

Gem. § 31 Abs. 2 UrhG berechtigt das einfache Nutzungsrecht den Inhaber, das Werk auf die erlaubte Art zu nutzen, ohne dass eine Nutzung durch andere ausgeschlossen ist. Somit erhält der Erwerber vom Urheber nur eine positive Nutzungsbefugnis und keine Abwehrbefugnis gegen Dritte. Er kann weder dem Urheber,

---

542 Schwarz/Klingner, GRUR 1998, 103 (106 ff).

543 Schwarz/Klingner, GRUR 1998, 103 (112).

544 Schack, Urheber- und Urhebervertragsrecht, § 16, Rn. 537; Möhring/Nicolini/*Spautz*, Urheberrechtsgesetz, § 31, Rn. 14.

noch Dritten die Benutzung des Werkes verbieten.[545] Der Urheber kann den Inhaber eines einfachen Nutzungsrechts jedoch dazu ermächtigen, sein Verbotsrecht in gewillkürter Prozessstandschaft gegenüber den Rechtsverletzern geltend zu machen.[546] Aufgrund der fehlenden Abwehrbefugnis ist die Rechtsnatur des einfachen Nutzungsrechts streitig gewesen. Jedoch sieht nun die herrschende Meinung das einfache Nutzungsrecht als gegenständliches Recht mit dinglicher Wirkung an. Grund hierfür ist der in § 33 UrhG geregelte sogenannte Sukzessionsschutz, wonach das einfache Nutzungsrecht auch gegenüber demjenigen wirksam bleibt, dem der Urheber ein ausschließliches Nutzungsrecht eingeräumt hat.[547]

Das ausschließliche Nutzungsrecht berechtigt den Inhaber gem. § 31 Abs. 3 UrhG, das Werk unter Ausschluss aller anderen Personen auf die ihm erlaubte Art zu nutzen und Nutzungsrechte einzuräumen. Somit steht dem Inhaber eines ausschließlichen Rechts nicht nur ein positives Benutzungsrecht, sondern auch das negative Verbotsrecht zu, allen, auch dem Urheber, die Nutzung des Werkes zu verbieten. Daher spricht man hier auch von dem Exklusivrecht des Erwerbers.[548] Dieses Exklusivrecht kann jedoch auch eingeschränkt werden. Gem. § 31 Abs. 3 S. 2 UrhG kann bestimmt werden, dass die Nutzung durch den Urheber vorbehalten bleibt. Der Inhaber eines ausschließlichen Nutzungsrechts ist gem. § 31 Abs. 3 S. 1 UrhG dazu berechtigt, einem Dritten weitere Nutzungsrechte einzuräumen. Jedoch bedarf er gem. der §§ 31 Abs. 3 S. 3, 35 UrhG der Zustimmung des Urhebers. Eine besondere Bestimmung für Filme findet sich in § 90 UrhG. Diese wird ebenfalls im Rahmen der §§ 88, 89 UrhG zu erörtern sein.

dd) Inhaltliche, örtliche und zeitliche Beschränkung des Nutzungsrechts

Das Nutzungsrecht kann nicht nur als einfaches oder ausschließliches Recht eingeräumt werden, sondern außerdem gem. § 31 Abs. 1 S. 2 UrhG räumlich, zeitlich oder inhaltlich beschränkt werden.

---

545 Dreier/Schulze/*Schulze*, Urheberrechtsgesetz, § 31, Rn. 51; Rehbinder, Urheberrecht, Rn. 555; Schack, Urheber- und Urhebervertragsrecht, § 16, Rn. 539; Wandtke/Bullinger/*Wandtke/Grunert*, Urheberrecht, § 31, Rn. 28.

546 Dreier/Schulze/*Schulze*, Urheberrechtsgesetz, § 31, Rn. 51; Schack, Urheber- und Urhebervertragsrecht, § 16, Rn. 539 Fn. 44; Wandtke/Bullinger/*Wandtke/Grunert*, Urheberrecht, § 31, Rn. 32; BGH, GRUR 1981, 652 (652).

547 Dreier/Schulze/*Schulze*, Urheberrechtsgesetz, § 31, Rn. 52; Rehbinder, Urheberrecht, Rn. 556; Schack, Urheber- und Urhebervertragsrecht, § 16, Rn. 540; Wandtke/Bullinger/*Wandtke/Grunert*, Urheberrecht, § 31, Rn. 31; LG München ZUM 2004, 861 (863).

548 Dreier/Schulze/*Schulze*, Urheberrechtsgesetz, § 31, Rn. 56; Rehbinder, Urheberrecht, Rn. 558; Schack, Urheber- und Urhebervertragsrecht, § 16, Rn. 539; Wandtke/Bullinger/*Wandtke/Grunert*, Urheberrecht, § 31, Rn. 29; BGH, GRUR 1957, 614 (616).

Die räumliche Einschränkung kann nach geographischem Gebiet, nach Sprachräumen oder nach einzelnen Orten erfolgen.[549] Eine räumliche Beschränkung stellt sich bei der (körperlichen) Verbreitung von Werkstücken als problematisch dar. Eine solche Beschränkung würde mit dem bereits erläuterten Erschöpfungsgrundsatz gem. § 17 Abs. 2 UrhG kollidieren und wird daher abgelehnt. Dies gilt für die Aufspaltung des Verbreitungsrechts innerhalb eines Staats- und Rechtsgebietes, somit innerhalb der Bundesrepublik Deutschland.[550] Es stellt sich die Frage, ob eine körperliche Verbreitung von Werkstücken innerhalb der EU räumlich beschränkt werden kann. Auch wenn es sich bei der EU noch nicht um ein einheitliches Staats- und Rechtsgebiet handelt, so steht auch hier einer räumlichen Beschränkung des Verbreitungsrechts der Erschöpfungsgrundsatz gem. § 17 Abs. 2 UrhG entgegen. Grund hierfür ist, dass der Erschöpfungsgrundsatz nicht nur innerhalb der Bundesrepublik Deutschland, sondern gemeinschaftsweit gilt.[551] Andere Nutzungsarten können jedoch auch innerhalb eines einheitlichen Wirtschafts- und Rechtsgebiets räumlich beschränkt werden. Eine solche räumliche Beschränkung ist z.B. beim Bühnenaufführungs- und Filmvorführungsrecht üblich. Hier kann die Vorführung eines Films beispielsweise auf ein bestimmtes Kino beschränkt werden.[552]

Eine Beschränkung des Nutzungsrechts kann auch zeitlich erfolgen. Der Zeitraum kann ausdrücklich vereinbart werden oder auch durch ein vereinbartes Kündigungsrecht und dessen Ausübung bestimmt werden.[553] Bei der Einräumung von Nutzungsrechten am Filmwerk wird dem Filmhersteller das Verfilmungs- und Vorführungsrecht oft nur bis zu einem bestimmten Zeitpunkt gewährt.[554]

Eine inhaltliche Beschränkung des Nutzungsrechts ist auf verschiedene Art und Weise möglich. Zunächst können die Nutzungsrechte entsprechend der in § 15 UrhG beispielhaft aufgezählten Verwertungsrechte getrennt eingeräumt werden. Darüber hinaus können die einzelnen Nutzungsrechte, die den Verwertungsrechten des Urhebers entsprechen, wiederum in einzelne Nutzungsarten aufgespalten werden.[555] Bei den Nutzungsarten muss es sich jedoch um hinreichend klar abgrenzbare, wirtschaftlich- technisch als einheitlich und selbstständig erschei-

---

549 Wandtke/Bullinger/*Wandtke/Grunert*, Urheberrecht, § 31, Rn. 9; Rehbinder, Urheberrecht, Rn. 568.

550 Dreier/Schulze/*Schulze*, Urheberrechtsgesetz, § 31, Rn. 31; Wandtke/Bullinger/*Wandtke/Grunert*, Urheberrecht, § 31 Rn. 9.

551 Dreier/Schulze/*Schulze*, Urheberrechtsgesetz, § 17, Rn. 37, § 31 Rn. 31; Wandtke/Bullinger/*Wandtke/Grunert*, Urheberrecht, § 31, Rn. 9.

552 Dreier/Schulze/*Schulze*, Urheberrechtsgesetz, § 31, Rn. 32; Schack, Urheber- und Urhebervertragsrecht, § 16, Rn. 541.

553 Dreier/Schulze/*Schulze*, Urheberrechtsgesetz, § 31, Rn. 34.

554 BGH, GRUR 1952, 530 (532).

555 Dreier/Schulze/*Schulze*, Urheberrechtsgesetz, § 31, Rn. 36; Rehbinder, Urheberrecht, Rn. 563.

nende Nutzungsarten handeln.[556] Die dingliche Aufspaltung des Nutzungsrechts darf nicht so weit gehen, dass eine unübersichtliche Rechtslage entsteht, die die Sicherheit des Rechtsverkehrs gefährdet. Die Vertragsparteien können zwar unübliche Beschränkungen vereinbaren, jedoch wirken diese aufgrund der soeben aufgeführten Gründe nicht dinglich, sondern nur schuldrechtlich (inter partes).[557]

ee) Einräumung von unbekannten Nutzungsrechten

Nachdem festgestellt worden ist, in welchem Umfang Nutzungsrechte grundsätzlich eingeräumt werden können, stellt sich die Frage, ob eine Nutzungsrechtseinräumung bezüglich noch unbekannter Nutzungsarten möglich ist. Bis zur Novellierung des Urheberrechts durch das Zweite Gesetz zur Regelung des Urheberrechts in der Informationsgesellschaft[558] galt die Vorschrift des § 31 Abs. 4 UrhG. Demnach waren die Einräumung von Nutzungsrechten für noch nicht bekannte Nutzungsarten, sowie Verpflichtungen hierzu, unwirksam. Die Einführung dieser Regelung sollte dem Schutz des Urhebers dienen. Ihm sollte, wenn neue Nutzungsarten entwickelt würden, stets die Entscheidung darüber vorbehalten bleiben, ob und gegen welches Entgelt er mit der Nutzung seines Werkes einverstanden sein würde.[559] Seit dem 01.01.2008 ist § 31 Abs. 4 UrhG aufgehoben und durch eine Widerrufslösung und einen gesetzlichen Vergütungsanspruch in § 31 a und 32 c UrhG ersetzt worden. Gem. § 31 a S. 1 UrhG sind Verträge über unbekannte Nutzungsarten nun möglich, solange diese schriftlich erfolgen. Zum Schutze des Urhebers steht ihm gem. § 31 a S. 3 UrhG ein Widerrufsrecht zu. Das Widerrufsrecht erlischt gem. § 31 a S. 4 UrhG nach Ablauf von drei Monaten, nachdem der Lizenznehmer die Mitteilung über die beabsichtigte Aufnahme der neuen Art der Werknutzung an den Urheber unter der ihm zuletzt bekannten Anschrift abgesendet hat. Hat der Urheber nicht rechtzeitig widerrufen, dann bleibt die Verfügung wirksam. Dem Urheber steht jedoch gem. § 32 c Abs. 1 UrhG ein Vergütungsanspruch zu. Diese Reglung soll es laut Gesetzesbegründung den Verwertern ermöglichen, sich die Rechte für die Werkverwertung umfassend einräumen zu lassen. Durch die Einräumung eines Widerrufsrechts sollen demgegenüber

556 Dreier/Schulze/*Schulze*, Urheberrechtsgesetz, § 31, Rn. 36; Wandtke/Bullinger/*Wandtke/Grunert*, Urheberrecht, § 31, Rn. 16; Schack, Urheber- und Urhebervertragsrecht, § 16, Rn. 545; Rehbinder, Urheberrecht, Rn. 564; BGH, GRUR 1986, 62 (65); BGH, GRUR 1992, 310 (311); BGH, GRUR 2001, 153 (154).

557 Schack, Urheber- und Urhebervertragsrecht, § 16, Rn. 544; Rehbinder, Urheberrecht, Rn. 564 f; Dreier/Schulze/*Schulze*, Urheberrechtsgesetz, § 31, Rn. 9.

558 BGBl 2007 I, S. 2513 ff.

559 BT.-Drs. IV/270, S. 56.

auch die Interessen des Urhebers gewahrt werden.[560] Eine Besonderheit besteht erneut im Rahmen der Filmherstellung. Gem. §§ 88 Abs.1 und 89 Abs. 1 UrhG ist das Widerrufsrecht hier ausgeschlossen, was später genauer erörtert wird.

Durch die Neuregelung bleibt jedoch weiterhin die Frage bestehen, welche Nutzungsart als selbstständig zu beurteilen ist und ob es sich bei dieser um eine bekannte oder noch nicht bekannte Nutzungsart handelt. Wie bereits im vorhergehenden Abschnitt dargestellt, wird zunächst vorausgesetzt, dass es sich bei der Nutzungsart um eine hinreichend klar abgrenzbare, wirtschaftlich-technisch als einheitlich und selbstständig erscheinende Nutzungsart handelt. Eine Nutzungsart ist nicht bereits bekannt, wenn die betreffende Nutzung technisch realisierbar ist, sondern wenn sie auch wirtschaftlich bedeutsam und verwertbar geworden ist.[561] Im Bereich des Films hat die Rechtsprechung beispielsweise folgende Nutzungsarten als selbstständig und bisher unbekannt und somit neu angesehen:[562] Die Verwertung von Filmen im Fernsehen hat der BGH bereits für das Jahr 1939 als bekannt angesehen.[563] Die Vervielfältigung und Verbreitung von Filmen auf Videokassetten wurde vom BGH ebenfalls als eine selbstständige Nutzungsart beurteilt, die bis 1968 noch als unbekannt anzusehen war. Als Massengeschäft wurde die Videozweitauswertung laut BGH ab 1977 bekannt. Erste Prognosen der Bekanntheit seien 1971 gestellt worden.[564] Vor dem Zeitpunkt, an dem die Nutzungsart wirtschaftlich bedeutsam und verwertbar geworden sei, könne eine Vereinbarung über diese nur getroffen werden, wenn die Nutzungsart im Vertrag ausdrücklich bezeichnet, von den Vertragspartnern erörtert und damit erkennbar Gegenstand von Leistung und Gegenleistung gemacht worden sei.[565] Eine weitere neue Nutzungsart im Bereich des Films stellt der Abrufdienst „Video on Demand“ dar, bei dem es sich um eine Form der Online-Nutzung handelt. Durch das „Video on Demand“ erhält der Internetnutzer die Möglichkeit, einen in digitaler Form

---

560 BT.-Drs. 16/1828, S. 24.

561 BGH, GRUR 1991, 133 (136); BGH, GRUR 1995, 212 (213); BGH, GRUR 2005, 937 (939); Dreier/Schulze/*Schulze*, Urheberrechtsgesetz, § 31 a, Rn. 29; Rehbinder, Urheberrecht, Rn. 582; Schack, Urheber- und Urhebervertragsrecht, § 16, Rn. 550 a; V. Hartlieb/Schwarz/*N. Reber*, Handbuch des Film-, Fernseh- und Videorechts, 41. Kap., Rn. 5; Wandtke/Bullinger/*Wandtke/Grunert*, Urheberrecht, § 31 a, Rn. 18 ff, 54: dieser weist darauf hin, dass der Begriff der unbekannten Nutzungsart möglicherweise zu modifizieren und künftig eine neue Nutzungsart unter weniger strengen Voraussetzungen zu bejahen sei, als Grund hierfür werden die weniger einschneidenden Rechtsfolgen der §§ 31 a, 32 c im Vergleich zu § 31 Abs. 4 a.F. genannt, es könne jedoch zunächst davon ausgegangen werden, dass die bisherige Rechtsprechung die Rechtspraxis weiterhin prägen werde.

562 Ausführlich hierzu: Dreier/Schulze/*Schulze*, Urheberrechtsgesetz, § 31 a, Rn. 41 ff.

563 BGH, GRUR 1982, 727 (730 f).

564 BGH, GRUR 1991, 133 (136); BGH, GRUR 1995, 212 (213); zustimmend: OLG Köln, MMR 2009, 337 (338).

565 BGH, GRUR 1995, 212 (214).

im Internet eines Anbieters gespeicherten Film abzurufen.[566] Das OLG München hat eine Bekanntheit dieser Nutzungsart ab dem Jahre 1995 angenommen.[567] In der Literatur wird demgegenüber eine Bekanntheit erst ab Anfang 2000 bejaht.[568] Die Zweitauswertung von Filmen auf DVD stellt laut BGH im Verhältnis zur herkömmlichen Videozweitauswertung jedoch keine neue Nutzungsart dar. Eine wirtschaftlich eigenständige Verwendungsform sei vor allem dann anzunehmen, wenn mit Hilfe einer neuen Technik ein neuer Absatzmarkt erschlossen werde. Demgegenüber sei diese zu verneinen, wenn durch die neue Verwendungsform bloß eine gebräuchliche Verwendungsform substituiert werde. Der BGH stimmt dem Berufungsgericht darin zu, dass die DVD die herkömmliche Videokassette ersetzen und daher keinen neuen Markt erschließen, sondern eine herkömmliche Verwendungsform substituieren würde.[569] Die Ansicht des BGH überzeugt jedoch nicht. Die DVD hat die Videokassette nicht bloß substituiert, sondern durch die vielen Funktionen, die sie über eine Videokassette hinaus bietet, auch einen neuen Markt erschlossen.[570] Eine DVD ermöglicht seinen Nutzern eine Vielzahl von Funktionen: Man kann sich den Film in verschiedenen Sprachen, mit oder ohne Untertitel, anschauen, es gibt die Möglichkeit verschiedene Szenen des Films auszuwählen und über die Extras oder Audiokommentare Hintergrundinformationen über den Film zu erlangen. Einige DVDs bieten sogar die Möglichkeit, sich unterschiedliche Versionen des Films anzuschauen, man kann z.B. zwischen der Kinoversion und einem alternativen Ende wählen („I am legend"), man kann den Film in Farbe oder in Schwarz-Weiß schauen („Der Nebel") oder sogar interaktiv mitentscheiden, was in der nächsten Szene passieren soll („Final Destination III"). Somit stellt die DVD nicht bloß eine technische Substitution der Videokassette dar, sondern erschließt mit Hilfe neuer Techniken durchaus einen neuen Markt. Um eine Substitution der DVD könnte es sich jedoch bei der Bluray-Disc handeln, da diese zwar eine größere Speicherkapazität besitzt als die DVD, jedoch hierdurch keinen neuen Markt erschließt.

ff) Zweckübertragungslehre

Die in § 31 Abs. 5 UrhG normierte Zweckübertragungsregel besagt, dass wenn bei der Einräumung eines Nutzungsrechts die Nutzungsarten nicht ausdrücklich einzeln bezeichnet sind, es sich nach dem von beiden Partnern zugrunde geleg-

566 Wandtke/Bullinger/*Wandtke/Grunert*, Urheberrecht, § 31 a, Rn. 43 f.

567 OLG München, NJW-RR 1999, 988 (989 f).

568 Wandtke/Bullinger/*Wandtke/Grunert*, Urheberrecht, § 31 a, Rn. 45; Dreier/Schulze/*Schulze*, Urheberrechtsgesetz, § 31 a, Rn. 52.

569 BGH, GRUR 2005, 937 (939 f); zustimmend: OLG Köln, MMR 2009, 337 (338).

570 Wandtke/Bullinger/*Wandtke/Grunert*, Urheberrecht, § 31 a, Rn. 50.

ten Vertragszweck bestimmt, auf welche Nutzungsarten es sich erstreckt. Hieraus folgt die Tendenz des Urheberrechts, soweit wie möglich beim Urheber zu verbleiben. Die Vorschrift dient dem Schutz des Urhebers und sichert die möglichst weitgehende Beteiligung des Urhebers an den wirtschaftlichen Früchten seines Werks.[571]

2. Besondere Bestimmungen für Filmwerke gem. §§ 88, 89 UrhG

Nachdem nun ausführlich dargelegt worden ist, wie die Nutzungsrechtseinräumung gem. der allgemeinen Vorschriften in den §§ 31 ff UrhG erfolgt, bedarf es einer genauen Darstellung der bereits erwähnten besonderen Bestimmungen für Filme in den §§ 88, 89 UrhG.

a) Sinn und Zweck der besonderen Bestimmungen für Filme

Der Filmhersteller ist, wie bereits erörtert, derjenige, der die organisatorische und wirtschaftliche Verantwortung bei der Filmherstellung trägt. Um einen Film verwerten zu können, muss der Filmhersteller sich die Nutzungsrechte am Filmwerk durch die Urheber gem. §§ 31 ff UrhG, wie soeben dargestellt, einräumen lassen. Wie bereits ausführlich dargelegt, ist an der Herstellung eines Films jedoch eine Vielzahl von Personen beteiligt. Hierbei sind die Filmurheber (der Regisseur, Kameramann, der Cutter und der Mischtonmeister) von den Urhebern vorbestehender Werke (der Autor eines Romans, Drehbuchs, der Komponist der Filmmusik) zu unterscheiden. Aufgrund der Vielzahl von Personen, denen Rechte am Filmwerk zustehen, kann sich die Auswertung eines Filmwerkes für den Filmhersteller als schwierig gestalten. Dieses Problem hat der Gesetzgeber erkannt und in der Gesetzesbegründung zum Urheberrechtsgesetz aus dem Jahre 1965 darauf hingewiesen, dass Filmwerke in der Regel unter großem Kostenaufwand zum Zweck der gewerblichen Verwertung hergestellt werden würden, und dass dieses Kostenrisiko für den Filmhersteller nur tragbar sei, wenn ihm eine möglichst ungehinderte Verwertung des Filmwerks zugesichert werden könnte. Aus diesem Grunde führte der Gesetzgeber die besonderen Bestimmungen für Filmwerke in den §§ 88, 89 ff UrhG (damals §§ 98, 99 ff UrhG a.F.) ein, deren Vermutungsregelungen den Erwerb und die Verfügung der Rechte am Filmwerk im Interesse des Filmherstellers erleichtern sollten.[572]

---

571 Dreier/Schulze/*Schulze*, Urheberrechtsgesetz, § 31 Rn. 110; Wandtke/Bullinger/*Wandtke/Grunert*, Urheberrecht, § 31, Rn. 39; Schack, Urheber- und Urhebervertragsrecht, § 16, Rn. 546 ff; Rehbinder, Urheberrecht, Rn. 569.

572 BT.-Drs. IV/270, S. 98.

b) Das Recht zur Verfilmung, § 88 UrhG

§ 88 UrhG betrifft die Rechtseinräumungsvermutung zwischen den Urhebern vorbestehender Werke und dem Filmhersteller. Zu den Urhebern vorbestehender Werke zählen sowohl die Urheber filmunabhängiger vorbestehender Werke (Romane, Biographien, bekannte Musikwerke, die im Film verwendet werden, etc.) als auch die Urheber eigens für den Film geschaffener vorbestehender Werke (Drehbuch, Filmmusik).[573] Die Vermutungsregelung greift jedoch nur, wenn es an einer vertraglichen Vereinbarung über den Inhalt und Umfang der dem Filmhersteller eingeräumten Nutzungsrechte fehlt.[574]

aa) Gestattung zur Verfilmung

Gem. § 88 Abs. 1 UrhG muss der Urheber die Verfilmung seines Werkes gestatten. Nach herrschender Meinung handelt es sich bei dem Verfilmungsrecht um kein besonderes, eigenständiges Verwertungsrecht des Urhebers i.S.d. §§ 15 ff UrhG.[575] Dies entnimmt die herrschende Meinung der Gesetzesbegründung zum Urheberrechtsgesetz. Diese besagt, dass es sich bei der Verfilmung eines Werkes entweder, wenn das Werk unverändert in den Film übernommen wird, um eine Vervielfältigung oder eine besondere Form der Bearbeitung des Werkes handele. Somit erscheine die besondere Erwähnung eines Verfilmungsrechts als überflüssig und mit der Systematik des Gesetzes nicht vereinbar.[576] Die Verfilmung eines vorbestehenden Werkes wird daher als ein selbstständiges Nutzungsrecht beurteilt.[577]

bb) Umfang der Rechtseinräumungsvermutung

Vor der Novellierung durch das Gesetz zur Stärkung der vertraglichen Stellung des Urhebers und des ausübenden Künstlers aus dem Jahre 2002[578] enthielt § 88 Abs. 1 UrhG a.F. die Vermutung, dass der Urheber, der einem anderen die Verfilmung seines Werkes gestattet, ihm dadurch im Zweifel die in § 88 Abs. 1 Nr. 1-5 UrhG genannten ausschließlichen Nutzungsrechte einräumt.

---

573 Im Einzelnen siehe hierzu: Zweites Kapitel, S. 83 ff.

574 Möhring/Nicolini/*Lütje*, Urheberrechtsgesetz, § 88, Rn. 16; Schricker/*Katzenberger*, Urheberrecht, § 88, Rn. 4; Loewenheim/*Schwarz/Reber*, Handbuch des Urheberrechts, § 74, Rn. 20.

575 Schricker/*Katzenberger*, Urheberrecht, Vor §§ 88 ff, Rn. 28; Wandtke/Bullinger/*Manegold*, Urheberrecht, § 88 Rn. 9; Möhring/Nicolini/*Lütje*, Urheberrechtsgesetz, § 88, Rn. 2; a.A. Dreier/Schulze/*Schulze*, Urheberrechtsgesetz, § 88, Rn. 13.

576 BT.-Drs. IV/270, S. 46.

577 Schricker/*Katzenberger*, Urheberrecht, Vor §§ 88 ff, Rn. 30; Wandtke/Bullinger/*Manegold*, Urheberrecht, § 88 Rn. 9.

578 BGBl 2002 I, S. 1155.

Der Gesetzgeber unterschied in § 88 Abs. 1 Nr. 3 und 4 UrhG a.F. zwischen dem ausschließlichen Recht der öffentlichen Vorführung (§ 19 Abs. 4 UrhG) und dem Senderecht (§ 20 UrhG). Ob dem Filmhersteller gem. § 88 Abs. 1 Nr. 3 UrhG a.F. das ausschließliche Vorführungsrecht oder gem. § 88 Abs. 1 Nr. 4 UrhG a.F. das ausschließliche Senderecht eingeräumt werden sollte, richtete sich nach der Zweckbestimmung des Films. War das Filmwerk zur öffentlichen Aufführung in den Kinos bestimmt, verblieb im Zweifel das Senderecht beim Urheber, sollte jedoch ein Fernsehfilm hergestellt werden, behielt der Urheber im Zweifel die Vorführrechte. Zur Bestimmung des Zwecks wurden die gesamten Umstände des Einzelfalls herangezogen. Beabsichtigte der Filmhersteller das Filmwerk sowohl öffentlich aufzuführen als auch im Fernsehen zu senden, musste er sich beide Rechte vertraglich einräumen lassen.[579] In § 88 Abs. 1 Nr. 2 UrhG a.F. war das ausschließliche Nutzungsrecht geregelt, das Filmwerk zu vervielfältigen und zu verbreiten. Auch hier musste nach dem jeweiligen Verwertungszweck des Filmwerks differenziert werden. Handelte es sich um einen Kinofilm, so konnten hiervon Kopien für den Kinoverleih hergestellt werden und an die Kinos verbreitet werden. Bei Fernsehfilmen konnten Kopien hergestellt werden, um die eigene Sendetätigkeit zu erleichtern oder diese an zur Sendung befugte Sendeunternehmen weiterzugeben.[580] Die Herstellung von Vervielfältigungsstücken für andere Zwecke, wie die Auswertung auf Videokassetten, die Schmalfilmverwertung oder die Herstellung von DVDs etc. war nicht von dieser Vorschrift erfasst und erforderte eine ausdrückliche Vereinbarung.[581]

Die Vorschrift des § 88 UrhG in seiner alten Fassung ist jedoch veraltet gewesen. Seit der Entstehung des Urheberrechtsgesetzes 1965 haben sich die technischen Möglichkeiten und die Verwertungspraxis weiterentwickelt. Filme sind nicht mehr auf eine einmediale Verwertung beschränkt. Es ist heutzutage üblich, dass ein Kinofilm zunächst im Kino aufgeführt, nach gewisser Zeit auf Video (bzw. DVD) verwertet, anschließend im Pay TV und schließlich im Free TV ausgestrahlt wird.[582] Zwar werden Fernsehproduktionen demgegenüber seltener im Kino vorgeführt, dennoch ist auch diese Verwertung durchaus möglich. Die Ver-

---

579 Bohr, Die Urheberrechtsbeziehungen der an der Filmherstellung Beteiligten, S. 67 f; Fromm/Nordemann/*Jan Bernd Nordemann*, Urheberrecht, § 88, Rn. 12 f; Möhring/Nicolini/*Lütje*, Urheberrechtsgesetz, § 88, Rn. 37 ff; Loewenheim/*Schwarz/Reber*, Handbuch des Urheberrechts, § 74, Rn. 46 f; Schricker/*Katzenberger*, Urheberrecht, § 88, Rn. 43 f.

580 Dreier/Schulze/*Schulze*, Urheberrechtsgesetz, § 88, Rn. 57; Fromm/Nordemann/*Jan Bernd Nordemann*, Urheberrecht, § 88, Rn. 13.

581 Dreier/Schulze/*Schulze*, Urheberrechtsgesetz, § 88, Rn. 58; Fromm/Nordemann/*Jan Bernd Nordemann*, Urheberrecht, § 88, Rn. 15.

582 Loewenheim/*Schwarz/Reber*, Handbuch des Urheberrechts, § 74, Rn. 19; V. Hartlieb/Schwarz/*Schwarz/U. Reber*, Handbuch des Film-, Fernseh- und Videorechts, 93. Kap., Rn. 21; Nordemann, Das neue Urhebervertragsrecht; § 88, S. 130.

wertung von Serien auf Video (bzw. DVD) ist ebenfalls erfolgreich.[583] Insbesondere in den letzten Jahren ist der Erfolg der Verwertung von Serien auf DVD sehr stark angestiegen. Man findet nicht nur aktuelle Serien wie „Lost“, „Desperate Housewives“, „Grey´s Anatomy“ in den DVD-Regalen, auch Klassiker wie „Pippi Langstrumpf“, „The Bill Cosby Show“ und das „A-Team“ sind als DVD erhältlich. Abgeschlossene Kultserien wie „Gilmore Girls“, „Buffy“, „Sex and the City“ und „Star Trek“ erscheinen sogar als limitierte Sammlerboxen, die alle Staffeln der Serie enthalten.

Diese Entwicklung hat auch der Gesetzgeber bemerkt und erkannt, dass § 88 UrhG a.F. den aktuellen Gegebenheiten angepasst werden musste. Es erschien plausibel, im Zweifel sämtliche filmischen Verwertungsbefugnisse in der Hand des Produzenten zu sammeln, um bei voller Berücksichtigung der Interessen der Urheber gleichzeitig auch den heutigen Verwertungsbefugnissen von Filmwerken Rechnung zu tragen.[584]

Seit der Novellierung enthält § 88 Abs. 1 UrhG nun die an § 89 Abs. 1 UrhG angeglichene umfassende Vermutung, dass der Urheber, der einem anderen die Verfilmung seines Werkes gestattet, ihm dadurch im Zweifel das ausschließliche Recht einräumt, das Werk unverändert oder unter Bearbeitung oder Umgestaltung zur Herstellung eines Filmwerks zu benutzen und das Filmwerk, sowie Übersetzungen und andere filmische Bearbeitungen, auf alle bekannten Nutzungsarten zu nutzen. Entsprechend § 88 Abs. 1 Nr. 1 UrhG a.F. nennt die neue Fassung der Norm zunächst das Recht, das Werk zur Filmherstellung zu benutzen. Dies kann in unveränderter Form erfolgen, z.B. wenn ein Musikstück ohne jegliche schöpferische Veränderung im Film benutzt wird. Eine solche Übertragung des Werkes auf einen Bild- oder Tonträger stellt eine Vervielfältigung i.S.d. § 16 Abs. 2 UrhG dar.[585] In vielen Fällen erfährt das Werk jedoch eine Bearbeitung oder Umgestaltung i.S.d. § 23 S. 2 UrhG. Eine Bearbeitung ist beispielsweise bei literarischen Vorlagen erforderlich, die in eine Form gebracht werden müssen, die sich zur Herstellung eines Filmwerkes eignet. Insbesondere ist hierbei an das Umschreiben der Dialoge, Weglassen oder Erweitern gewisser Textpassagen zu denken. Aber auch bei Werken der Musik ist eine Bearbeitung möglich.[586] Der Filmhersteller kann das Werk jedoch nicht beliebig bearbeiten, eine Grenze setzt ihm § 93 UrhG, wonach das Werk weder gröblich entstellt noch gröblich beeinträchtigt werden darf. Auch wenn § 88 Abs. 1 UrhG n.F. keine ausdrückliche Regelung mehr über die Verviel-

583 Nordemann, Das neue Urhebervertragsrecht, § 88, S. 130.

584 BT.-Drs. 14/8058, S. 21.

585 Schricker/*Katzenberger*, Urheberrecht, Vor §§ 88 ff, Rn. 24; Möhring/Nicolini/*Lütje*, Urheberrechtsgesetz, § 88, Rn. 28.

586 Möhring/Nicolini/*Lütje*, Urheberrechtsgesetz, § 88, Rn. 31; Dreier/Schulze/*Schulze*, Urheberrechtsgesetz, § 88, Rn. 34.

fältigung und die Verbreitung des Filmwerks enthält, sind auch diese Rechte von der weiten Regelung umfasst. Sie gehen sogar weiter als zuvor und umfassen auch die Verwertung auf Video bzw. DVD.[587] Von zentraler Bedeutung ist es, dass es nach der Neuregelung der Vorschrift nicht mehr darauf ankommt, ob ein Filmwerk als Kinofilm oder Fernsehfilm bestimmt ist, sondern der Filmhersteller im Zweifel den Film öffentlich vorführen, im Fernsehen ausstrahlen oder auf Video/DVD verwerten kann.[588] § 88 Abs. 1 UrhG umfasst wie zuvor § 88 Abs. 1 Nr. 5 UrhG auch das sogenannte „Weltverfilmungsrecht". Es soll dem Hersteller möglich sein, das Filmwerk auch im Ausland sinnvoll zu verwerten. Er kann fremdsprachige Synchronfassungen herstellen, den Film mit Untertiteln versehen und diese verwerten. Die Grenze der Verwertungsbefugnis stellt erneut § 93 UrhG dar.[589]

Die Rechtseinräumungsvermutung des § 88 Abs. 1 UrhG beschränkte sich zunächst nur auf die bekannten Nutzungsarten. Wie bereits ausgeführt, ist jedoch durch die Novellierung des Urheberrechts durch das Zweite Gesetz zur Regelung des Urheberrechts in der Informationsgesellschaft[590] § 31 Abs. 4 UrhG aufgehoben und durch eine Widerrufslösung und einen gesetzlichen Vergütungsanspruch in § 31 a und 32 c UrhG ersetzt worden. Im Zusammenhang mit dieser Reform ist auch die Beschränkung in § 88 Abs. 1 UrhG aufgegeben worden. Als Grund nennt der Gesetzgeber insbesondere im Filmbereich auftretende praktische Schwierigkeiten beim Nacherwerb von Rechten an unbekannten Nutzungsarten. Wolle der Filmhersteller einen Film in einer neuen Nutzungsart erwerben, müsse er sich von einer Vielzahl von Urhebern bzw. deren Erben das Recht hierzu einräumen lassen. Verweigere nur einer der Urheber die Rechtseinräumung, könne die Verwertung in einer neuen Nutzungsart nicht stattfinden. Es sei jedoch im Interesse aller Beteiligten (Filmhersteller, Urheber und Konsumenten), dass die Auswertung eines Films in einer neuen Nutzungsart möglichst schnell erfolge.[591] Es ist auf die Besonderheit in § 88 Abs. 1 S. 2 UrhG hinzuweisen, wonach im Bereich des Films das Widerrufsrecht des Urhebers gem. § 31 a S. 3 UrhG keine Anwendung findet. Der Gesetzgeber weist diesbezüglich darauf hin, dass ein Widerrufsrecht dem Ziel der Regelungen in den §§ 88, 89 UrhG widerspreche, eine möglichst ungehinderte Verwertung des Films in einer unbekannten Nutzungsart durch den Filmhersteller

---

587 Loewenheim/*Nordemann*, Handbuch des Urheberrechts, § 73, Rn. 38 ff.

588 Haas, Das neue Urhebervertragsrecht, 7. Kap., Rn. 375; Loewenheim/*Schwarz/Reber*, Handbuch des Urheberrechts, § 74, Rn. 47.

589 Dreier/Schulze/*Schulze*, Urheberrechtsgesetz, § 88, Rn. 42 ff; Loewenheim/*Schwarz/Reber*, Handbuch des Urheberrechts, § 74, Rn. 52 ff; Schricker/*Katzenberger*, Urheberrecht, § 88, Rn. 50 ff; Wandtke/Bullinger/*Manegold*, Praxiskommentar zum Urheberrecht, § 88, Rn. 49 f.

590 BGBl 2007 I, S. 2513 ff.

591 BT.-Drs. 16/1828, S. 32 f.

zu gewährleisten. Die Interessen der Urheber seien durch den § 32 c UrhG gewahrt, der eine angemessene Vergütung für die Urheber vorsehe.[592]

cc) Das Recht zur Wiederverfilmung, § 88 Abs. 2 UrhG

Im Rahmen der §§ 31 ff UrhG ist dargelegt worden, dass eine Nutzungsrechtseinräumung zeitlich beschränkt werden kann. Dies ist durch vertragliche Vereinbarung möglich. Jedoch finden sich auch Vorschriften im Gesetz, die eine zeitliche Beschränkung vorsehen. Eine solche Vorschrift ist für den Fall der Wiederverfilmung geregelt. Eine Wiederverfilmung ist anzunehmen, wenn eine zweite Filmfassung eines bereits verfilmten Werkes entsteht.[593] Gem. § 88 Abs. 2 S.1 UrhG ist der Filmhersteller nicht zu einer Wiederverfilmung des vorbestehenden Werkes berechtigt. Die Vorschrift regelt somit den Grundsatz der einmaligen Verfilmung, wonach der Urheber des verfilmten Werkes das Verfilmungsrecht für ein bestimmtes Filmvorhaben vergibt.[594] Nach Ablauf von zehn Jahren kann der Urheber des vorbestehenden Werks gem. § 88 Abs. 2 S. 2 UrhG sein Werk im Zweifel anderweitig filmisch verwerten. Die Vorschrift ist jedoch vertraglich abdingbar.[595]

c) Rechte am Filmwerk, § 89 UrhG

Während Gegenstand des § 88 UrhG die Rechtseinräumungsvermutung zwischen dem Filmhersteller und den Urhebern vorbestehender Werke ist, regelt § 89 UrhG die Rechtseinräumungsvermutung zwischen dem Filmhersteller und den Filmurhebern. Filmurheber sind nach hier vertretender Ansicht der Regisseur, der Kameramann, der Cutter und der Mischtonmeister.[596] Wie auch bei § 88 UrhG greift die Vermutungsregelung des § 89 Abs. 1 UrhG nur, wenn es an einer ausdrücklichen Vereinbarung zwischen dem Filmhersteller und den Filmurhebern fehlt.[597]

aa) Verpflichtung zur Mitwirkung an der Filmherstellung

Die Rechtseinräumungsvermutung des § 88 Abs. 1 UrhG setzt voraus, dass der Urheber des vorbestehenden Werkes die Verfilmung seines Werkes gestattet.

---

592 BT.-Drs. 16/1828, S. 33.

593 Dreier/Schulze/*Schulze*, Urheberrechtsgesetz, § 88, Rn. 64.

594 BT.-Drs. IV/270, S. 99.

595 Dreier/Schulze/*Schulze*, Urheberrechtsgesetz, § 88, Rn. 66 f, 70; Loewenheim/*Schwarz/Reber*, Handbuch des Urheberrechts, § 74, Rn. 33.

596 Für genauere Ausführungen zu den Filmurhebern siehe: Zweites Kapitel, S. 74 ff.

597 Loewenheim/*Schwarz/Reber*, Handbuch des Urheberrechts, § 74, Rn. 126, 135; V. Hartlieb/Schwarz/*Schwarz/U. Reber*, Handbuch des Film-, Fernseh- und Videorechts, 94. Kap., Rn. 12.

Demgegenüber ist Anknüpfungspunkt für die Vermutung bei § 89 Abs. 1 UrhG die Verpflichtung des Filmurhebers zur Mitwirkung an der Filmherstellung. Bei dem Mitwirkungsvertrag kann es sich um einen Dienst-, Arbeits-, Werk- oder Gesellschaftsvertrag handeln.[598] Handelt der Filmurheber in Weisungsabhängigkeit zum Filmhersteller, und ist er für einen nicht unerheblichen Zeitraum in dessen Betrieb eingegliedert, so liegt ein Arbeitsverhältnis vor. In diesem Fall sind zusätzlich die Besonderheiten des Arbeitsrechts, insbesondere tarifvertragliche Bestimmungen zu beachten.[599]

bb) Umfang der Rechtseinräumungsvermutung

§ 89 Abs. 1 UrhG formuliert, wie nun auch § 88 Abs. 1 UrhG, eine umfassende Rechtseinräumungsvermutung. Im Zweifel wird dem Filmhersteller gem. § 89 Abs. 1 UrhG das ausschließliche Recht eingeräumt, das Filmwerk sowie Übersetzungen und andere filmische Bearbeitungen oder Umgestaltungen des Filmwerks auf alle bekannten Nutzungsarten zu nutzen. Wie bereits im Rahmen von § 88 Abs. 1 UrhG erläutert, umfasst auch § 89 Abs. 1 UrhG das Weltverfilmungsrecht, das es dem Filmhersteller ermöglichen soll, das Filmwerk auch im Ausland effektiv zu verwerten. Die Vermutung erstreckt sich auf alle Nutzungsarten, die der filmischen Auswertung dienen. Der Produzent kann das Filmwerk (Kinofilm, Fernsehfilm und Videofilm) umfassend verwerten. Er kann es beispielsweise öffentlich vorführen, im Fernsehen senden, auf Videokassette (bzw. DVD) verwerten.[600]

Die einzige Grenze der Rechtseinräumungsvermutung stellte die Beschränkung auf bekannte Nutzungsarten dar. Diese Beschränkung ist jedoch, wie bereits im Rahmen von § 88 Abs. 1 UrhG ausführlich erläutert, durch den Gesetzgeber mit der Begründung aufgehoben worden, dass der Filmhersteller beim Nacherwerb unbekannter Nutzungsarten praktischen Schwierigkeiten ausgesetzt sei, und die Streichung der Beschränkung im Interesse aller Beteiligten eine möglichst schnelle Verwertung in einer neuen Nutzungsart ermögliche. Mit der Novellierung ist die Rechtseinräumungsvermutung zugunsten des Filmherstellers somit erneut erweitert worden.

---

598 Dreier/Schulze/*Schulze*, Urheberrechtsgesetz, § 89, Rn. 23; Loewenheim/*Schwarz/Reber*, Handbuch des Urheberrechts, § 74, Rn. 131; V. Hartlieb/Schwarz/*Schwarz/U. Reber*, Handbuch des Film-, Fernseh- und Videorechts, 94. Kap., Rn. 3; Möhring/Nicolini/*Lütje*, Urheberrechtsgesetz, § 89, Rn. 8.

599 Loewenheim/*Schwarz/Reber*, Handbuch des Urheberrechts, § 74, Rn. 128.

600 Loewenheim/*Schwarz/Reber*, Handbuch des Urheberrecht, § 74, Rn. 137; V. Hartlieb/Schwarz/*Schwarz/U. Reber*, Handbuch des Film-, Fernseh- und Videorechts, 94. Kap., Rn. 13.

cc) Vorangegangene Rechtseinräumung an Dritte, § 89 Abs. 2 UrhG

Im Rahmen der allgemeinen Nutzungsrechtseinräumung gem. §§ 31 ff UrhG ist bereits darauf hingewiesen worden, dass zum Schutze des Urhebers ein gutgläubiger Erwerb von Nutzungsrechten nicht möglich ist. Eine besondere Bestimmung findet sich im Rahmen der Regelungen zum Film in § 89 Abs. 2 UrhG. Gem. § 89 Abs. 2 behält der Urheber die Befugnis seine Nutzungsrechte dem Filmhersteller einzuräumen, auch wenn er sie im Voraus einem Dritten (z.B. einer Verwertungsgesellschaft) eingeräumt hat. Jedoch kann er sich in diesem Fall gegenüber dem Dritten schadensersatzpflichtig machen. Durch § 89 Abs. 2 UrhG soll wie bereits durch § 89 Abs. 1 UrhG eine ungehinderte Verwertung des Filmwerks durch den Filmhersteller gesichert werden.[601]

d) Einschränkung der Rechte im Rahmen der Filmverträge, § 90 UrhG

Eine weitere Besonderheit findet sich in § 90 UrhG. Möchte der Filmhersteller, der gem. §§ 88, 89 UrhG Nutzungsrechte erworben hat, einem Dritten diese Nutzungsrechte übertragen oder einräumen, so müsste er grundsätzlich hierzu gem. §§ 34, 35 UrhG die Zustimmung der Urheber einholen. Gem. § 90 UrhG wird jedoch zugunsten des Filmherstellers auf dieses Zustimmungserfordernis verzichtet. Eine Beschränkung findet sich in § 90 S. 2 UrhG. Die Vorschrift gilt nämlich nur ab Beginn der Dreharbeiten. Vor Beginn der Dreharbeiten kann der Filmhersteller nicht ohne Zustimmung der Urheber Nutzungsrechte an Dritte übertragen oder einräumen. Diese Vorschrift soll ebenfalls die Verfügung über die Rechte am Filmwerk erleichtern.[602]

IV. Hersteller als Inhaber eines originären Rechts, § 94 UrhG

In den vorhergehenden Abschnitten wurde aufgezeigt, dass dem Filmhersteller kein originäres Urheberrecht am Filmwerk zusteht. Vielmehr muss er die Nutzungsrechte von den Urhebern der vorbestehenden Werke und den Filmurhebern erwerben. Durch besondere Bestimmungen in den §§ 88 ff UrhG wird ihm diese Rechtseinräumung jedoch deutlich erleichtert. Unabhängig von dem Erwerb dieser Nutzungsrechte steht dem Filmhersteller ein originäres Leistungsschutzrecht gem. § 94 UrhG zu, wodurch die organisatorische und wirtschaftliche Leistung

601 Dreier/Schulze/*Schulze*, Urheberrechtsgesetz, § 89, Rn. 36 f.

602 Im Einzelnen hierzu: Dreier/Schulze, Urheberrechtsgesetz, § 90, Rn. 1 ff.

des Filmherstellers geschützt werden soll.[603] Das Leistungsschutzrecht des Filmherstellers ist mit Entstehung des Urheberrechtsschutzes 1965 in das Gesetz eingefügt worden.[604]

1. Filmträger als Schutzgegenstand

Schutzgegenstand des Leistungsschutzrechts aus § 94 UrhG ist nicht das Filmwerk, sondern der Filmträger, also der Bildträger (beim Stummfilm) oder der Bild- und Tonträger (beim Tonfilm), auf den das Filmwerk aufgenommen ist.[605] Bei Tonfilmen gelten Bild und Ton als Einheit, so dass sich das Leistungsschutzrecht auch auf die Tonaufnahme erstreckt. Dies selbst in dem Fall, dass Bild und Ton aus technischen Gründen auf getrenntem Trägermaterial festgehalten werden.[606]

Da der Schutz nach § 94 UrhG die Festlegung auf einem Filmträger voraussetzt, sind Live-Sendungen, denen es an einer körperlichen Festlegung fehlt, nicht gem. § 94 UrhG, sondern gem. § 87 UrhG (Leistungsschutz des Sendeunternehmens) geschützt.[607] Trotz der Voraussetzung der körperlichen Festlegung ist nicht der materielle Träger selbst Schutzgegenstand des § 94 UrhG, sondern die im Filmträger verkörperte wirtschaftliche und organisatorische Leistung des Filmherstellers. Schutzgegenstand ist demnach ein immaterielles Gut.[608]

Nur die erstmalige Fixierung eines Filmwerkes begründet einen Schutz im Sinne des § 94 UrhG. Durch die Übertragung von Spielfilmen auf Schmalfilm, Videokassette, Video-Masterband oder DVD und das Mitschneiden von Fernsehsendun-

603 Dreier/Schulze/*Schulze*, Urheberrechtsgesetz, § 94, Rn. 1; Loewenheim/*Schwarz/Reber*, Handbuch des Urheberrechts, § 42, Rn. 2 f; Schricker/*Katzenberger*, Urheberrecht, § 94, Rn. 1; Wandtke/Bullinger/*Manegold*, Praxiskommentar zum Urheberrecht, § 94, Rn. 1 f; Rehbinder, Urheberrecht, Rn. 832; Schack, Urheber- und Urhebervertragsrecht, § 19, Rn. 636 f.

604 Loewenheim/*Schwarz/Reber*, Handbuch des Urheberrechts, § 42, Rn. 4; Dreier/Schulze/*Schulze*, Urheberrechtsgesetz, § 94, Rn. 3.

605 Dreier/Schulze/*Schulze*, Urheberrechtsgesetz, § 94, Rn. 21, Loewenheim/*Schwarz/Reber*, Handbuch des Urheberrechts, § 42, Rn. 11; Schricker/*Katzenberger*, Urheberrecht, § 94, Rn. 9; Möhring/Nicolini/*Lütje*, Urheberrechtsgesetz, § 94, Rn. 19.

606 Dreier/Schulze/*Schulze*, Urheberrechtsgesetz, § 94, Rn. 30; Loewenheim/*Schwarz/Reber*, Handbuch des Urheberrechts, § 42, Rn. 11; Schricker/*Katzenberger*, Urheberrecht, § 94, Rn. 11; Möhring/Nicolini/*Lütje*, Urheberrechtsgesetz, § 94, Rn. 19.

607 Dreier/Schulze/*Schulze*, Urheberrechtsgesetz, § 94, Rn. 21; Loewenheim/*Schwarz/Reber*, Handbuch des Urheberrechts, § 42, Rn. 13; Möhring/Nicolini/*Lütje*, Urheberrechtsgesetz, § 94, Rn. 20.

608 Schricker/*Katzenberger*, Urheberrecht, § 94, Rn. 9; Dreier/Schulze/*Schulze*, Urheberrechtsgesetz, § 94, Rn. 20; Loewenheim/*Schwarz/Reber*, Handbuch des Urheberrechts, § 42, Rn. 12; BGH, ZUM-RD 2008, 337 (338); a.A. Reupert, Der Film im Urheberrecht, S. 186 f.

gen und Spielfilmen entsteht kein Leistungsschutzrecht gem. § 94 UrhG.[609] Auf europäischer Ebene hat erstmals die Vermiet- und Verleihrechtsrichtlinie vom 19. 11.1992[610] in Art. 2 Abs. 1, Art. 7 Abs. 1 und 9 Abs. 1 dem Hersteller der erstmaligen Aufzeichnung eines Films das Leistungsschutzrecht zugewiesen. Im Rahmen der Umsetzung der Richtlinie hat der deutsche Gesetzgeber dieses Kriterium nicht in den Wortlaut der Vorschrift übernommen, da er festgestellt hat, dass die herrschende Meinung die Norm bisher bereits so ausgelegt habe, dass dem Hersteller der Erstfixierung und nicht dem „Videoproduzenten", der bloß Vervielfältigungsstücke herstelle, ein Leistungsschutzrecht zustehe. Nur bei dieser Auslegung sei die Vorschrift richtlinienkonform.[611]

Für den Schutz nach § 94 UrhG ist es unerheblich, ob die fixierte Aufnahme ein Filmwerk i.S.d § 2 Abs. 1 Nr. 6 UrhG darstellt oder es sich hierbei um bloße Laufbilder handelt, da § 95 UrhG die Vorschrift des § 94 UrhG auf Laufbilder für entsprechend anwendbar erklärt.

2. Die ausschließlichen Rechte des Filmherstellers

Gem. § 94 Abs. 1 UrhG hat der Filmhersteller das ausschließliche Recht, den Bildträger oder Bild- und Tonträger, auf den das Filmwerk aufgenommen ist, zu vervielfältigen, zu verbreiten und zur öffentlichen Vorführung, Funksendung oder öffentlichen Zugänglichmachung zu benutzen. Die Aufzählung der dem Hersteller zugewiesenen Rechte ist abschließend.[612] Trotz Fehlens einer ausdrücklichen Verweisung im Gesetz, sind die Vorschriften der §§ 16 ff UrhG zur Bestimmung der Rechte des Filmherstellers am Filmträger heranzuziehen.[613] Somit ist hier auf die Ausführungen zu den §§ 16 ff UrhG zu verweisen. § 94 Abs. 4 UrhG erklärt das Kabelweitersenderecht gem. § 20 b UrhG als entsprechend anwendbar. Auch dieses Recht steht dem Filmhersteller somit zu.

---

609 Dreier/Schulze/*Schulze*, Urheberrechtsgesetz, § 94, Rn. 26; Fromm/Nordemann/*Jan Bernd Nordemann*, Urheberrecht, § 94, Rn. 34; Loewenheim/*Schwarz/Reber*, Handbuch des Urheberrechts, § 42, Rn. 16; Schricker/*Katzenberger*, Urheberrecht, § 94, Rn. 12; OLG Düsseldorf, GRUR 1979, 53 (54).

610 Richtlinie 92/100/EWG des Rates zum Vermietrecht und Verleihrecht sowie bestimmten dem Urheberrecht verwandten Schutzrechten im Bereich des geistigen Eigentums.

611 BT.-Drs. 13/115, S. 16.

612 Dreier/Schulze/*Schulze*, Urheberrechtsgesetz, § 94, Rn. 32; Wandtke/Bullinger/*Manegold*, Praxiskommentar zum Urheberrecht, § 94, Rn. 57.

613 Dreier/Schulze/*Schulze*, Urheberrechtsgesetz, § 94, Rn. 32; Schricker/*Katzenberger*, Urheberrecht, § 94, Rn. 21; Wandtke/Bullinger/*Manegold*, Praxiskommentar zum Urheberrecht, § 94, Rn. 57.

3. *Schutz gegen Entstellungen und Kürzungen*

Gem. § 94 Abs. 1 S. 2 UrhG steht dem Filmhersteller ferner das Recht zu, jede Entstellung oder Kürzung des Bildträgers oder Bild- und Tonträgers zu verbieten, die geeignet ist, seine berechtigten Interessen an diesem zu gefährden. Hierbei handelt es sich jedoch um kein Persönlichkeitsrecht, da Urheberpersönlichkeitsrechte grundsätzlich nur natürlichen Personen zustehen können, es sich bei dem Filmhersteller jedoch in vielen Fällen um eine juristische Person handelt. Vielmehr ist von einem dem Persönlichkeitsrecht nachgebildeten Recht auszugehen.[614] Im Gegensatz zu § 93 UrhG ist der Entstellungsschutz des § 94 UrhG nicht auf gröbliche Beeinträchtigungen beschränkt. Dies ermöglicht dem Filmhersteller eine umfassende Auswertung des Films.[615] Die Entstellungen oder Kürzungen müssen außerdem geeignet sein, die berechtigten Interessen des Filmherstellers zu beeinträchtigen. Die Gefährdung muss nicht unmittelbar bevorstehen oder bereits eingetreten sein, die abstrakte Eignung zur Gefährdung genügt.[616]

V. Diskussionen zur Stärkung der Stellung des Filmherstellers

Der Filmhersteller ist, wie aufgeführt, durch die besonderen Bestimmungen für Filme in den §§ 88 ff UrhG umfassend geschützt. Die Vermutungsregelungen in den §§ 88, 89 UrhG erleichtern die Nutzungsrechtseinräumung im Interesse des Filmherstellers erheblich, und § 94 UrhG stellt dem Filmhersteller ein originäres Recht am Filmträger zur Verfügung. Dennoch ist seit der Entstehung des Urheberrechts immer wieder eine Stärkung der Stellung des Filmherstellers gefordert worden. Wie bereits erörtert, war im Referentenentwurf aus dem Jahre 1954 zwar ein fiktives Urheberrecht des Filmherstellers vorgesehen, dies konnte sich jedoch nicht durchsetzen und der Gesetzgeber hielt im Rahmen der Gesetzgebung 1965 am Schöpferprinzip fest.

Reupert entwickelte im Rahmen ihrer Arbeit zwei Entwürfe für eine Neuregelung des Filmurheberrechts.[617] In dem zweiten Entwurf weist Reupert zunächst

---

614 V. Hartlieb/Schwarz/*U. Reber*, Handbuch des Film-, Fernseh- und Videorechts, 60. Kap., Rn. 7; Loewenheim/*Schwarz/Reber*, Handbuch des Urheberrechts, § 42, Rn. 32; Möhring/Nicolini/*Lütje*, Urheberrechtsgesetz, § 94, Rn. 25.

615 Schricker/*Katzenberger*, Urheberrecht, § 94, Rn. 28; Möhring/Nicolini/*Lütje*, Urheberrechtsgesetz, § 94, Rn. 28; Wandtke/Bullinger/*Manegold*, Praxiskommentar zum Urheberrecht, § 94, Rn. 60.

616 Möhring/Nicolini/*Lütje*, Urheberrechtsgesetz, § 94, Rn. 28; Schricker/*Katzenberger*, Urheberrecht, § 94, Rn. 28.

617 Reupert, Der Film im Urheberrecht, S. 300 ff.

darauf hin, dass die Rechtsnatur des Filmwerkes die Einführung einer neuen Werkgattung als notwendig erweise. Diese bezeichnet sie als das „koordinierte Gesamtwerk“. Laut Reupert ist das „koordinierte Gesamtwerk“ ein Werk, für dessen Herstellung eine natürliche oder juristische Person die Gesamtverantwortung trägt und das sich als Ergebnis des Zusammenwirkens mehrerer technischer und schöpferisch-kreativer Einzelakte darstellt, sofern diese Einzelakte in dem Werk aufgehen und aus diesem nicht mehr einzeln herausgelöst werden können, ohne dass das Werk in seiner Gesamtheit zerstört würde. An diesem Gesamtwerk räumt Reupert dem Filmhersteller das Urheberrecht originär ein.[618] Wie sie jedoch auch selbst erkennt, stellt dieser Entwurf einen Lösungsvorschlag außerhalb des geltenden Urheberrechtssystems dar, da er nicht mit dem Schöpferprinzip vereinbar ist.[619] Mit ihrem ersten Entwurf schlägt Reupert die Einführung einer cessio legis vor, was nach ihrer Ansicht keine Verletzung des Schöpferprinzips darstelle. Das Urheberrecht entstehe zwar in der Person des schöpferisch Tätigen, jedoch würden die ausschließlichen Verwertungsbefugnisse kraft Gesetzes auf den Filmhersteller übertragen. Das Urheberpersönlichkeitsrecht soll laut Reupert nicht von der cessio legis erfasst werden, es soll jedoch die in § 93 UrhG vorgesehene Einschränkung beibehalten werden. Die Verwertung des Filmwerks durch den Filmhersteller sei im Falle der cessio legis nicht von der Willkür der Filmurheber abhängig.[620]

Erneut wurde eine Stärkung der Stellung der Filmhersteller im Rahmen der Diskussionen zum zweiten Gesetz zur Regelung des Urheberrechts in der Informationsgesellschaft („Zweiter Korb“) gefordert.[621] Teils wurde die Anerkennung eines Produzentenurheberrechts befürwortet. Der Produzent sei durchaus auch schöpferisch tätig. Es sei der Produzent, der über alle Produktionsphasen hinweg, von der Stoffentwicklung bis zum fertigen Drehbuch, während der Projektplanung und Dreharbeiten sowie bei der Erstellung der Endfassung schöpferisch das Gesamtkonzept des Filmes bestimme und präge. Er drücke gleichsam wie der Regisseur dem Filmwerk den Stempel seiner schöpferischen Persönlichkeit auf.[622] Dieser Ansicht wird jedoch vorgeworfen, dass sie Kreativität und gute Organisation verwechsele. Auch wenn der Produzent mit seinen Anregungen und Ideen auf den Film einwirke, stelle dies keine persönliche geistige Schöpfung dar. Gegenstand des Urheberrechts sei das Werk und nicht die Idee.[623] Es wurde auch über die mögliche Streichung des § 31 Abs. 4 UrhG und die damit verbundene Erweiterung der Vermutungsregelungen der §§ 88, 89 UrhG auf unbekannte Nut-

618 Reupert, Der Film im Urheberrecht, S. 311 ff.
619 Reupert, Der Film im Urheberrecht, S. 306 f.
620 Reupert, Der Film im Urheberrecht, S. 300 ff.
621 ZUM 2003, 709 ff.
622 Kreile/Höfinger, ZUM 2003, 719 (720 f; 731 f).
623 Breinersdorfer, ZUM 2003, 743 (744 f); Ott, ZUM 2003, 765 (765).

zungsarten diskutiert.[624] Demgegenüber gab es Ansichten, die eine Einführung der cessio legis bevorzugten.[625]

Der Referentenentwurf vom 27.09.2004 enthielt zunächst eine cessio legis in § 89 Abs. 1 UrhG. Der Gesetzgeber betonte, dass die bisherige Vermutungsregel zwar im Regelfall dem Produzenten helfe, es aber dennoch Fälle gebe, wo sich dieser aus Versehen oder aufgrund schlechter Beratung die Rechte nicht umfassend übertragen lasse und die Vermutung für Zweifelsfälle hier nicht helfe. Er wies darauf hin, dass man bedenken müsse, dass es sich bei Filmproduzenten überwiegend um kleine Unternehmen ohne eigene Rechtsabteilung handele.[626] Die Filmwirtschaft begrüßte den Referentenentwurf. Durch die cessio legis werde dem Produzenten ein angemessener Ausgleich für sein finanzielles Risiko, seine wirtschaftliche und organisatorische Leistung und seinen kreativen/schöpferischen Beitrag zur Entstehung des Filmwerks verschafft. Es bestehe auch nicht mehr die Gefahr, dass die Auswertung des Films durch einzelne Mitwirkende zum Nachteil aller übrigen Beteiligten blockiert werde. Die Filmwirtschaft könne nur prosperieren und mit anderen Ländern auf dem Weltmarkt konkurrenzfähig sein, wenn dem Produzenten eine starke Rechtsstellung eingeräumt werde. Die Vermutungsregelungen, die nur im Zweifelsfalle gelten, würden dem Produzenten nicht die notwendige Rechtssicherheit gewährleisten. Insbesondere als kleine Produktionsunternehmen organisierte Produzenten würden nicht über eine Rechtsabteilung oder die notwendigen finanziellen Mittel für eine Rechtsberatung verfügen und es würde sich, wie die Vertragspraxis zeige, herausstellen, dass es an der erforderlichen umfassenden Rechtseinräumung mangele. Fehler bei der Rechtseinräumung könnten durch die cessio legis beseitigt werden.[627]

Jedoch war der Referentenentwurf auch Kritik ausgesetzt. Die cessio legis stelle im deutschen Urheberrecht einen Fremdkörper dar und sei mit dem das deutsche Urheberrecht prägenden Schöpferprinzip nicht vereinbar. Sie würde de facto eine Beseitigung der Urheberschaft der Filmurheber bedeuten. Das durch den Entwurf angestrebte wirtschaftliche Ergebnis lasse sich vielmehr dadurch erreichen, dass in § 89 UrhG (wie auch in § 88 UrhG) das Wort „bekannten“ gestrichen werde.[628]

---

624 Katzenberger, ZUM 2003, 712 ff.

625 Poll in: Diskussionsbericht von Gerhardt, ZUM 2003, 746 (747).

626 Referentenentwurf für ein zweites Gesetz zur Regelung des Urheberrechts in der Informationsgesellschaft „Zweiter Korb“ v. 27.09.2004, S. 12, 68, www.bmj.bund.de/media/archive/760.pdf, zuletzt besucht am: 14.11.2008.

627 Stellungnahme der Filmwirtschaft zum Referentenentwurf für ein zweites Gesetz zur Regelung des Urheberrechts in der Informationsgesellschaft „Zweiter Korb“, 12.11.2004, S. 4 ff; www.urheberrecht.org/topic/Korb-2/st/refentw/Stellungnahme-RefE_UrhG-121104.pdf; zuletzt besucht am: 14.11.2008.

628 Stellungnahme der Deutschen Vereinigung für gewerblichen Rechtsschutz und Urheberrecht, GRUR 2005, 743 (746).

Schließlich entschied sich der Gesetzgeber, wie bereits ausgeführt, für den zuletzt genannten Weg und sah von einer cessio legis ab, hob dafür § 31 Abs. 4 UrhG auf und erweiterte die in den §§ 88, 89 UrhG genannten Vermutungsregelungen auch auf unbekannte Nutzungsarten, um den Filmproduzenten eine uneingeschränkte Verwertung des Filmwerks zu ermöglichen. Die Filmwirtschaft begrüßte zwar die Streichung der unbekannten Nutzungsarten, hielt jedoch an ihrer Forderung fest, dass eine Übertragungsregel die bessere Lösung darstelle.[629]

VI. Stellungnahme

Wichtigster Grundsatz des Urheberrechts ist der in § 7 UrhG verankerte Grundsatz des Schöpferprinzips. Wie bereits ausführlich dargestellt, ist Urheber nur derjenige, der einen schöpferischen Beitrag zum Filmwerk leistet. Wird der Filmhersteller ausnahmsweise schöpferisch tätig und bestimmt er die schöpferische Gestaltung des Films gemeinsam mit dem Regisseur oder Cutter mit, so kann er durchaus den Urhebern zugeordnet werden. Seine organisatorischen Tätigkeiten stellen demgegenüber keine schöpferische Leistung dar. Ideen und Anregungen sind, wie dargelegt, nicht urheberrechtlich geschützt. Die Beurteilung seiner organisatorischen Tätigkeit als schöpferische Leistung und die damit verbundene Forderung eines Produzentenurheberrechts ist mit dem deutschen Urheberrecht nicht vereinbar und somit abzulehnen.

Die cessio legis, wonach die Verwertungsrechte der Urheber kraft Gesetzes auf den Filmhersteller übergehen sollen, ist ebenfalls abzulehnen. Es ist begrüßenswert, dass der Gesetzgeber nicht an dem Vorschlag im Referentenentwurf festgehalten hat und sich gegen die Einführung der cessio legis entschieden hat. Auch in Zukunft sollte von der Einführung einer cessio legis abgesehen werden.

Zunächst überzeugt das Argument der Filmwirtschaft nicht, dass die schwierige finanzielle Lage der Filmhersteller eine Stärkung ihrer Position erfordere. Mehrmals ist in der Literatur auf die verbesserte Situation der Produzenten hingewiesen worden. Das wirtschaftliche Risiko wird einerseits durch die finanzstarken, gebührenfinanzierten öffentlich-rechtlichen Fernsehanstalten, andererseits durch die

629 Stellungnahme der Filmwirtschaft zum Gesetzesentwurf der Bundesregierung für ein Zweites Gesetz zur Regelung des Urheberrechts in der Informationsgesellschaft „Zweiter Korb“, Oktober 2006, www.bundestag.de/ausschuesse/a06/anhoerungen/archiv/08_4urheberrecht2_iv/04_stn/stellungnahme_spio.pdf, zuletzt besucht am: 14.11.2008.

nach dem Filmförderungsgesetz gesicherte staatliche finanzielle Filmförderung deutlich verringert.[630]

Die Einführung der cessio legis würde auch einen starken Eingriff in die Rechte der Urheber bedeuten. Wie bereits ausführlich dargelegt, können nach dem deutschen Urheberrechtsgesetz keine Verwertungsrechte übertragen werden, sondern nur Nutzungsrechte an diesen eingeräumt werden. Das Verwertungsrecht verbleibt somit wie das Urheberpersönlichkeitsrecht bei dem Urheber. Dies dient der Sicherung der Rechte des Urhebers, der Schöpfer des Werkes ist. Die Darlegung der Vorschriften der §§ 31 ff UrhG haben ebenfalls gezeigt, dass auch bei der Nutzungsrechtseinräumung die Interessen der Urheber gewahrt werden sollen. Ein gutgläubiger Erwerb der Nutzungsrechte ist nicht möglich. Der Urheber kann entscheiden, ob er die Rechte ausschließlich oder einfach, örtlich, zeitlich oder inhaltlich beschränkt einräumen möchte. Möchte der ausschließliche Nutzungsrechtsinhaber Dritten weitere Nutzungsrechte einräumen, bedarf er gem. §§ 31 Abs. 3 S. 3, 35 UrhG der Zustimmung des Urhebers. Einen weiteren Schutz des Urhebers stellt § 31 Abs. 5 UrhG dar, wonach bei fehlender ausdrücklicher Regelung das Recht im Zweifel beim Urheber verbleibt. Ausführlich ist dargelegt worden, dass diese Rechte des Urhebers im Interesse des Filmherstellers durch die besonderen Bestimmungen für Filme gem. §§ 88, 89 UrhG eingeschränkt werden, um diesem eine uneingeschränkte Verwertung des Films zu ermöglichen. Die §§ 88, 89 UrhG enthalten eine umfassende Einräumungsvermutung, die seit der letzten Novellierung des Urheberrechtsgesetzes nun auch unbekannte Nutzungsarten umfasst. § 89 Abs. 2 UrhG ermöglicht einen gutgläubigen Erwerb von Nutzungsrechten, und ab Beginn der Dreharbeiten kann der Nutzungsrechtsinhaber gem. § 90 UrhG Dritten weitere Nutzungsrechte auch ohne die Zustimmung des Urhebers einräumen. Außerdem steht dem Filmhersteller, wie dargelegt, gem. § 94 UrhG ein originäres Recht am Filmträger zu. Demnach ist der Filmhersteller bereits umfassend geschützt. Die Argumentation, dass nur eine cessio legis eine ungehinderte Verwertung des Filmwerkes durch den Filmhersteller ermöglichen würde, überzeugt bei Betrachtung der Rechtslage nicht. Es würde der Dogmatik des Urheberrechts widerstreben und sogar eine Enteignung der Urheber darstellen, würden die Verwertungsrechte kraft Gesetzes auf den Filmhersteller übergehen. Der deutsche Gesetzgeber hat für das Urheberrechtsgesetz entschieden, dass die Verwertungsrechte beim Urheber verbleiben sollen und an diesen nur Nutzungsrechte eingeräumt werden können. Die Interessen der Filmhersteller rechtfertigen keine Aushebelung dieses Grundsatzes im Falle der Urheber eines Filmwerkes.

630 Schricker/*Katzenberger*, Urheberrecht, Vor §§ 88 ff., Rn. 39 ff; Dreier/Schulze/Schulze, Urheberrechtsgesetz, Vor §§ 88 ff., Rn. 4; Henning-Bodewig in: Urhebervertragsrecht, Festgabe für Gerhard Schricker, S. 389 ff (422 f).

Auch ist fraglich, ob durch die Stärkung der Stellung der Produzenten die Filmwirtschaft prosperieren und der deutsche Filmmarkt konkurrenzfähiger werden könnte. Dies wird bei einer kurzen, vergleichenden Betrachtung mit den auf dem internationalen Filmmarkt den Ton angebenden USA deutlich. In den USA gilt das Prinzip der „works made for hire". Demnach gilt der Auftraggeber/Arbeitgeber als Urheber des Werkes und soweit schriftlich nichts anderes vereinbart ist, steht ihm das originäre und vollinhaltliche Copyright zu.[631] Betrachtet man die Gesetzeslage in den USA, braucht der Filmhersteller nicht zu fürchten, dass die Auswertung seiner Filme durch die Urheber blockiert werden könnte. Durch seine starke Stellung scheint ihm eine ungehinderte Verwertung möglich. In der Praxis sieht dies jedoch anders aus. Den Filmherstellern stehen die mächtigen und streikfähigen Gewerkschaften gegenüber, die die Interessen der Urheber vertreten. Hierzu gehören der Writers Guild (Drehbuchautoren), der Directors Guild (Regisseure) und der Screen Actors Giuld (Filmschauspieler). Über Kollektivvereinbarungen mit den Filmherstellern versuchen diese die finanzielle Beteiligung der Kreativen zu erstreiten.[632] Für besonderes Aufsehen hat der Streik der Drehbuchautoren 2007/2008 gesorgt. Hauptgegenstand des Streiks war die Beteiligung der Kreativen an den Erlösen aus der Internet-Nutzung, dem Handy-TV, etc. Der Streik der Drehbuchautoren hatte gravierende Auswirkungen auf die Filmwirtschaft. Die Produktion aktueller Serien wie „Desperate Housewives" und „Grey´s Anatomy" musste gestoppt werden. Auch Late-Night-Shows waren von dem Streik betroffen. Die Sender mussten Wiederholungen und Reality-Shows ausstrahlen. Seinen Höhepunkt erreichte der Autorenstreik mit der Absage der Golden Globe Awards. Die Verkündung der Preisträger erfolgte im Rahmen einer Pressekonferenz, was zur niedrigsten Einschaltquote der Sendung seit ihrer ersten Ausstrahlung führte. Noch bevor es zu einer Absage der Oscar-Verleihung kam, konnte der Streik am 12.02.2008 beendet werden. Der Schaden, der durch den Streik verursacht wurde, ist auf 1, 5 Milliarden US Dollar geschätzt worden. Einige Schätzungen betrugen „nur" 380 Millionen Dollar, andere wiederum sogar 2,1 Milliarden US Dollar.[633] Bei Betrachtung der Auswirkungen wird deutlich, dass auch das „works made for hire" Prinzip nicht erstrebenswert ist. Zwar scheint der Filmhersteller nach der Gesetzeslage eine starke Stellung zu besitzen, doch schaut dies in der Realität ganz anders aus. Müssten sich die Urheber eines Werkes ihre Rechte nicht „erkämpfen", sondern wären ihre Rechte durch das Gesetz gesichert, müsste man in

631 Hierzu ausführlicher: Wandtke/Bullinger/*Manegold*, Praxiskommentar zum Urheberrecht, Vor §§ 88 ff., Rn. 14; Katzenberger, ZUM 2003, 712 (716).

632 Katzenberger, ZUM 2003, 712 (716); Reber, GRUR-Int 2008, 798 ff.

633 Ausführlich hierzu: Reber, GRUR-Int 2008, 798 ff, außerdem: FAZ 09.01.2008, S. 9; FAZ 24.01.2008, S. 38.

den USA nicht solche Streiks fürchten. Die Konsequenzen eines solchen Streiks in Deutschland wären kaum vorstellbar.

Die aktuelle Gesetzeslage in Deutschland ist demgegenüber zu bevorzugen. Die Grundprinzipien des deutschen Urheberrechts, insbesondere das Schöpferprinzip, werden hierdurch bewahrt und gleichzeitig wird durch die besonderen Bestimmungen für Filme die Nutzungsrechtseinräumung im Sinne der Filmhersteller erleichtert. Außerdem wird ihnen gem. § 94 UrhG ein originäres Recht am Filmträger eingeräumt. An der aktuellen Gesetzeslage ist jedoch ein Punkt zu kritisieren. Mit der Streichung des § 31 Abs. 4 UrhG und der damit verbundenen Erweiterung der Einräumungsvermutung in den §§ 88, 89 UrhG auf unbekannte Nutzungsarten hat der Gesetzesgeber wahrscheinlich versucht, einen Interessenausgleich im Rahmen der Diskussion um die Stärkung der Stellung des Filmherstellers zu finden, diesen Weg ist er jedoch auf Kosten der Urheber gegangen. Aus diesem Grund wird die Streichung des § 31 Abs. 4 UrhG von den Urhebern zu Recht stark kritisiert. Bei der Vorschrift habe es sich um ein effektives Schutzinstrument gehandelt, dass den Kreativen eine Kontrolle der Verbreitung ihres Werkes im Hinblick auf unvorhersehbare technische Neuerungen gesichert habe. Nun würde das Verbotsrecht durch ein bloßes Vergütungsrecht ersetzt. Insbesondere sei zu befürchten, dass der Anspruch auf angemessene Vergütung im Rahmen der unbekannten Nutzungsrechte sich als schwierig erweisen würde, da bei neuen Nutzungsarten die konkrete Erfahrung bei Berechnung der angemessenen Vergütung fehle. Zumindest hätte im Bereich des Films das Widerrufsrecht des Urhebers nach § 31 a S. 3 UrhG ebenfalls für anwendbar erklärt werden sollen. Es bestehe kein Grund, die Filmurheber schlechter zu stellen als andere Kreative.[634] Dieser Ansicht ist zuzustimmen. Bei Berücksichtigung der Interessen der Filmhersteller sollte nicht vergessen werden, dass die Schöpfer des Filmwerkes der Regisseur, der Cutter und der Kameramann sind. Eine Verwertung des Films soll dem Filmhersteller ermöglicht werden, jedoch darf die Erleichterung der Rechtseinräumung nicht so weit gehen, dass dies nur zulasten der wahren Schöpfer des Werkes geht. Wirtschaftliche Interessen dürfen nicht über die Urheberinteressen gestellt werden.

B. Der Filmhersteller im türkischen Recht

Im türkischen Recht hat die rechtliche Stellung des Filmherstellers im Verhältnis zu den Urhebern eines Kinofilmwerkes in den letzten dreizehn Jahren signifikante Änderungen erfahren. Gegenstand folgenden Abschnitts wird es sein, diese Ent-

634 Stellungnahme der Arbeitsgemeinschaft Dokumentarfilm, www.urheberrecht.org/topic/Korb-2/st/refentw/dokumentarfilm.pdf, zuletzt besucht am: 17.11.2008.

wicklung darzustellen und die für den Filmhersteller relevanten Vorschriften einer genauen Betrachtung zu unterziehen. Abschließend wird unter Heranziehung verschiedener Meinungen aus der Literatur zu erörtern sein, ob die rechtliche Stellung des türkischen Filmherstellers im Verhältnis zu den Urhebern nach aktueller Gesetzeslage als gelungen zu beurteilen ist oder ob es noch weiterer Novellierungen bedarf.

I. Der Filmhersteller als Urheber

Es ist bereits ausführlich dargelegt worden, dass die Urheber eines Kinofilmwerkes seit 1995 in Art. 8 Abs. 3 FSEK festgelegt sind. Dies sind zunächst der Regisseur, die Komponisten einer originellen Musik und der Drehbuchautor. Im Jahre 2001 wurden diesen Urhebern außerdem der Dialogautor und bei Filmen, die mittels Animationstechnik hergestellt werden, der Animateur hinzugefügt.[635]

Vor der Novellierung des Gesetzes galt der Filmhersteller als Inhaber des Urheberrechts am Kinofilmwerk.[636] Diese Vorschrift ist von dem Begründer des türkischen Urheberrechts, Hirsch, mit der Absicht in das Gesetz eingefügt worden, jedem bei der Hervorbringung des Filmwerks Beteiligten „das seine" zu geben. Es sei Tatsache, dass die bei der Herstellung eines Films mitwirkenden Personen von dem Hersteller entlohnt würden und nicht das Risiko des Erfolges des Filmes tragen müssten. Sie müssten nicht vor einer materiellen Ausbeutung geschützt werden. Demgegenüber müssten dem Produzenten die materiellen Rechte zugesprochen werden. Seine Aufgabe sei es, durch kommerzielle Verwertung aller dem Urheber zuerkannten Nutzungsarten das in das Kinofilmwerk gesteckte Kapital zu erwirtschaften und hierbei einen angemessenen Unternehmergewinn zu machen. Hirsch betont, dass diese Regelung nicht als kapitalistisch kritisiert werden könne, da derjenige die Vorteile und Früchte beanspruchen könne, der auch dazu bereit sei, die Nachteile des Systems in Kauf zu nehmen. Den am Film Mitwirkenden stehe jedoch der Schutz ihrer immateriellen Interessen am Kinofilmwerk zu.[637]

Die von Hirsch eingeführte Vorschrift ist zunächst in der Literatur begrüßt worden.[638] Dies ist durch eine vergleichende Betrachtung mit anderen Regelungen, darunter auch solche des deutschen Rechts, hervorgehoben worden. Diese Regelungen, z.B. das im deutschen Recht auch im Rahmen der Filmwerke geltende

635 Siehe hierzu ausführlich: Zweites Kapitel, S. 90 ff.

636 Zum alten Recht: Hirsch, Hukuki Bakımdan Fikri Say, Cilt II, S. 81 f; ders., Das neue Urheberrechtsgesetz der Türkei, S. 41 ff; Erel, Türk Fikir Ve Sanat Hukuku, 1. Auflage, S. 71 ff; Ayiter, Hukukta Fikir Ve Sanat Ürünleri, S. 96 ff; Arslanlı, Fikri Hukuk Dersleri II, S. 66 f.

637 Hirsch, Das neue Urheberrechtsgesetz der Türkei, S. 41 f.

638 Ayiter, Hukukta Fikir Ve Sanat Ürünleri, S. 96 f.

Schöpferprinzip, würden dazu führen, dass bei jedem Kinofilmwerk erneut festgestellt werden müsse, wer als Urheber des Kinofilmwerks in Betracht komme. Die Anerkennung einer Vielzahl von Personen als Urheber könnte außerdem die Verwertung des Kinofilmwerkes durch den Filmhersteller erschweren, da diese ihn durch Geltendmachung ihrer Rechte an der Verwertung hindern könnten. In der Türkei sei demgegenüber vorzugsweise der Filmhersteller als Urheber anerkannt worden.[639]

Dennoch hat der Gesetzgeber diese Regelung im Rahmen der Novellierung 1995 abgeschafft. Urheber eines Kinofilmwerkes ist nicht mehr der Filmhersteller, sondern sind die oben genannten Personen. Teils ist die Novellierung in der Literatur begrüßt worden. Die bisherige, für Kinofilmwerke geltende besondere Regelung habe dem im türkischen Urheberrecht ebenfalls geltenden Schöpferprinzip widersprochen.[640] Die Neuregelung ist teils auch kritisiert worden. Sie könne nicht als gelungen beurteilt werden und diene keinerlei praktischen Erwägungen.[641]

II. Der Begriff des Filmherstellers

Art. 80 Nr. 2 Abs. 3 Unterabschnitt 3 FSEK enthält seit 2001 eine widerlegbare Vermutungsregelung über die Person des Filmherstellers. Nach dieser Vorschrift gilt bei einem Kinofilmwerk die natürliche oder juristische Person, deren Name in ordentlicher Weise genannt ist, als Hersteller, die die erste Aufzeichnung des Films vorgenommen hat, sofern nicht ein gegenteiliger Beweis vorliegt. Kennzeichnendes Merkmal ist somit die Vornahme der ersten Aufzeichnung des Films. Wird eine Aufzeichnung vervielfältigt, beispielsweise ein auf einem Videoband aufgezeichneter Film auf ein anderes Medium kopiert, handelt es sich hierbei um keine erstmalige Aufzeichnung und derjenige, der die Vervielfältigung hergestellt hat, kann auch nicht als Filmhersteller eingeordnet werden.[642]

In der Literatur wird die vom Gesetz bereits vorgegebene Beschreibung des Filmherstellers um weitere Merkmale ergänzt. Der Filmhersteller erbringe bei der Herstellung des Films keine schöpferische Leistung[643], vielmehr bringe er das Ka-

639 Ayiter, Hukukta Fikir Ve Sanat Ürünleri, S. 96 f.

640 Arkan, Eser Sahibinin Haklarına Bağlantılı Haklar, S. 200, 206 f.

641 Erel, Türk Fikir Ve Sanat Hukuku, S. 96 f.

642 Ateş, Fikir Ve Sanat Eserlerin Üzerindeki Hakların Kapsamı Ve Sınırlandırılması, S. 233.

643 Güneş, Uygulamada Fikir Ve Sanat Eserleri Hukuku, S. 163.

pital in die Herstellung des Filmes ein und trage die wirtschaftliche und organisatorische Verantwortung.[644]

Zusammenfassend kann somit festgehalten werden, dass, sofern kein gegenteiliger Beweis vorliegt, derjenige Filmhersteller ist, der die erste Aufzeichnung des Filmes vornimmt und der die wirtschaftliche und organisatorische Verantwortung des Filmes trägt.

III. Hersteller als Inhaber abgeleiteter Rechte

Da es sich bei dem Filmhersteller seit der Novellierung des FSEK 1995 um keinen Urheber handelt, ist dieser auch nicht mehr Inhaber der Rechte am Kinofilmwerk. Somit stellt sich die Frage, wie sich der Filmhersteller die Rechte am Kinofilmwerk durch die Urheber einräumen lassen kann und ob sich im Gesetz Vermutungsregelungen finden, die die Rechtseinräumung im Sinne des Filmherstellers erleichtern. Diese Frage ist im Folgenden zu erörtern.

1. Die Werkherrschaftstheorie

Um jedoch die Systematik des türkischen Urheberrechts verstehen zu können, bedarf es zunächst der Darstellung der Werkherrschaftstheorie und der Klärung der Frage, ob das türkische Urheberrecht der monistischen oder der dualistischen Lehre zuzuordnen ist.

Die von Hirsch entwickelte Werkherrschaftstheorie bildet das Fundament des türkischen Urheberrechts.[645] Hirsch zufolge handelt es sich bei der als „Urheberrecht“ bezeichneten Rechtslage nicht um eine Summe von Einzelrechten, sondern um eine durch die Schaffung einer eigentümlichen geistigen Schöpfung gesetzlich erworbene objektive Rechtsposition, die ihrem Inhaber eine Anzahl von Befugnissen vermögensrechtlicher und persönlichkeitsrechtlicher Natur verleiht. Die als „Urheberrecht“ bezeichnete Rechtsstellung sei nicht selbst ein subjektives Recht, sondern die Quelle subjektiver Rechte und Befugnisse. Statt der Bezeichnung

---

644 Tekinalp, Fikri Mülkiyet Hukuku, § 17, Rn. 41; Arkan, Eser Sahibinin Haklarına Bağlantılı Haklar, S. 204; Güneş, Uygulamada Fikir Ve Sanat Eserleri Hukuku, S. 163; Suluk/Orhan, Uygulamalı Fikri Mülkiyet Hukuku, Cilt II, S. 464; Ateş, Fikir Ve Sanat Eserleri Üzerindeki Hakların Kapsamı Ve Sınırlandırılması, S. 234; ders., Ateş, Fikir Ve Sanat Hukukunda Sinema Eseri Ve Eser Sahipliği in: Fikri Mülkiyet Hukuku Yıllığı 2009, S. 59 (106 f); Abaydın, FMR 2001, 75 (98).

645 Nal, Probleme des türkischen Urheberrechts aus der Sicht des deutschen und europäischen Rechts, S. 29; Yarayan, Der Schutz von Datenbanken im deutschen und türkischen Recht, S. 23; Erel, Türk Fikir Ve Sanat Hukuku, S. 34.

„Urheberrecht“ sei der Ausdruck „Werkherrschaft“ vorzuziehen, der verdeutliche, dass die rechtliche Herrschaft über das Werk eine Rechtsposition sei, die ihrem Inhaber gewisse Rechte und Befugnisse hinsichtlich des Werkes verleihe.[646]

Während nach der monistischen Theorie die Persönlichkeitsrechte und Vermögensrechte untrennbar miteinander verbunden sind und eine Übertragung der Rechte nicht möglich ist, vielmehr nur Nutzungsrechte an den Vermögensrechten eingeräumt werden können, bestehen nach der dualistischen Theorie die Persönlichkeitsrechte und Vermögensrechte unabhängig nebeneinander, so dass die Vermögensrechte an Dritte übertragbar sind.[647]

Überwiegend wird die Werkherrschaftstheorie in der Literatur der monistischen Lehre zugeordnet.[648] Als Begründung wird aufgeführt, dass die Werkherrschaftstheorie wie die monistische Theorie von der Einheit des Urheberrechts ausgehe.[649] Hierbei wird insbesondere auf die Aussage Hirschs verwiesen, derzufolge vermögens- und persönlichkeitsrechtliche Befugnisse aus einer gemeinsamen Quelle fließen. Dieser Äußerung sei die Einheitlichkeit des Rechts eindeutig zu entnehmen.[650] Gleichzeitig wird in der Literatur jedoch darauf hingewiesen, dass bei der Umsetzung der Theorie in die Praxis Regelungen in das Gesetz eingefügt worden sind, die sich deutlich von den Grundsätzen der monistischen Lehre distanzieren und eine Annäherung an die dualistische Lehre erkennen lassen. Hierbei wird neben weiteren Aspekten insbesondere auf die Regelung in Art. 48 Abs. 1 FSEK verwiesen, wonach die materiellen Rechte (Vermögensrechte) des Urhebers ihrer Substanz nach auf Dritte übertragen werden können, was der monistischen Theorie widerspricht, die eine Übertragung der Vermögensrechte nicht zulässt, sondern nur eine Einräumung von Nutzungsrechten an diesen gewährt.[651]

Die Art. 48 ff FSEK sind in der Literatur jedoch auch starker Kritik ausgesetzt. Die Grundsätze des türkischen Urheberrechts seien zunächst im Sinne der monis-

---

646 Hirsch, Das neue Urheberrechtsgesetz der Türkei, S. 24.

647 Aydıncık, Fikri Haklara Ilişkin Lisans Sözleşmeleri, S. 18 ff.

648 Nal, Probleme des türkischen Urheberrechts aus der Sicht des deutschen und europäischen Rechts, S. 32 ff; Yarayan, Der Schutz von Datenbanken im deutschen und türkischen Recht, S. 23 ff; Erel, Türk Fikir Ve Sanat Hukuku, S. 34; Aydıncık, Fikri Haklara Ilişkin Lisans Sözleşmeleri, S. 21; vereinzelte Aspekte der Theorie sind auch der Kritik ausgesetzt, ausführliche Darstellung der Diskussion bei: Nal, Probleme des türkischen Urheberrechts aus der Sicht des deutschen und europäischen Rechts, S. 32 ff; Yarayan, Der Schutz von Datenbanken im deutschen und türkischen Recht, S. 23 ff.

649 Nal, Probleme des türkischen Urheberrechts aus der Sicht des deutschen und europäischen Rechts, S. 36, 153; Aydıncık, Fikri Haklara Ilişkin Lisans Sözleşmeleri, S. 21.

650 Nal, Probleme des türkischen Urheberrechts aus der Sicht des deutschen und europäischen Rechts, S. 33.

651 Nal, Probleme des türkischen Urheberrechts aus der Sicht des deutschen und europäischen Rechts, S. 153 f; Aydıncık, Fikri Haklara Ilişkin Lisans Sözleşmeleri, S. 22 f, 42; Erel, Türk Fikir Ve Sanat Hukuku, S. 35; Tekinalp, Fikri Mülkiyet Hukuku, § 8, Rn. 13 f.

tischen Lehre entwickelt worden. Art. 48 Abs. 1 FSEK, der eine Übertragung der materiellen Rechte ihrer Substanz nach zulasse, widerspreche dieser Lehre und müsse daher im Sinne der monistischen Theorie ausgelegt werden.[652] Ob diese Ansicht überzeugt und mit der gesetzlichen Regelung zu vereinbaren ist, wird im Rahmen der Übertragungsvorschriften zu erörtern sein.

Zunächst ist festzuhalten, dass das Fundament des türkischen Rechts die Werkherrschaftstheorie ist, die nach überwiegender Ansicht der monistischen Lehre zuzuordnen ist, jedoch bei der Umsetzung der Lehre in die Praxis auch dualistische Ansätze die gesetzlichen Regelungen beeinflusst haben.

2. Die materiellen Rechte am Kinofilmwerk und die Übertragung des materiellen Rechts und die Erteilung einer Lizenz

Bevor die Frage ausführlich erörtert wird, ob sich im türkischen Urheberrecht besondere Bestimmungen für Kinofilmwerke finden, die die Einräumung der Rechte am Kinofilmwerk erleichtern könnten, bedarf es einer Darstellung der Rechte, die den Urhebern eines Kinofilmwerkes zustehen und der allgemeinen Regelungen, die die Voraussetzungen für die Übertragung des materiellen Rechts und die Erteilung einer Lizenz festlegen.

a) Abgrenzung immaterielle Rechte und materielle Rechte

Gem. Art. 13 Abs. 1 FSEK werden die materiellen und immateriellen Interessen der Urheber hinsichtlich ihrer Geistes- und Kunstwerke im Rahmen dieses Gesetzes geschützt.

Die immateriellen Rechte betreffen das persönliche Verhältnis zwischen dem Urheber und seinem Werk.[653] Diese sind in den Art. 14 ff FSEK geregelt. Zu den immateriellen Rechten gehören die Befugnis, das Werk der Öffentlichkeit zu unterbreiten (Art. 14 FSEK), die Befugnis zur Benennung des Urhebers (Art. 15 FSEK), das Verbot von Veränderungen am Werk (Art. 16 FSEK) und die Rechte des Urhebers gegenüber Besitzer und Eigentümer (Art. 17 FSEK). Bei der Aufzählung der immateriellen Rechte handelt es sich um eine begrenzte Aufzählung (numerus clausus).[654] Teils wird in der Literatur diese begrenzte Aufzählung abgelehnt und zur Erweiterung der immateriellen Rechte die im türkischen Bürger-

---

652 Aydıncık, Fikri Haklara Ilişkin Lisans Sözleşmeleri, S. 23, 42 ff.

653 Suluk/Orhan, Uygulamalı Fikri Mülkiyet Hukuku, Cilt II, S. 319; Erdil, Fikir Ve Sanat Eserleri Kanunu Şerhi, Cilt 1, S. 420; Ayiter, Hukukta Fikir Ve Sanat Ürünleri, S. 113; Aydıncık, Fikri Haklara Ilişkin Lisans Sözleşmeleri, S. 30.

654 Tekinalp, Fikri Mülkiyet Hukuku, § 14, Rn. 5; Özderyol, Fikir Ve Sanat Eserleri Kanunu´nda Düzenlenen Suçlar, S. 54.

lichen Gesetzbuch (Medeni Kanun, kurz: MK) geregelten Persönlichkeitsrechte herangezogen.[655] Die herrschende Meinung in der Literatur entgegnet dieser Ansicht jedoch, dass die im FSEK geregelten immateriellen Rechte und die im MK geregelten Persönlichkeitsrechte nicht gleichgesetzt werden könnten, da letztere unabhängig vom Vorliegen eines Werkes existieren würden, während die immateriellen Rechte erst durch die persönliche Beziehung des Urhebers zu seinem Werk entstünden. Aufgrund dieses Unterschieds könne man die Persönlichkeitsrechte nicht im Rahmen der immateriellen Rechte heranziehen.[656] Das Yargıtay (Revisionsgericht) hat ebenfalls in seiner Entscheidung vom 23.02.2004 bestätigt, dass die Aufzählung der immateriellen Rechte im Gesetz begrenzt ist.[657] Grundsätzlich sind die immateriellen Rechte nicht vererbbar. Ausnahmen hierzu finden sich jedoch in Art. 19 FSEK. Diese Vorschrift legt die Personen fest, die nach dem Tod des Urhebers unter bestimmten Bedingungen von den immateriellen Rechten Gebrauch machen können. In der türkischen Literatur wird bezüglich dieser Vorschrift betont, dass es sich hierbei um keine Erbfolge, sondern um einen aus dem Gesetz folgenden Anspruch handele.[658] Auch die Übertragung des immateriellen Rechts ist ausgeschlossen, jedoch ist die Ermächtigung zur Wahrnehmung der Rechte in gewissen Fällen möglich, worauf jedoch nicht genauer einzugehen ist.[659]

Demgegenüber ermöglichen die materiellen Rechte dem Urheber die wirtschaftliche Verwertung seines Werkes. Es handelt sich bei diesen Rechten um ein absolutes Recht, das dem Urheber die Befugnis gibt gegen Dritte, die von seinem Werk Nutzen ziehen wollen, vorzugehen.[660] Die materiellen Rechte sind ebenfalls wie die immateriellen Rechte im Gesetz begrenzt aufgezählt, was jedoch der Kritik der herrschenden Meinung ausgesetzt ist. Die technischen Entwicklungen würden regelmäßig neue Arten der Verwertung ermöglichen. Die begrenzte Aufzählung der

---

655 Arslanlı, Fikri Hukuk Dersleri II, S. 79 f.

656 Suluk/Orhan, Uygulamalı Fikri Mülkiyet Hukuku, Cilt II, S. 321; Erdil, Fikir Ve Sanat Eserleri Kanunu Şerhi, Cilt 1, S. 420; Ayiter, Hukukta Fikir Ve Sanat Ürünleri, S. 114; Aydıncık, Fikri Haklara Ilişkin Lisans Sözleşmeleri, S. 29 f; Tekinalp, Fikri Mülkiyet Hukuku, § 14, Rn. 4 f; Özderyol, Fikir Ve Sanat Eserleri Kanunu´nda Düzenlenen Suçlar, S. 54 f.

657 11. HD, 23.02.2004, E. 2003/7032, K. 2004/1586 in: Suluk/Orhan, Uygulamalı Fikri Mülkiyet Hukuku, Cilt II, S. 321.

658 Tekinalp, Fikri Mülkiyet Hukuku, § 14, Rn. 6; Suluk/Orhan, Uygulamalı Fikri Mülkiyet Hukuku, Cilt II, S. 322; Tosun, Sinema Eserleri Ve Eser Sahibinin Hakları, S. 348.

659 Nal, Probleme des türkischen Urheberrechts aus der Sicht des deutschen und europäischen Rechts, S. 139; Erdil, Fikir Ve Sanat Eserleri Kanunu Şerhi, Cilt 1, S. 420 f; Aydıncık, Fikri Haklara Ilişkin Lisans Sözleşmeleri, S. 31 f; Tekinalp, Fikri Mülkiyet Hukuku, § 14, Rn. 9.

660 Tekinalp, Fikri Mülkiyet Hukuku, § 14, Rn. 76; Suluk/Orhan, Uygulamalı Fikri Mülkiyet Hukuku, Cilt II, S. 319; Erdil, Fikir Ve Sanat Eserleri Kanunu Şerhi, Cilt 1, S. 419; Aydıncık, Fikri Haklara Ilişkin Lisans Sözleşmeleri, S. 35; Tosun, Sinema Eserleri Ve Eser Sahibinin Hakları, S. 351.

materiellen Rechte im Gesetz verwehre jedoch dem Urheber die Geltendmachung der im Rahmen der technischen Entwicklungen neu entstehenden Rechte gegen Dritte.[661] Aus diesem Grunde wird teils darauf hingewiesen, dass die begrenzte Aufzählung der immateriellen Rechte sich nicht auf den Umfang der Rechte beziehe. Dies verdeutliche der Wortlaut der Art. 22 Abs. 2 und 23 Abs. 2 FSEK. In der ersten Norm sei von der „Aufnahme des Werkes auf jede Art von bekannten oder in Zukunft zu entwickelnden Vorrichtungen" die Rede, in der zweiten Norm von Vervielfältigungsstücken, „in welcher Form sie auch immer sind". Diese Formulierungen seien offen für technische Entwicklungen.[662] Die materiellen Rechte sind vererbbar und übertragbar.[663]

b) Für die Verwertung des Filmwerkes relevante materielle Rechte

Für die Verwertung des Filmwerks sind das Vervielfältigungsrecht gem. Art. 22 FSEK, das Verbreitungsrecht gem. Art. 23 FSEK, das Aufführungsrecht gem. Art. 24 FSEK und das Recht der öffentlichen Wiedergabe mit Mitteln, die der Wiedergabe durch Zeichen, Ton und/oder Bilder dienen gem. Art. 25 FSEK von Bedeutung. Diese Rechte sind im Folgenden darzustellen.

aa) Vervielfältigungsrecht

Gem. Art. 22 Abs. 1 FSEK steht das Vervielfältigungsrecht am Original eines Werkes oder an dessen Vervielfältigungsstücken in irgendeiner Form oder Verfahren, im Ganzen oder teilweise, unmittelbar oder mittelbar, vorübergehend oder dauerhaft, ausschließlich dem Urheber zu. Die Vervielfältigung setzt voraus, dass das Geisteswerk körperlich festgelegt ist und somit wiederholt wiedergegeben werden kann.[664] Die Anzahl der Vervielfältigungsstücke ist zur Bejahung der Vervielfältigung ohne Bedeutung, vielmehr genügt sogar ein einziges Vervielfältigungsstück,

---

661 Ayiter, Hukukta Fikir Ve Sanat Ürünleri, S. 125; Erel, Türk Fikir Ve Sanat Hukuku, S. 157 f; Aydıncık, Fikri Haklara Ilişkin Lisans Sözleşmeleri, S. 36; Erdil, Fikir Ve Sanat Eserleri Kanunu Şerhi, Cilt 1, S. 620; Tosun, Sinema Eserleri Ve Eser Sahibinin Hakları, S. 352.

662 Tekinalp, Fikri Mülkiyet Hukuku, § 14, Rn. 79; Suluk/Orhan, Uygulamalı Fikri Mülkiyet Hukuku, Cilt II, S. 323.

663 Tekinalp, Fikri Mülkiyet Hukuku, § 14, Rn. 81 f; Suluk/Orhan, Uygulamalı Fikri Mülkiyet Hukuku, Cilt II, S. 323; Erdil, Fikir Ve Sanat Eserleri Kanunu Şerhi, Cilt 1, S. 419, 619.

664 Hirsch, Das neue Urheberrechtsgesetz der Türkei, S. 72; Tekinalp, Fikri Mülkiyet Hukuku, § 14, Rn. 91; Karahan/Suluk/Saraç/Nal, Fikri Mülkiyet Hukukunun Esasları, S. 77; Suluk/Orhan, Uygulamalı Fikri Mülkiyet Hukuku, Cilt II, S. 379; Erdil, Fikir Ve Sanat Eserleri Kanunu Şerhi, Cilt 1, S. 650 f; Ayiter, Hukukta Fikir Ve Sanat Ürünleri, S. 128; Arslanlı, Fikri Hukuk Dersleri II, S. 97; Erel, Türk Fikir Ve Sanat Hukuku, S. 164.

um eine Vervielfältigung anzunehmen.[665] Das Werk kann, wie dem Wortlaut der Norm zu entnehmen ist, in jeder Form oder anhand jeden Verfahrens vervielfältigt werden.

In Art. 22 Abs. 2 FSEK sind einige Vervielfältigungsmöglichkeiten aufgezählt. Demnach gelten auch die Herstellung eines zweiten Vervielfältigungsstücks von einem Originalwerk oder die Aufnahme des Werkes auf jede Art von bekannten oder in Zukunft zu entwickelnden Vorrichtungen, die der Übertragung und Wiederholung von Zeichen, Schall und Bildern dienen, die Aufnahme jeder Art von Schall und Musik sowie die Durchführung von Plänen, Entwürfen und Skizzen von Werken der Baukunst als Vervielfältigung. Dasselbe gilt ebenso für geprägte und gelochte Matrizen. In der Gesetzesbegründung zur Novellierung im Jahre 2001 ist klargestellt worden, dass die im Rahmen der Novellierung eingefügten Formulierungen wie „in irgendeiner Form oder Verfahren" und „unmittelbar oder mittelbar" verdeutlichen sollen, dass die Norm offen für technische Entwicklungen ist.[666] Aus diesem Grunde wird in der Literatur auch darauf hingewiesen, dass die Aufzählung in Art. 22 Abs. 2 FSEK nicht abschließend sei.[667] Teils wird auch die Formulierung in Art. 22 Abs. 2 FSEK „die Aufnahme des Werkes auf jede Art von bekannten oder in Zukunft zu entwickelnden Vorrichtungen" herangezogen, die ebenfalls verdeutliche, dass die Norm für technische Entwicklungen offen sei und die Aufzählung demnach nicht abschließend sein könne.[668]

Als ein Beispiel der durch technische Entwicklungen neu entstandenen Vervielfältigungsmöglichkeit wird die digitale Vervielfältigung im Rahmen des Internets genannt.[669] Wird ein Werk in das Internet gestellt (Uploading) und anschließend heruntergeladen (Downloading), ist eine Vervielfältigungshandlung zu bejahen.[670] Die Vervielfältigung kann durch Speicherung auf Hard Disc, auf CD, DVD, VCD oder auf Diskette erfolgen.[671] Auch das sogenannte Filesharing System, wonach

---

665 Karahan/Suluk/Saraç/Nal, Fikri Mülkiyet Hukukunun Esasları, S. 77; Suluk/Orhan, Uygulamalı Fikri Mülkiyet Hukuku, Cilt II, S. 379; Erdil, Fikir Ve Sanat Eserleri Kanunu Şerhi, Cilt 1, S. 651; Ayiter, Hukukta Fikir Ve Sanat Ürünleri, S. 128; Arslanlı, Fikri Hukuk Dersleri II, S. 97; Erel, Türk Fikir Ve Sanat Hukuku, S. 163; Belgesay, Fikir Ve Sanat Eserleri Kanunu Şerhi, S. 75; Tosun, Sinema Eserleri Ve Eser Sahibinin Hakları, S. 365.

666 Gerekçe 4630-Komisyon zitiert in: Erdil, Fikir Ve Sanat Eserleri Kanunu Şerhi, Cilt 1, S. 650.

667 Tekinalp, Fikri Mülkiyet Hukuku, § 14, Rn. 93.

668 Suluk/Orhan, Uygulamalı Fikri Mülkiyet Hukuku, Cilt II, S. 380.

669 Erdil, Fikir Ve Sanat Eserleri Kanunu Şerhi, Cilt 1, S. 653; Suluk/Orhan, Uygulamalı Fikri Mülkiyet Hukuku, Cilt II, S. 380; Tekinalp, Fikri Mülkiyet Hukuku, § 14, Rn. 91; Karahan/Suluk/Saraç/Nal, Fikri Mülkiyet Hukukunun Esasları, S. 78; Güneş, Uygulamada Fikir Ve Sanat Eserleri Hukuku, S. 109 f; Tosun, Sinema Eserleri Ve Eser Sahibinin Hakları, S. 366.

670 Erdil, Fikir Ve Sanat Eserleri Kanunu Şerhi, Cilt 1, S. 653 f; Tekinalp, Fikri Mülkiyet Hukuku, § 14, Rn. 91.

671 Memiş, Fikri Hukuk Bakımından Internet Ortamında Müzik Sunumu, S. 114 f; Tosun, Sinema Eserleri Ve Eser Sahibinin Hakları, S. 366.

der Internetnutzer von ihm gespeicherte Werke auf Filesharing Plattformen Dritten zur Verfügung stellt, die diese wiederum auf ihren Computer herunterladen können, wird der Vervielfältigung zugeordnet.[672]

bb) Verbreitungsrecht

Das Verbreitungsrecht ist in Art. 23 FSEK geregelt. Gem. Art. 23 Abs. 1 FSEK steht dem Urheber das ausschließliche Recht zu, das Originalstück oder dessen Vervielfältigungsstücke zu vermieten, zu verleihen, zum Verkauf zu stellen oder auf anderem Wege zu verteilen.

„Zum Verkauf stellen" wird in der türkischen Rechtsliteratur als die Übertragung des Eigentums am Werk gegen ein bestimmtes Entgelt definiert.[673] Die Übertragung kann aufgrund eines Kaufvertrages oder auch aufgrund anderer Rechtsgeschäfte erfolgen, die eine Übereignungspflicht voraussetzen, wie der Tausch oder die Schenkung.[674] Ein Vermieten wird angenommen, wenn ein Werk oder dessen Vervielfältigungsstücke für eine bestimmte Zeit einem Dritten zum Gebrauch überlassen werden und diese Gebrauchsüberlassung mittelbar oder unmittelbar Erwerbszwecken dienen soll.[675] Demgegenüber liegt ein Verleihen vor, wenn ein Werk oder seine Vervielfältigungsstücke für eine bestimmte Zeit einem Dritten zur Verfügung gestellt werden, die Gebrauchsüberlassung jedoch weder mittelbar noch unmittelbar Erwerbszecken dienen soll. Das Werk oder seine Vervielfältigungsstücke werden hierbei durch öffentliche Anstalten (wie Bibliotheken) der Öffentlichkeit zur Verfügung gestellt.[676] Entscheidendes Abgrenzungsmerkmal ist somit die Frage, ob die Gebrauchsüberlassung einem Erwerbszweck dient oder nicht.[677] Der Begriff der „Verteilung auf anderem Wege" soll die Verbreitungs-

672 Memiş, Fikri Hukuk Bakımından Internet Ortamında Müzik Sunumu, S. 115; Erdil, Fikir Ve Sanat Eserleri Kanunu Şerhi, Cilt 1, S. 654.

673 Erdil, Fikir Ve Sanat Eserleri Kanunu Şerhi, Cilt 1, S. 699; Özderyol, Fikir Ve Sanat Eserleri Kanunu´nda Düzenlenen Suçlar, S. 70.

674 Erdil, Fikir Ve Sanat Eserleri Kanunu Şerhi, Cilt 1, S. 699.

675 Özderyol, Fikir Ve Sanat Eserleri Kanunu´nda Düzenlenen Suçlar, S. 70; Erdil, Fikir Ve Sanat Eserleri Kanunu Şerhi, Cilt 1, S. 699; Tekinalp, Fikri Mülkiyet Hukuku, § 14, Rn. 103; Karahan/Suluk/Saraç/Nal, Fikri Mülkiyet Hukukunun Esasları, S. 80; Tosun, Sinema Eserleri Ve Eser Sahibinin Hakları, S. 376.

676 Özderyol, Fikir Ve Sanat Eserleri Kanunu´nda Düzenlenen Suçlar, S. 70; Erdil, Fikir Ve Sanat Eserleri Kanunu Şerhi, Cilt 1, S. 699; Tekinalp, Fikri Mülkiyet Hukuku, § 14, Rn. 104; Karahan/Suluk/Saraç/Nal, Fikri Mülkiyet Hukukunun Esasları, S. 80; Tosun, Sinema Eserleri Ve Eser Sahibinin Hakları, S. 376.

677 Özderyol, Fikir Ve Sanat Eserleri Kanunu´nda Düzenlenen Suçlar, S. 70 f; Karahan/Suluk/Saraç/Nal, Fikri Mülkiyet Hukukunun Esasları, S. 80.

handlungen außerhalb des zum Verkauf stellen, Vermieten und Verleihen erfassen.[678]

Die Verbreitung setzt grundsätzlich die Vervielfältigung eines Werkes voraus. Dies ist jedoch nicht zwingend, da auch durchaus Fälle denkbar sind, in denen eine Verbreitung auch ohne vorherige Vervielfältigung erfolgen kann.[679] Zur Verdeutlichung wird der Wortlaut des Art. 23 Abs. 1 FSEK herangezogen, wo neben den Vervielfältigungsstücken auch vom Originalstück die Rede ist.[680]

Gegenstand des Verbreitungsrechts können jedoch nur Werke sein, die körperlich festgelegt sind.[681] Liegt keine Verkörperung des Werkes vor, wird es beispielsweise aufgeführt oder gesendet, ist eine Verbreitung abzulehnen. Vielmehr sind in diesem Falle die Vorschriften der Art. 24, 25 FSEK einschlägig.[682]

Das Verbreitungsrecht wird durch den in Art. 23 Abs. 2 S. 2 FSEK formulierten Erschöpfungsgrundsatz beschränkt. Gem. Art. 23 Abs. 2 S. 2 FSEK stellt es, vorbehaltlich dessen, dass das Vermietrecht und das Verleihrecht an die Öffentlichkeit beim Urheber verbleiben, keinen Verstoß gegen das Verbreitungsrecht des Urhebers dar, nachdem in Ausübung des Verbreitungsrechts seitens des Rechtsinhabers unter Übertragung des Eigentums bestimmte Exemplare innerhalb der Landesgrenzen erstmals verkauft oder verteilt wurden, und diese erneut verkauft werden. Somit ist der Urheber hinsichtlich des ersten Verkaufs geschützt. Willigt er in den Verkauf seines Werkes ein, so kann er weitere Verbreitungshandlungen nicht verhindern.[683] Kauft beispielsweise jemand eine DVD im Geschäft, so kann der Urheber diesen nicht davon abhalten, die DVD an einen Dritten weiterzuverkaufen.[684] Ausdrücklich hiervon ausgenommen sind das Vermiet- und das Verleihrecht. Diese Ausnahme wird in der Literatur im Hinblick auf Kinofilmwerke als relevant angesehen. Würden Vervielfältigungsstücke von Kinofilmwerken an Lichtspieltheater vermietet, so erschöpfe sich hier das Verbreitungsrecht nicht und

---

678 Erdil, Fikir Ve Sanat Eserleri Kanunu Şerhi, Cilt 1, S. 699.

679 Siehe für Beispiele: Tekinalp, Fikri Mülkiyet Hukuku, § 14, Rn. 95; Karahan/Suluk/Saraç/Nal, Fikri Mülkiyet Hukukunun Esasları, S. 80; Özderyol, Fikir Ve Sanat Eserleri Kanunu'nda Düzenlenen Suçlar, S. 71.

680 Özderyol, Fikir Ve Sanat Eserleri Kanunu'nda Düzenlenen Suçlar, S. 71.

681 Karahan/Suluk/Saraç/Nal, Fikri Mülkiyet Hukukunun Esasları, S. 79; Erdil, Fikir Ve Sanat Eserleri Kanunu Şerhi, Cilt 1, S. 699; Nal, Probleme des türkischen Urheberrechts aus der Sicht des deutschen und europäischen Rechts, S. 120 f; Ayiter, Hukukta Fikir Ve Sanat Ürünleri, S. 134; Arslanlı, Fikri Hukuk Dersleri II, S. 102; Erel, Türk Fikir Ve Sanat Hukuku, S. 171.

682 Erdil, Fikir Ve Sanat Eserleri Kanunu Şerhi, Cilt 1, S. 699; Ayiter, Hukukta Fikir Ve Sanat Ürünleri, S. 134.

683 Erdil, Fikir Ve Sanat Eserleri Kanunu Şerhi, Cilt 1, S. 700 f; Suluk/Orhan, Uygulamalı Fikri Mülkiyet Hukuku, Cilt II, S. 395; Tekinalp, Fikri Mülkiyet Hukuku, § 14, Rn. 106.

684 Tosun, Sinema Eserleri Ve Eser Sahibinin Hakları, S. 378.

jede Vorführung stelle eine Verwertungshandlung dar.[685] Es ist hierbei auf eine Besonderheit des im türkischen Urheberrecht geltenden Erschöpfungsgrundsatzes hinzuweisen. Wie der Vorschrift entnommen werden kann, ist das Verbreitungsrecht mit Verkauf des Werkes nur innerhalb der Landesgrenzen erschöpft. Dies hat zur Folge, dass der Erschöpfungsgrundsatz nicht zwischen der Europäischen Wirtschaftsgemeinschaft und der Türkei gilt. Hieran wird in der Literatur berechtigterweise kritisiert, dass dies zur Abschottung der Märkte führe, was jedoch dem Ziel der Zollunion, nämlich der Schaffung eines Binnenmarktes ohne Grenzen, widerspreche.[686]

cc) Aufführungsrecht

Das Aufführungsrecht ist gem. Art. 24 Abs. 1 FSEK das Recht, aus einem Werk durch Aufführung Nutzen zu ziehen, indem dieses unmittelbar oder durch Zeichen-, Ton- oder Bildträger öffentlich etwa vorgelesen, gespielt, vorgeführt oder gezeigt wird.

Von zentraler Bedeutung sind hierbei zwei Merkmale. Zunächst dient der Nutzen, den man aus einem Werk im Wege der Aufführung zieht, dem einmaligen Genuss. Das Aufführungsrecht ist somit vergänglich.[687] Dies bedeutet jedoch nicht, dass das Mittel der Aufführung selbst vergänglicher Natur sein muss. Ein Musikstück kann neben einem Live-Auftritt auch mit Hilfe technischer Geräte aufgeführt werden. In beiden Fällen ist der Nutzen, den man aus dem Werk zieht, vergänglich, da er mit Abschluss der Aufführung endet.[688] Des Weiteren kann dem Wortlaut der Norm entnommen werden, dass die Aufführung an einem öffentlichen Ort stattfinden muss. Das Gesetz enthält keine Definition des Öffentlichkeitsbegriffs, wie das deutsche Urheberrecht in § 15 Abs. 3 UrhG. Aus diesem Grunde wurde in der älteren Literatur zur Begriffsbestimmung Art. 2 des türkischen Pressegesetzes herangezogen, wonach die Öffentlichkeit als der Ort definiert ist, der jedermann zugänglich ist, unabhängig davon, ob dies entgeltlich oder unentgeltlich geschieht.[689] In der neueren türkischen Literatur wird teils, solange sich im Gesetz keine Definition des Begriffs findet und auch die türkische Rechtsprechung

685 Suluk/Orhan, Uygulamalı Fikri Mülkiyet Hukuku, Cilt II, S. 395; Tekinalp, Fikri Mülkiyet Hukuku, § 14, Rn. 107.

686 Nal, Probleme des türkischen Urheberrechts aus der Sicht des deutschen und europäischen Rechts, S. 122; ders. in: Möhring/Schulze/Ulmer/Zweigert, Quellen des Urheberrechts, Band 5, Türkei, S. 18 f.

687 Hirsch, Das neue Urheberrechtsgesetz der Türkei, S. 77; Erel, Türk Fikir Ve Sanat Hukuku, S. 176; Ayiter, Hukukta Fikir Ve Sanat Ürünleri, S. 136; Suluk/Orhan, Uygulamalı Fikri Mülkiyet Hukuku, Cilt II, S. 399; Erdil, Fikir Ve Sanat Eserleri Kanunu Şerhi, Cilt 1, S. 730.

688 Erel, Türk Fikir Ve Sanat Hukuku, S. 176.

689 Hirsch, Das neue Urheberrechtsgesetz der Türkei, S. 78.

den Öffentlichkeitsbegriff nicht festlegt, die Heranziehung des deutschen Öffentlichkeitsbegriffs bevorzugt.[690] Hierbei ist auf die Erläuterungen zu § 15 Abs. 3 UrhG im Abschnitt zum deutschen Recht zu verweisen.

Im Rahmen des Aufführungsrechts unterscheidet das Gesetz zwischen der unmittelbaren und der mittelbaren Aufführung. Eine unmittelbare Aufführung liegt vor, wenn das Werk den Zuschauern bzw. Zuhörern ohne die Verwendung eines Zeichen-, Ton- oder Bildträgers direkt vorgelesen, gespielt, vorgeführt oder gezeigt wird. Benötigt man zum Vorlesen, Spielen, Vorführen oder Zeigen einen Zeichen-, Ton- oder Bildträger, handelt es sich um eine mittelbare Aufführung.[691] Um einen weiteren Fall der mittelbaren Aufführung handelt es sich bei dem in Art. 24 Abs. 2 FSEK geregelten Recht.[692] Dies ist gem. Art. 24 Abs. 2 FSEK das Recht der Übertragung der Aufführung mit technischen Mitteln vom Aufführungsort nach einem anderen Orte zu dem Zwecke, das Werk der Öffentlichkeit zugänglich zu machen. Die Unterscheidung zwischen der unmittelbaren und der mittelbaren Aufführung ist für die Übertragung des Aufführungsrechts relevant. Fehlt es an einer ausdrücklichen Vereinbarung, so wird vermutet, dass nur das Recht der unmittelbaren Aufführung übertragen worden ist.[693]

Wie bereits erwähnt, nennt das Gesetz einzelne Arten der Aufführung, wie das Vorlesen, Spielen, Vorführen oder Zeigen. Diese Aufzählung ist jedoch nicht abschließend, sondern beispielhaft. Es sind durchaus weitere Arten der Aufführung denkbar.[694]

Die türkische Literatur stellt sich im Hinblick auf Kinofilmwerke die Frage, ob es sich bei der Vorführung eines Kinofilmwerkes um eine unmittelbare oder eine mittelbare Aufführung handele. Der Grund für diese Überlegung ist, dass das Ki-

---

690 Karahan/Suluk/Saraç/Nal, Fikri Mülkiyet Hukukun Esasları, S. 81 f.

691 Erel, Türk Fikir Ve Sanat Hukuku, S. 177; Suluk/Orhan, Uygulamalı Fikri Mülkiyet Hukuku, Cilt II, S. 401; Erdil, Fikir Ve Sanat Eserleri Kanunu Şerhi, Cilt 1, S. 730; Nal, Probleme des türkischen Urheberrechts aus der Sicht des deutschen und europäischen Rechts, S. 122; ders. in: Möhring/Schulze/Ulmer/Zweigert, Quellen des Urheberrechts, Band 5, Türkei, S. 19; Ayiter, Hukukta Fikir Ve Sanat Ürünleri, S. 137; Güneş, Uygulamada Fikir Ve Sanat Eserleri Hukuku, S. 116; Arslanlı, Fikri Hukuk Dersleri II, S. 106.

692 Karahan/Suluk/Saraç/Nal, Fikri Mülkiyet Hukukun Esasları, S. 83 f; Nal, Probleme des türkischen Urheberrechts aus der Sicht des deutschen und europäischen Rechts, S. 122; ders. in: Möhring/Schulze/Ulmer/Zweigert, Quellen des Urheberrechts, Band 5, Türkei, S. 19; Erdil, Fikir Ve Sanat Eserleri Şerhi, Cilt 1, S. 732.

693 Erel, Türk Fikir Ve Sanat Hukuku, S. 178; Suluk/Orhan, Uygulamalı Fikri Mülkiyet Hukuku, Cilt II, S. 401; Nal, Probleme des türkischen Urheberrechts aus der Sicht des deutschen und europäischen Rechts, S. 123; ders. in: Möhring/Schulze/Ulmer/Zweigert, Quellen des Urheberrechts, Band 5, Türkei, S. 19; Güneş, Uygulamada Fikir Ve Sanat Eserleri Hukuku, S. 116; Karahan/Suluk/Saraç/Nal, Fikri Mülkiyet Hukukun Esasları, S. 84.

694 Tekinalp, Fikri Mülkiyet Hukuku, § 14, Rn. 110; Suluk/Orhan, Uygulamalı Fikri Mülkiyet Hukuku, Cilt II, S. 399; Erel, Türk Fikir Ve Sanat Hukuku, S. 175.

nofilmwerk mit Hilfe von Projektoren aufgeführt wird, somit komme grundsätzlich eine mittelbare Aufführung in Betracht. Gleichzeitig handele es sich bei einem Kinofilmwerk auch um gespielte Szenen, wie bei einem Bühnenstück. Diese könnten den Zuschauern zwar nur im Wege der Projektion vorgeführt werden, was jedoch nicht die alleinige Zuordnung zu der mittelbaren Aufführung rechtfertigen könne. Daher wird die Kinofilmvorführung der unmittelbaren Aufführung zugeordnet.[695] Die Literatur setzt die Aufführung eines Bühnenstücks, das Spielen eines Konzerts und den Vortrag eines Gedichts mit der Vorführung eines Kinofilmwerks gleich.[696] In der Literatur wird im Rahmen dieser Diskussion außerdem darauf hingewiesen, dass Art. 24 FSEK insbesondere seit der Einführung des Rechts der öffentlichen Zugänglichmachung bezüglich der Kinofilmwerke an Bedeutung verloren habe und nur Anwendung finde, wenn ein Film in einem Kinosaal oder einem anderen Saal der Öffentlichkeit vorgeführt werde.[697]

dd) Das Senderecht und das Recht der öffentlichen Zugänglichmachung

Das Sendrecht wird seit der Novellierung der Vorschrift im Jahre 2001 in der Überschrift zum Art. 25 FSEK als das Recht der öffentlichen Wiedergabe mit Mitteln, die der Wiedergabe durch Zeichen, Ton und/oder Bilder dienen, bezeichnet. Das Senderecht unterscheidet sich vom in Art. 24 FSEK geregelten Aufführungsrecht dadurch, dass das Senderecht ein breiteres Publikum erreicht und dieses sich an verschiedenen Orten aufhalten kann, somit nicht an einen bestimmten Ort gebunden ist.[698]

Das Senderecht ist in Art. 25 Abs. 1 FSEK ausführlich geregelt. Es umfasst zunächst das Recht, ein Originalwerk oder dessen Vervielfältigungsstücke zu senden. Die „Sendung" kann gem. Art. 25 Abs. 1 FSEK durch Einrichtungen erfolgen, die drahtgebunden oder drahtlos Sendungen vornehmen. Im Gesetz werden als Beispiele Radio-Fernsehen, Satellit oder Kabel aufgeführt. Die „Sendung" kann auch, die digitale Wiedergabe inbegriffen, mit Mitteln vorgenommen werden, die der Wiedergabe von Zeichen, Ton und/oder Bildern dienen. Zum Senderecht gehört außerdem das Recht der „erneuten Sendung". Dieses wird im Gesetz als die „Übernahme der gesendeten Werke von den Sendungen dieser Einrichtungen zur erneuten Sendung seitens anderer Anstalten" beschrieben.

---

695 Erel, Türk Fikir Ve Sanat Hukuku, S. 178; Arslanlı, Fikri Hukuk Dersleri II, S. 105 f; Ayiter, Hukukta Fikir Ve Sanat Ürünleri, S. 137.

696 Karahan/Suluk/Saraç/Nal, Fikri Mülkiyet Hukukun Esasları, S. 83.

697 Tosun, Sinema Eserleri Ve Eser Sahibinin Hakları, S. 384, S. 390 Fn. 494.

698 Güneş, Uygulamada Fikir Ve Sanat Eserleri Hukuku, S. 117; Erel, Türk Fikir Ve Sanat Hukuku, S. 183.

Urheberrechtlich relevant ist nur die Vornahme der Sendung, der Empfang der Sendung ist urheberrechtlich frei.[699] Diskutiert wird jedoch die Frage, ob eine urheberrechtlich relevante Handlung anzunehmen ist, wenn die empfangene Sendung in Gaststätten, Cafés, Hotelzimmern und dergleichen öffentlich wiedergegeben wird. In der älteren türkischen Literatur wird die öffentliche Wiedergabe von Sendungen in Gaststätten etc. als urheberrechtlich unbedenklich beurteilt. In der Türkei sei es üblich, Fernsehsendungen in öffentlichen Cafés zu schauen. Hierfür könne der Urheber keine zusätzliche Vergütung verlangen, solange die öffentliche Wiedergabe in den Cafés unentgeltlich erfolge.[700] Fraglich ist, ob diese Argumentation bei Betrachtung der im Jahre 2001 novellierten und dem Urheber ein umfassendes Senderecht einräumenden Vorschrift noch haltbar ist. Gem. Art. 25 Abs. 2 FSEK hat der Urheber auch das Recht, den Verkauf sowie die sonstige Verteilung und Unterbreitung seines Originalwerkes oder dessen Vervielfältigungsstücke an die Öffentlichkeit mit drahtlosen oder drahtgebundenen Mitteln zu unterbinden. In der neueren Literatur wird darauf hingewiesen, dass diese Vorschrift die sonstigen außerhalb des Art. 25 Abs. 1 FSEK in Betracht kommenden Fälle umfasse. Ein Beispiel hierfür sei die öffentliche Wiedergabe einer Radiosendung in einem Café.[701] Diese Ansicht verdeutlicht, dass nach der Novellierung der Vorschrift die öffentliche Wiedergabe von Sendungen in Gaststätten und Cafés ein ausschließliches Recht des Urhebers darstellt und somit seiner Zustimmung bedarf.

Die Sendung kann dem Wortlaut der Vorschrift zufolge analog oder digital erfolgen. Eine Satellitensendung ist anzunehmen, wenn Sendungen mittels Signalen zu einem Satelliten gesandt werden und diese Signale durch die Sendestationen vom Satelliten an drahtlose oder drahtgebundene Leiter umgeleitet werden.[702] Bei einer Kabelsendung wird das Werk über Kabel oder über ein besonderes Telefonnetz an die Öffentlichkeit gesendet oder erneut gesendet.[703]

Im Rahmen der Novellierungen 2001 ist das Recht der öffentlichen Zugänglichmachung in Art. 25 Abs. 2 FSEK mit der Begründung eingefügt worden, dass hierdurch der Schutz der materiellen und immateriellen Rechte des Urhebers an seinem Werk im Internet gesichert werde.[704] Ein Werk ist gem. Art. 25 Abs. 2 FSEK öffentlich zugänglich, wenn die Verbindung der natürlichen Personen zum

699 Karahan/Suluk/Saraç/Nal, Fikri Mülkiyet Hukukun Esasları, S. 84 f.

700 Ayiter, Hukukta Fikir Ve Sanat Ürünleri, S. 143; Erel, Türk Fikir Ve Sanat Hukuku, 2. Aufl., S. 158.

701 Karahan/Suluk/Saraç/Nal, Fikri Mülkiyet Hukukun Esasları, S. 85; a.A. Erel, Türk Fikir Ve Sanat Hukuku, S. 184, Erel hält ohne Begründung an Ansicht aus 2. Auflage fest.

702 Erdil, Fikir Ve Sanat Eserleri Kanunu Şerhi, Cilt 1, S. 740; Tekinalp, Fikri Mülkiyet Hukuku, § 14, Rn. 111 d.

703 Erdil, Fikir Ve Sanat Eserleri Kanunu Şerhi, Cilt 1, S. 740; Tekinalp, Fikri Mülkiyet Hukuku, § 14, Rn. 111 i.

704 Gerekçe 4630-Komisyon zitiert in: Erdil, Fikir Ve Sanat Eserleri Kanunu Şerhi, Cilt 1, S. 739.

Werk an von diesen ausgewählten Orten und Zeiten gewährleistet wird. Werden die Werke, die im Internet öffentlich zugänglich sind, auf CD oder Hard-Disk körperlich festgelegt, um diese an Dritte weiterzugeben, so stellt dies vielmehr eine Verletzung des Vervielfältigungs- und Verbreitungsrechts dar.[705]

An dem Senderecht gem. Art. 25 FSEK wird trotz der Novellierung berechtigterweise kritisiert, dass es nicht den europäischen Erfordernissen entspreche. Der türkische Gesetzgeber habe es versäumt, im Gesetz die europäische Satellitensendung und die grenzüberschreitende zeitgleiche, unveränderte und vollständige Programmverbreitung mittels Kabelweitersendung zwischen der Europäischen Union und der Türkei zu regeln.[706]

c) Die Übertragung des materiellen Rechts und die Erteilung einer Lizenz

Die Urheberschaft als solche, die sowohl die materiellen als auch die immateriellen Rechte am Werk umfasst, ist nicht übertragbar, sie steht allein dem Schöpfer eines Werkes zu.[707] Eine Übertragung der immateriellen Rechte ist ebenfalls nicht möglich. Die immateriellen Rechte sind eng mit der Person des Urhebers verbunden.[708] Gem. Art. 48 FSEK kann der Urheber eines Werkes jedoch über seine materiellen Rechte verfügen. Dies ist für die Verwertung des Werkes von Bedeutung. Der Urheber kann in vielen Fällen aus wirtschaftlichen und auch tatsächlichen Gründen sein Werk nicht selbst verwerten. Aus diesem Grunde muss es ihm möglich sein, seine materiellen Rechte jemandem zu übertragen, der über die nötigen Mittel verfügt und die Verwertung des Werkes übernimmt.[709] Das Gesetz formuliert in Art. 48 FSEK zwei verschiedene Verfügungsmöglichkeiten. Es differenziert zwischen der Übertragung des materiellen Rechts als solches (Art. 48 Abs. 1 FSEK) und der bloßen Gebrauchserlaubnis hinsichtlich der materiellen Rechte (Lizenz, Art. 48 Abs. 2 FSEK). Diese sind im Folgenden genauer auszuführen.

705 Suluk/Orhan, Uygulamalı Fikri Mülkiyet Hukuku, Cilt II, S. 410; Tekinalp, Fikri Mülkiyet Hukuku, § 14, Rn. 111.

706 Nal, in: Möhring/Schulze/Ulmer/Zweigert, Quellen des Urheberrechts, Band 5, Türkei, S. 20.

707 Tekinalp, Fikri Mülkiyet Hukuku, § 15, Rn. 11; Suluk/Orhan, Uygulamalı Fikri Mülkiyet Hukuku, Cilt II, S. 605; Karahan/Suluk/Saraç/Nal, Fikri Mülkiyet Hukukunun Esasları, S. 100; Nal, Probleme des türkischen Urheberrechts aus der Sicht des deutschen und europäischen Rechts, S. 138; Ayiter, Hukukta Fikir Ve Sanat Ürünleri, S. 199.

708 Suluk/Orhan, Uygulamalı Fikri Mülkiyet Hukuku, Cilt II, S. 605; Karahan/Suluk/Saraç/Nal, Fikri Mülkiyet Hukukunun Esasları, S. 100; Nal, Probleme des türkischen Urheberrechts aus der Sicht des deutschen und europäischen Rechts, S. 138.

709 Karahan/Suluk/Saraç/Nal, Fikri Mülkiyet Hukukunun Esasları, S. 100 f.

aa) Die Übertragung des materiellen Rechts, Art. 48 Abs. 1 FSEK

Gem. Art. 48 Abs. 1 FSEK können der Urheber oder seine Erben die ihnen gesetzlich zuerkannten materiellen Rechte nach Dauer, Gebiet und Inhalt beschränkt oder unbeschränkt, entgeltlich oder unentgeltlich auf andere übertragen. Mit der Übertragung des materiellen Rechts als solchem verlässt das materielle Recht den Herrschaftsbereich des Urhebers oder seiner Erben und geht vollständig in den Herrschaftsbereich der Person über, die das Recht erworben hat.[710] Der Erwerber kann das materielle Recht, solange er die im Rahmen der Übertragungsvereinbarungen getroffenen Bedingungen nicht überschreitet, wie der Urheber nutzen und jedem Dritten, der aus dem Recht Nutzen ziehen möchte, sein Recht entgegenhalten.[711] Die Übertragung der materiellen Rechte kann alle oder nur einzelne Rechte umfassen.[712] Wie dem Wortlaut zu entnehmen ist, kann die Übertragung des materiellen Rechts nach Dauer, Gebiet und Inhalt beschränkt oder unbeschränkt, entgeltlich oder unentgeltlich auf andere übertragen werden. Die einzelnen Rechte können an verschiedene Personen übertragen werden.[713] Erfolgt die Rechtsübertragung ohne zeitliche Begrenzung, so steht dem Erwerber das Recht bis zum Ablauf der Schutzdauer zu. Ist eine zeitliche Begrenzung vereinbart, so fällt das Recht mit Ablauf der vereinbarten Zeit, ohne die Notwendigkeit weiterer Vereinbarungen, in die Herrschaft des Urhebers zurück.[714]

bb) Erteilung einer Lizenz, Art. 48 Abs. 2 und Art. 56 FSEK

Es besteht neben der Übertragung des materiellen Rechts auch die Möglichkeit der Erteilung einer Lizenz. Eine Legaldefinition findet sich in Art. 48 Abs. 2 FSEK. Eine Lizenz ist demnach anzunehmen, wenn der Urheber die bloße Gebrauchserlaubnis hinsichtlich der materiellen Rechte einem anderen überlässt. Im Unterschied zur Übertragung des materiellen Rechts verbleibt bei der Erteilung einer

710 Erel, Türk Fikir Ve Sanat Hukuku, S. 302; Ayiter, Hukukta Fikir Ve Sanat Ürünleri, S. 206; Arslanlı, Fikri Hukuk Dersleri II, S. 172; Erdil, Fikir Ve Sanat Eserleri Kanunu Şerhi, Cilt 2, S. 969; Güneş, Uygulamada Fikir Ve Sanat Eserleri Hukuku, S. 174.

711 Erel, Türk Fikir Ve Sanat Hukuku, S. 302; Arslanlı, Fikri Hukuk Dersleri II, S. 173.

712 Erel, Türk Fikir Ve Sanat Hukuku, S. 303; Erdil, Fikir Ve Sanat Eserleri Kanunu Şerhi, Cilt 2, S. 969.

713 Erel, Türk Fikir Ve Sanat Hukuku, S. 303; Suluk/Orhan, Uygulamalı Fikri Mülkiyet Hukuku, Cilt II, S. 606.

714 Erel, Türk Fikir Ve Sanat Hukuku, S. 303; Ayiter, Hukukta Fikir Ve Sanat Ürünleri, S. 207; Erdil, Fikir Ve Sanat Eserleri Kanunu Şerhi, Cilt 2, S. 969 f.

Lizenz das materielle Recht im Herrschaftsbereich des Urhebers und der Lizenznehmer erhält hieran nur ein Nutzungsrecht.[715]

Das Gesetz unterscheidet hierbei in Art. 56 FSEK zwischen der ausschließlichen und der einfachen Lizenz. Gem. Art. 56 Abs. 1 FSEK ist eine Lizenz, die den finanziellen Rechtsinhaber nicht daran hindert, die gleiche Lizenz einem anderen zu gewähren, eine einfache. Steht sie nur einem einzigen zu, so handelt es sich um eine ausschließliche Lizenz. Gem. Art. 56 Abs. 3 FSEK finden auf einfache Lizenzen die Vorschriften über die Pacht (Art. 270 bis 298 Türkisches Obligationengesetzbuch) und auf ausschließliche Lizenzen die Vorschriften über den Nießbrauch (Art. 717 bis 747 Türkisches Obligationengesetzbuch) Anwendung. Dem Inhaber einer ausschließlichen Lizenz steht das Recht zu, das Werk auf die ihm erlaubte Art zu nutzen. Außerdem kann er neben diesem positiven Benutzungsrecht auch sein negatives Verbotsrecht geltend machen und dem Urheber und sonstigen Dritten die Nutzung des Werkes im Rahmen des ihm zustehenden Rechts verbieten.[716] Ein solches Verbotsrecht steht dem Inhaber einer einfachen Lizenz nicht zu. Hierbei ist jedoch zu beachten, dass der Lizenznehmer der Erteilung einer einfachen Lizenz mit dem Wissen zustimmt, dass der Urheber neben ihm auch anderen Personen die Nutzung des Werkes gewähren kann. Dies stellt demnach keine Verletzung seiner Interessen dar.[717] Wenn nicht festgestellt werden kann, ob eine einfache oder eine ausschließliche Lizenz erteilt worden ist, gilt die Vermutungsregelung des Art. 56 Abs. 2 FSEK. Diese besagt, dass jede Lizenz als einfache gilt, wenn sich aus Gesetz oder Vertrag nichts Gegenteiliges ergibt.

cc) Unterscheidung ursprünglicher Erwerb und abgeleiteter Erwerb

Das türkische Urheberrecht unterscheidet des Weiteren zwischen dem ursprünglichen Erwerb in Art. 48 FSEK und dem abgeleiteten Erwerb in Art. 49 FSEK. Der ursprüngliche Erwerb ist der Erwerb vom Urheber und seinen Erben. Der abgeleitete Erwerb stellt gem. Art. 49 Abs. 1 FSEK den Erwerb von einer Person dar, die von dem Urheber oder seinen Erben ein materielles Recht oder eine Lizenz erworben hat. Gem. der Vorschrift kann das materielle Recht oder die Lizenz lediglich mit der schriftlichen Genehmigung des Urhebers oder seiner Erben weiter übertragen werden.

---

715 Tekinalp, Fikri Mülkiyet Hukuku, § 15, Rn. 14; Erel, Türk Fikir Ve Sanat Hukuku, S. 303 f; Ayiter, Hukukta Fikir Ve Sanat Ürünleri, S. 210 f; Erdil, Fikir Ve Sanat Eserleri Kanunu Şerhi, Cilt 2, S. 971, 1069; Aydıncık, Fikri Haklara Ilişkin Lisans Sözleşmeleri, S. 47.

716 Aydıncık, Fikri Haklara Ilişkin Lisans Sözleşmeleri, S. 59.

717 Aydıncık, Fikri Haklara Ilişkin Lisans Sözleşmeleri, S. 62.

Umstritten ist in der türkischen Literatur, ob es sich bei der schriftlichen Genehmigung um eine Wirksamkeitsvoraussetzung[718] oder um ein Beweismittel[719] handelt. Überzeugend sind die Argumente der Ansichten, die die schriftliche Genehmigung als Wirksamkeitsvoraussetzung qualifizieren. Diese weisen darauf hin, dass Wirksamkeitsvoraussetzungen den Parteien die Möglichkeit geben, über die zu schließenden Vereinbarungen nachzudenken und mit Vorsicht zu handeln. Der Urheber oder seine Erben erhalten hier die Gelegenheit bei der Erteilung ihrer Genehmigung zum abgeleiteten Erwerb eines materiellen Rechts oder einer Lizenz abzuwägen, auf welche Art das Recht benutzt werden könnte und können ihre Entscheidung davon abhängig machen.[720]

Bei der Weiterübertragung des Bearbeitungsrechts ist gem. Art. 49 Abs. 2 FSEK auch die Zustimmung des Urhebers oder seiner Erben hinsichtlich der Person des neuen Erwerbers erforderlich.

dd) Formvorschrift, Art. 52 FSEK

Die Formvorschrift ist in Art. 52 FSEK geregelt. Gem. Art. 52 FSEK bedürfen Verträge und Verfügungen über die materiellen Rechte der Schriftform. Sowohl in der Literatur als auch in der Rechtsprechung wird vertreten, dass es sich bei dem Schriftformerfordernis um eine Wirksamkeitsvoraussetzung und nicht um ein Beweismittel handele.[721] Das Schriftformerfordernis dient dem Schutz der Interessen des Urhebers, indem es ihn bei der Übertragung seiner Rechte dazu verpflichtet, über die Verfügung nachzudenken.[722] Es genügt, wenn die Verträge und Verfügungen in einfacher Schriftform erfolgen, es bedarf nicht der Anwesenheit eines Notars.[723] Die Voraussetzungen an die einfache Schriftform sind erfüllt, wenn beide Willenserklärungen oder zumindest eine der Willenserklärungen in schriftlicher Form erfolgt und derjenige, der die Willenserklärung abgibt, diese unterschreibt. Das Material, auf dem die Willenserklärungen schriftlich festgehalten werden, ist nicht von Bedeutung. Diese können per Hand oder per Computer, durch die

718 Ayiter, Hukukta Fikir Ve Sanat Ürünleri, S. 208.

719 Arslanlı, Fikri Hukuk Dersleri II, S. 184 f.

720 Erel, Türk Fikir Ve Sanat Hukuku, S. 312 f; Erdil, Fikir Ve Sanat Eserleri Kanunu Şerhi, Cilt 2, S. 997, Fn. 815.

721 Tekinalp, Fikri Mülkiyet Hukuku, § 15, Rn. 23; Aydıncık, Fikri Haklara Ilişkin Lisans Sözleşmeleri, S. 94 f; Erel, Türk Fikir Ve Sanat Hukuku, S. 319, Fn. 104; Y. HGK, E. 2003/4-260, K. 2003/271, T. 02.04.2003 in: Erdil, Fikir Ve Sanat Eserleri Kanunu Şerhi, Cilt 2, S. 1041 f; Y. 11. HD, E. 200218451, K. 2003/791, T. 27.01.2003 in: Erdil, Fikir Ve Sanat Eserleri Kanunu Şerhi, Cilt 2, S. 1042 f.

722 Erdil, Fikir Ve Sanat Eserleri Kanunu Şerhi, Cilt 2, S. 1018.

723 Erdil, Fikir Ve Sanat Eserleri Kanunu Şerhi, Cilt 2, S. 1018; Aydıncık, Fikri Haklara Ilişkin Lisans Sözleşmeleri, S. 95.

Vertragsparteien oder eine dritte Person geschrieben werden. Jedoch müssen die Erklärungen durch die Parteien, die eine Verpflichtung eingehen, unterschrieben werden.[724] In einer nicht veröffentlichten, jedoch in der Literatur zitierten Entscheidung, ist eine mündliche Vereinbarung als zulässig erachtet worden.[725] Es wird jedoch in der Literatur darauf hingewiesen, dass diese Entscheidung der ausdrücklichen Regelung in Art. 52 FSEK widerspreche.[726]

Außerdem schreibt Art. 52 FSEK vor, dass die materiellen Rechte, die den Gegenstand der Verträge und Verfügungen bilden, einzeln aufgeführt werden müssen. Hierbei handelt es sich neben dem Schriftformerfordernis um eine weitere Wirksamkeitsvoraussetzung.[727] Eine Klausel, die besagt, dass man seine gesamten materiellen Rechte übertrage, genügt den Anforderungen nicht. Sogar wenn die gesamten Rechte übertragen werden sollen, müssen diese einzeln aufgeführt werden.[728] Dies ist grundsätzlich durch die Rechtsprechung bestätigt worden.[729]

ee) Bei Nichtvorhandensein der Verfügungsbefugnis, Art. 54 FSEK

Bei Art. 54 FSEK handelt es sich um eine Vorschrift, die die Interessen des Urhebers schützen soll.[730] Erwirbt jemand gem. Art. 54 Abs. 1 FSEK ein materielles Recht oder eine Lizenz an dem Recht von einem zur Übertragung nicht Berechtigten, wird er in seinem Erwerb auch dann nicht geschützt, wenn er gutgläubig ist. Gem. Art. 54 Abs. 2 FSEK werden die Interessen des Erwerbers jedoch dadurch berücksichtigt, dass derjenige, der unbefugt ein materielles Recht oder eine Lizenz daran überträgt, zum Ersatz des Schadens verpflichtet wird, der aus der Unwirksamkeit der Verfügung entsteht, wenn er nicht beweist, dass der Mangel der Verfügungsbefugnis dem anderen Teil bekannt war oder hätte bekannt sein müssen.

---

724 Aydıncık, Fikri Haklara Ilişkin Lisans Sözleşmeleri, S. 95.

725 Y. 11. HD., 19.03.2001, erwähnt in: Tekinalp, Fikri Mülkiyet Hukuku, § 15, Rn. 23; Aydıncık, Fikri Haklara Ilişkin Lisans Sözleşmeleri, S. 95, Fn. 444.

726 Aydıncık, Fikri Haklara Ilişkin Lisans Sözleşmeleri, S. 95, Fn. 444.

727 Erel, Türk Fikir Ve Sanat Hukuku, S. 319; Ayiter, Hukukta Fikir Ve Sanat Ürünleri, S. 217; Arslanlı, Fikri Hukuk Dersleri II, S. 176 f; Erdil, Fikir Ve Sanat Eserleri Kanunu Şerhi, Cilt 2, S. 1020.

728 Erel, Türk Fikir Ve Sanat Hukuku, S. 319; Ayiter, Hukukta Fikir Ve Sanat Ürünleri, S. 217; Arslanlı, Fikri Hukuk Dersleri II, S. 177; Aydıncık, Fikri Haklara Ilişkin Lisans Sözleşmeleri, S. 95 f; Erdil, Fikir Ve Sanat Eserleri Kanunu Şerhi, Cilt 2, S. 1020.

729 11. HD, 18.11.1999, E. 1999/2264, K. 1999/9338 in: Suluk/Orhan, Uygulamalı Fikri Mülkiyet Hukuku, Cilt II, S. 619 f; 11. HD, 02.12.1997, E. 1997/7178, K, 1997/8785 in: Suluk/Orhan, Uygulamalı Fikri Mülkiyet Hukuku,Cilt II, S. 621.

730 Erdil, Fikir Ve Sanat Eserleri Kanunu Şerhi, Cilt 2, S. 1059.

ff) Kritische Beurteilung der Vorschriften in der Literatur

Es ist bereits erwähnt worden, dass die Vorschriften über die Rechtsübertragung und die Erteilung einer Lizenz in der Literatur nicht nur Zustimmung finden, sondern auch starker Kritik ausgesetzt sind. Es wird darauf hingewiesen, dass die Grundsätze des türkischen Urheberrechts zunächst im Sinne der monistischen Lehre entwickelt worden seien. Art. 48 Abs. 1 FSEK, der eine Übertragung der materiellen Rechte ihrer Substanz nach zulasse, widerspreche dieser Lehre und müsse daher im Sinne der monistischen Theorie ausgelegt werden.[731] Insbesondere wird hervorgehoben, dass der Ansicht, die bei der Übertragung des materiellen Rechts annehme, dass das materielle Recht den Herrschaftsbereich des Urhebers verlasse und vollständig in den Herrschaftsbereich des Erwerbs übergehe, nicht zuzustimmen sei. Es liege vielmehr eine wie im deutschen Recht herrschende „gebundene Rechtsübertragung" vor. Somit unterscheide sich die Übertragung des materiellen Rechts auch grundsätzlich nicht von der Einräumung einer ausschließlichen Lizenz. Dies werde anhand einzelner Vorschriften besonders deutlich. Zunächst sei es möglich, die Übertragung des materiellen Rechts zeitlich, örtlich und inhaltlich zu beschränken. Der Erwerber des materiellen Rechts bedürfe außerdem der schriftlichen Genehmigung des Urhebers, wenn er das materielle Recht weiterübertragen wolle. Des Weiteren könne der Urheber vom Vertrag zurücktreten, wenn der Erwerber von dem erworbenen Recht nicht Gebrauch mache. Dies seien nur einzelne Beispiele, die verdeutlichen würden, dass die Verbindung des Urhebers zu seinen materiellen Rechten auch nach deren Übertragung nicht unterbrochen werde und sich die im Urheberrecht geregelte Rechtsübertragung von einer klassischen Rechtsübertragung unterscheide.[732] Sowohl im Falle der Rechtsübertragung als auch im Falle der Erteilung einer ausschließlichen Lizenz verbleibe die Substanz, das Wesen des materiellen Rechts, bei dem Urheber. Eine Differenzierung sei abzulehnen. Folge man dieser Ansicht, verliere der Urheber auch nicht seine Ansprüche aus den materiellen Rechten und könne weiterhin gegen eine Rechtsverletzung vorgehen.[733]

Grundsätzlich ist dieser Ansicht darin zuzustimmen, dass das türkische Urheberrecht zunächst im Sinne der monistischen Theorie entwickelt worden ist und die Vorschrift des Art. 48 Abs. 1 FSEK, die eine Übertragung der materiellen Rechte ermöglicht, diesem widerspricht. Auch überzeugt die Ansicht mit dem Argument, dass das türkische Urheberrecht Vorschriften enthalte, nach denen die Übertragung der materiellen Rechte von der klassischen Rechtsübertragung abweiche.

731 Aydıncık, Fikri Haklara Ilişkin Lisans Sözleşmeleri, S. 23.

732 Aydıncık, Fikri Haklara Ilişkin Lisans Sözleşmeleri, S. 44.

733 Aydıncık, Fikri Haklara Ilişkin Lisans Sözleşmeleri, S. 87 f, 205.

Hieraus kann man jedoch nicht automatisch den Schluss ziehen, dass die Übertragung der materiellen Rechte und die Erteilung einer ausschließlichen Lizenz gleichzusetzen seien. In Artikel 48 FSEK unterscheidet das Gesetz ausdrücklich zwischen der Rechtsübertragung in Absatz 1 und der Erteilung einer Lizenz in Absatz 2. Zwar sprechen die oben genannten Vorschriften für eine gewisse Einschränkung der Rechtsübertragung im Interesse des Urhebers, diese geht jedoch nicht so weit, dass sie die Unterscheidung in Art. 48 Abs. 1 und 2 FSEK aufhebt. Solange der Gesetzgeber an diesem Wortlaut festhält, kann eine solche Auslegung, wie sie diese Ansicht vertritt, nicht vorgenommen werden, da sie dem Wortlaut der Norm entgegensteht, auch wenn sie im Interesse des Urhebers zu befürworten wäre. Somit ist das türkische Urheberrecht zwar zunächst im Sinne der monistischen Theorie entwickelt worden, jedoch ist bei der Umsetzung der Lehre in die Praxis ein dualistischer Schwerpunkt gewählt worden.

3. Vermutungsregelungen

Die Übertragung der materiellen Rechte und die Erteilung von Lizenzen gem. der Vorschriften der Art. 48 ff FSEK sind ausführlich dargelegt worden. Von Bedeutung ist hierbei, dass nach türkischem Urheberrecht eine Übertragung der materiellen Rechte möglich ist, diese Übertragung jedoch zum Schutze des Urhebers in einigen Punkten eingeschränkt werden kann (z.B. inhaltliche, örtliche und zeitliche Beschränkung bei Erstübertragung; Erfordernis der schriftlichen Genehmigung des Urhebers bei Weiterübertragung durch Ersterwerber). Zum Schutze des Urhebers enthält Art. 52 FSEK außerdem eine strenge Formvorschrift, die neben dem Schriftformerfordernis die einzelne Aufführung aller Rechte, die übertragen werden oder an denen eine Lizenz eingeräumt werden soll, vorschreibt. Die Einräumung der Rechte am Filmwerk durch die Urheber an den Filmhersteller könnte sich demnach in der Praxis als umständlich erweisen und es stellt sich die Frage, ob das türkische Recht Vorschriften enthält, die die Rechtseinräumung an den Filmhersteller erleichtern. Hierbei bedarf es einer Betrachtung der Vorschriften nach alter und nach aktueller Gesetzeslage.

a) Die frühere Gesetzeslage: Die umfassende Vermutungsregelung zugunsten des Filmherstellers, Art. 8 Abs. 6 FSEK a.F.

Es ist bereits mehrmals darauf hingewiesen worden, dass vor der Novellierung im Jahre 1995 durch das Gesetz Nr. 4110 der Filmhersteller als Urheber galt und seit der Abschaffung dieser Regelung die Gemeinschaft von Regisseur, Drehbuchautor und Komponist der Filmmusik als Urheber des Filmwerks gilt. Dieser Gemeinschaft ist durch das Gesetz Nr. 4630 im Jahre 2001 der Dialogautor und der Animateur hinzugefügt worden.[734]

Mit der Abschaffung der Urheberschaft des Filmherstellers hatte jedoch zunächst eine umfassende Regelung zugunsten des Filmherstellers Eingang in das Gesetz gefunden. Gem. Art. 8 Abs. 6 FSEK a.F. konnte die Gemeinschaft der Filmurheber nach der Übertragung der materiellen Rechte der durch den Hersteller erfolgenden Vervielfältigung, Verbreitung, öffentlichen Wiedergabe, Sendung durch Kabel, Fernsehen oder andere Mittel, der Setzung von Untertiteln und Synchronisation nicht widersprechen. Diese Vorschrift stellte eine Ausnahme zu Art. 52 FSEK dar, wonach die Rechte, die den Gegenstand von Verträgen und Verfügungen darstellen, einzeln und ausdrücklich aufgeführt werden müssen. Der Filmhersteller konnte somit alle in Art. 8 Abs. 6 a.F. FSEK genannten Rechte ausüben, auch wenn sie nicht im Sinne des Art. 52 FSEK einzeln aufgeführt waren. Bezweifelten die Urheber des Kinofilmwerkes die Übertragung der in der Vorschrift genannten Rechte, so traf sie die Beweislast. Es wurde in der Literatur darauf hingewiesen, dass es sich bei der Vorschrift um eine Vermutungsregelung zugunsten des Filmherstellers hinsichtlich der Ausübung der in der Vorschrift genannten Rechte am Filmwerk handelte, somit entgegen einzelner Ansichten hierdurch kein Leistungsschutzrecht am Filmträger begründet werden sollte.[735] Die Vorschrift war in der türkischen Literatur auch Kritik ausgesetzt. Erel wies darauf hin, dass Art. 8 Abs. 6 FSEK a.F. der in Art. 52 FSEK formulierten Absicht des Gesetzgebers widerspreche. Die Vorschrift lasse eine Ausnahme zu Art. 52 FSEK zu, die nicht zu befürworten sei, da sie den Urhebern jegliche Verhandlungsmöglichkeiten bei der Einräumung ihrer Rechte nehme. Dies führe dazu, dass der Filmhersteller zum eigentlichen Urheber erhoben werde.[736] Art. 8 Abs. 6 FSEK ist jedoch im Rahmen der Novellierung durch das Gesetz Nr. 4630 aufgehoben worden, so dass es keiner Diskussion mehr bedarf, ob die Vorschrift gegen die in Art. 52 FSEK formulierten Grundsätze verstieß oder eine zulässige Ausnahme von der Formvorschrift im Interesse des Filmherstellers darstellte.

b) Die aktuelle Gesetzeslage

Mit der Aufhebung der umfassenden Vermutungsregelung in Art. 8 Abs. 6 FSEK a.F. stellt sich die Frage, ob sich im Gesetz sonstige Vermutungsregelungen finden, die die Rechtseinräumung zugunsten des Filmherstellers erleichtern könnten.

---

734 Siehe hierzu: Zweites Kapitel, S. 90 ff.

735 Nal, Probleme des türkischen Urheberrechts aus der Sicht des deutschen und europäischen Rechts, S. 305 ff.

736 Erel, Türk Fikir Ve Sanat Hukuku, 2. Aufl., S. 79 f, 278.

aa) Die Vermutungsregelung zugunsten Arbeitgeber, Organe juristischer Personen, Art. 18 Abs. 2 FSEK

Hierbei ist zunächst an Art. 18 Abs. 2 FSEK zu denken. Bei der Vorschrift handelt es sich um eine Vermutungsregelung zugunsten Arbeitgeber und Organe juristischer Personen. Gem. Art. 18 Abs. 2 S. 1 FSEK werden die Rechte an den Werken, welche von Beamten, Bediensteten und Arbeitnehmern während ihrer Arbeit hervorgebracht wurden, von den Personen ausgeübt, die diese beschäftigen oder einsetzen, sofern sich aus einer speziellen Vereinbarung unter ihnen oder aus dem Inhalt der Tätigkeit nichts Gegenteiliges ergibt. Der zweite Satz der Vorschrift schreibt vor, dass diese Regelung auch in Bezug auf Organe von juristischen Personen gilt. Teils wird vertreten, dass es sich bei dem Verhältnis zwischen Urheber und Filmhersteller um einen Werkvertrag und nicht um einen Arbeitsvertrag handele, da es an einem für einen Arbeitsvertrag erforderlichen Abhängigkeitsverhältnis fehle. Somit sei Art. 18 Abs. 2 FSEK auf das Verhältnis zwischen Filmhersteller und Urheber eines Kinofilmwerkes nicht anwendbar.[737] Für diese Beurteilung spreche außerdem Art. 18 Abs. 3 FSEK, der eine Spezialregelung hinsichtlich der Hersteller eines Werkes enthalte und somit Art 18 Abs. 2 FSEK vorgehe.[738] Nach dieser Vorschrift kann der Hersteller oder Verleger eines Werkes die materiellen Rechte nur insoweit nutzen, als er es mit dem Urheber vereinbart hat. Demgegenüber wird vertreten, dass nicht grundsätzlich von dem Vorliegen eines Werkvertrages ausgegangen werden könne, sondern es vielmehr auf den jeweiligen Einzelfall ankomme. Die Verträge zwischen Filmhersteller und den Urhebern eines Kinofilmwerkes müssten somit im Einzelnen überprüft werden.[739] Eine weitere Ansicht differenziert ebenfalls nach dem jeweiligen Einzelfall. Entstehe ein Werk im Rahmen eines Arbeitsverhältnisses, so finde Art. 18 Abs. 2 FSEK Anwendung. Dies wäre beispielsweise dann der Fall, wenn ein Regisseur beim Fernsehsender TRT angestellt sei und für diesen einen Dokumentarfilm drehe oder wenn ein Drehbuchautor, der für ein Werbeunternehmen arbeite, für dieses ein Drehbuch für einen Werbespot verfasse. Liege jedoch ein Werkvertrag oder ein Auftragsverhältnis vor, so finde Art. 18 Abs. 3 FSEK Anwendung und der Auftraggeber könne die materiellen Rechte nur insoweit nutzen, wie er es mit dem Urheber vereinbart hat.[740] Grundsätzlich ist den letztgenannten Ansichten darin zuzustimmen, dass bei der Herstellung eines Films nicht automatisch von dem Vorliegen eines Werk-

737 Akkayan Yıldırım, Sinema Eseri ve Sinema Eser Sahipliĝi in: Hayri Domaniç'e Armaĝan, S. 1 (28 f).

738 Akkayan Yıldırım, Sinema Eseri ve Sinema Eser Sahipliĝi in: Hayri Domaniç'e Armaĝan, S. 1 (29); Arkan, Eser Sahibinin Haklarına Baĝlantılı Haklar, S. 201.

739 Genç, Sinema Ve Müzik Eserleri in: Ünal Tekinalp'e Armaĝan, S. 249 (270, Fn. 89).

740 Tosun, Sinema Eserleri Ve Eser Sahibinin Hakları, S. 398 ff.

vertrages ausgegangen werden kann, sondern es sich durchaus im Einzelfall auch um einen Arbeitsvertrag handeln kann. Ist beispielsweise ein Regisseur bei einem Fernsehsender fest angestellt und stellt er ausschließlich für diesen Sender Filme her, so kann durchaus Art. 18 Abs. 2 FSEK anwendbar sein. In den sonstigen Fällen findet jedoch auf das Verhältnis zwischen Filmhersteller und den Urhebern eines Kinofilmwerkes Art. 18 Abs. 3 FSEK Anwendung, der eine besondere Regelung hinsichtlich der Hersteller eines Werkes enthält und somit der Vorschrift des Art. 18 Abs. 2 FSEK vorzuziehen ist.

bb) Die Vermutungsregelung zugunsten der Gesamthandsurheberschaft/ Urhebergemeinschaft, Art. 10 Abs. 4 FSEK

Eine weitere Vermutungsregelung findet sich in Art. 10 Abs. 4 FSEK zugunsten der Gesamthandsurheberschaft/Urhebergemeinschaft. Gem. Art. 10 Abs. 4 S. 1 FSEK werden die gemeinschaftlichen Rechte am Werk, wenn das von mehreren gemeinsam hervorgebrachte Werk eine untrennbare Einheit bildet, von der natürlichen oder juristischen Person ausgeübt, die die Urheber vereint, sofern nicht in einer Vereinbarung, in Dienstleistungsbedingungen oder in irgendeinem Gesetz, das in Kraft ist, wenn das Werk hervorgebracht wird, das Gegenteil bestimmt ist. Ausdrücklich bleiben jedoch die Rechte an Filmwerken gem. Art. 10 Abs. 4 S. 2 FSEK hiervon unberührt.

cc) Die eingeschränkte Übertragungsvermutung zugunsten des Filmherstellers, Art. 80 Nr. 2 Abs. 3 Unterabschnitt 4 FSEK

Als eine Vermutungsregelung, die eine Ausnahme zu den Grundsätzen der Art. 48 ff FSEK darstellt, wird Art. 80 Nr. 2 Abs. 3 Unterabschnitt 4 FSEK beurteilt.[741] Demnach können die gemeinschaftlichen Urheber von Kinofilmwerken, nachdem sie dem Hersteller, der die erstmalige Aufzeichnung der Filme vorgenommen hat, die materiellen Rechte übertragen haben, der Synchronisierung eines Films oder der Verwendung eines Untertitels nicht widersprechen, sofern vertraglich keine entgegenstehende oder spezielle Bestimmung vorliegt. Es wird in der Literatur darauf hingewiesen, dass hier Art. 8 Abs. 6 FSEK a.F. eigefügt worden sei.[742] Jedoch ist hierbei anzumerken, dass Art. 8 Abs. 6 FSEK a.F. eine umfassende Vermutungsregelung hinsichtlich aller für die Herstellung eines Kinofilmwerkes relevanten Rechte darstellte, während Art. 80 Nr. 2 Abs. 3 Unterabschnitt 4 FSEK nur eine

741 Karahan/Suluk/Saraç/Nal, Fikri Mülkiyet Hukukunun Esasları, S. 106; anscheinend auch: Tekinalp, Fikri Mülkiyet Hukuku, § 15, Rn. 27.

742 Ateş, Fikir Ve Sanat Hukukunda Sinema Eseri Ve Eser Sahipliği in: Fikri Mülkiyet Hukuku Yıllığı 2009, S. 59 (99).

Vermutung für das Synchronisationsrecht und die Verwendung von Untertiteln enthält. Die Vermutungsregelung ist somit stark eingeschränkt worden.

Jedoch wird in der türkischen Literatur auch vertreten, dass nicht nur Art. 80 Nr. 2 Abs. 3 Unterabschnitt 4 FSEK, sondern die gesamte Vorschrift des Art. 80 Nr. 2 FSEK an die Stelle des Art. 8 Abs. 6 FSEK a.F. getreten sei. Die Vorschrift lege fest, welche Rechte auf den Filmhersteller übergehen sollen und sorge somit für Klarheit im Rahmen der Rechtsübertragung.[743]

Hierbei ist jedoch darauf hinzuweisen, dass Art. 80 Nr. 2 FSEK die Rechte des Herstellers als Inhaber eines verbundenen Rechts regelt. Im Rahmen des deutschen Rechts ist dargestellt worden, dass das in § 94 UrhG formulierte Leistungsschutzrecht die Rechte des Filmherstellers am Filmträger und nicht am Filmwerk festlegt und somit seine organisatorische und wirtschaftliche Leistung geschützt wird.[744] Es ist im Folgenden zu überprüfen, was das türkische Urheberrecht unter dem verbundenen Recht des Filmherstellers versteht und welche Voraussetzungen an die Entstehung des Rechts geknüpft sind. Die Untersuchung der Vorschrift könnte Aufschluss darüber geben, wie die oben zitierte Ansicht zu der Schlussfolgerung kommt, Art. 80 Nr. 2 FSEK ersetze Art. 8 Abs. 6 FSEK a.F.

IV. Der Filmhersteller als Inhaber des verbundenen Rechts gem. Art. 80 Nr. 2 FSEK

Seit der Novellierung des Art. 8 FSEK durch das Gesetz Nr. 4110 im Jahre 1995 gilt der Filmhersteller nicht mehr als Urheber eines Kinofilmwerkes. Dies bedeutet jedoch nicht, dass seine Leistung keines Schutzes würdig ist. Der Filmhersteller ist derjenige, der die wirtschaftliche und organisatorische Verantwortung bei der Herstellung des Filmwerkes trägt und die erste Aufzeichnung des Filmwerkes vornimmt. Auch wenn es sich hierbei um keine Leistung handelt, die die Eigentümlichkeit eines Schöpfers widerspiegelt, steht sie dennoch in starker Verbindung zu dem Werk. Aus diesem Grunde ist mit dem Gesetz Nr. 4630 im Jahre 2001 ein verbundenes Schutzrecht für den Filmhersteller in das FSEK eingefügt worden.[745]

Der durch das Gesetz Nr. 4110 vollständig neu formulierte Art. 80 FSEK sah ursprünglich nur den Schutz der ausübenden Künstler, Tonträgerhersteller und der Sendeunternehmen vor und trug die Überschrift „mit den Rechten des Urhebers verwandte Schutzrechte". Durch das Gesetz Nr. 4630 wurde die Überschrift in

743 Akkayan Yıldırım, Sinema Eseri ve Sinema Eser Sahipliği in: Hayri Domaniç'e Armağan, S. 1 (30, 41 ff).

744 Siehe hierzu: S. 152 ff.

745 Arkan, Eser Sahibinin Haklarına Bağlantılı Haklar, S. 200 ff; Tekinalp, Fikri Mülkiyet Hukuku, § 17, Rn. 4; Suluk/Orhan, Uygulamalı Fikri Mülkiyet Hukuku, Cilt II, S. 464.

„mit den Rechten des Urhebers verbundene Schutzrechte" geändert, wodurch verdeutlicht werden sollte, dass es sich hierbei um einen Oberbegriff handelt, der auch die in das Gesetz neu eingefügten Filmhersteller umfasst. Diese begriffliche Differenzierung wird jedoch in der herrschenden Literatur kritisiert. Die beiden Begriffe „verbundene Schutzrechte" (bağlantılı haklar) und „verwandte Schutzrechte" (komşu haklar) würden inhaltlich dasselbe ausdrücken. Es sei nicht ersichtlich, aus welchem Grund es zwei verschiedener Begrifflichkeiten bedürfe, daher sei einer der Begriffe zu bevorzugen. Die herrschende Meinung zieht hierbei den Begriff der verbundenen Schutzrechte heran.[746] Dieser Begriff ist auch im Folgenden zu verwenden.

Ein Diskussionspunkt in der türkischen Literatur ist die Frage, ob nur der Hersteller eines Kinofilmwerks oder auch der Hersteller eines Films, der nicht die Voraussetzungen, die an ein Werk gestellt werden, erfüllt, Inhaber des verbundenen Schutzrechtes sein kann. Teils wird vertreten, dass der Begriff des Filmherstellers weit zu verstehen sei und somit auch dem Hersteller eines Films, bei dem es sich nicht um ein Werk im Sinne des FSEK handelt, die Rechte aus Art. 80 Nr. 2 FSEK zustehen sollen.[747] Demgegenüber wird angeführt, dass Filmhersteller im Sinne des Art. 80 Nr. 2 FSEK nur der Hersteller eines Kinofilmwerks sein könne. Bei den in Art. 80 Nr. 2 FSEK formulierten Rechten handele es sich um mit den Rechten des Urhebers verbundene Rechte. Liege kein Werk vor, könne auch kein hiermit verbundenes Schutzrecht entstehen. Der Hersteller eines Filmes, bei dem es sich nicht um ein Werk handele, könne sich auf Art. 84 FSEK berufen, der die Vorschriften des unlauteren Wettbewerbs für entsprechend anwendbar erklärt.[748] Bei einer genauen Betrachtung des Art. 84 FSEK überzeugt diese Ansicht. Dieser besagt in seinem dritten Absatz, dass diese Vorschrift Anwendung auf jede Art von Fotografien und in ähnlichen Verfahren hergestellte Bilder und Filmerzeugnisse Anwendung findet, auch wenn sie nicht den Charakter eines Werkes haben. In diesen Fällen sind gem. Art. 84 Abs. 2 FSEK die Vorschriften des unlauteren Wettbewerbs entsprechend heranzuziehen. Es wäre im Interesse des Herstellers zu begrüßen gewesen, wenn der Gesetzgeber stattdessen Art. 80 FSEK für anwendbar erklärt hätte. Solange er jedoch an dieser Regelung festhält, spricht der Wortlaut des Art. 84 FSEK dafür, dass in Fällen, in denen ein Film die Voraussetzungen eines Werkes nicht erfüllt, diese Vorschrift heranzuziehen ist.

---

746 Arkan, Eser Sahibinin Haklarına Bağlantılı Haklar, S. 37 f; Suluk/Orhan, Uygulamalı Fikri Mülkiyet Hukuku, Cilt II, S. 431 f; Karahan/Suluk/Saraç/Nal, Fikri Mülkiyet Hukukunun Esasları, S. 107 f.

747 Ateş, Fikir Ve Sanat Eserleri Üzerindeki Hakların Kapsamı Ve Sınırlandırılması, S. 234 f; Suluk, Telif Hakları Ve Korsanlıkla Mücadele, S. 112 f.

748 Arkan, Eser Sahibinin Haklarına Bağlantılı Haklar, S. 201, 204 f.

Im Folgenden ist zu untersuchen, welche Voraussetzungen an die Entstehung des verbundenen Rechts des Filmherstellers geknüpft sind.

1. Abhängigkeit der Entstehung des verbundenen Rechts von der Erlaubnis des Urhebers

Gem. Art. 80 Nr. 2 FSEK stehen dem Filmhersteller, der die erstmalige Aufzeichnung der Filme vorgenommen hat, die in der Vorschrift bezeichneten Rechte zu, nachdem er vom Urheber und ausübenden Künstler die Nutzungsbefugnis an den materiellen Rechten übertragen bekommen hat. In Art. 80 Nr. 2 Abs. 1 FSEK ist außerdem von der „mit Erlaubnis des Urhebers und des ausübenden Künstlers vorgenommenen Aufzeichnung" die Rede.

Ursprünglich enthielt Art. 80 FSEK in seiner Fassung aus dem Jahre 1995 nicht die Bedingung, dass die Entstehung des verbundenen Rechts von der Übertragung der Nutzungsbefugnis an den materiellen Rechten bzw. einer Erlaubnis abhängig sei. Dennoch fanden sich Ansichten in der Literatur, die die Entstehung des Rechts von dieser Voraussetzung abhängig machten.[749] Diese Ansicht war in der Literatur jedoch Kritik ausgesetzt. Es wurde angemerkt, dass die Rechte des Herstellers originär durch die Aufzeichnung entstehen und nicht derivativ von den Rechtsinhabern abgeleitet werden würden. Für die im Schrifttum vertretene Ansicht finde sich außerdem kein Hinweis im Gesetz und sie sei somit abzulehnen.[750] Jedoch wurde die Voraussetzung mit der Novellierung im Jahre 2001 wie oben zitiert in Art. 80 FSEK eingefügt, seitdem ist die Entstehung des verbundenen Rechts des Filmherstellers von dieser Voraussetzung anhängig. Es stellt sich jedoch die Frage, was genau unter der „Übertragung der Nutzungsbefugnis an den materiellen Rechten" und „Erlaubnis" zu verstehen ist. Dies ist in der Literatur umstritten.

a) Darstellung des Streits

Grundsätzlich wird übereinstimmend vertreten, dass es sich bei der „Übertragung der Nutzungsbefugnisse an den materiellen Rechten" um eine Übertragung des materiellen Rechts oder die Einräumung einer Lizenz an einem materiellen Recht im Sinne des Art. 48 FSEK handele.[751] Teils wird vertreten, dass die in Art. 80

749 Erel, Türk Fikir Ve Sanat Hukuku, 2. Aufl., S. 177.

750 Zum Tonträgerhersteller: Nal, Probleme des türkischen Urheberrechts aus der Sicht des deutschen und europäischen Rechts, S. 287 f.

751 Arkan, Eser Sahibinin Haklarına Bağlantılı Haklar, S. 208; Üstün, Fikri Ve Sanat Eserleri Kanununda 4630 Sayılı Kanun Ile Yapılan Değisiklilikler Ve Eleştirilerimiz, IBD, C. 75, 1-3, 2001, 139 (178); Baygın, Fikir Ve Sanat Eserleri Kanununa Göre Eser Sahibinin Hakları Ile Bağlantılı Haklar, AÜEHFD, C. V., 1-4, 2001, 297 (322).

Nr. 2 FSEK geregelte „Erlaubnis“ grundsätzlich als eine einfache Lizenz im Sinne des Art. 56 Abs. 2 FSEK zu qualifizieren sei, soweit sich aus der Vereinbarung nicht ausdrücklich etwas anderes ergebe.[752]

Umstritten ist jedoch, wie der Umfang der „Erlaubnis“ zu verstehen ist. Einerseits wird vertreten, dass der Filmhersteller von den in Art. 80 Nr. 2 FSEK genannten Rechten nur Gebrauch machen könne, wenn die Urheber eines Kinofilmwerkes ihm alle in der Vorschrift genannten Rechte übertragen bzw. eine Lizenz an diesen Rechten eingeräumt haben.[753]

Demgegenüber wird vertreten, dass der Wortlaut der Vorschrift, wonach von „der Übertragung der Nutzungsbefugnisse an den materiellen Rechten“ die Rede ist, durchaus zu der Fehlinterpretation führen könne, dass alle notwendigen materiellen Rechte durch den Urheber übertragen werden müssten. Dieser Ansicht zufolge ist die Vorschrift jedoch anders zu verstehen. Es genüge vielmehr, wenn der Urheber eine Lizenz einräume, die nur das Recht der ersten Aufzeichnung umfasse. Mit der Einräumung der Lizenz an dem Recht der Aufzeichnung würden demnach die in Art. 80 Nr. 2 FSEK genannten absoluten Schutzrechte in der Person des Filmherstellers entstehen. Somit bedürfe es nicht der Einräumung aller notwendigen materiellen Rechte.[754] Diese Ansicht weist zur Verdeutlichung ihrer Auffassung darauf hin, dass das Verhältnis zwischen den Urhebern und den Inhabern der verbundenen Schutzrechte auf den ersten Blick verworren wirke, da den Urhebern eines Werkes und den Inhabern der verbundenen Schutzrechte nahezu dieselben Rechte zustünden. Beispielsweise könne sowohl der Urheber als auch der Filmhersteller sich auf das Recht der Vervielfältigung und Verbreitung berufen. Jedoch sei hierbei auf einen elementaren Unterschied hinzuweisen. Während dem Urheber diese Rechte an dem Werk zustünden, könne der Filmhersteller diese Rechte nur bezüglich der Aufzeichnung des Films bzw. des Filmträgers geltend machen. Somit sei der Schutzgegenstand ein anderer. Die Rechte seien jedoch eng miteinander verbunden. Es liege hier keine bloße Übertragung der materiellen Rechte von einer Person auf die andere Person vor. Dies sei grundsätzlich auch möglich, doch bei den verbundenen Schutzrechten handele es sich um absolute Rechte des Filmherstellers, die mit der Einräumung des Rechts an der ersten Aufzeichnung entstehen. Daher sei zu differenzieren zwischen der Übertragung des

752 Arkan, Eser Sahibinin Haklarına Bağlantılı Haklar, S. 59, 208.

753 Üstün, Fikri Ve Sanat Eserleri Kanununda 4630 Sayılı Kanun Ile Yapılan Değisiklilikler Ve Eleştirilerimiz, IBD, C. 75, 1-3, 2001, 139 (178); Baygın, Fikir Ve Sanat Eserleri Kanununa Göre Eser Sahibinin Hakları Ile Bağlantılı Haklar, AÜEHFD, C. V., 1-4, 2001, 297 (322).

754 Arkan, Eser Sahibinin Haklarına Bağlantılı Haklar, S. 207 f; zustimmend: Aydıncık, Fikri Haklara Ilişkin Lisans Sözleşmeleri, S. 139 f.

an dem Werk bestehenden materiellen Rechts und der Zustimmung zur Aufzeichnung, die die absoluten Rechte des Filmherstellers entstehen lässt.[755]

b) Stellungnahme

Betrachtet man den aktuellen Gesetzeswortlaut, so stellt man fest, dass der Gesetzgeber sich dafür entschieden hat, die Entstehung der verbundenen Rechte des Filmherstellers von der „Erlaubnis" der Urheber abhängig zu machen. Insbesondere die Formulierung „die Übertragung der Nutzungsbefugnisse an den materiellen Rechten" führt zu der oben genannten Diskussion in der Literatur. Wie erörtert, kommen aufgrund des Wortlauts der Norm Teile in der Literatur daher zu dem Schluss, dass die Entstehung der verbundenen Schutzrechte des Filmherstellers zunächst die Übertragung der hierfür relevanten Rechte durch den Urheber an den Filmhersteller voraussetze. Die Unterschiede der Rechtsübertragung und der Entstehung der verbundenen Schutzrechte scheinen insbesondere vollkommen zu verschwimmen, wenn vereinzelt, wie ausgeführt, sogar vertreten wird, dass Art. 80 Nr. 2 FSEK die ehemalige Vermutungsregelung des Art. 8 Abs. 6 FSEK a.F. ersetze. Dem ist jedoch nicht zuzustimmen.

Die soeben ausgeführten Ansichten verkennen, dass grundsätzlich zwischen den Rechten des Urhebers am Werk und den Rechten des Filmherstellers am Filmträger zu differenzieren ist. Ausführlich ist dargelegt worden, dass die materiellen Rechte an einem Werk grundsätzlich dem Urheber zustehen. Möchten Dritte von diesen Rechten Gebrauch machen, muss der Urheber ihnen gem. der Art. 48 ff FSEK die Rechte übertragen oder an diesen Lizenzen einräumen. Die umfassende Vermutungsregelung zugunsten des Filmherstellers in Art. 8 Abs. 6 FSEK a.F. ist abgeschafft worden, so dass die Rechtseinräumung nicht mehr im Interesse des Filmherstellers vereinfacht ist. Dieser ist wie jeder andere an die strenge Formvorschrift des Art. 52 FSEK gebunden und die Rechte, die ihm eingeräumt werden sollen, müssen einzeln aufgeführt werden. Dies ist im Sinne des Urhebers. Als eine Vermutungsregelung kommt jedoch, wie bereits dargelegt, Art. 80 Nr. 2 Abs. 3 Unterabschnitt 4 FSEK in Betracht, der eine Vermutung bezüglich des Synchronisationsrechts und des Setzens von Untertiteln enthält.

Es ist jedoch zu bedenken, dass der Filmhersteller die wirtschaftliche und organisatorische Verantwortung bei der Filmherstellung trägt. Diese Leistung ist ebenfalls schutzwürdig. Daher ist das verbundene Schutzrecht des Filmherstellers in Art. 80 Nr. 2 FSEK in das Gesetz eingefügt worden. Dieses Recht steht ihm jedoch, wie mehrmals betont, nicht am Werk selbst, sondern an dem Filmträger zu.

---

755 Arkan, Eser Sahibinin Haklarına Bağlantılı Haklar, S. 222 ff; zustimmend: Aydıncık, Fikri Haklara Ilişkin Lisans Sözleşmeleri, S. 139 ff.

Dies kann man auch dem Wortlaut entnehmen, da hier von den Rechten des Filmherstellers bezüglich der Aufzeichnungen die Rede ist und nicht bezüglich des Kinofilmwerkes. Aus diesem Grunde kann es sich bei dieser Vorschrift auch nicht um eine Vermutungsregelung handeln, die die Einräumung der materiellen Rechte am Werk vereinfachen und somit Art. 8 Abs. 6 FSEK a.F. ersetzen soll. Möchte der Filmhersteller die Rechte am Werk nutzen, so ist er weiterhin an die Rechtseinräumung durch den Urheber gem. Art. 48 ff FSEK gebunden. Doch möchte der Filmhersteller die Rechte am Filmträger ausüben, so gilt Art. 80 Nr. 2 FSEK. Diese Vorschrift wird den Interessen des Filmherstellers jedoch nur gerecht und erschwert die Entstehung der verbundenen Schutzrechte nicht unnötig, wenn man der Ansicht folgt, die es genügen lässt, wenn der Urheber dem Filmhersteller eine einfache Lizenz am Recht der ersten Aufzeichnung des Films einräumt, um die in Art. 80 Nr. 2 FSEK genannten Rechte entstehen zu lassen. Aus diesem Grunde ist im Rahmen der aktuellen Gesetzeslage, die ausdrücklich an der Erlaubnis des Urhebers festhält, dieser Ansicht zu folgen. Sie versucht zumindest, die Vorschrift so auszulegen, dass die Grenzen zwischen der Übertragung der Rechte am Werk und der Entstehung der verbundenen Schutzrechte am Filmträger nicht vollkommen verschwinden, sondern eine Abgrenzung möglich ist.

Zu bevorzugen wäre es dennoch, wenn der Gesetzgeber die Entstehungsvoraussetzung aus der Vorschrift streichen würde. Die Rechte des Filmherstellers sollten originär durch die Aufzeichnung entstehen und nicht in irgendeiner Form derivativ von den Rechtsinhabern abgeleitet werden müssen.[756] Es ist abzuwarten, ob der türkische Gesetzgeber diesbezüglich Änderungen vornehmen wird. Solange er jedoch an der Entstehungsvoraussetzung festhält, sollte zumindest die Ansicht Zustimmung finden, die eine einfache Lizenz hinsichtlich der Aufzeichnung des Films genügen lässt.

2. Die ausschließlichen Rechte des Filmherstellers

Die ausschließlichen Rechte des Filmherstellers sind in Art. 80 Nr. 2 FSEK aufgeführt. Gem. Art. 80 Nr. 2 Abs. 1 S. 1 FSEK steht dem Filmhersteller zunächst das ausschließliche Recht zu, es zu erlauben oder zu verbieten, dass eine mit Erlaubnis des Urhebers und des ausübenden Künstlers vorgenommene Aufzeichnung unmittelbar oder mittelbar vervielfältigt, verteilt, verkauft, vermietet und der Öffentlichkeit verliehen wird. Art. 80 Abs. 1 S. 2 FSEK regelt das ausschließliche Erlaubnisrecht des Herstellers, seine Aufzeichnungen öffentlich mit Mitteln wiederzugeben,

756 So anscheinend auch Nal in: Möhring/Schulze/Ulmer/Zweigert, Quellen des Urheberrechts, Band 5, Türkei S. 40, Fn. 65 mit Verweis zu dems., Probleme des türkischen Urheberrechts aus der Sicht des deutschen und europäischen Rechts, S. 287 f.

die der Wiedergabe per Zeichen, Schall und/oder Bild dienen und erneut wiederzugeben. Der Filmhersteller hat gem. Art. 80 Nr. 2 Abs. 2 FSEK das Recht, es zu erlauben oder zu verbieten, dass das Original oder die vervielfältigten Exemplare seiner Filmaufzeichnungen, die im Inland noch nicht zum Verkauf gestellt oder auf anderem Wege verteilt wurden, auf dem Verkaufswege oder auf anderem Wege zu verteilen. Des Weiteren steht dem Filmhersteller gem. Art. 80 Nr. 2 Abs. 3 FSEK das Recht zu, die öffentliche Wiedergabe der Aufzeichnungen, die mit drahtlosen oder drahtgebundenen Mitteln zum Verkauf gestellt oder auf andere Weise der Öffentlichkeit verteilt oder unterbreitet werden, sowie die Zugangsermöglichung zu seinen Aufzeichnungen an von natürlichen Personen gewählten Orten und Zeiten zu erlauben und zu verbieten. Die in Art. 80 Nr. 2 FSEK genannten ausschließlichen Rechte des Filmherstellers sind abschließend.[757]

Zur Bestimmung der Rechte des Filmherstellers können die Bestimmungen zu den materiellen Rechten der Urheber entsprechend herangezogen werden, wobei die Besonderheiten des Art. 80 Nr. 2 FSEK zu beachten sind, nämlich dass zunächst die „Erlaubnis" des Urhebers vorliegen muss, um die Rechte entstehen zu lassen und dass die Rechte des Filmherstellers am Filmträger und nicht am Werk bestehen.[758] Es wird zum Verbreitungsrecht darauf hingewiesen, dass auch hier der Erschöpfungsgrundsatz anwendbar ist, was Art. 80 Nr. 2 Abs. 2 FSEK zu entnehmen sei.[759] Im Rahmen des Aufführungsrechts wird teils vertreten, dass dem Filmhersteller, der nur Rechte hinsichtlich des Filmträgers geltend machen kann, auch nur das mittelbare Recht der Aufführung zustehe.[760] Es ist bereits geschildert worden, dass eine mittelbare Aufführung dann anzunehmen ist, wenn zum Vorlesen, Spielen, Vorführen oder Zeigen ein Zeichen-, Ton- oder Bildträger benötigt wird. Gleichzeitig ist jedoch im Rahmen des Aufführungsrechts darauf hingewiesen worden, dass die herrschende Literatur die Vorführung eines Kinofilmwerkes, auch wenn sie anhand von Diaprojektoren vorgenommen wird, aufgrund ihrer Parallelen zum Bühnenstück, dem Recht der unmittelbaren Aufführung zuordnet.[761] Dieses relevante Recht würde dem Filmhersteller verwehrt werden, würde man den Autoren folgen, die vertreten, dass er nur das Recht der mittelbaren Aufführung geltend machen könne. Daher sollen ihm jegliche Aufführungsrechte zustehen, die für die Verwertung des Filmträgers von Bedeutung sind.

757 Tekinalp, Fikri Mülkiyet Hukuku, § 17, Rn. 47, 25.

758 Dies kann den Ausführungen Arkans entnommen werden: Arkan, Eser Sahibinin Haklarına Bağlantılı Haklar, S. 210 ff.

759 Arkan, Eser Sahibinin Haklarına Bağlantılı Haklar, S. 214.

760 Arkan, Eser Sahibinin Haklarına Bağlantılı Haklar, S. 215.

761 Siehe hierzu S. 172 ff.

Art. 80 Nr. 2 FSEK gewährt dem Filmhersteller nur materielle Rechte am Filmträger, immaterielle Rechte sind in der Norm nicht aufgeführt und dem Filmhersteller somit verwehrt.

C. Vergleich

Das Verhältnis zwischen den Urhebern und dem Filmhersteller ist von großer Bedeutung und sowohl im deutschen als auch im türkischen Recht Gegenstand vieler Diskussionen. Die Darstellung der aktuellen Gesetzeslage und dessen Entwicklung in beiden Ländern hat jedoch gezeigt, dass sich die Vorschriften sehr gegensätzlich entwickelt haben.

Während im deutschen Recht die Rechte des Filmherstellers im Laufe der Zeit erweitert worden sind, haben die Filmhersteller in der Türkei eine deutliche Einschränkung ihrer Rechte erfahren. Hierbei ist zwischen den derivativen und originären Rechten des Filmherstellers zu unterscheiden. Bei den derivativen Rechten handelt es sich um die vom Urheber abgeleiteten Rechte am Filmwerk. Die originären Rechte sind die ausschließlichen Rechte des Filmherstellers, die am Filmträger bestehen.

Nach deutschem Recht ist eine Übertragung der Verwertungsrechte nicht möglich, vielmehr können an diesen gem. §§ 31 ff UrhG Nutzungsrechte eingeräumt werden. An der Herstellung eines Filmwerkes ist jedoch eine Vielzahl von Personen beteiligt. Um dem Filmhersteller die Verwertung des Filmwerkes zu vereinfachen, sind die umfassenden Vermutungsregelungen in §§ 88, 89 UrhG eingefügt worden. Ursprünglich war die für die Urheber eines vorbestehenden Werkes geltende Regelung des § 88 UrhG enger gefasst. Wie bereits erörtert, ist schließlich § 88 UrhG an § 89 UrhG, der das Verhältnis zu den Filmurhebern regelt, angeglichen worden und enthält nun ebenfalls eine umfassende Rechtseinräumungsvermutung. Daneben stehen dem Filmhersteller gem. § 94 UrhG originäre Rechte am Filmträger zu. Doch dies genügte den Anforderungen der Filmwirtschaft und der Literatur nicht. Darüber hinausgehend wurde die Einführung einer cessio legis für den Filmhersteller gefordert, wonach die ausschließlichen Verwertungsbefugnisse kraft Gesetzes auf den Filmhersteller übergehen sollten. Der Gesetzgeber entschied sich letztendlich, wie dargelegt, jedoch gegen die Einführung einer cessio legis, hob dafür § 31 Abs. 4 UrhG auf und erweiterte den Anwendungsbereich der in den §§ 88, 89 UrhG genannten Vermutungsregelungen auch auf unbekannte Nutzungsarten, was dem Filmhersteller nun eine uneingeschränkte Filmverwertung ermöglicht.

Demgegenüber galt der Filmhersteller in der Türkei, wie bereits mehrmals angesprochen, bis 1995 als Urheber eines Kinofilmwerkes. Dem Filmhersteller war somit eine Verwertung des Filmwerkes ohne die Zustimmung der Urheber des Kinofilmwerkes möglich. Hieran hielt der Gesetzgeber jedoch nicht fest und führte, wie dargelegt, die Gemeinschaft der Filmurheber ein. Hierbei handelt es sich um Personen, die auch schöpferisch am Kinofilmwerk mitwirken, so dass der durch das Produzentenurheberrecht begründete Widerspruch zum im FSEK geltenden Schöpferprinzip aufgehoben wurde. Zunächst enthielt das Gesetz in Art. 8 Abs. 6 FSEK a.F. eine umfassende Vermutungsregelung. Doch auch diese wurde im Rahmen der Novellierungen aufgehoben. Bezüglich der Rechtseinräumung gelten die Art. 48 ff FSEK. Wie bereits erörtert, wird die Rechtseinräumung durch die strenge Formvorschrift des Art. 52 FSEK erschwert, die neben der Schriftform auch die einzelne Aufführung aller einzuräumenden Rechte vorschreibt. Es ist bereits darauf hingewiesen worden, dass in der Türkei neben der Einräumung von Lizenzen an den materiellen Rechten eine Übertragung der materiellen Rechte selbst möglich ist, wodurch das türkische Urheberrecht seinen Schwerpunkt auf die dualistischen Theorie setzt. Diese Vorschriften sind in der Literatur Kritik ausgesetzt. Es wird darauf hingewiesen, dass die Grundsätze des türkischen Urheberrechts zunächst im Sinne der monistischen Lehre entwickelt worden seien und somit die Vorschriften auch in diesem Sinne ausgelegt werden müssten. Der Gesetzgeber hält jedoch ausdrücklich an der Unterscheidung zwischen Rechtsübertragung und Einräumung von Lizenzen fest, eine solche Auslegung widerspricht daher dem Wortlaut der Norm, auch wenn sie im Interesse des Urhebers zu befürworten wäre. Der Filmhersteller erhielt jedoch ein verbundenes Schutzrecht gem. Art. 80 Nr. 2 FSEK. Dieses verbundene Schutzrecht gewährt dem Filmhersteller ausschließliche Rechte an der von ihm vorgenommenen Aufzeichnung. Hierdurch wird der organisatorischen und wirtschaftlichen Leistung des Filmherstellers Rechnung getragen. Problematisch ist hieran jedoch, dass die Rechte des Filmherstellers am Filmträger nicht wie im deutschen Recht mit der Aufzeichnung entstehen, sondern von der „Erlaubnis“ des Urhebers abhängig sind. Teils wird hierbei sogar die Einräumung der relevanten Rechte im Sinne der Art. 48 ff FSEK durch den Urheber gefordert. Demgegenüber genügt, wie erörtert, nach überzeugender Ansicht die Einräumung einer einfachen Lizenz an der ersten Aufzeichnung, wodurch die in der Vorschrift genannten Rechte am Filmträger in der Person des Filmherstellers entstehen.

Der türkische Gesetzgeber hat versucht, mit der Abschaffung des Produzentenurheberrechts Vorschriften in das Gesetz einzufügen, die die schöpferische Tätigkeit der Urheber würdigen und die Entscheidung über die Verwertung seines Werkes in seine Hände legen. Hierbei hat er jedoch die Verwertung des Kinofilmwerkes durch den Filmhersteller deutlich erschwert. Sogar die Entstehung der verbundenen Schutzrechte ist von der „Erlaubnis“ der Urheber abhängig. Aus diesem Grunde kommen auch einige Ansichten in der Literatur fälschlicherweise zu der

Annahme, es handele sich bei der Vorschrift um eine Vermutungsregelung, die Art. 8 Abs. 6 FSEK a.F. ersetzen soll. Doch muss, wie mehrmals betont, zwischen den vom Urheber abgeleiteten Rechten am Kinofilmwerk und den originären Rechten am Filmträger unterschieden werden. Ersteres muss von der Zustimmung der Urheber abhängig sein und letzteres nicht.

Diese Differenzierung ist deutlich im deutschen Recht erkennbar. Die Einräumung der Nutzungsrechte ist in §§ 31 ff, 88, 89 UrhG geregelt und die originären Rechte am Filmträger entstehen gem. § 94 UrhG unabhängig von der Rechtseinräumung durch den Urheber. Jedoch gehen im deutschen Recht, wie bereits erörtert, die Vermutungsregelungen zu weit. Es hätte keiner Streichung des § 31 Abs. 4 UrhG und der damit einhergehenden Erweiterung der Einräumungsvermutung der §§ 88, 89 UrhG bedurft. Bei der Berücksichtigung der Interessen der Filmhersteller darf nicht in Vergessenheit geraten, wer die eigentlichen Urheber des Filmwerkes sind. Die Erleichterung der Rechtseinräumung darf nicht zulasten der Urheber gehen und wirtschaftliche Interessen über die Interessen der Urheber stellen. Daher hatte es keiner Änderung der bisherigen Regelung bedurft. Die Stärkung der Stellung der Filmhersteller ist nicht so erstrebenswert, wie es auf den ersten Blick scheint. Dies hat insbesondere der Vergleich mit den USA gezeigt. Dort herrscht das Produzentenurheberrecht, doch die Rechte der Urheber werden in der Praxis durch streikfähige Gewerkschaften geschützt, die die Filmwirtschaft mehr als einmal lahm gelegt und für Schäden in Milliardenhöhe gesorgt haben. Wären die Ansprüche der Urheber gesetzlich geregelt, bedürfte es nicht ihrer Durchsetzung durch die Gewerkschaften.

Daher ist es wichtig einen Ausgleich zu finden. Die Rechte der Urheber müssen gewahrt und ihnen eine gewisse Einflussmöglichkeit auf die Verwertung ihrer Filmwerke gegeben werden. Diese Einflussmöglichkeit darf jedoch wie im türkischen Recht nicht so weit gehen, dass die Verwertung des Werkes dem Filmhersteller deutlich erschwert wird. Eine Regelung wie sie in Deutschland bis zur Abschaffung des § 31 Abs. 4 UrhG herrschte, wurde diesen Anforderungen durchaus gerecht.

Fünftes Kapitel: Probleme im Zeitalter der technischen Neuentwicklungen

A. Deutsches Recht: Problematik der Privatkopie

Nachdem im vorhergehenden Kapitel ausführlich das Verhältnis zwischen den Filmschaffenden und dem Filmhersteller dargestellt worden ist, wird Gegenstand des folgenden Abschnitts das Verhältnis der Rechteinhaber eines Filmwerkes zum privaten Endnutzer sein. Der private Endnutzer eines Filmwerkes im klassischen Sinne ist derjenige, der sich den Film im Kino oder zu Hause auf einer von ihm erworbenen DVD anschaut. Urheberrechtlich relevant sind jedoch die Fälle, die aufgrund der technischen Neuentwicklungen entstanden sind. Private Nutzer können unproblematisch Vervielfältigungsstücke von DVDs erstellen oder im Internet kostenlos angebotene Filme herunterladen, und sich diese auf dem PC anschauen oder auf DVD brennen. Im Folgenden ist somit die Frage zu klären, ob diese Formen der Nutzung der Filmwerke in gewissen Grenzen zulässig sind. Hierzu bedarf es einer genauen Betrachtung der Schranke der privaten Vervielfältigung gem. § 53 Abs. 1 UrhG. Außerdem ist die Frage zu erörtern, in welchem Umfang sich der Rechteinhaber durch den Einsatz von technischen Maßnahmen gegen private Vervielfältigungen schützen kann, und in welchem Verhältnis diese Maßnahmen zur Privatkopieschranke gem. § 53 Abs. 1 UrhG stehen.

I. Die Entwicklung der Schranke der privaten Vervielfältigung, § 53 Abs. 1 UrhG

Im Rahmen der Gesetzesbegründung zum Urheberrechtsgesetz aus dem Jahre 1965 hat der Gesetzgeber klargestellt, dass es sich bei dem Urheberrecht wie bei jedem absoluten Recht um ein sozialgebundenes Recht handelt, dass im Interesse der Allgemeinheit gewissen Schranken unterliegt. Der Urheber müsse im Interesse der Allgemeinheit freien Zugang zu seinen Werken gewähren, wenn dies unmittelbar der Förderung der geistigen und kulturellen Werte dienen soll. Das Urheberrecht dürfe jedoch nicht Einschränkungen unterliegen, die lediglich dem wirtschaftlichen Interesse einzelner Werknutzer dienen würden. Daher solle lediglich der Verbotscharakter der betreffenden urheberrechtlichen Befugnis eingeschränkt werden, dem Urheber demgegenüber jedoch ein Anspruch auf angemessene Vergütung für die Benutzung seines Werkes zustehen.[762] Im aktuellen Urheberrechtsgesetz sind die Schranken des Urheberrechts in den §§ 44 a ff UrhG geregelt. Vorliegend ist jedoch nur § 53 Abs. 1 UrhG von Bedeutung. Bei dieser Vorschrift handelt es sich um eine gesetzliche Lizenz, die Vervielfältigungen zum privaten Gebrauch in gewissen Grenzen für zustimmungsfrei erklärt. Als Ausgleich steht dem Urheber des Werkes gem. § 54 UrhG ein Anspruch auf Vergütung zu. Dieser Anspruch besteht jedoch gegenüber den Herstellern bzw. Händlern und Importeuren der Vervielfältigungsgeräte und nicht gegenüber den privaten Endnutzern, die Vervielfältigungen zum privaten Gebrauch fertigen.[763] Wichtige Änderungen hat die Vorschrift im Rahmen der Umsetzung der Informationsrichtlinie[764] in das deutsche Recht erfahren. Die Umsetzung erfolgte in „ zwei Körben". Durch das Gesetz zur Regelung des Urheberrechts in der Informationsgesellschaft vom 10.09.2003 („Erster Korb")[765] hat der Gesetzgeber zunächst klargestellt, dass § 53 UrhG auch für digitale Vervielfältigungen gilt. In § 53 Abs. 1 S. 1 UrhG hat er außerdem festgelegt, dass Kopien zum privaten Gebrauch weder unmittelbar noch mittelbar Erwerbszwecken dienen dürfen, und dass die Kopie zu privaten Zwecken unzulässig ist, wenn zu ihrer Anfertigung eine offensichtlich rechtswidrig hergestellte Vorlage verwendet worden ist. Durch das Zweite Gesetz zur Regelung des Urheberrechts in der Informationsgesellschaft vom 26.10.2007 („Zweiter Korb")[766] hat § 53 Abs. 1 S. 1 UrhG eine weitere Ergänzung erfahren. Eine Vervielfältigung zum privaten Gebrauch ist nun auch unzulässig, wenn hierfür eine offensichtlich rechtswidrig öffentlich zugänglich gemachte Vorlage verwendet wird. Im Folgenden werden die einzelnen Voraussetzungen der Vorschrift, einschließlich der Novellierungen und der Diskussionen um diese Novellierungen, erörtert.

II. Voraussetzungen des § 53 Abs. 1 S. 1 UrhG

Zunächst ist jedoch der aktuelle Inhalt der Vorschrift darzustellen. Gem. § 53 Abs. 1 S. 1 UrhG sind einzelne Vervielfältigungen eines Werkes durch eine natürliche Person zum privaten Gebrauch auf beliebigen Trägern zulässig, sofern

762 BT.-Drs. IV/270, S. 30, 62 f.

763 Dreier/Schulze/*Dreier*, Urheberrechtsgesetz, § 53, Rn. 1; § 54, Rn. 1.

764 Richtlinie 2001/29/EG v. 22.05.2001 zur Harmonisierung bestimmter Aspekte des Urheberrechts und der verwandten Schutzrechte in der Informationsgesellschaft.

765 BGBl. 2003 Teil I, S. 1774.

766 BGBl. 2007 Teil I, S. 2513.

sie weder unmittelbar noch mittelbar Erwerbszwecken dienen, soweit nicht zur Vervielfältigung eine offensichtlich rechtswidrig hergestellte oder öffentlich zugänglich gemachte Vorlage verwendet wird.

1. Einzelne Vervielfältigungsstücke

Ein Vervielfältigungsstück ist jede körperliche Festlegung eines Werkes, die geeignet ist, das Werk den menschlichen Sinnen auf irgendeine Art mittelbar oder unmittelbar wahrnehmbar zu machen.[767] Es dürfen der Vorschrift zufolge nur einzelne Vervielfältigungsstücke angefertigt werden. Wie viele Stücke die Formulierung „einige" umfasst, ist in der Literatur jedoch umstritten. Der BGH hat in einer grundlegenden Entscheidung festgelegt, dass jedenfalls die Zahl von sieben Vervielfältigungsstücken nicht überschritten werden dürfe.[768] Diese Entscheidung ist in der Literatur jedoch auf Kritik gestoßen. Teils wird vertreten, dass die Obergrenze bei drei liegen müsse, wenn das Wort „einzelne" noch zutreffen solle.[769] Demgegenüber wird überzeugend angeführt, dass nur entscheidend sein könne, wie viele Exemplare zur Deckung des rein persönlichen Bedarfs erforderlich seien. Dies sei regelmäßig ein Exemplar, in seltenen Ausnahmefällen mehrere Exemplare.[770] Ähnlich eine weitere Ansicht, die den für die Erstellung der Vervielfältigungsstücke verfolgten Zweck für maßgeblich erachtet und darauf hinweist, dass je nach Einzelfall die Anfertigung von ein bis zwei Stücken ausreichen könne, in anderen Fällen jedoch fünf bis zehn Vervielfältigungen erforderlich seien.[771] Im Ergebnis sollte somit auf den jeweiligen Zweck im Einzelfall abgestellt werden, wobei jedoch im digitalen Bereich aufgrund der hohen Qualität und der Haltbarkeit der Kopien der rein persönliche Bedarf mit zwei bis drei Vervielfältigungsstücken gedeckt sein müsste.[772]

2. Auf beliebigen Trägern

Die Erstellung einzelner Vervielfältigungsstücke ist gem. der Vorschrift auf beliebigen Trägern zulässig. Die Umschreibung „beliebiger Träger" als Zielmedium der Kopie hat der Gesetzgeber aus Art. 5 Abs. 2 Buchstabe b der Informationsrichtlinie in § 53 Abs. 1 S. 1 UrhG im Rahmen der ersten Novellierung übernommen.

---

767 BGHZ 17, 266 (269 f); Dreier/Schulze/*Dreier*, Urheberrechtsgesetz, § 53, Rn. 9; Wandtke/Bullinger/*Lüft*, Praxiskommentar zum Urheberrecht, § 53, Rn. 12.

768 BGH, GRUR 1978, 474 (476 f).

769 Fromm/Nordemann/*Wilhelm Nordemann*, Urheberrecht, § 53, Rn. 13.

770 Dreier/Schulze/*Dreier*, Urheberrechtsgesetz, § 53, Rn. 9.

771 Wandtke/Bullinger/*Lüft*, Praxiskommentar zum Urheberrecht, § 53, Rn. 13.

772 So auch Stickelbrock, GRUR 2004, 736 (737).

Hiermit wollte er klarstellen, dass eine Differenzierung nach der verwendeten Technik der Vervielfältigung (analog oder digital) nicht stattfinde.[773] Hierzu hat der Gesetzgeber weiter ausgeführt, dass er sich der Unterschiede, die in quantitativer und qualitativer Hinsicht zwischen der analogen und digitalen Vervielfältigung bestünden, zwar bewusst sei, die Richtlinie diesbezüglich jedoch keine zwingenden Vorgaben enthalte. Insbesondere fordere sie nicht, digitale Vervielfältigungen von der Privatkopieschranke auszunehmen.[774] Ein Verbot der Privatkopie könne in der Praxis, unabhängig von der verwendeten Vervielfältigungstechnologie, nicht durchgesetzt werden, solange die Privatkopie nicht kontrollierbar sei. Aufgrund der immer geringeren Bedeutung der analogen Kopie würde die Schranke der Privatkopie künftig weitgehend leer laufen. Somit müsse diese auch auf digitale Kopien angewandt werden.[775]

3. Privater Gebrauch/kein unmittelbarer oder mittelbarer Erwerbszweck

Die Herstellung einzelner Vervielfältigungen ist nur zum privaten Gebrauch zulässig. Durch den Ersten Korb hat der Gesetzgeber die Vorschrift außerdem um die Formulierung ergänzt, dass die Kopie zum privaten Gebrauch weder unmittelbar noch mittelbar Erwerbszwecken dienen darf. Dies diene der Klarstellung und entspreche dem Verständnis zum bisherigen Recht.[776] Ein privater Gebrauch ist dann anzunehmen, wenn die Vervielfältigung zur Befriedigung rein persönlicher Bedürfnisse erfolgen soll.[777] Von der Privatsphäre sind Familienmitglieder und Freunde als durch ein persönliches Band verbundene Personen umfasst.[778] Von einem privaten Gebrauch im Sinne des § 53 Abs. 1 UrhG kann dann nicht gesprochen werden, wenn die Kopien zwar nicht ausschließlich, jedenfalls zugleich für berufliche Zwecke gefertigt werden.[779] Ein privater Gebrauch kann nur

773 BT.- Drs. 15/38, S. 20.

774 BT.- Drs. 15/38, S. 40 f; so auch Schack, ZUM 2002, 497 (498 ff); Meschede, Der Schutz Digitaler Musik- und Filmwerke vor privater Vervielfältigung nach den zwei Gesetzen zur Regelung des Urheberrechts in der Informationsgesellschaft, S. 76 ff.

775 BT.- Drs. 15/38, S. 41.

776 BT.- Drs. 15/38, S. 20.

777 BGH, GRUR 1978, 474 (475); Dreier/Schulze/*Dreier*, Urheberrechtsgesetz, § 53, Rn. 7; Wandtke/Bullinger/*Lüft*, Praxiskommentar zum Urheberrecht, § 53, Rn. 22; Fromm/Nordemann/*Wilhelm Nordemann*, Urheberrecht, § 53, Rn. 6.

778 Dreier/Schulze/*Dreier*, Urheberrechtsgesetz, § 53, Rn. 7; Wandtke/Bullinger/*Lüft*, Praxiskommentar zum Urheberrecht, § 53, Rn. 22; Fromm/Nordemann/*Wilhelm Nordemann*, Urheberrecht, § 53, Rn. 6; Meschede, Der Schutz digitaler Musik- und Filmwerke vor privater Vervielfältigung nach den zwei Gesetzen zur Regelung des Urheberrechts in der Informationsgesellschaft, S. 81.

779 BGH, GRUR 1993, 899 (900).

bei natürlichen Personen angenommen werden, so dass juristische Personen nicht von § 53 Abs. 1 UrhG erfasst sind.[780] Dies hat der Gesetzgeber ebenfalls durch die ausdrückliche Erwähnung der „natürlichen Person“ in § 53 Abs. 1 S. 1 UrhG klargestellt.[781] In der Literatur ist überzeugend darauf hingewiesen worden, dass der Kreis des mittelbaren Erwerbszecks nicht so weit gefasst werden sollte, dass jeder noch so entfernte mittelbare Zweck ausreichen könnte, da man ansonsten Gefahr laufe, dass die Privilegierung an Bedeutung verliere oder nicht kontrollierbar werde. Somit könne nicht schon jeder indirekte erwerbswirtschaftliche Zweck die Privilegierung ausschließen, vielmehr müsse man darauf abstellen, ob die konkrete Vervielfältigung zu beruflichen oder Erwerbszwecken verwandt werde.[782] Weiter gefasst ist demgegenüber der eigene Gebrauch gem. § 53 Abs. 2 UrhG, wonach die Herstellung von Vervielfältigungsstücken auch zu beruflichen oder erwerbswirtschaftlichen Zwecken erfolgen kann. Somit können auch juristische Personen einen eigenen Gebrauch vornehmen. Jedoch sind nur die in § 53 Abs. 2 Nr. 1-4 UrhG genannten Gebrauchszwecke begünstigt.[783]

4. keine offensichtlich rechtswidrig hergestellte oder öffentlich zugänglich gemachte Vorlage

Die Kopie zu privaten Zwecken ist zunächst nur zulässig, wenn zu ihrer Anfertigung keine offensichtlich rechtswidrig hergestellte Vorlage verwendet worden ist. Diese Formulierung ist aufgrund der Kompromisslösung des Vermittlungsausschusses im Rahmen des Ersten Korbes in das Gesetz eingefügt worden.[784] Bis zuletzt war zwischen Bundestag und Bundesrat umstritten, ob die Privatkopie nur zulässig sein sollte, wenn sie von einer „legalen Quelle“ erfolgt. Der Bundesrat sprach sich für eine solche Formulierung im Gesetz aus und führte als Begründung an, dass die durch die Herstellung von Raubkopien verursachte Rechtsverletzung nicht dadurch perpetuiert werden dürfe, dass darauf aufbauende Privatkopien zugelassen würden. Die massenhafte Kopierpiraterie verursache zunehmende Schäden, daher sei eine ausdrückliche Klarstellung im Gesetz geboten.[785] Der Bundestag äußerte sich gegen eine Regelung, die nur Privatkopien von „legalen Quellen“ zulassen würde. Er wies darauf hin, dass eine solche Regelung de facto auf ein

780 Dreier/Schulze/*Dreier*, Urheberrechtsgesetz, § 53, Rn. 7; Wandtke/Bullinger/*Lüft*, Praxiskommentar zum Urheberrecht, § 53, Rn. 21; Fromm/Nordemann/*Wilhelm Nordemann*, Urheberrecht, § 53, Rn. 7.

781 BT.- Drs. 15/38, S. 20.

782 Dreier/Schulze/*Dreier*, Urheberrechtsgesetz, § 53, Rn. 10.

783 Dreier/Schulze/*Dreier*, Urheberrechtgesetz, § 53, Rn. 18.

784 BT.- Drs. 15/1353.

785 BT.- Drs. 15/1066, S. 2.

Verbot der Herstellung von Kopien zum privaten Gebrauch hinauslaufen würde. Denn grundsätzlich lasse sich beim Online-Zugriff und auch in vielen Fällen der Offline-Vervielfältigung die Rechtmäßigkeit der Kopiervorlage nicht beurteilen.[786] Die Diskussion hat zunächst durch die Kompromisslösung des Vermittlungsausschusses ein Ende gefunden.

Im Rahmen der Diskussionen zum Zweiten Korb ist der Streit jedoch erneut entfacht worden.[787] Insbesondere die Vertreter der Tonträgerwirtschaft kritisierten die Zulässigkeit der digitalen Vervielfältigung von Musik für private Zwecke. Wenn der Gesetzgeber schon an der Schranke der Privatkopie festhalten wolle, so solle sich dies nur auf wenige, eng umgrenzte Ausnahmefälle beschränken. Als berechtigte Ausnahmen nennt die Tonträgerwirtschaft hinsichtlich der Überspielung von Ton-/Bildträgern die Sicherungskopie vom eigenen Original und hinsichtlich des Aufnehmens von Rundfunksendungen das sogenannte „time-shifting", also das Aufzeichnen einer Rundfunksendung, um diese zu einem späteren Zeitpunkt anzuhören bzw. ansehen zu können.[788] Auch die Filmwirtschaft übte Kritik an der Erlaubnis zur Herstellung einer digitalen Privatkopie und wies darauf hin, dass die wirtschaftlichen Schäden durch Privatkopien im ersten Jahr nach dem Kinostart am größten seien. Kino und Video würden ein Zeitfenster benötigen, welches eine geschützte Auswertung ermögliche. Privatkopien auf digitalen Trägern sollen bei Filmwerken, die zur Auswertung im Filmtheater bestimmt sind, nicht vor Ablauf von einem Jahr nach Kinostart möglich sein. Die Frist für Videos betrage sechs Monate.[789] Teils wurde in der Literatur sogar ein generelles Verbot der digitalen Kopie gefordert.[790] Diesen Forderungen hat der Gesetzgeber jedoch eine Absage erteilt. Zunächst betont der Gesetzgeber, dass er an der Zulässigkeit der digitalen Privatkopie festhalte. Ein Verbot der digitalen Privatkopie würde auch zulasten der Urheber gehen, da sich ihre Einnahmen aus der Geräte- und Leerträgervergütung verringern würden. Außerdem sei eine Regelung, die nur die analoge Privatkopie zuließe, praktisch kaum durchsetzbar und den Verbrauchern nicht zu vermitteln. Auch die Argumente der Tonwirtschaft überzeugten den Gesetzgeber nicht. Insbesondere lehnt er eine Beschränkung auf die Erstellung von Vervielfältigungsstücken vom eigenen Original ab. Der Verbraucher könne in der digitalen Welt beim

786 BT.- Drs. 15/38, S. 39.

787 Ausführlich hierzu: Meschede, Der Schutz digitaler Musik- und Filmwerke vor privater Vervielfältigung nach den zwei Gesetzen zur Regelung des Urheberrechts in der Informationsgesellschaft, S. 103 ff.

788 Braun, ZUM 2005, 100 (102).

789 Stellungnahme der Filmwirtschaft zum 6. Änderungsgesetz zur Regelung des Urheberrechts in der Informationsgesellschaft vom 29.10.2003, www.urheberrecht.org/topic/Korb-2/st/2003/2Korb_Stelln_Filmw_29-10- 03.pdf.

790 Berger, ZUM 2004, 257 (265).

gegenwärtigen Stand der Technik nicht zweifelsfrei ermitteln, ob die Kopiervorlage ein Original sei. Bei Offlinemedien wie bei CDs sei nur das Booklet und nicht der Tonträger selbst geeignet, die Originalität der Vorlage zu belegen. Die fehlenden Durchsetzungsmöglichkeiten würden auch gegen die Einschränkung der Privatkopie bei Internetsendungen auf das „time-shifting" sprechen. Auch die Einführung eines Zeitfensters durch die Filmwirtschaft lehnt der Gesetzgeber ab. Dies sei nicht nur überflüssig, sondern auch nicht praktikabel, da für den Verbraucher der Kinostart von Filmen einige Monate nach Beginn der Kinoauswertung nicht mehr ohne weiteres zu ermitteln sei.[791]

Der Gesetzgeber hat stattdessen klargestellt, dass nicht nur von offensichtlich rechtswidrig hergestellten Vorlagen, sondern auch von offensichtlich rechtswidrig öffentlich zugänglich gemachten Vorlagen keine Privatkopien angefertigt werden dürfen. Im Rahmen der bisherigen Reglung habe man sich darauf berufen können, dass in dem Filesharingsystem der Peer-to-Peer Tauschbörsen Werke zum Download angeboten würden, bei denen die entsprechenden Vorlagen als zulässige Privatkopien rechtmäßig hergestellt worden seien. Jedoch seien sie ohne die erforderliche Zustimmung des Urhebers zum Download angeboten worden, d.h. öffentlich zugänglich gemacht worden. Mit der vorgeschlagenen Ergänzung würde die Privatkopie nun auch in diesen Fällen unzulässig und die Urheber und Rechtsinhaber könnten erfolgreich gegen das Kopieren aus Filesharingsystemen im Internet vorgehen.[792] Hierdurch hat der Gesetzgeber eine Regelungslücke geschlossen, die insbesondere im Bereich der Peer-to-Peer Netzwerke bestand, und somit den Download aus illegalen Tauschbörsen klarer als bisher verboten. [793]

Im Rahmen der Diskussion um die Privatkopie ist außerdem die Auslegung des Begriffs der „Offensichtlichkeit" von Bedeutung, die in der Literatur sehr umstritten ist. Teils wird der Begriff objektiv ausgelegt.[794] Nach dieser Ansicht ist offensichtlich, was für jedermann erkennbar ist.[795] Offensichtlich sei die Rechtswidrigkeit demnach, wenn sie sich dem jeweiligen Nutzer ohne weitere Nachforschungen aus der Anschauung der Vorlage bzw. den unmittelbaren Begleitumständen erschließen könne. Hierbei sei auf den Durchschnittsnutzer abzustellen. Durchschnittsnutzer sei derjenige, der die für die jeweilige Vervielfältigung erfor-

---

791 BT.- Drs. 16/1828, S. 19.

792 BT.- Drs. 16/1828, S. 26.

793 Wandtke/Bullinger/*Lüft*, Praxiskommentar zum Urheberrecht, § 53, Rn. 16; Zypries, MMR 2007, 545 (545); Hoeren, MMR 2007, 615 (620).

794 Jani, ZUM 2003, 842 (850 f); Stickelbrock, GRUR 2004, 736 (738); Fromm/Nordemann/*Wilhelm Nordemann*, Urheberrecht, § 53, Rn. 14; Nordemann/Dustmann, CR 2004, 380 (381).

795 Jani, ZUM 2003, 842 (850); Fromm/Nordemann/*Wilhelm Nordemann*, Urheberrecht, § 53, Rn. 14.

derliche Technik laienhaft beherrsche.[796] Demgegenüber wird auf die subjektive Sicht des Nutzers abgestellt.[797] Diese Ansicht weist kritisch darauf hin, dass sich eine objektive Bestimmung des Wissensstandes eines durchschnittlichen Nutzers schon gar nicht ermitteln lasse. Eine derartige Betrachtungsweise könne auch in vielen Fällen zu ungerechten Ergebnissen führen.[798] Sinn und Zweck der Vorschrift sei es den gutgläubigen Nutzer zu schützen. Eine offensichtliche Rechtswidrigkeit könne somit nur in eindeutigen Fällen angenommen werden.[799] Der Nutzer solle auf die Rechtmäßigkeit vertrauen dürfen. Würden die Begleitumstände eindeutig auf die Illegalität der Vorlage hinweisen, könne dies dem Nutzer vorgeworfen werden.[800] Grundsätzlich könne jedoch davon ausgegangen werden, dass das Angebot zum Download von aktuellen Songs und Filmen in Tauschbörsen offensichtlich rechtswidrig sei. Diese würden in den meisten Fällen ohne die Zustimmung des Urhebers öffentlich zugänglich gemacht.[801] Im Rahmen des Zweiten Korbes hat der Gesetzgeber betont, dass die öffentliche Zugänglichmachung für den jeweiligen Nutzer nach seinem Bildungs- und Kenntnisstand offensichtlich rechtswidrig sein müsse. Dies gewährleiste, dass der Verbraucher nicht mit unerfüllbaren Prüfungspflichten belastet werde.[802] Ansichten in der Literatur entnehmen dieser Aussage des Gesetzgebers, dass er das Merkmal der Offensichtlichkeit subjektiv bestimme.[803] Den Argumenten der Ansicht, die sich für eine subjektive Beurteilung des Begriffs der Offensichtlichkeit aussprechen, ist zuzustimmen. Der Begriff der Offensichtlichkeit soll dem Schutz des gutgläubigen Nutzers dienen, und dieser Schutz kann nur gewährleistet werden, wenn auf seine Sicht abgestellt wird. Überzeugend ist es jedoch von einer Offensichtlichkeit der Rechtswidrigkeit im Rahmen von Tauschbörsen auszugehen, die aktuelle Songs und Filme zum Download anbieten, da Sinn und Zweck des Zweiten Korbes gewesen ist, diese klarer

796 Jani, ZUM 2003, 842 (851).

797 Wandtke/Bullinger/*Lüft*, Praxiskommentar zum Urheberrecht, § 53, Rn. 16; Meschede, Der Schutz digitaler Musik- und Filmwerke vor privater Vervielfältigung nach den zwei Gesetzen zur Regelung des Urheberrechts in der Informationsgesellschaft, S. 88 f; Dreier/Schulze/*Dreier*, Urheberrechtsgesetz, § 53, Rn. 12.

798 Meschede, Der Schutz digitaler Musik- und Filmwerke vor privater Vervielfältigung nach den zwei Gesetzen zur Regelung des Urheberrechts in der Informationsgesellschaft, S. 89.

799 Meschede, Der Schutz digitaler Musik- und Filmwerke vor privater Vervielfältigung nach den zwei Gesetzen zur Regelung des Urheberrechts in der Informationsgesellschaft, S. 89; Wandtke/Bullinger/*Lüft*, Praxiskommentar zum Urheberrecht, § 53, Rn. 16.

800 Meschede, Der Schutz digitaler Musik- und Filmwerke vor privater Vervielfältigung nach den zwei Gesetzen zur Regelung des Urheberrechts in der Informationsgesellschaft, S. 89.

801 Meschede, Der Schutz digitaler Musik- und Filmwerke vor privater Vervielfältigung nach den zwei Gesetzen zur Regelung des Urheberrechts in der Informationsgesellschaft, S. 100 f; Wandtke/Bullinger/*Lüft*, Praxiskommentar zum Urheberrecht, § 53, Rn. 16.

802 BT.- Drs. 16/1828, S. 26.

803 So Dreier/Schulze/*Dreier*, Urheberrechtsgesetz, § 53, Rn. 12 am Ende.

zu verbieten und somit die Interessen der Urheber zu schützen. Auf diese Weise werden die Interessen beider Seiten angemessen berücksichtigt.

III. Die Vorschriften zum Verbot der Umgehung von technischen Schutzmaßnahmen gem. §§ 95 a ff UrhG und ihr Verhältnis zu § 53 UrhG

Für die Diskussion der Privatkopie sind neben § 53 UrhG auch die zur Umsetzung der Art. 6 und 7 der Informationsrichtlinie in das Gesetz eingefügten §§ 95 a ff UrhG, die das Verbot der Umgehung von technischen Schutzmaßnahmen regeln, von zentraler Bedeutung. Hierbei ist insbesondere das Verhältnis der Privatkopie zu den technischen Schutzmaßnahmen zu erörtern.

1. Allgemeine Darstellung der §§ 95 a ff UrhG

Zunächst bedarf es jedoch einer allgemeinen Darstellung der Vorschriften der §§ 95 a ff UrhG, bevor das Verhältnis technischer Schutzmaßnahmen zur Privatkopie im Einzelnen diskutiert wird.

§ 95 a UrhG stellt eine nahezu wörtliche Umsetzung des Art. 6 der Informationsrichtlinie dar und regelt den Schutz technischer Maßnahmen. Bei der Vorschrift handelt es sich nicht um ein neues Leistungsschutzrecht, sondern um ein das Urheberrecht flankierendes Recht.[804] Das Umgehungsverbot ist in § 95 a Abs. 1 UrhG geregelt und besagt, dass wirksame technische Schutzmaßnahmen, die dem Schutz urheberrechtlich geschützter Werke und Leistungen dienen, ohne Zustimmung des Rechteinhabers nicht umgangen werden dürfen, soweit dem Handelnden bekannt ist oder den Umständen nach bekannt sein muss, dass die Umgehung erfolgt, um den Zugang zu einem solchen Werk oder Schutzgegenstand oder deren Nutzung zu ermöglichen. Gemäß der Gesetzesbegründung sind nicht durch das Urheberrechtsgesetz geschützte Schutzgegenstände, wie etwa gemeinfreie Werke, von der Vorschrift ausgenommen.[805] Die technischen Maßnahmen sind in § 95 a Abs. 2 S. 1 UrhG legaldefiniert als Technologien, Vorrichtungen und Bestandteile, die im normalen Betrieb dazu bestimmt sind, geschützte Werke oder andere nach diesem Gesetz geschützte Schutzgegenstände betreffende Handlungen, die vom Rechtsinhaber nicht genehmigt sind, zu verhindern oder einzuschränken. Der Gesetzgeber hat in der Gesetzesbegründung betont, dass technische Schutzmaßnahmen unab-

804 Dreier/Schulze/*Dreier*, Urheberrechtsgesetz, § 95 a UrhG, Rn. 1; Wandtke/Bullinger/*Wandtke/Ohst*, Praxiskommentar zum Urheberrecht, § 95 a UrhG, Rn. 4; Meschede, Der Schutz digitaler Musik- und Filmwerke vor privater Vervielfältigung nach den zwei Gesetzen zur Regelung des Urheberrechts in der Informationsgesellschaft, S. 163.

805 BT.- Drs. 15/38, S. 26.

hängig von der verwendeten Technologie vor Umgehung geschützt sind, so dass die Vorschrift auch für Software-implementierte Schutzmaßnahmen gilt.[806] Als Beispiele für technische Schutzmaßnahmen werden in der Literatur Zugangssperren, Kopiersperren, Mechanismen, die nur eine begrenzte Anzahl von Kopien oder eine eingeschränkte Nutzungsintensität zulassen und auch DVD-Ländercodes genannt.[807] Die Schutzmaßnahme muss außerdem wirksam sein. Die Wirksamkeit ist in § 95 a Abs. 2 S. 2 UrhG definiert. Die Wirksamkeit ist zu bejahen, soweit durch sie die Nutzung eines geschützten Werkes oder eines anderen nach diesem Gesetz geschützten Schutzgegenstandes von dem Rechtsinhaber durch eine Zugangskontrolle, einen Schutzmechanismus wie Verschlüsselung, Verzerrung oder sonstige Umwandlung oder einen Mechanismus zur Kontrolle der Vervielfältigung, die die Erreichung des Schutzziels sicherstellen, unter Kontrolle gehalten wird. Der Gesetzgeber hat in der Gesetzesbegründung hierzu klargestellt, dass technische Schutzmaßnahmen grundsätzlich auch dann wirksam sein können, wenn ihre Umgehung möglich ist. Ansonsten würde das Umgehungsverbot jeweils mit der Umgehung technischer Maßnahmen infolge der dadurch erwiesenen Unwirksamkeit obsolet.[808] Eine Umgehung ist grundsätzlich bei der Ausschaltung bzw. Manipulation von technischen Schutzmaßnahmen anzunehmen.[809] Neben dem in § 95 a Abs. 1 UrhG geregelten Umgehungsverbot untersagt § 95 a Abs. 3 UrhG außerdem Vorbereitungshandlungen für eine Umgehung, wie z.B. die Herstellung, Einfuhr, Verbreitung, Vermietung und Werbung für Umgehungsmaßnahmen.

§ 95 b UrhG dient ebenfalls der Umsetzung des Art. 6 der Informationsrichtlinie. Die technischen Schutzmaßnahmen ermöglichen zwar den Schutz vor unerlaubten Nutzungen, jedoch verhindern sie gleichzeitig den vom Gesetzgeber an sich gewollten Zugriff auf geschützte Werke und Leistungen im Rahmen der in den §§ 45 a ff UrhG geregelten Schrankenbestimmungen. Aus diesem Grunde sieht das Gesetz in § 95 b UrhG einen Ausgleich vor, wonach die von bestimmten gesetzlichen Schranken Begünstigten von diesen Schranken Gebrauch machen können, auch wenn die Werke durch technische Mittel geschützt sind.[810] Die Privilegierung der Privatkopie ist in § 95 b Abs. 1 Nr. 6 a UrhG geregelt und beschränkt sich jedoch nur auf die Fälle, in denen die Vervielfältigung auf Papier oder ähnlichen Trägern erfolgt.

§ 95 c UrhG dient der Umsetzung des Art. 7 der Informationsrichtlinie. Durch diese Vorschrift werden Informationen, die der elektronischen Rechtewahrneh-

806 BT.- Drs. 15/38, S. 26.

807 Dreier/Schulze/*Dreier*, Urheberrechtsgesetz, § 95 a UrhG, Rn. 14; ausführlich: Wandtke/Bullinge/*Wandtke*/Ohst, Praxiskommentar zum Urheberrecht, § 95 a UrhG, Rn. 14 ff.

808 BT.- Drs. 15/38, S. 26.

809 Dreier/Schulze/*Dreier*, Urheberrechtsgesetz, § 95 a UrhG, Rn. 10; Wandtke/Bullinger/*Wandtke/Ohst*, Praxiskommentar zum Urheberrecht, § 95 a UrhG, Rn. 53.

810 Dreier/Schulze/*Dreier*, Urheberrechtsgesetz, § 95 b UrhG, Rn. 1.

mung dienen, gegen ihre Veränderung und Entfernung geschützt. Gem. § 95 c Abs. 2 UrhG sind Informationen für die Rechtewahrnehmung alle elektronische Informationen, die Werke oder andere Schutzgegenstände, den Urheber oder jeden anderen Rechtsinhaber identifizieren, Informationen über die Modalitäten und Bedingungen für die Nutzung der Werke oder Schutzgegenstände sowie die Zahlen und Codes, durch die derartige Informationen ausgedrückt werden.

Gem. § 95 d Abs. 1 UrhG muss derjenige, der von technischen Schutzmaßnahmen Gebrauch macht, darauf hinweisen. Außerdem muss er gem. § 95 d Abs. 2 UrhG Angaben über seinen Namen oder seine Firma und die zustellungsfähige Anschrift machen, um die Geltendmachung von Ansprüchen aus § 95 b Abs. 2 UrhG zu ermöglichen.

2. Verhältnis der Privatkopie zu den technischen Schutzmaßnahmen

Eine Betrachtung der §§ 95 a ff UrhG hat gezeigt, dass der Gesetzgeber durch die Einfügung dieser Normen in das Gesetz den Urhebern die Möglichkeit gegeben hat, ihre Werke durch den Einsatz von technischen Schutzmaßnahmen umfassend gegen unzulässige Vervielfältigungen zu schützen. Die Schrankenbestimmungen können sich nur in begrenzten Fällen gegen diese technischen Schutzmaßnahmen durchsetzen. Im Rahmen des § 53 Abs. 1 UrhG ist dies gem. § 95 b Abs. 1 Nr. 6 a UrhG nur möglich, wenn es sich um eine Vervielfältigung auf Papier handelt. Auf diese Privilegierung kann sich jemand, der eine digitale Vervielfältigung herstellt, somit nicht berufen.

In der Literatur ist die Einführung der §§ 95 a ff UrhG daher stark kritisiert worden. Die Vorschrift des § 95 a UrhG stelle einen Widerspruch zu § 53 Abs. 1 UrhG dar. Seit ihrer Einführung könne der private Nutzer und Eigentümer die sich aus § 53 Abs. 1 UrhG ergebende Möglichkeit der digitalen Vervielfältigung hinsichtlich kopiergeschützter Werke nicht mehr durchsetzen. Würde in Zukunft ein Großteil der digitalen Medien mit Kopierschutzmechanismen versehen, könnte die Schrankenprivilegierung aus § 53 Abs. 1 UrhG für den Nutzer zunehmend an Bedeutung verlieren. Das Verbot der Umgehung von technischen Schutzmaßnahmen stelle einen Eingriff in die Informationsfreiheit gem. Art. 5 Abs. 1 S. 1 2. HS GG und in die Eigentumsfreiheit gem. Art. 14 Abs. 1 S. 1 GG der privaten Nutzer und Eigentümer dar. Sie müsse verfassungskonform dahingehend ausgelegt werden, dass ein ungeschriebenes Recht zur Durchsetzung der Privatkopieschranke des § 53 Abs. 1 UrhG bestehe.[811] Im Rahmen des Gesetzgebungsverfahrens zum Zweiten Korb ist erneut die Forderung geltend gemacht worden, die Privatkopie im Interesse der privaten Nutzer gegen technische Schutzmaßnahmen

---

811 Holznagel/Brüggemann, MMR 2003, 767 ff.

durchzusetzen.[812] Es ist betont worden, dass die primäre Funktion von technischen Schutzmaßnahmen die Ausschaltung der Privatkopieschranke darstelle.[813] Es ist außerdem darauf hingewiesen worden, dass wenn die Nutzung von Inhalten vollständig durch die Industrie kontrolliert werde, dies zu einer Einschränkung des Zugangs breiter Bevölkerungsgeschichten zu Informationen und kulturellen Angeboten führen könne.[814]

Demgegenüber finden sich jedoch auch Ansichten in der Literatur, die eine Grundrechtsverletzung ablehnen.[815] Die Informationsfreiheit umfasse grundsätzlich auch die Möglichkeit zur Anfertigung privater Kopien. Die Kopierschutzmaßnahmen würden zwar die digitale Vervielfältigung verbieten, jedoch bestehe weiterhin die Möglichkeit der analogen Kopie. Solange die analoge Privatkopie gewährleistet sei, sei keine Gefährdung der Informationsfreiheit zu befürchten.[816] Außerdem garantiere die Informationsfreiheit keinen kostenlosen Zugang zu allen gewünschten Informationen.[817] Auch im Rahmen der Eigentumsfreiheit bestehe kein Anspruch auf kostenlosen Zugang zu Kulturgütern.[818]

Dem Bundesverfassungsgericht ist eine Verfassungsbeschwerde vorgelegt worden, in der ein Verbraucher sich gegen die Zulässigkeit von Kopierschutzmechanismen mit der Begründung gewandt hat, dass dies eine Aushöhlung bzw. eine Relativierung seines Grundrechts aus Art. 14 GG darstellen würde. Es sei ihm aufgrund des Einsatzes technischer Schutzmaßnahmen nicht mehr möglich, Sicherungskopien von im Fachhandel erworbenen CDs und DVDs herzustellen. Das Bundesverfassungsgericht hat die Verfassungsbeschwerde wegen Unzulässigkeit bzw. wegen fehlender Erfolgsaussicht nicht zur Entscheidung angenommen. Das Gericht hat sich daher nicht mit der Frage auseinandergesetzt, ob es ein Recht auf eine digitale Privatkopie gibt. Dennoch hat es sich kurz auf die Frage der Vereinbarkeit von § 95 a UrhG mit Art. 14 GG eingelassen und hierzu angeführt, dass vieles dafür spreche, dass selbst ein strafbewehrtes, gesetzliches Verbot der

---

812 Grassmuck, ZUM 2005, 104 ff; V. Braunmühl, ZUM 2005, 109 ff.

813 Grassmuck, ZUM 2005, 104 (106).

814 V. Braunmühl, ZUM 2005, 109 (111).

815 Wandtke/Bullinger/*Wandtke/Ohst*, Praxiskommentar zum Urheberrecht, § 95 b, Rn. 4 ff; Stickelbrock, GRUR 2004, 736 (741); Schack, ZUM 2002, 497 (504 ff); Meschede, Der Schutz digitaler Musik- und Filmwerke vor privater Vervielfältigung nach den zwei Gesetzen zur Regelung des Urheberrechts in der Informationsgesellschaft, S. 111, 173.

816 Stickelbrock, GRUR 2004, 736 (741); Schack, ZUM 2002, 497 (505); Meschede, Der Schutz digitaler Musik- und Filmwerke vor privater Vervielfältigung nach den zwei Gesetzen zur Regelung des Urheberrechts in der Informationsgesellschaft, S. 111, 173.

817 Wandtke/Bullinger/*Wandtke/Ohst*, Praxiskommentar zum Urheberrecht, § 95 b, Rn. 4; Schack, ZUM 2002, 497 (505); Hucko, ZUM 2005, 128 (130).

818 Wandtke/Bullinger/*Wandtke/Ohst*, Praxiskommentar zum Urheberrecht, § 95 b, Rn. 5.

Privatkopie lediglich eine wirksame Inhalts- und Schrankenbestimmung im Sinne des Art. 14 Abs. 1 S. 2 GG darstelle.[819]

Der Gesetzgeber hat sich schließlich im Rahmen des Gesetzgebungsverfahrens zum Zweiten Korb gegen die Durchsetzung der Privatkopie beim Einsatz technischer Schutzmaßnahmen entschieden. Die kommerzielle Verwertung von Werken in den neuen Medien würde weitgehend entwertet, wenn der Verbraucher auch beim Einsatz technischer Schutzmaßnahmen kostenlos in den Gebrauch von Vervielfältigungen zum privaten Gebrauch kommen könne. Der kostenlose Genuss von geistigem Eigentum dürfe für den Verbraucher nicht zur Regel werden. Man müsse dem Verbraucher vermitteln, dass das geistige Eigentum seinen Preis habe. Nur eine angemessene Bezahlung der Kreativität könne gewährleisten, dass es auch in Zukunft Inhalte gebe, die der Verbraucher nutzen könne. Auch eine Verletzung der Informationsfreiheit sei abzulehnen, da diese keinen kostenlosen Zugang zu allen gewünschten Informationen garantiere. Sowohl die Abhängigkeit des Informationserhalts von Leistungsentgelten als auch der technische Aufwand für ihre Erschließung sei ohne Belang. Als Beispiel führt der Gesetzgeber das Bezahlfernsehen an. Abschließend merkt er an, dass die Entwicklung des Einsatzes von technischen Maßnahmen noch offen sei. Es sei keineswegs eine Prognose dahingehend möglich, dass in absehbarer Zeit technische Schutzmaßnahmen flächendeckend zum Einsatz kommen würden. Es spreche auch vieles dafür, dass ein beachtlicher Teil der Rechteinhaber beispielsweise aus Gründen der Kundenbindung oder Marktakzeptanz keine technischen Maßnahmen einsetzen werde. Diese Entscheidung solle den am Markt Beteiligten überlassen werden.[820]

Die Prognose des Gesetzgebers hat sich bewahrheitet, da beispielsweise die Vermarkter von Musikwerken immer mehr dazu übergehen, die Werke ohne technische Schutzmaßnahmen auf den Markt zu bringen.[821]

IV. Stellungnahme zur Problematik der Privatkopie

Zentraler Gegenstand der ausführlich dargelegten Erörterungen ist das Verhältnis zwischen dem Urheber bzw. Rechteinhaber und dem privaten Endnutzer. Das dem Eigentumsrecht unterfallende Urheberrecht muss im Interesse der Rechteinhaber vor unzulässigen Eingriffen geschützt werden. Demgegenüber möchten die privaten Nutzer jedoch auch die Werke zu privaten Zwecken nutzen können, ohne

819 BVerfG, MMR 2005, 751 ff.

820 BT.- Drs. 16/1828, S. 20 f.

821 Wandtke/Bullinger/*Lüft*, Praxiskommentar zum Urheberrecht, § 53, Rn. 10.

juristische Konsequenzen zu fürchten. Es ist schwierig, eine Lösung zu finden, die beide Interessen angemessen berücksichtigt.

Da es sich bei dem Urheberrecht, wie bereits erörtert, um ein sozialgebundenes Recht handelt, hat der Gesetzgeber sich dafür entschieden, die Schrankenregelungen in das Gesetz einzufügen. Gem. § 53 Abs. 1 UrhG sind somit Vervielfältigungen von Werken zum privaten Gebrauch in gewissen Grenzen ohne Zustimmung des Urhebers zulässig. Der Verbraucher darf jedoch nur einzelne wenige Vervielfältigungsstücke anfertigen und diese auch nur zu privaten und nicht gewerblichen Zwecken nutzen. Im Rahmen der analogen Vervielfältigung scheint dies einen angemessenen Interessenausgleich darzustellen. Doch im Zeitalter der digitalen Vervielfältigung stellt dies die Betroffenen vor neue Probleme. Im Fachhandel erworbene DVDs können vervielfältigt und Filme aus dem Internet heruntergeladen werden. Solange dies zum privaten Gebrauch geschieht, scheinen die Voraussetzungen der Schrankenregelung zu greifen und die Rechteinhaber fühlen sich hierdurch in ihren Rechten und in ihrem Eigentum verletzt. Um das Ausmaß der digitalen Vervielfältigung und die damit verbundene Gefährdung der Werke einzudämmen, hat der Gesetzgeber einerseits die Einschränkung in § 53 Abs. 1 UrhG eingefügt, dass Vervielfältigungen von offensichtlich rechtswidrig hergestellten Vorlagen unzulässig sind, um so auch dem Austausch von Musikwerken und Filmwerken über Peer-to-Peer Börsen einen Riegel vorzuschieben. Gleichzeitig hat er den Rechteinhabern in den §§ 95 a ff UrhG die Möglichkeit gegeben, die Werke mit technischen Schutzmaßnahmen auszustatten, deren Umgehung grundsätzlich unzulässig ist. Dem privaten Nutzer ist gem. § 95 b Nr. 6 a UrhG nur die Vervielfältigung auf Papier und ähnlichen Trägern gestattet. Da jedoch über die Tauschbörsen auch rechtmäßig hergestellte Vorlagen zum Download angeboten werden, diese jedoch ohne die Zustimmung des Urhebers zum Download angeboten werden, hat der Gesetzgeber, wie dargelegt, § 53 Abs. 1 UrhG um die Formulierung ergänzt, dass auch die Vervielfältigung von offensichtlich rechtswidrig zugänglich gemachten Vorlagen unzulässig ist.

Die Lösung des Gesetzgebers stellt einen angemessenen Ausgleich der Interessen sowohl der Rechteinhaber als auch der privaten Endnutzer dar. Die Argumente der jeweiligen Interessenvertreter, die, wie bereits dargestellt, einerseits ein Verbot der digitalen Privatkopie zum Schutze der Urheberinteressen oder andererseits die Durchsetzung der Privatkopie gegen technische Schutzmaßnahmen zum Schutze der Verbraucher fordern, überzeugen nicht. Wie bereits erörtert, besteht kein Recht auf kostenlosen Zugang zu Kulturgütern. Außerdem ist die Informationsfreiheit der Verbraucher nicht gefährdet, solange die Möglichkeit der analogen Vervielfältigung besteht. Des Weiteren sind die Rechteinhaber nicht dazu verpflichtet, die Werke mit technischen Schutzmaßnahmen zu versehen. Viele sehen hiervon sogar, wie erwähnt, im Interesse ihrer Kunden ab. Die privaten Endnutzer brauchen demnach nicht zu fürchten, dass sie in Zukunft keine digitalen Vervielfältigungen zum privaten Gebrauch mehr vornehmen können. Auf der anderen Seite dürfen die Interessen der Urheber jedoch nicht so weit gehen, dass diese die digitale Privatkopie gänzlich verbieten oder so stark beschränken können, dass eine Vervielfältigung nur vom eigenen Original oder im Bereich des Films nach dem Ablauf eines bestimmten Zeitfensters zulässig ist. Dies würde den Verbraucher mit einer ihm unzumutbaren Prüfungspflicht belasten, da es dem Verbraucher in den meisten Fällen nicht möglich ist, in Erfahrung zu bringen, ob es sich bei der Vorlage um ein Original handelt oder wie lange der Beginn der Kinoauswertung eines Films zurückliegt. Daher ist die Entscheidung des Gesetzgebers, keiner dieser Ansichten zu folgen, richtig.

Eine Bekämpfung von illegalen Downloads aus Tauschbörsen ist unbedingt erforderlich, da diese der Musik- und Filmindustrie hohe wirtschaftliche Schäden zufügen. Daher ist die Entscheidung des Gesetzgebers überzeugend, die Klarstellung in das Gesetz einzufügen, dass auch Vervielfältigungen von offensichtlich rechtswidrig zugänglich gemachten Vorlagen unzulässig sind. Zum Schutze des Verbrauchers ist zwar bei der Bestimmung des Begriffs der Offensichtlichkeit der Rechtswidrigkeit seine subjektive Sicht heranzuziehen, jedoch wird überzeugend in der Literatur darauf verwiesen, dass grundsätzlich davon ausgegangen werden kann, dass das Anbieten von aktuellen Songs und Filmen über Tauschbörsen offensichtlich rechtswidrig ist. Die aktuelle Gesetzeslage stellt somit einen angemessenen Ausgleich der Interessen der Rechteinhaber und der Urheber dar. Sie erlegt den Verbrauchern einerseits keine unzumutbaren Prüfungspflichten auf und gewährt weiterhin in gewissen Grenzen die Privatkopie, andererseits gibt sie den Rechteinhabern die Möglichkeit sich vor einer Gefährdung der Verwertung ihrer Werke zu schützen. Es bleibt abzuwarten, welche weiteren technischen Entwicklungen es in der Zukunft geben wird, denen sich das Urheberrecht gegebenenfalls anpassen muss.

B. Türkisches Recht

Die technischen Neuentwicklungen, die das Informationszeitalter mit sich bringt, beeinträchtigen nicht nur das deutsche, sondern auch das türkische Urheberrecht. Seit der Entstehung von Peer-to-Peer Tauschbörsen stellt sich die türkische Rechtsliteratur ebenfalls die Frage, ob der Download von Kinofilmwerken aus dem Internet zu persönlichen Zwecken im Rahmen des Art. 38 FSEK zulässig sein könnte oder im Interesse der Rechteinhaber einzuschränken ist. Mit dem Gesetz Nr. 4630[822] ist im Jahre 2001 außerdem zum Schutze der Rechteinhaber der Zu-

822 Resmi Gazete, 03.03.2001, mükerrer 24335.

satz-Art. 4 in das Gesetz eingefügt worden, der die Umgehung von elektronischen bzw. digitalen Schutzmechanismen verbietet.

Ein viel größeres Problem stellen in der Türkei jedoch Raubkopien bzw. Pirateriewaren dar. Hierbei handelt es sich um Vervielfältigungen von Originalwerken, die ohne die Zustimmung des Urhebers hergestellt und vertrieben werden.[823] In der Literatur ist im Jahre 2004 darauf hingewiesen worden, dass man davon ausgehe, dass es sich bei mehr als 50 % der Waren in der Türkei um Piraterieprodukte handele, wodurch die Türkei ein Paradies für Pirateriewaren darstelle.[824] Auf der Internetseite des „Vorstandes für geistiges Eigentum und Kino" („Telif Hakları ve Sinema Genel Müdürlüğü") wird sogar die Vermutung geäußert, dass der Anteil von Piraterieprodukten bei 70 % liege.[825] Diese Problematik hat sich insbesondere aufgrund der technischen Neuentwicklungen verstärkt. Diese ermöglichen es jedem, urheberrechtlich geschützte Werke in unbegrenzter Anzahl und in höchster Qualität digital zu vervielfältigen und wirtschaftlich zu vertreiben. Die Verletzung von Urheberrechten ist somit nicht nur vereinfacht worden, sie kann außerdem durch jeden verwirklicht werden, der im Besitz eines Computers ist. Dies stellt eine große Gefährdung der Interessen der Rechteinhaber dar.[826] Von zentraler Bedeutung für die Bekämpfung von Pirateriewaren ist Art. 81 FSEK, der in seinem ersten Absatz eine Banderolenpflicht für bestimmte Werke, darunter auch Kinofilmwerke, vorschreibt. Diese Vorschrift ist in den letzten Jahren mehrmals durch den Gesetzgeber novelliert worden, um eine effektive Bekämpfung von Pirateriewaren zu gewährleisten. Das größte Problem stellte hierbei der Verkauf von Waren an öffentlichen Plätzen dar. In nahezu jeder Großstadt wie Istanbul, Ankara und Izmir konnte man an jeder belebten Ecke, Straße oder Brücke Händler antreffen, die Filme, Musik und Bücher zum Verkauf anboten. Dies ist jedoch im Rahmen der Novellierungen des Art. 81 FSEK verboten worden und gilt als wichtige Errungenschaft im Kampf gegen die Raubkopien.[827] Im Folgenden bedarf es einer genauen Betrachtung der Vorschrift, wobei neben den einzelnen Voraussetzungen auch die Entwicklung der Norm und ihre Bedeutung für die Bekämpfung von Pirateriewaren darzustellen ist.

---

823 Suluk, Telif Hakları Ve Korsanlıkla Mücadele, S. 159.

824 Suluk, Telif Hakları Ve Korsanlıkla Mücadele, S. 161.

825 http://www.telifhaklari.gov.tr/BelgeGoster.aspx?F6E10F8892433CFFF E5C29E16A7D380839 032A597340A318; bei dem „Vorstand für geistiges Eigentum und Kino" handelt es sich um eine Abteilung des Ministeriums für Kultur.

826 Güneş, Uygulamada Fikir Ve Sanat Eserleri Hukuku, S. 181.

827 Güneş, Uygulamada Fikir Ve Sanat Eserleri Hukuku, S. 182; Karahan/Suluk/Saraç/Nal, Fikri Mülkiyet Hukukunun Esasları, S. 128 f.

I. Bekämpfung der Raubkopien gem. Art. 81 FSEK

Zur Bekämpfung von Raubkopien bzw. Pirateriewaren ist Art. 81 FSEK von zentraler Bedeutung. Die Vorschrift schreibt zunächst in Absatz 1 eine Banderolenpflicht für bestimmte Werkarten vor. In den ersten beiden Absätzen wird des Weiteren beschrieben, wer für die Erteilung der Banderolen zuständig ist, und unter welchen Voraussetzungen man diese erwerben kann. Außerdem enthält die Vorschrift verschiedene Straftatbestände in Absatz 4 und Absatz 9 bis 12. Von Bedeutung ist insbesondere Absatz 7, der den Verkauf von Waren an öffentlichen Plätzen verbietet. Art. 81 FSEK hat im Jahre 2001 durch das Gesetz Nr. 4630,[828] im Jahre 2004 durch das Gesetz Nr. 5101[829] und zuletzt durch das Gesetz Nr. 5728[830] im Jahre 2008 relevante Änderungen erfahren, die im Rahmen der einzelnen Absätze auszuführen sind.

1. Banderolenpflicht gem. Art. 81 Abs. 1 FSEK

Art. 81 Abs. 1 FSEK schrieb zunächst nur für nicht periodisch erscheinende Sammlungen eine Banderolenpflicht vor. Seit der Novellierung der Vorschrift durch das Gesetz Nr. 4630[831] im Jahre 2001 müssen gem. Art. 81 Abs. 1 S. 1 FSEK neben den nicht periodisch erscheinenden Sammlungen auch die vervielfältigten Exemplare von Musik- und Kinofilmwerken mit einer Banderole versehen werden. Die vervielfältigten Exemplare der sonst leicht zu kopierenden Werke sind gem. Art. 81 Abs. 1 S. 2 FSEK erst auf Antrag des Urhebers oder Rechtsinhabers mit einer Banderole zu versehen. Vorliegend ist jedoch nur von Relevanz, dass die Vervielfältigungsstücke der Kinofilmwerke der Banderolenpflicht unterliegen.

Der Begriff der Banderole ist in Art. 81 FSEK nicht definiert, jedoch findet sich eine Definition in Art. 4 a der Ausführungsverordnung hinsichtlich der Grundsätze und Verfahren bezüglich der Anwendung der Banderole (im Folgenden: Ausführungsverordnung)[832]. Gem. Art. 4 a der Ausführungsverordnung handelt es sich bei der Banderole um ein Sicherheitsetikett, welches holographische Eigenschaften besitzt und auf Vervielfältigungsstücke von urheberrechtlich geschützten Werken und nicht periodisch erscheinenden Sammlungen mit dem Zweck geklebt wird, unzulässige Vervielfältigungen zu verhindern. Bei dem Versuch das Etikett zu entfernen wird dieses zerstört und verliert seine Funktion. In der Literatur

828 Resmi Gazete, 03.03.2001, mükerrer 24335.

829 Resmi Gazete, 12.03.2004, 25400.

830 Resmi Gazete, 23.01.2008, 26781.

831 Resmi Gazete, 03.03.2001, mükerrer 24335.

832 Resmi Gazete, 08.11.2001, 24577; Art. 81 Abs. 8 FSEK verweist auf die Ausführungsverordnung.

wird ergänzend zur Banderole angeführt, dass diese eine wirkungsvolle Waffe im Kampf gegen Piraterieprodukte darstelle.[833]

Zu den Vervielfältigungsstücken, auf denen die Banderole anzubringen ist, zählen Videos, VCDs und DVDs. Es wird außerdem darauf hingewiesen, dass Trägermaterialien, die heutzutage noch nicht bekannt sind, jedoch im Laufe technischer Entwicklungen entstehen, ebenfalls der Banderolenpflicht unterliegen werden.[834]

2. Erwerb der Banderole

Gem. Art. 81 Abs. 1 S. 3 FSEK werden die Banderolen seitens des Ministeriums für Kultur gedruckt und verkauft. Die Banderolen können jedoch Art. 81 Abs. 1 S. 4 FSEK zufolge auch seitens der Berufsgemeinschaften, jedoch nur zu den vom Ministerium bestimmten Verkaufspreisen, verkauft werden. Die für Musik- und Kinofilmwerke bestimmten Banderolen werden gem. Art. 6 Abs. 1 der Ausführungsverordnung durch den „Vorstand für geistiges Eigentum und Kino" in Istanbul verteilt.

Die Bedingungen, die erfüllt werden müssen, um eine Banderole erwerben zu können, sind in Art. 81 Abs. 2 FSEK und ergänzend in Art. 6 der Ausführungsverordnung geregelt. Um eine Banderole zu erhalten, ist derjenige, der einen Banderolenantrag stellt, gem. Art. 81 Abs. 2 S. 1 FSEK verpflichtet, eine Verpflichtungsbescheinigung auszufüllen, die seine Rechtsinhaberschaft erklärt. Gem. Art. 81 Abs. 2 S. 2 FSEK erfolgt der Antrag gemeinsam mit den übrigen Unterlagen und Urkunden, die vom Ministerium bestimmt werden. Zu den Rechtsinhabern werden die Urheber, die Bearbeiter, die Inhaber des verbundenen Rechts und die in Art. 19 FSEK genannten Personen gezählt.[835] Die Angaben, die die Verpflichtungserklärung enthalten muss, sind in Art. 6 Abs. 2 der Ausführungsverordnung aufgezählt. Hierzu zählen a) die Informationen über das Werk (Name, Sprache, Herstellungsjahr und ähnliches), b) Angaben über die juristische Person, die für die Herstellung der Vervielfältigungen verantwortlich ist und/oder Angaben über die Importfirma, falls eine Einfuhr stattfindet, c) Informationen über die Anzahl der Vervielfältigungsstücke, d) Angaben über die Anzahl der geforderten Banderolen und e) Auskünfte über die übertragenen Rechte, ihren Umfang und ihre Dauer. Außerdem weist die Vorschrift den Antragstellenden darauf hin, dass er jegliche zivil- und

833 Tekinalp, Fikri Mülkiyet Hukuku, § 20, Rn. 127; Erdil, Fikir Ve Sanat Eserleri Kanunu Şerhi, Cilt 2, S. 1615.

834 Tekinalp, Fikri Mülkiyet Hukuku, § 14, Rn. 168; Güneş, Uygulamada Fikir Ve Sanat Eserleri Hukuku, S. 183.

835 Erdil, Fikir Ve Sanat Eserleri Kanunu Şerhi, Cilt 2, S. 1620; Tekinalp, Fikri Mülkiyet Hukuku, § 14, Rn. 168 b.

strafrechtlichen Konsequenzen tragen muss, falls die Angaben unvollständig oder fehlerhaft sind.

Gem. Art. 81 Abs. 2 S. 3 FSEK und Art. 6 Abs. 2 der Ausführungsverordnung ist das Ministerium, sofern kein anderer Vorgang erforderlich ist, nach der Antragsstellung verpflichtet, innerhalb von zehn Werktagen die Banderole zu erteilen.

3. Straftatbestände

Zur erfolgreichen Bekämpfung der Piraterieprodukte enthält die Vorschrift diverse Straftatbestände, die im Folgenden auszuführen sind.

a) Art. 81 Abs. 4 FSEK

Gem. Art. 81 Abs. 4 FSEK wird derjenige, der ein Werk der Banderolenverpflichtung zuwider oder ohne Banderole vervielfältigt und zum Verkauf anbietet, verkauft, verbreitet oder zu wirtschaftlichen Zwecken kauft oder annimmt mit einer Gefängnisstrafe von einem Jahr bis zu fünf Jahren und einer Geldstrafe von bis zu 5000 Tagessätzen bestraft. Um eine Verletzungshandlung begehen zu können, muss somit zunächst ein Vervielfältigungsstück vorliegen.[836]

Diese Vorschrift ist im Jahre 2008 durch das Gesetz Nr. 5728 in das FSEK eingefügt worden. Sie fasst die zuvor in Art. 81 Abs. 9 Nr. 1 a) und b) FSEK a.F. formulierten Tatbestände zusammen. Wurden zuvor Trägermaterialien an Orten verkauft, die in Abs. 7 dieses Artikels genannt sind, ohne eine Banderole gekauft zu haben, so drohte eine Gefängnisstrafe von drei Monaten bis zwei Jahren oder eine schwere Geldstrafe von fünf Milliarden Türkische Lira bis zu 50 Milliarden Türkische Lira oder unter Berücksichtigung der Schwere des Schadens beides, Art. 81 Abs. 9 Nr. 1 a) FSEK a.F. Derjenige, der ohne eine Banderole gekauft zu haben, Trägermaterialien vervielfältigte oder verbreitete oder in einer Weise unentgeltlich verbreitete, die dazu geeignet gewesen ist, die Rechte des Urhebers und des Rechtsinhabers zu verletzen, machte sich gem. Art. 81 Abs. 9 Nr. 1 b) FSEK a.F. mit einer Gefängnisstrafe von zwei Jahren bis vier Jahren oder mit einer schweren Geldstrafe von 50 Milliarden Türkische Lira bis zu 150 Milliarden Türkische Lira oder unter der Berücksichtigung der Schwere des Schadens zu beidem gemeinsam strafbar. Der aktuelle Art. 81 Abs. 4 FSEK enthält einen einheitlichen Strafrahmen, der unabhängig davon gilt, ob die Tat an einem der in Art. 81 Abs. 7 FSEK genannten Orte begangen wurde oder nicht. Die Möglichkeit, die dem Richter vor der Novellierung zustand, zwischen der Erteilung einer Haftstrafe und einer Geldstrafe oder beidem zu wählen, ist abgeschafft worden.

836 Erdil, Fikir Ve Sanat Eserleri Kanunu Şerhi, Cilt 2, S. 1628.

Zugunsten der Interessen der Urheber werden nun sowohl eine Haft- als auch eine Geldstrafe verhängt.[837]

b) Art. 81 Abs. 9 FSEK

Gem. Art. 81 Abs. 9 FSEK wird derjenige, der eine gefälschte Banderole herstellt, zum Verkauf anbietet, verkauft, verbreitet, kauft, annimmt oder benutzt, mit einer Gefängnisstrafe von drei Jahren bis zu sieben Jahren und einer Geldstrafe in der Höhe von 5000 Tagessätzen bestraft.

Banderolen dürfen nur von den oben genannten Stellen verteilt werden. Wird eine Banderole somit von jemand anderem als einer dieser Stellen hergestellt und vergeben, so liegt eine Zuwiderhandlung gegen Art. 81 Abs. 9 FSEK vor. Hierbei ist nicht von Bedeutung, ob die unzulässig hergestellte Banderole so gut gelungen ist, dass sie jemanden über ihre Echtheit täuschen kann. Sogar eine simpel hergestellte Kopie erfüllt den Tatbestand der Norm.[838]

Zuvor war dies in Art. 81 Abs. 9 Nr. 3 FSEK a.F. normiert. Auch hier hat der Gesetzgeber den Strafrahmen der Norm geändert. Zuvor drohte jemandem, der den Tatbestand der Norm erfüllte, eine Gefängnisstrafe von drei bis sechs Jahren oder eine schwere Geldstrafe von 50 Milliarden Türkische Lira bis zu 250 Milliarden Türkische Lira oder unter der Berücksichtigung der Schwere des Schadens beides gemeinsam. In der aktuellen Fassung der Vorschrift ist die Haftstrafe um ein Jahr erhöht worden, und auch hier ist die Wahlmöglichkeit des Richters zwischen einer Haft- und einer Geldstrafe im Interesse der Urheber abgeschafft und stattdessen eine kumulative Strafe eingeführt worden.[839]

c) Art. 81 Abs. 10 FSEK

Ein weiterer Straftatbestand ist in Art. 81 Abs. 10 FSEK formuliert. Derjenige, der eine für ein bestimmtes Werk verfahrensgemäß erteilte Banderole auf einem anderen Werk anbringt, wird mit einer Gefängnisstrafe von einem Jahr bis fünf Jahren und einer Geldstrafe von bis zu 1500 Tagessätzen bestraft. Wie bereits ausgeführt, muss derjenige, der eine Banderole beantragt, eine Verpflichtungserklärung abgeben, in der er unter anderem auch das Werk, für das die Banderole bestimmt sein soll, angeben muss. Nur für dieses Werk wird die Banderole erteilt. Wird diese jedoch auf einem anderen Werk angebracht, ist der Tatbestand der Norm erfüllt.[840]

837 Erdil, Fikir Ve Sanat Eserleri Kanunu Şerhi, Cilt 2, S. 1634.
838 Erdil, Fikir Ve Sanat Eserleri Kanunu Şerhi, Cilt 2, S. 1636.
839 Erdil, Fikir Ve Sanat Eserleri Kanunu Şerhi, Cilt 2, S. 1638.
840 Erdil, Fikir Ve Sanat Eserleri Kanunu Şerhi, Cilt 2, S. 1638 f.

Vor der Novellierung der Vorschrift durch das Gesetz Nr. 5728 war dieses Verbot in Art. 81 Abs. 9 Nr. 2 FSEK a.F. geregelt und weiter formuliert als in Art. 81 Abs. 10 FSEK n.F. Bestraft wurde derjenige, der die Banderole zu fremden Zwecken nutzt. Auch hier ist der Strafrahmen geändert worden. Zuvor drohte bei einem Verstoß eine Gefängnisstrafe von zwei bis zu vier Jahren oder eine schwere Geldstrafe von 20 Milliarden Türkische Lira bis zu 200 Milliarden Türkische Lira oder unter Berücksichtigung der Schwere der Tat beides gemeinsam. Die Wahlmöglichkeit des Richters ist hier ebenfalls abgeschafft worden.

d) Art. 81 Abs. 11 FSEK

Gem. Art. 81 Abs. 9 Nr. 2 a.F. FSEK war es nicht nur untersagt, eine Banderole zu fremden Zwecken zu nutzen, sondern auch, ohne ein Recht zum Kauf einer Banderole zu haben, mit unechten Unterlagen oder Dokumenten oder in irgendeiner Weise das Ministerium oder von diesen bevollmächtigte Einrichtungen zu täuschen und eine Banderole zu erhalten. Dies ist nun seit der letzten Novellierung in Art. 81 Abs. 11 FSEK geregelt. Gem. dieser Vorschrift macht sich derjenige, der nicht dazu berechtigt ist, im Besitz einer Banderole zu sein, sich diese jedoch durch arglistige Täuschung beschafft, mit einer Gefängnisstrafe von einem Jahr bis drei Jahren strafbar. Die Formulierung „durch arglistige Täuschung" soll hierbei die in der alten Vorschrift beschriebenen Verletzungshandlungen mit umfassen.[841] Bezüglich des Strafrahmens vor der Novellierung ist auf die Erläuterungen zu Art. 81 Abs. 10 FSEK zu verweisen.

e) Art. 81 Abs. 12 FSEK

Art. 81 Abs. 12 FSEK ist im Rahmen der Novellierung neu in das Gesetz eingefügt worden. Gem. Art. 81 Abs. 12 FSEK wird derjenige, der einer Person, die kein Recht zum Erwerb einer Banderole hat, eine Banderole beschafft, mit einer Gefängnisstrafe von zwei bis zu fünf Jahren und einer Geldstrafe von bis zu 5000 Tagessätzen bestraft. Diese Norm soll insbesondere Personen erfassen, die ihre Tätigkeit im Ministerium oder in vom Ministerium zur Erteilung von Banderolen bevollmächtigten Einrichtungen missbrauchen, um Personen, die kein Recht zum Erwerb einer Banderole haben, diese rechtswidrig zu beschaffen. Die Verletzungshandlung kann darin bestehen, dass die genannten Personen darüber hinwegsehen, dass der Antragssteller unvollständige, fehlerhafte oder gefälschte Dokumente einreicht.[842]

---

841 Erdil, Fikir Ve Sanat Eserleri Kanunu Şerhi, Cilt 2, S. 1640.

842 Erdil, Fikir Ve Sanat Eserleri Kanunu Şerhi, Cilt 2, S. 1642.

4. Besonderheit: örtliches Verbot zur Bekämpfung des Handels mit Raubkopien an öffentlichen Orten, Art. 81 Abs. 7 FSEK

Art. 81 Abs. 7 FSEK ist im Jahre 2004 durch das Gesetz Nr. 5101[843] in das FSEK eingefügt worden. Wie bereits erwähnt, gilt diese Vorschrift als eine der wichtigsten Errungenschaften im Kampf gegen Raubkopien.[844] Gem. Art. 81 Abs. 7 FSEK ist es verboten, die nach diesem Gesetz geschützten und legal vervielfältigten Exemplare, die eine Banderole haben, auf Straßen, an öffentlichen Plätzen, auf Märkten, auf Bürgersteigen, an Bahnsteigen, auf Brücken und ähnlichen Stellen zu verkaufen. Um eine effektive Bekämpfung des Handels mit Raubkopien gewährleisten zu können, dürfen somit sogar rechtmäßig mit einer Banderole versehene Vervielfältigungsexemplare nicht an den in der Vorschrift genannten Orten verkauft werden.[845] Bei einer Zuwiderhandlung gegen dieses Verbot drohte vor der Novellierung durch das Gesetz Nr. 5728 eine „Verwaltungsgeldstrafe" in Höhe von 3 Milliarden Türkische Lira, was man dem Zusatz-Art. 10 FSEK entnehmen konnte. Seit der Novellierung ist die Rechtsfolge eines Verstoßes gegen die Vorschrift nicht mehr im Zusatz-Art. 10 FSEK, sondern in Art. 81 Abs. 7 S. 2 FSEK geregelt. Demnach ist derjenige, der die Vorschrift verletzt, gem. Art. 38 Abs. 1 des „Kabahtler Kanunu" zu bestrafen. Diese Vorschrift schreibt ebenfalls eine „Verwaltungsgeldstrafe" vor, die jedoch nur noch 50 Neue Türkische Lira (dies entspricht 50 Millionen Türkische Lira[846]) beträgt. Die deutliche Herabsetzung der „Verwaltungsgeldstrafe" ist in der Literatur stark kritisiert worden. Ein solcher Betrag sei lächerlich und stelle keine abschreckende Strafe dar, die die Interessen der Urheber und Rechteinhaber schützen könnte.[847]

5. Beurteilung des Art. 81 FSEK

Art. 81 FSEK hat bereits zu ersten Erfolgen geführt. Beispielsweise konnten in Ankara im Jahre 2008 144.870 CDs und 19.000 DVDs beschlagnahmt werden. Im Rahmen der Maßnahme wurde betont, dass ein deutlicher Fortschritt in der Bekämpfung des Handels mit Piraterieprodukten zu verzeichnen sei.[848] Während

843 Resmi Gazete, 12.03.2004, 25400.

844 Güneş, Uygulamada Fikir Ve Sanat Eserleri Hukuku, S. 182; Karahan/Suluk/Saraç/Nal, Fikri Mülkiyet Hukukunun Esasları, S. 128 f.

845 Erdil, Fikir Ve Sanat Eserleri Kanunu Şerhi, Cilt 2, S. 1634.

846 Erläuterung: 1 Million Türkische Lira sind seit dem 01.01.2005 gleich 1 Neue Türkische Lira (YTL), am 01.01.2009 ist das „Y" bzw. „Neue" gestrichen worden; um Verwirrungen zu vermeiden, wird hier für die seit dem 01.01.2005 geltende Währung weiterhin die Bezeichnung Neue Türkische Lira herangezogen.

847 Erdil, Fikir Ve Sanat Eserleri Kanunu Şerhi, Cilt 2, S. 1635.

848 http://arama.hurriyet.com.tr/arsivnews.aspx?id=11226469, zuletzt besucht am 03.04.2009.

einer Durchsuchung in Beşiktaş, Istanbul konnten im März 2008 200.000 CDs ohne Banderole beschlagnahmt werden.[849] Trotz dieser effektiven Maßnahmen, die zu einer deutlichen Verringerung des Handels mit Raubkopien führen, ist eine Beseitigung des Verkaufs von Piraterieprodukten noch nicht in Sicht. In einem Zeitungsbericht ist darauf hingewiesen worden, dass Raubkopierer nun eine neue Marktlücke entdeckt hätten, die sie zu ihren Gunsten nutzen würden. Beliebte Fernsehsendungen, wie die erfolgreiche TV-Sendung „Var mısın, Yok musun" werden mitgeschnitten und unzulässig verkauft. Bei der Folge, die vertrieben wurde, handelte es sich um ein Prominenten-Special mit dem erfolgreichen Comedian Cem Yılmaz, die auf DVD verkauft und deren Erlös vollständig für leukämiekranke Kinder gespendet werden sollte. Doch bevor überhaupt legale Kopien hergestellt werden konnten, kursierten bereits Raubkopien auf dem Schwarzmarkt. Die Produzenten der Sendung haben bereits rechtliche Konsequenzen angedroht.[850]

Ein Grund für die geringe Abschreckungswirkung der Maßnahmen könnte die geringe Anzahl an Verurteilungen sein. Hierzu wird in der Literatur darauf hingewiesen, dass die Richter grundsätzlich Geldstrafen verhängt hätten. Eine Haftstrafe würde erst bei wiederholter Tatbegehung vollstreckt werden. Wurde jedoch bei der nächsten Durchsuchung jemand anderes angetroffen, so wurde auch gegen diesen zunächst nur eine Geldstrafe verhängt, so dass solange die Händler wechselten, diese einer Haftstrafe entgehen konnten.[851] Der Gesetzgeber hat, wie bereits ausgeführt, die Vorschriften im Rahmen der letzten Novellierung verschärft. Den Richtern steht keine Wahlmöglichkeit zwischen der Haft- und der Geldstrafe, oder bei Berücksichtigung der Schwere des Schadens beides, zur Verfügung. Die Haft- und die Geldstrafe müssen kumulativ verhängt werden. Es bleibt noch abzuwarten, ob diese Änderung nun zu mehr Haftstrafen führen wird.

Jedoch wird in der Literatur immer wieder betont, dass zur Bekämpfung von Raubkopien auch eine soziale Komponente zu beachten sei und man nur gegen den Vertrieb mit Raubkopien effektiv vorgehen könne, wenn die Gesellschaft ihre Einstellung hierzu ändern würde. Die Nachfrage für Piraterieprodukte sei in der Türkei unglücklicherweise unvorstellbar hoch. Der Grund hierfür liege darin, dass legale Waren im Vergleich zu den Raubkopien sehr teuer seien. Sie müssten für die Gesellschaft preislich attraktiver gemacht werden.[852]

Die Erörterungen haben gezeigt, dass die Türkei in der Bekämpfung des Handels mit Raubkopien durch die Einführung und Verschärfung des Art. 81 FSEK

---

849 http://www.milliyet.com.tr/default.aspx?aType=SonDakika&ArticleID= 517344&Date=14.03.2008, zuletzt besucht am: 05.04.2009

850 http://arsiv.sabah.com.tr/2009/03/15/gny/haber,B503506F23C141B28DF8F47695E9993F.html zuletzt besucht am: 05.04.2009.

851 Suluk, Telif Hakları Ve Korsanlıkla Mücadele, S. 201 f.

852 Özderyol, Fikir Ve Sanat Eserleri Kanunu´nda Düzenlenen Suçlar, S. 273.

deutliche Fortschritte machen konnte, jedoch in der Beseitigung der Raubkopien noch einen weiten Weg vor sich hat. Hierzu muss nicht nur gegen die Raubkopierer vorgegangen werden, sondern auch ein Sinneswandel in der Gesellschaft erfolgen.

II. Problematik der Privatkopien

Der Gesetzgeber hat, wie bereits ausführlich erörtert, im Rahmen der letzten Novellierungen sein Hauptaugenmerk auf die Bekämpfung der Raubkopien und somit die Ausgestaltung des Art. 81 FSEK gelegt. Darüber hinausgehend wird in der türkischen Rechtsliteratur jedoch auch die Frage diskutiert, wie das Verhältnis zwischen den Rechteinhabern und den privaten Endnutzern zu beurteilen ist, die in Folge der technischen Neuentwicklungen problemlos Kopien von erworbenen CDs und DVDs herstellen oder sich kostenlos Filme aus dem Internet herunterladen können. Es bedarf der Erörterung, ob das Verhalten des Endnutzers eine Rechtsverletzung darstellt, oder im Sinne des Art. 38 Abs. 1 FSEK als persönlicher Gebrauch zu beurteilen ist. Mit dem Zusatz-Art. 4 FSEK ist außerdem eine Norm in das Gesetz eingefügt worden, die zugunsten der Rechteinhaber eine Regelung zu Schutzmechanismen enthält. Es stellt sich somit auch die Frage, in welchem Verhältnis diese Vorschrift zu der Privatkopie steht. Bevor jedoch auf die einzelnen Fragen einzugehen ist, bedarf es einer allgemeinen Darstellung des Art. 38 Abs. 1 FSEK.

1. Allgemeines zu Art. 38 Abs. 1 FSEK

Den Urhebern stehen an ihren Werken, wie bereits ausführlich erörtert, sowohl immaterielle als auch materielle Rechte zu. Bei diesen Werken handelt es sich jedoch auch um Kulturgüter. Um ein Gleichgewicht zwischen den Interessen der Gesellschaft und den Interessen der Urheber zu finden, hat der Gesetzgeber Regelungen in das Gesetz eingefügt, die die Rechte der Urheber in gewissen Fällen beschränken.[853] Vorliegend ist nur die Vorschrift des Art. 38 Abs. 1 FSEK von Bedeutung, bei der es sich um eine Schrankenregelung zugunsten des Privatinteresses handelt.

Die Vervielfältigung aller Geistes- und Kunstwerke ist gem. Art. 38 Abs. 1 S. 1 FSEK zum persönlichen Gebrauch zulässig, solange dies ohne eine Gewinnerzielungsabsicht erfolgt. Gem. Art. 38 Abs. 1 S. 2 FSEK darf diese Vervielfältigung

853 Suluk/Orhan, Uygulamalı Fikri Mülkiyet Hukuku, Cilt II, S. 531.

nicht die berechtigten Interessen des Rechtsinhabers ohne rechtfertigenden Grund beeinträchtigen oder der normalen Nutzziehung des Werkes widersprechen.

a) Werke, die von Art. 38 Abs. 1 FSEK umfasst sind

Gem. Art. 38 Abs. 1 S. 1 FSEK ist die Vervielfältigung aller Geistes- und Kunstwerke zum persönlichen Gebrauch zulässig. In seiner ursprünglichen Fassung aus dem Jahre 1951[854] enthielt die Vorschrift eine Ausnahme, wonach Kinofilmwerke nicht zum persönlichen Gebrauch vervielfältigt werden durften. Diese Regelung wurde in der Literatur jedoch stark kritisiert. Insbesondere wurde darauf hingewiesen, dass die Vorschrift veraltet sei und den aktuellen technischen Gegebenheiten nicht mehr entspreche. Es müsse dem privaten Endverbraucher möglich sein können, Fernsehsendungen auf Video aufzunehmen und jederzeit beliebig abspielen zu können. Videoaufnahmen könnten nicht verboten und insbesondere ein solches Verbot nicht kontrolliert werden.[855] Im Rahmen der Novellierung durch das Gesetz Nr. 4110 wurde diese Ausnahme mit der Begründung gestrichen, dass die Vorschrift aufgrund der technischen Entwicklungen an Bedeutung verloren habe und es dem privaten Endnutzer möglich sein müsse, Vervielfältigungen von Kinofilmwerken zum persönlichen Gebrauch vorzunehmen.[856] Die Vervielfältigungstechniken beschränken sich jedoch nicht mehr auf die Aufzeichnung von Fernsehsendungen auf Videokassette und sonstigen Trägern. Unproblematisch können DVDs in sehr guter Qualität vervielfältigt und Filme kostenlos aus dem Internet geladen werden. Es stellt sich daher die Frage, ob auch diese Formen der privaten Vervielfältigung von der Norm erfasst werden sollen, was zu einem späteren Zeitpunkt ausführlich zu erörtern ist.

b) persönlicher Gebrauch/Gewinnerzielungsabsicht

In der türkischen Rechtsliteratur herrscht Uneinigkeit darüber, ob der Begriff des persönlichen Gebrauchs eng oder weit auszulegen ist. Die enge Auslegung des Begriffs umfasst nur den Privatkreis, der aus Vater, Mutter, Ehepartner, Kindern und den engsten Freunden besteht.[857] Teils wird vertreten, dass der persönliche Gebrauch nicht die Rechte des Urhebers aushöhlen dürfe und daher zu seinem Schutze eng auszulegen sei, so dass Vervielfältigungen des Werkes nur im Rahmen des

854 Resmi Gazete, 13.12.1951, 7931.

855 Ayiter, Hukukta Fikir Ve Sanat Ürünleri, S. 172.

856 Gerekçe 4110 s.K in: Erdil, Fikir Ve Sanat Eserleri Kanunu Şerhi, Cilt 1, S. 844.

857 Tekinalp, Fikri Mülkiyet Hukuku, § 14, Rn. 153; Erdil, Fikir Ve Sanat Eserleri Kanunu Şerhi, Cilt 1; S. 847 f.

engen privaten Umfeldes hergestellt werden dürften.[858] Demgegenüber findet sich jedoch auch die Ansicht, die den Begriff weit auslegt und die Herstellung von Vervielfältigungsstücken auch im engen beruflichen Kreis und in gewissen Fällen auch durch juristische Personen als zulässig erachtet.[859] Eine weitere Ansicht stützt sich hierbei auf die Regelung des § 53 Abs. 2 UrhG, die es juristischen Personen ermöglicht, in den im Gesetz genannten Fällen Vervielfältigungen zum eigenen Gebrauch vorzunehmen. Dies müsse auch im türkischen Recht möglich sein.[860] Im türkischen Recht fehlt es an einer ausdrücklichen Differenzierung zwischen privatem und eigenem Gebrauch, wie es im deutschen Recht der Fall ist. Dies würde bei einer engen Auslegung des Wortlautes dazu führen, dass die Vorschrift nur das nächste private Umfeld des Nutzers umfasst und Vervielfältigungen, die auch beruflichen Zwecken dienen oder durch juristische Personen vorgenommen werden, sogar in bestimmten Grenzen nicht zulässig sind. Die Schrankenregelung wäre sehr streng geregelt. Daher ist es verständlich, dass im Interesse der Nutzer die Vorschrift teils weiter ausgelegt wird und man sich hierbei am Beispiel des § 53 Abs. 2 UrhG orientiert. Solange Art. 38 FSEK jedoch die Grenzen des eigenen Gebrauchs nicht wie § 53 Abs. 2 UrhG genau festlegt, ist bei der Auslegung des Begriffs des persönlichen Gebrauchs Vorsicht geboten und eine weite Auslegung sollte nur in sehr eng umgrenzten Ausnahmefällen erfolgen. Ansonsten könnte die Gefahr bestehen, dass der Ausgleich der Interessen der privaten Nutzer und der Urheber zulasten der Urheber gestört werden könnte.

Die Vervielfältigung zum persönlichen Gebrauch muss außerdem ohne Gewinnerzielungsabsicht erfolgen. In der Literatur wird darauf verwiesen, dass die Absicht Gewinn zu erzielen auch die Absicht Aufwendungen zu ersparen erfasse.[861]

c) einzelne Vervielfältigungsstücke

Bis zur Novellierung durch das Gesetz Nr. 4110 im Jahre 1995[862] war in Art. 38 Abs. 1 S. 1 FSEK ausdrücklich geregelt, dass nur einzelne Vervielfältigungsstücke hergestellt werden dürfen. Dies ist jedoch im Rahmen der Novellierung aus der Vorschrift herausgenommen worden. Dennoch wird in der Literatur vertreten,

858 Özderyol, Fikir Ve Sanat Eserleri Kanunu´nda Düzenlenen Suçlar, S.150; Ayiter, Hukukta Fikir Ve Sanat Ürünleri, S. 170.

859 Erel, Türk Fikir Ve Sanat Hukuku, 268 f.

860 Karahan/Suluk/Saraç/Nal, Fikri Mülkiyet Hukukunun Esasları, S. 93.

861 Tekinalp, Fikri Mülkiyet Hukuku, § 14, Rn. 154; Özderyol, Fikir Ve Sanat Eserleri Kanunu´nda Düzenlenen Suçlar, S.151.

862 Resmi Gazete, 12.06.1995, 22311.

dass diese Regelung trotz der Gesetzesänderung noch Anwendung finde und somit nur einzelne Vervielfältigungsstücke hergestellt werden dürften.[863]

d) keine Verletzung der berechtigten Interessen des Rechtsinhabers ohne rechtfertigenden Grund oder kein Widerspruch zur normalen Nutzziehung des Werkes

Der Vervielfältigung zum persönlichen Gebrauch sind im Art. 38 Abs. 1 S. 2 FSEK zwei Grenzen gesetzt. Sie darf die berechtigten Interessen des Rechteinhabers nicht ohne rechtfertigenden Grund beeinträchtigen oder einen Widerspruch zur normalen Nutzziehung des Werkes darstellen. Der Formulierung des Gesetzgebers wird entnommen, dass jede Vervielfältigung eines Werkes ohne die Zustimmung des Rechteinhabers eine Beeinträchtigung darstelle, die dieser jedoch ertragen müsse, wenn dies mit einem rechtfertigenden Grund geschehe. Bei den berechtigten Interessen handele es sich um die materiellen und immateriellen Rechte, die den Rechteinhabern zustehen würden. Als Beispiel für einen rechtfertigenden Grund werden Vervielfältigungen zu Ausbildungszwecken genannt. Die normale Nutzziehung des Werkes sei beispielsweise überschritten, wenn die Anzahl der hergestellten Vervielfältigungsstücke die für den persönlichen Gebrauch nötige Anzahl deutlich überschreite.[864]

Im Rahmen dieser Voraussetzungen wird außerdem die Frage diskutiert, ob Vervielfältigungen im Rahmen von Peer-to-Peer Tauschbörsen eine Beeinträchtigung der berechtigten Interessen der Rechteinhaber ohne rechtfertigenden Grund bzw. einen Widerspruch zur normalen Nutzziehung des Werkes darstellen. Diese Frage bedarf einer ausführlichen Erörterung.

2. Privatkopie und Peer-to-Peer Tauschbörsen

Aufgrund der technischen Neuentwicklungen ist es privaten Nutzern möglich, ältere und auch aktuell im Kino laufende Filme im Internet über Peer-to-Peer Tauschbörsen zu finden und kostenlos herunterzuladen. Da in den meisten Fällen die Vervielfältigung zum persönlichen Gebrauch erfolgt, wird in der Literatur die Frage diskutiert, ob das Verhalten der Nutzer die Voraussetzungen des Art. 38 Abs. 1 FSEK erfüllt und somit zulässig ist, oder ob die Grenzen der Vorschrift überschritten sind und somit eine Urheberrechtsverletzung anzunehmen ist.

---

863 Erel, Türk Fikir Ve Sanat Hukuku, S. 268 f; Karahan/Suluk/Saraç/Nal, Fikri Mülkiyet Hukukunun Esasları, S. 93.

864 Tekinalp, Fikri Mülkiyet Hukuku, § 14, Rn. 150.

Zunächst wird jedoch erörtert, ob Vervielfältigungen nur vom Original hergestellt werden dürfen. Es finde sich kein ausdrücklicher Hinweis hierzu in Art. 38 Abs. 1 FSEK. Der Formulierung, dass die Vervielfältigung keinen Widerspruch zur normalen Nutzziehung des Werkes darstellen dürfe, könne jedoch entnommen werden, dass keine illegal hergestellte Vorlage verwendet werden dürfe. Die normale Nutzziehung des Werkes sei dann anzunehmen, wenn das Werk erworben und davon Vervielfältigungsstücke zum persönlichen Gebrauch hergestellt werden würden.[865] Es wird demgegenüber jedoch darauf hingewiesen, dass die Vorlage nicht unbedingt durch einen Kauf oder im Wege eines Lizenzvertrages erworben werden müsse, auch die Vervielfältigung von einer von einem Freund geliehenen Vorlage müsse zulässig sein.[866] Es wird jedoch betont, dass es sich auch in diesem Falle nicht um eine illegale Vorlage handeln dürfe, da ansonsten die berechtigten Interessen der Rechteinhaber ohne rechtfertigenden Grund beeinträchtigt werden würden.[867]

Es stellt sich im Rahmen der Peer-to-Peer Tauschbörsen jedoch die Frage, ob der Nutzer einer solchen Börse mit der Pflicht belastet werden kann, zu prüfen, ob es sich bei dem zum Download angebotenen Werk um eine illegale Vorlage handelt oder nicht.

Einerseits wird zwischen passiven und aktiven Nutzern differenziert. Die aktiven Nutzer, die die Werke nicht nur wie die passiven Nutzer zum persönlichen Gebrauch herunterladen, sondern darüber hinaus anderen Nutzern zum Download zur Verfügung stellen, würden nicht die Voraussetzungen des Art. 38 Abs. 1 FSEK erfüllen. Die passiven Nutzer seien demgegenüber schutzbedürftig. Man dürfe sie nicht mit der Pflicht belasten, zu prüfen, ob es sich bei dem Werk, das zum Download angeboten werde, um eine legale oder illegale Vorlage handele.[868]

Memiş vertritt ebenfalls, dass die Nutzer einer Tauschbörse nicht mit untragbaren Prüfungspflichten belastet werden dürften. Auch Art. 38 Abs. 1 FSEK könne eine solche Pflicht nicht entnommen werden. Jedoch müssten die Regeln der Redlichkeit Beachtung finden, die ihre Grundlage in Art. 2 des Türkischen Bürgerlichen Gesetzbuches haben. Die Voraussetzungen, dass keine Verletzung der berechtigten Interessen des Rechtsinhabers ohne rechtfertigenden Grund oder kein Widerspruch zur normalen Nutzziehung des Werkes erfolgen dürfe, würden eine Ausformung der Regeln der Redlichkeit darstellen. Bei der Beurteilung der Frage, ob jemand gegen die Regeln der Redlichkeit verstoßen habe, sei immer eine Betrachtung des Einzelfalles erforderlich. Wolle jemand ein Werk aus dem Internet

865 Memiş, Fikri Hukuk Bakımından Internet Ortamında Müzik Sunumu, S. 120 f.

866 Kendigelen/Bozbel in: Atamer, Internet Ve Hukuk, S. 491 (520).

867 Özderyol, Fikir Ve Sanat Eserleri Kanunu´nda Düzenlenen Suçlar, S. 151.

868 Kendigelen/Bozbel in: Atamer, Internet Ve Hukuk, S. 491 (522 f); Özderyol, Fikir Ve Sanat Eserleri Kanunu´nda Düzenlenen Suçlar, S. 151 f, Fn. 535.

herunterladen, so müsse er zumindest darauf Acht geben, ob es sich bei der Seite, auf der das Werk angeboten werde, um eine rechtmäßige Seite (eine von den Berufsgemeinschaften als zulässig anerkannte oder lizenzierte Seite) handele. Man müsse ein Minimum an Sorgfalt aufbringen. Ein normaler Internetnutzer müsse wissen, ob die Tauschbörse die Rechte des Urhebers verletze oder nicht.[869]

Eine Meinung geht sogar einen Schritt weiter. Sie betont, dass über Peer-to-Peer Tauschbörsen in vielen Fällen illegale Vorlagen zum Download angeboten werden würden. Insbesondere wenn noch nicht veröffentlichte Werke zum Download angeboten werden würden, sei es offensichtlich, dass es sich um eine illegale Vorlage handele. In diesem Falle liege keine zulässige Vervielfältigung zum persönlichen Gebrauch im Sinne des Art. 38 Abs. 1 FSEK vor.[870]

Im Rahmen dieser Diskussion besteht das Hauptproblem darin, einen Ausgleich zwischen den Interessen der privaten Nutzer und der Interessen der Rechteinhaber zu finden. Dem privaten Nutzer steht es zu, von Werken Kopien zum persönlichen Gebrach herzustellen. Hierbei müssen jedoch, wie erörtert, gewisse Grenzen beachtet werden. Die berechtigten Interessen der Rechteinhaber dürfen nicht ohne rechtfertigenden Grund beeinträchtigt werden oder das Werk in Widerspruch zu seiner normalen Nutzziehung verwendet werden. Es stellt sich jedoch die Frage, inwieweit man von einem privaten Nutzer erwarten darf, dass dieser überprüft, ob es sich bei dem zum Download angebotenen Film um eine legal oder illegal hergestellte Vorlage handelt. Es ist denjenigen zuzustimmen, die vertreten, dass Art. 38 Abs. 1 FSEK eine solche Prüfungspflicht nicht entnommen werden kann und diese somit eine unzumutbare Belastung für den privaten Nutzer darstellen würde. Daher wäre es begrüßenswert, auch in das türkische Recht eine Klarstellung wie im deutschen Recht einzufügen, dass keine Vervielfältigung von offensichtlich rechtswidrig hergestellten oder öffentlich zugänglich gemachten Vorlagen hergestellt werden darf.[871] Solange eine solche Klarstellung im Gesetz noch nicht erfolgt, bedeutet dies jedoch nicht, dass die Interessen der Urheber schutzlos sind. Ist es für jeden privaten Nutzer offensichtlich, dass es sich um eine rechtswidrig zum Download angebotene Vorlage handelt, so kann man sich nicht auf Art. 38 Abs. 1 FSEK berufen. Hierbei dürfen nicht zu hohe Anforderungen an den privaten Nutzer gestellt werden. Wird jedoch beispielsweise ein Film, der noch gar nicht oder erst vor Kurzem im Kino angelaufen ist, zum Download angeboten, müsste für jeden Internetnutzer erkennbar sein, dass die Vorlage rechtswidrig hergestellt und öffentlich zugänglich gemacht worden ist.

---

869 Memiş, Fikri Hukuk Bakımından Internet Ortamında Müzik Sunumu, S. 121 f.

870 Karahan/Suluk/Saraç/Nal, Fikri Mülkiyet Hukukunun Esasları, S. 94 f.

871 So auch: Bozbel, Fikri Hakların Ihlali Nedeniyle Ihtiyati Tedbir Yoluyla Internet Sitelerine Erişim Engellenebilir mi? in: Fikri Mülkiyet Hukuku Yıllığı 2009, S. 162, Fn. 46.

3. Die Privatkopie im Verhältnis zu den elektronischen Schutzmaßnahmen

Der Zusatz-Art. 4 Abs. 1 FSEK ist im Jahre 2001 durch das Gesetz Nr. 4630[872] in das türkische Urheberrecht eingefügt worden und regelt das Verbot der Umgehung von elektronischen bzw. digitalen Schutzmaßnahmen. Von Bedeutung ist hierbei die Frage, in welchem Verhältnis diese Norm, die die Umgehung von Schutzmaßnahmen verbietet, zur Privatkopie steht, die es Nutzern ermöglicht, Vervielfältigungen von Werken zum persönlichen Gebrauch herzustellen. Zunächst bedarf es jedoch einer allgemeinen Betrachtung des Zusatz-Art. 4 Abs. 1 FSEK.

a) Allgemeines zu Zusatz-Art. 4 Abs. 1 FSEK

Gem. Zusatz-Art. 4 Abs. 1 S. 1 FSEK können hinsichtlich eines Werkes und Urhebers, irgendeines Inhabers eines am Werk befindlichen Rechtes oder hinsichtlich der Fristen und Voraussetzungen der Nutzung eines Werkes die an den Werkexemplaren befindlichen oder während der Zugänglichmachung an die Öffentlichkeit gesehenen Informationen, sowie die Zahlen und Codes, welche stellvertretend für diese Informationen sind, nicht ohne Ermächtigung beseitigt oder geändert werden. Die Originale oder Vervielfältigungen der Werke, deren Informationen und Zahlen oder Codes, welche stellvertretend für diese Informationen sind, ohne Ermächtigung geändert oder beseitigt worden sind, dürfen gem. Zusatz-Art. 4 Abs. 1 S. 2 FSEK nicht verteilt, zur Verteilung importiert, veröffentlicht oder der Öffentlichkeit zugänglich gemacht werden.

Die Entwicklung der elektronischen und technologischen Möglichkeiten bergen in sich neue Gefahren für die Rechteinhaber, vor denen diese geschützt werden müssen. Werke, die digitalisiert worden sind, können auf einfachem Wege vervielfältigt und über Peer-to-Peer Börsen verbreitet werden. Mit dieser Entwicklung geht jedoch auch die Entstehung neuer Schutzmechanismen einher, die derartige Vervielfältigungen und Verbreitungen verhindern sollen. Zum Schutze der Rechteinhaber ist daher Zusatz-Art. 4 FSEK in das Gesetz eingefügt worden, der es verbietet, Schutzmechanismen zu umgehen[873]

Es wird in der Literatur jedoch darauf hingewiesen, dass die Vorschrift nicht sehr klar formuliert sei. Die Verletzungshandlungen würden zunächst Werke betreffen, die digitalisiert worden seien. Die Schutzmechanismen würden auf digitalem und elektronischem Wege angebracht werden, so dass auch ihre Umgehung durch elektronische bzw. digitale Mittel erfolge. Dennoch müssten auch Werke unter den Tatbestand der Vorschrift fallen, die nicht durch digitale Schutzmaßnah-

872 Resmi Gazete, 03.03.2001, mükerrer 24335.

873 Özderyol, Fikir Ve Sanat Eserleri Kanunu´nda Düzenlenen Suçlar, S. 231 f.

men geschützt seien, wie z.B. Werke, die mit Bar-Codes (ISBN) versehen sind. Auch die Umgehung dieser Schutzmaßnahmen falle unter die Vorschrift.[874] Wie richtig angemerkt wurde, kann der Vorschrift nicht eindeutig entnommen werden, welche Schutzmechanismen hiervon erfasst sind. Daher sollte der Gesetzgeber diesbezüglich Klarheit schaffen und festlegen, welche Formen der Schutzmaßnahmen die Vorschrift erfassen soll.

b) Die Privatkopie im Verhältnis zu elektronischen Schutzmaßnahmen

Während Art. 38 Abs. 1 FSEK in gewissen Grenzen die Vervielfältigung zum persönlichen Gebrauch zulässt, verbietet Zusatz.-Art. 4 FSEK die Umgehung elektronischer Schutzmaßnahmen, die eine Vervielfältigung des Werkes verhindern sollen. Es stellt sich somit die Frage, ob Schutzmaßnahmen in den Grenzen des Art. 38 Abs. 1 FSEK umgangen werden dürfen.

Diese Frage wird in der türkischen Rechtsliteratur jedoch nur im Rahmen des Art. 38 Abs. 1 FSEK angesprochen.

Einerseits wird vertreten, dass das Anbringen von technischen Schutzmaßnahmen an CDs, um deren Vervielfältigung zu verhindern, dem in Art. 38 FSEK formulierten Grundsatz, dass Vervielfältigungen zum persönlichen Gebrauch zulässig sind, nicht entgegenstehe. Technische Schutzmaßnahmen seien somit zulässig. Jedoch dürfe nur denjenigen eine Sanktion drohen, die die Schutzmaßnahmen mit einer Gewinnerzielungsabsicht umgehen würden und derjenige, der damit keinen wirtschaftlichen Gewinn erzielen wolle, müsse straffrei bleiben.[875]

Demgegenüber weist eine weitere Ansicht überzeugend darauf hin, dass die Vervielfältigung zum persönlichen Gebrauch gem. Art. 38 Abs. 1 FSEK nicht die berechtigten Interessen der Rechteinhaber ohne rechtfertigenden Grund verletzen dürfe oder in Widerspruch zu der normalen Nutzziehung des Werkes erfolgen dürfe. Die Umgehung und Veränderung von an CDs, DVDs und ähnlichen Trägermitteln angebrachten Codes und die anschließende Vervielfältigung des Inhalts der Trägermittel stelle eine Verletzung der Rechte der Rechteinhaber dar.[876]

4. Stellungnahme zur Privatkopie

Die Erörterungen zur Privatkopie haben gezeigt, dass auch in der Türkei die Gefahren erkannt worden sind, die die technischen Entwicklungen in den letzten Jahren mit sich gebracht haben. Insbesondere Tauschbörsen im Internet gefährden

874 Özderyol, Fikir Ve Sanat Eserleri Kanunu´nda Düzenlenen Suçlar, S. 233.

875 Memiş, Fikri Hukuk Bakımından Internet Ortamında Müzik Sunumu, S. 194.

876 Karahan/Suluk/Saraç/Nal, Fikri Mülkiyet Hukukunun Esasları, S. 95.

die Interessen der Rechteinhaber. Jede Privatperson ist im Besitz eines Computers und kann sehr einfach Werke ins Internet stellen und verbreiten. Die Rechteinhaber versuchen hiergegen vorzugehen, indem sie Schutzmechanismen an den Werken anbringen oder einen Zugang zu den Werken im Internet erschweren. Aus diesem Grunde hat der Gesetzgeber den Zusatz-Art. 4 FSEK in das Gesetz eingefügt, der die Umgehung solcher Schutzmechanismen verhindern soll. Jedoch ist die Norm nicht deutlich genug formuliert und man kann ihr nicht entnehmen, welche Formen der Schutzmaßnahmen hiervon erfasst werden sollen. Diesbezüglich sollte der Gesetzgeber Klarheit schaffen. Ein wichtiges Problem stellt die Frage dar, inwieweit sich Endnutzer auf Art. 38 Abs. 1 FSEK berufen können, wenn sie zu privaten Zwecken DVDs vervielfältigen oder aus dem Internet kostenlos Filme herunterladen und hierzu sogar Schutzmaßnahmen umgehen. Es ist ausführlich erörtert worden, dass Art. 38 FSEK diesbezüglich nichts Ausdrückliches entnommen werden kann und der private Endnutzer daher nicht mit untragbaren Prüfungspflichten belastet werden darf. Dennoch muss er im Internet eine gewisse Sorgfalt aufbringen und wissen, dass er offensichtlich rechtswidrig zugänglich gemachte Werke, wie aktuelle Kinofilme, nicht herunterladen darf. Zum Schutze des privaten Endnutzers sollte jedoch auch diesbezüglich Klarheit im Gesetz geschaffen werden. Soweit die Umgehung von Schutzmechanismen verboten ist, kann eine Umgehung zu persönlichen Zwecken nicht als zulässig erachtet werden. Es steht dem Urheber durchaus das Recht zu, seine Werke mit Schutzmechanismen zu versehen. Hierdurch werden auch die Rechte der Endnutzer nicht ausgehöhlt, da wie bereits im Rahmen des deutschen Rechts erörtert nicht alle Werke mit Schutzmechanismen versehen sind und dem Endnutzer noch die Möglichkeit der analogen Kopie bleibt.

C. Vergleich

Die Erörterungen zum deutschen und türkischen Recht haben gezeigt, dass die technischen Neuentwicklungen viele rechtliche Probleme mit sich gebracht haben. Jeder private Endnutzer, der im Besitz eines Computers ist, kann DVDs vervielfältigen oder aus dem Internet kostenlos Filme herunterladen. Erfolgt dies zum privaten Gebrauch, so stellt sich sowohl im deutschen als auch im türkischen Recht die Frage, ob diese Formen der Vervielfältigung gem. § 53 Abs. 1 UrhG bzw. gem. Art. 38 Abs. 1 FSEK zulässig sind.

Wie ausführlich erörtert, hat diese Frage nicht nur die deutsche Rechtsliteratur, sondern auch den Gesetzgeber beschäftigt. Einen angemessenen Ausgleich zwischen den Interessen der Urheber und den Interessen der privaten Endnutzer hat er dadurch gefunden, dass er die digitale Privatkopie aufrecht erhalten hat, dieser jedoch gewisse Einschränkungen gesetzt hat. Es dürfen gem. § 53 Abs. 1 UrhG keine Vervielfältigungen von offensichtlich rechtswidrig hergestellten oder offensichtlich rechtswidrig zugänglich gemachten Vorlagen hergestellt werden. Mit der letzten Einschränkung hat der Gesetzgeber dem Download von Filmen über Tauschbörsen einen Riegel vorgeschoben. Gleichzeitig hat er zum Schutze der Interessen der Rechteinhaber die Durchsetzung der Privatkopie gegen technische Schutzmaßnahmen abgelehnt und die §§ 95 a ff UrhG aufrecht erhalten. Überzeugend hat der Gesetzgeber darauf hingewiesen, dass kein Recht auf kostenlosen Zugang zu Kulturgütern besteht, und dass die Interessen der Verbraucher nicht gefährdet seien, solange die Möglichkeit der analogen Vervielfältigung bestehe. Außerdem würden viele Rechteinhaber davon absehen, ihre Werke mit technischen Schutzmaßnahmen zu versehen.

Die Ausführungen zum türkischen Recht haben gezeigt, dass sich die türkische Rechtsliteratur ebenfalls mit diesen Fragen beschäftigt. Abgesehen von der Einfügung des Zusatz-Art. 4 FSEK, der das Umgehungsverbot von Schutzmaßnahmen regelt, sind sie jedoch nicht Gegenstand gesetzgeberischer Diskussionen gewesen. Grund hierfür ist, dass sich der türkische Gesetzgeber zunächst mit der Problematik der Raubkopien auseinanderzusetzen hatte, die der türkischen Film- und Musikindustrie große Schäden zufügt. Wie mehrmals erwähnt, stellt die Türkei ein Paradies für Piraterieware dar. Aus diesem Grunde ist der Art. 81 FSEK ausgestaltet worden, der neben einer Banderolenpflicht für bestimmte Werke, darunter auch das Kinofilmwerk, verschiedene Straftatbestände zur effektiven Bekämpfung der Raubkopien regelt. Aufgrund dieser Vorschrift konnten bereits erste Erfolge im Kampf gegen Piraterieware verzeichnet werden, zur Beseitigung der Raubkopien steht der türkischen Regierung jedoch noch ein langer Weg bevor. Ein Grund hierfür ist die große Nachfrage, die in der Gesellschaft für günstige Piraterieprodukte besteht. Solange diese anhält, erschwert sich die Bekämpfung der Piraterieware. Es bleibt abzuwarten, inwieweit sich der türkische Gesetzgeber auch mit der Frage der Privatkopie in Zukunft auseinandersetzen wird. Hierbei sollte wie im deutschen Recht Klarheit im Gesetz geschaffen werden und festgelegt werden, dass Privatkopien von offensichtlich rechtswidrig hergestellten und offensichtlich rechtswidrig zugänglich gemachten Vorlagen unzulässig sind.

Zusammenfassung und Prognose

Bei Filmen handelt es sich um für die Gesellschaft bedeutende Kulturgüter. Daher gehören Filmwerke/Kinofilmwerke gem. § 2 Abs. 1 Nr. 6 UrhG und Art. 5 FSEK zu den urheberrechtlich geschützten Werken. Ein umfassender Schutz kann für Filme jedoch nur gewährleistet werden, wenn keine zu hohen Anforderungen an die Bejahung eines Filmwerkes/Kinofilmwerkes gestellt werden. Dies wurde insbesondere bei der Diskussion der Frage deutlich, ob neben Spielfilmen auch Dokumentarfilme, Filmaufzeichnungen, Zeichentrickfilme/computeranimierte Filme, Tages- oder Wochenschauen, Fernsehshowformate und Videospiele als Filmwerke/Kinofilmwerke schutzfähig sind.

Von zentraler Bedeutung ist hierbei der Begriff der persönlichen geistigen Schöpfung bzw. der Eigentümlichkeit. Die Erörterungen zum deutschen Recht haben gezeigt, dass keine zu hohen Anforderungen an die persönliche geistige Schöpfung gestellt werden, so dass bereits die kleine Münze geschützt ist. Dies hat der BGH in einer Entscheidung zum Dokumentarfilm zum Ausdruck gebracht. Demzufolge ist ein Dokumentarfilm als Filmwerk geschützt, wenn er sich nicht in der bloß schematischen Aneinanderreihung von Lichtbildern erschöpft, sondern sich durch die Auswahl, Anordnung und Sammlung des Stoffes sowie durch die Zusammenstellung der einzelnen Bildfolgen als das Ergebnis individuellen geistigen Schaffens darstellt. Demgegenüber ist der Begriff der Eigentümlichkeit in der Türkei sehr umstritten und es wird vertreten, dass der Begriff eng auszulegen, somit die kleine Münze nicht schutzfähig ist. Zu einem anderen Ergebnis gelangt man jedoch, wenn man bei der Bestimmung des Begriffs der Eigentümlichkeit die jeweilige Werkart, somit im Falle der Kinofilmwerke Art. 5 FSEK, heranzieht. Die Diskussionen um diesen Begriff und die Novellierung des Art. 5 FSEK, insbesondere die Streichung des Art. 5 Abs. 3 FSEK a.F., der Aufnahmen von Musikdarbietungen, Reden und Vorträgen von einem Schutz als Kinofilmwerk ausschloss, haben gezeigt, dass der Begriff der Eigentümlichkeit im Rahmen der Kinofilmwerke weit ausgelegt werden soll. Somit ist auch nach türkischem Recht die kleine Münze geschützt.

Dennoch wird für Live-Sendungen, Aufzeichnungen von Sportveranstaltungen, Tagesschauen, Podiumsdiskussionen, Reportagen und Fernsehshows ein urheberrechtlicher Schutz abgelehnt. Grund hierfür ist, dass Ansichten in der Literatur zusätzliche Anforderungen an die Bejahung eines Kinofilmwerks stellen, wie die körperliche Fixierung und Wiedergabe eines Films oder das Vorhandensein eines Regisseurs und eines Drehbuchs. Die Erörterungen haben jedoch zu dem Ergebnis geführt, dass der Gesetzgeber Art. 5 FSEK novelliert hat, um den Anwendungsbereich der Norm zu erweitern und sie den technischen Entwicklungen und internationalen Vorschriften anzupassen. Die Forderung weiterer Voraussetzungen engt den durch die Novellierung erweiterten Anwendungsbereich der Norm unnötig ein. Ein umfassender Schutz für Kinofilmwerke kann daher nur gewährleistet werden, wenn von einer Forderung weiterer Voraussetzungen abgesehen wird. Diese Diskussionen könnten in Zukunft vermieden werden, wenn die Vorschrift gestrichen oder zumindest klarer formuliert werden würde.

Während der türkische Gesetzgeber die Urheber eines Kinofilmwerkes in Art. 8 Abs. 3 FSEK festgelegt hat, hat sich der deutsche Gesetzgeber gegen eine Bestimmung der Filmurheber im Gesetz entschieden. Unstreitig handelt es sich bei dem Filmwerk um ein in Miturheberschaft zustande kommendes Werk. Die herrschende Meinung und die Lehre vom Doppelcharakter diskutieren jedoch, ob die Urheber der filmabhängigen vorbestehenden Werke (Drehbuchautoren, Filmmusikkomponisten) als Miturheber eines Filmwerks in Betracht kommen. Hierbei ist das Kriterium der selbstständigen Verwertbarkeit von zentraler Bedeutung. Während die Beiträge der Urheber filmabhängiger vorbestehender Werke nach herrschender Ansicht selbstständig verwertbar sind, so dass diese als Miturheber ausscheiden, beurteilt die Lehre vom Doppelcharakter die Beiträge der Urheber dieser vorbestehenden Werke als integralen Bestandteil des Filmwerks. Im Ergebnis konnte jedoch festgestellt werden, dass es für die rechtliche Stellung der Drehbuchautoren und Filmmusikkomponisten nicht relevant ist, welcher Ansicht man folgt. Seit der Anpassung des § 88 an § 89 UrhG räumen die Vorschriften den Urhebern vorbestehender Werke und den Filmurhebern im Ergebnis dieselben Rechte ein.

Da im türkischen Recht der Regisseur, die Komponisten einer originellen Musik, der Drehbuchautor, der Dialogautor und bei Filmen, die mittels Animationstechnik hergestellt werden, der Animateur als Urheber festgelegt sind, stellt sich hier nicht die Frage, wer als Urheber in Betracht kommt. Problematisch ist vielmehr die Frage, wie die Gemeinschaft der Filmurheber zu beurteilen ist, wobei auch die selbstständige Verwertbarkeit der Beiträge als wichtiges Unterscheidungskriterium dient. Die Erörterungen haben gezeigt, dass es sich bei der Gemeinschaft der Urheber um eine Gemeinschaft „sui generis“ handelt, da die Beiträge der Urheber (Drehbuchautor, Komponist der originellen Musik) teils selbstständig verwertbar sind, teils (z.B. der Beitrag des Regisseurs) einen untrennbaren Bestandteil des Kinofilmwerks darstellen. Die Untersuchung der Vorschrift hat jedoch auch verdeutlicht, dass die Festlegung der Urheber im Gesetz Nachteile mit sich bringen kann. Bedeutende, an der Kinofilmherstellung beteiligte Personen wie der Chefkameramann, der Cutter und der Mischtonmeister werden von einer Urheberschaft ausgeschlossen. Soweit diese nicht bloß den Anweisungen des Regisseurs folgen, kann ihren Beiträgen aber durchaus schöpferische Bedeutung zukommen.

An die Entstehung des Urheberrechtsschutzes an einem Filmwerk sind sowohl im deutschen als auch im türkischen Recht keine Formerfordernisse gebunden. Er entsteht mit der Schöpfung des Werkes. In Deutschland dient z.B. die Hinterlegung eines Werkes und in der Türkei eine Eintragung nach Art. 13 Abs. 3 FSEK nur dazu, den Nachweis der Rechtsinhaberschaft zu erleichtern. Sie sind jedoch nicht Voraussetzung für die Entstehung des Urheberrechtsschutzes.

Die Verwertung ihrer Rechte können die Urheber nicht selbst wahrnehmen, hierzu benötigen sie den Filmhersteller. Bei den Rechten des Filmherstellers ist zwischen den derivativen und den originären Rechten zu unterscheiden. Während es sich bei den derivativen Rechten um von den Urhebern abgeleitete Rechte handelt, entstehen die originären Rechte unabhängig von einer Rechtseinräumung durch die Urheber.

Die Erörterungen zum deutschen Recht haben gezeigt, dass diese Differenzierung im deutschen Recht deutlich erkennbar ist. Die Einräumung der Nutzungsrechte ist in §§ 31 ff, 88, 89 UrhG geregelt und die originären Rechte am Filmträger entstehen gem. § 94 UrhG. Hierbei sind die umfassenden Vermutungsregelungen der §§ 88, 89 UrhG von Bedeutung, die dem Filmhersteller die Verwertung des Filmwerkes deutlich erleichtern. Die Betrachtung der Vorschriften hat verdeutlicht, dass diese Regelungen zu einem angemessenen Ausgleich der Interessen der Urheber und des Filmherstellers führten. Daher wurden auch die Ansichten in der Filmwirtschaft und der Literatur kritisiert, die die Einführung einer cessio legis für den Filmhersteller forderten, wonach die ausschließlichen Verwertungsbefugnisse kraft Gesetzes auf den Filmhersteller übergehen sollten. Die Erörterungen haben gezeigt, dass die Entscheidung des Gesetzgebers, keine cessio legis in das Gesetz einzuführen, begrüßenswert gewesen ist. Jedoch hätte es keiner Streichung des § 31 Abs. 4 UrhG und der damit einhergehenden Erweiterung der Einräumungsvermutung der §§ 88, 89 UrhG auf unbekannte Nutzungsarten bedurft, wodurch dem Filmhersteller nun eine uneingeschränkte Filmverwertung ermöglicht worden ist. Der Vergleich mit den USA hat verdeutlicht, dass die Stärkung der Stellung des Filmherstellers nicht so erstrebenswert ist, wie es auf den ersten Blick den Anschein haben mag. Wären die Ansprüche der Urheber auch dort gesetzlich gesichert, bedürfte es nicht ihrer Durchsetzung durch die Gewerkschaften, die die Filmwirtschaft der USA mehrmals lahm gelegt und für Schäden in Milliardenhöhe gesorgt haben.

Demgegenüber galt der Filmhersteller in der Türkei bis zu der Einführung der Gemeinschaft der Urheber im Jahre 1995 als Urheber des Kinofilmwerkes.

Die Rechtseinräumung durch die Urheber an den Filmhersteller erfolgt gem. der Art. 48 ff FSEK, wobei insbesondere die strenge Formvorschrift des Art. 52 FSEK zu beachten ist, der neben der Schriftform auch die einzelne Aufführung aller einzuräumenden Rechte vorschreibt. Zunächst enthielt das Gesetz in Art. 8 Abs. 6 FSEK a.F. eine umfassende Vermutungsregelung, welche jedoch im Rahmen der Novellierungen aufgehoben wurde. Im Jahre 2001 wurde das verbundene Schutzrecht gem. Art. 80 Nr. 2 FSEK eingeführt, welches dem Filmhersteller ausschließliche Rechte an der von ihm vorgenommenen Aufzeichnung gewährt. Die Erörterungen zum türkischen Recht haben jedoch gezeigt, dass hier eine Differenzierung zwischen originären und derivativen Rechten nicht gelingt. Grund hierfür ist die Formulierung in Art. 80 Nr. 2 FSEK, wonach die Rechte des Filmherstellers am Filmträger nicht wie im deutschen Recht mit der Aufzeichnung entstehen, sondern von der „Erlaubnis“ des Urhebers abhängig sind. Einige Meinungen kommen aufgrund der Formulierung der Vorschrift fälschlicherweise zu der Annahme, es handele sich bei der Vorschrift um eine Vermutungsregelung, die Art. 8 Abs. 6 FSEK a.F. ersetzen soll. Somit ist es dem türkischen Gesetzgeber nicht gelungen, zwischen den vom Urheber abgeleiteten Rechten am Kinofilmwerk und den originären Rechten am Filmträger zu unterscheiden. Ersteres sollte von der Zustimmung der Urheber abhängig sein, letzteres dagegen nicht.

Neben dem Verhältnis zwischen den Urhebern und dem Filmhersteller ist außerdem das Verhältnis der Urheber zu den Endnutzern von Bedeutung, die unproblematisch Vervielfältigungsstücke von DVDs herstellen oder kostenlos Filme aus dem Internet herunterladen können. Es galt zu erörtern, in welchen Fällen diese Handlungen als zulässig zu beurteilen sind.

Die Erörterungen zum deutschen Recht haben gezeigt, dass der Gesetzgeber einen angemessenen Ausgleich zwischen den Interessen der Urheber und den Interessen der privaten Endnutzer gefunden hat. Er hat zwar die digitale Privatkopie aufrecht erhalten, dieser jedoch gewisse Einschränkungen gesetzt. Es dürfen gem. § 53 Abs. 1 UrhG keine Vervielfältigungen von offensichtlich rechtswidrig hergestellten oder offensichtlich rechtswidrig zugänglich gemachten Vorlagen hergestellt werden, wodurch insbesondere der Download von Filmen über Tauschbörsen verhindert werden soll. Gleichzeitig hat der Gesetzgeber zum Schutze der Interessen der Rechteinhaber die Durchsetzung der Privatkopie gegen technische Schutzmaßnahmen abgelehnt und die §§ 95 a ff UrhG mit der Begründung aufrecht erhalten, dass kein Recht auf kostenlosen Zugang zu Kulturgütern bestehe.

Im Rahmen der Erörterungen zum türkischen Recht konnte festgestellt werden, dass sich der Gesetzgeber, abgesehen von der Einfügung des Zusatz-Art. 4 FSEK, der das Umgehungsverbot von Schutzmaßnahmen regelt, hauptsächlich mit der Problematik der Raubkopien auseinandergesetzt hat. Zentrale Vorschrift ist hierbei Art. 81 FSEK, der ausgestaltet worden ist und neben einer Banderolenpflicht für bestimmte Werke, darunter auch das Kinofilmwerk, verschiedene Straftatbestände zur effektiven Bekämpfung der Raubkopien regelt. Die Erörterungen haben gezeigt, dass solange eine große Nachfrage in der Gesellschaft für günstige Piraterieprodukte besteht, eine Beseitigung der Raubkopien vom Markt, trotz erster Erfolge im Kampf gegen diese, in nächster Zukunft noch nicht absehbar ist. Es bleibt abzuwarten, inwieweit sich der türkische Gesetzgeber auch mit der Frage der Privatkopie in Zukunft auseinandersetzen wird. Hierbei sollte wie im deutschen Recht Klarheit im Gesetz geschaffen und festgelegt werden, dass Privatkopien von offensichtlich rechtswidrig hergestellten und offensichtlich rechtswidrig zugänglich gemachten Vorlagen unzulässig sind.

Die Zukunft wird weitere spannende Fragen im Bereich des urheberrechtlichen Schutzes von Filmwerken bringen. Die technischen Möglichkeiten im Bereich des Films entwickeln sich immer weiter. Eine Entwicklung stellt das neue 3-D Kino dar, das technisch perfektioniert worden ist. Eine Vielzahl von Filmen ist für die nächsten Jahre in 3-D geplant. Als erste Beispiele sind „Ice Age 3“, „Toy Story 3“, „My Bloody Valentine“, „Bolt“, „Avatar“ zu nennen. Kritisch wird jedoch diskutiert, ob sich das neue 3-D Kino in der Gesellschaft durchsetzen und somit dem Kino eine neue Attraktivität neben dem Heimkino und Internet verleihen wird.[877] Zumindest erhofft man sich, dass durch das 3-D Kino die Zahl der Raubkopien reduziert werden könnte, da 3-D Bilder auf Fernseh- und PC Monitoren nur einen „Bildsalat“ ergeben.[878] Neue Entwicklungen in der französischen Gesetzgebung zeigen ebenfalls, dass der Kampf gegen Raubkopien neue Dimensionen annimmt. Am 13.05.2009 hat nach der Nationalversammlung nun auch der französische Senat einem Gesetz zugestimmt, das die Einführung einer Behörde ermöglicht, die Internet-Piraten mit einer Netzsperre bis zu einem Jahr belegen soll. Dies ist jedoch auf heftige Kritik gestoßen. Das EU-Parlament hat die Erklärung des Internet-Zugangs zum Grundrecht gefordert, um ein solches Gesetz zu verhindern.[879] Das französiche Verfassungsgericht hat schließlich entschieden, dass Teile des Entwurfs ungültig seien. Die Sperrung des Internets eines Benutzers könne nur durch ein Gericht und nicht durch eine Verwaltungsstelle angeordnet werden. Jedoch sei ein Verfahren zulässig, in dem die jeweils zuständige Verwaltungsstelle Betrüger durch E-Mails abmahne.[880] Der daraufhin überarbeiteten Version, die für Maßnahmen nun stets einen Richtervorbehalt vorsieht, haben nun die Nationalversammlung und der Senat nach einigen Verzögerungen zugestimmt.[881] Bezüg-

877 Filmdienst, 23. April 2009, 48 f; epd Film, 04/09, 32 ff.

878 Cinema, 06/09, 47.

879 http://www.spiegel.de/netzwelt/web/0,1518,624589,00.html, zuletzt besucht am 27.05.2009.

880 Momtschilow, http://www.gewrs.de/de/aktuelles/2009/06/16/franz-sische-regelung-zu-internet sperren-verfassungswidrig-16062006, zuletzt besucht am: 24.06.2009.

881 http://www.urheberrecht.org/news/3763/, zuletzt besucht am: 28.12.2009.

lich Internetsperren ist in Deutschland ein Gesetzesentwurf zur Erschwerung des Zugangs zur Kinderpornographie verfasst worden. Zu dem Gesetzesentwurf ist angemerkt worden, dass die Infrastruktur der Sperrmaßnahmen jedoch nicht dazu missbraucht werden solle, Adressdaten von Internetnutzern zu ermitteln, die auf urheberrechtlich geschütztes Material zugreifen. Es könne aber nicht völlig ausgeschlossen werden, dass künftige Bundesregierungen die Nutzung der Infrastruktur auf andere Maßnahmen ausdehnen.[882] Die Diskussionen zum urheberrechtlichen Schutz von Filmwerken, insbesondere der Bekämpfung von Raubkopien im Internet, werden demnach auch in Zukunft spannende rechtliche Fragen aufwerfen, die zu klären die Aufgabe des türkischen und deutschen Gesetzgebers, der Gerichte und der Literatur sein wird.

882 Patalong, http://www.spiegel.de/netzwelt/web/0,1518,630568,00.html, zuletzt besucht am: 24.06.2009.

Literaturverzeichnis

Literatur zum deutschen Recht

Berger, Christian: Die Neuregelung der Privatkopie in § 53 Abs. 1 UrhG im Spannungsverhältnis von geistigem Eigentum, technischen Schutzmaßnahmen und Informationsfreiheit, ZUM 2004, 257

Bohr, Kurt: Die Urheberrechtsbeziehungen der an der Filmherstellung Beteiligten, Berlin 1978

ders.: Fragen der Abgrenzung und inhaltlichen Bestimmung der Filmurheberschaft, UFITA 1977, Band 78, 95

ders.: Die urheberrechtliche Rolle des Drehbuchautors, ZUM 1992, 121

Braun, Thorsten: Urheberrecht in der Informationsgesellschaft – der Referentenentwurf zum Zweiten Korb aus der Sicht der Tonträgerwirtschaft, insbesondere im Hinblick auf die Privatkopie, ZUM 2005, 100

Breinersdorfer, Fred: Die rechtliche Stellung des Filmproduzenten aus der Sicht der Autoren, ZUM 2003, 743

Deutsche Vereinigung für Gewerblichen Rechtsschutz: Stellungnahme zum Referentenentwurf für ein Zweites Gesetz zur Regelung des Urheberrechts in der Informationsgesellschaft vom 27.09.2004, GRUR 2005, 743

Dreier, Thomas/Schulze, Gernot: Urheberrechtsgesetz, Urheberrechtswahrnehmungsgesetz, Kunsturhebergesetz, 3. Auflage, München 2008 (zitiert: Dreier/Schulze/*Bearbeiter,* Urheberrechtsgesetz)

Dünnwald, Rolf: Zum Leistungsschutz an Tonträgern und Bildtonträgern, UFITA 1976, Band 76, 165

Everschor, Franz: Die Dritte Dimension – Hollywoods Gehversuche mit der neuen 3D-Technik, Filmdienst, 23. April 2009, 48

Fromm, Friedrich Karl/Nordemann, Wilhelm: Urheberrecht, Kommentar zum Urheberrechtsgesetz, zum Verlagsgesetz und zum Urheberrechtswahrnehmungsgesetz, 10. Auflage, Stuttgart 2008 (zitiert: Fromm/Nordemann/*Bearbeiter,* Urheberrecht)

Gonzalez, Alexander: Der digitale Film im Urheberrecht – Urheberrechtliche Aspekte der Computeranimation und der digitalen Filmnachbearbeitung, Baden-Baden 2002 (zitiert: Gonzalez, Der digitale Film im Urheberrecht)

Götting, Horst-Peter: Schöpfer vorbestehender Werke, Wortautor, Synchronregisseur, Filmarchitekt, Dekorateur, Masken- und Kostümbildner?, ZUM 1999, 3

Grassmuck, Volker: Ein Plädoyer für durchsetzbare Schrankenbestimmungen für Privatkopie, Zitat und Filesharing, ZUM 2005, 104

Haas, Lothar: Das neue Urhebervertragsrecht, Systematische Darstellung des Gesetzes zur Stärkung der vertraglichen Stellung von Urhebern und ausübenden Künstlern mit einer Synopse zum neuen und alten Recht sowie den Gesetzesmaterialien, München 2002

Hennning-Bodewig, Frauke: Urhebervertragsrecht auf dem Gebiet der Filmherstellung und –verwertung, S. 389 in: Urhebervertragsrecht, Festgabe für Gerhard Schricker zum 60. Geburtstag, Herausgeber: Beier, Friedrich-Karl/ Götting, Horst-Peter/Lehmann, Michael/Moufang, Rainer, München 1995 (zitiert: Henning-Bodewig in: Urhebervertragsrecht, Festgabe für Gerhard Schricker)

Hertin, Paul-W.: Die urheberrechtliche Stellung des Kameramannes, UFITA 1992, Band 118, 57

Hoeren, Thomas: Urheberrechtliche Probleme des Dokumentarfilms, GRUR 1992, 145

ders.: Der Zweite Korb – Eine Übersicht zu den geplanten Änderungen im Urheberrechtsgesetz, MMR 2007, 615

Holznagel, Bernd/Brüggemann, Sandra: Das Digital Right Management nach dem ersten Korb der Urheberrechtsnovelle – Eine verfassungsrechtliche Beurteilung der neuen Kopierschutzregelungen, MMR 2003, 767

Hucko, Elmar: Statement: Urheberrecht in der Informationsgesellschaft – der Referentenentwurf zum Zweiten Korb, ZUM 2005, 128

Jani, Ole: Was sind offensichtlich rechtswidrig hergestellte Vorlagen? – Erste Überlegungen zur Neufassung von § 53 Abs. 1 Satz 1 UrhG, ZUM 2003, 842

Kanzog, Klaus: Die schöpferische Leistung der Filmarchitekten, Szenen- und Kostümbildner, UFITA 1994, Band 126, 31

Katzenberger, Paul: Die rechtliche Stellung des Filmproduzenten im internationalen Vergleich, ZUM 2003, 712

Kreile, Johannes/Höfinger, Daniela: Der Produzent als Urheber – Forderungen an einen Korb 2 der Bundesregierung, ZUM 2003, 719

Kühlberg, Dieter: Zum Filmherstellungsrecht – Die doppelseitige Verwurzelung des Komponisten im Urheberrecht, FuR 1981, 359

Loewenheim, Ulrich: Handbuch des Urheberrechts, München 2003 (zitiert: Loewenheim/*Bearbeiter,* Handbuch des Urheberrechts)

ders.: Die urheberrechtliche Stellung der Szenenbildner, Filmarchitekten und Kostümbildner, UFITA 1994, Band 126, 99

Mand, Elmar: Die Kabelweitersendung als urheberrechtlicher Verwertungstatbestand, GRUR 2004, 395

Merker, Martina: Das Urheberrecht des Chefkameramannes am Spielfilmwerk, Frankfurt am Main 1996

Meschede, Thomas: Der Schutz digitaler Musik- und Filmwerke vor privater Vervielfältigung nach den zwei Gesetzen zur Regelung des Urheberrechts in der Informationsgesellschaft, Frankfurt am Main 2007

Momtschilow, Martin: Französische Regelung zu Internetsperren verfassungswidrig, abrufbar unter: http://www.gewrs.de/de/aktuelles/2009/06/16/franz-sische-regelung-zu-internetsperren-verfassungswidrig-16062006

Movsessian, Vera: Urheberrechte und Leistungsschutzrechte an Filmwerken, UFITA 1977, Band 79, 213

Möhring, Philipp/Nicolini, Käte: Urheberrechtsgesetz, Kommentar, 2. Auflage, München 2000 (zitiert: Möhring/Nicolini/*Bearbeiter,* Urheberrechtsgesetz)

Nordemann, Wilhelm: Das neue Urhebervertragsrecht – Ein Grundriss, München 2002

Nordemann, Jan Bernd/Dustmann, Andreas: To Peer or Not to Peer – Urheberrechtliche und datenschutzrechtliche Fragen der Bekämpfung der Internet-Piraterie, CR 2004, 380

Ott, Sieghart: Der Filmproduzent ist kein Urheber, ZUM 2003, 765

Ottersbach, Beatrice/Schadt, Thomas: Regiebekenntnisse, Konstanz 2006

Patalong, Frank: Jetzt als Spezialgesetz, Koalition einigt sich über Internetsperren, abrufbar unter: http://www.spiegel.de/netzwelt/web/0,1518,630568,00.html

Pfennig, Gerhard: Reformbedarf beim Kabelweitersenderecht?, ZUM 2008, 363

Prümm, Karl: Die schöpferische Rolle des Kameramannes, UFITA 1992, Band 118, 23

Poll, Günter: in: Gerhardt, Andreas, Urheberrechtsreform zur Stärkung der Stellung des Filmproduzenten – Anregungen für Korb 2, Diskussionsbericht zum gleichnamigen XVII. Münchner Symposium zum Film- und Medienrecht des Instituts für Urheber- und Medienrecht vom 4. Juli 2002, ZUM 2003, 746

Reber, Nikolaus: Beteiligung der Krativen an neuen Medien aus der Sicht des Streiks der Drehbuchautoren in den USA 2007/2008, GRUR Int 2008, 798

Reupert, Christine: Der Film im Urheberrecht – Neue Perspektiven nach hundert Jahren Film, Baden-Baden 1995 (zitiert: Reupert, Der Film im Urheberrecht)

Rehbinder, Manfred: Urheberrecht, 15. Auflage, München 2008

Rehfeld, Nina: Jetzt wird im Fernsehen sogar wieder geraucht, FAZ 24.01.2008, 38

Roeber, Georg: Der Film in der deutschen Urheberrechtsreform, S. 189 in: Das Recht am Geistesgut – Studien zum Urheber-, Verlags- und Presserecht, Eine Festschrift für Walter Bappert, Herausgeber: Hodeige, Fritz, Freiburg im Breisgau 1964 (zitiert: Roeber in: Festschrift für Walter Bappert, Der Film in der deutschen Urheberrechtsreform)

Schack, Haimo: Urheber- und Urhebervertragsrecht, 4. Auflage, Tübingen 2007

ders.: Schutz digitaler Werke vor privater Vervielfältigung – zu den Auswirkungen der Digitalisierung auf § 53 UrhG, ZUM 2002, 497

Schricker, Gerhard: Urheberrecht, Kommentar, 3. Auflage, München 2006 (zitiert: Schricker/*Bearbeiter,* Urheberrecht)

Schulze, Gernot: Urheber- und Leistungsschutzrechte des Kameramannes, GRUR 1994, 855

ders.: Die Gebrauchsüberlassung von Möbelimitaten – Beschprechung zu BGH „Le-Corbusier-Möbel II", GRUR 2009, 812

ders.: Werbekonzeption und Fernsehformate – Eine Herausforderung für den urheberrechtlichen Werkbegriff?, GRUR Int. 2004, 923

ders.: Anmerkung zu BGH, Az: I ZR 147/81, 24.11.1983, GRUR 1984, 733

Schwarz, Mathias/Klingner, Norbert: Rechtsfolgen der Beendigung von Filmlizenzverträgen – zugleich eine Erwiderung auf Wente/Härle, GRUR 1997, 96 ff, GRUR 1998, 103

Stickelbrock, Barbara: Die Zukunft der Privatkopie im digitalen Zeitalter, GRUR 2004, 736

Ulmer, Eugen: Grundfragen des Filmrechts – Vorträge auf der Ordentlichen Hauptversammlung der Deutschen Vereinigung für gewerblichen Rechtsschutz in Stuttgart am 30. September 1955, GRUR 1955, 518

Ulmer, Eugen: Zum Filmrecht des Entwurfs, GRUR 1954, 493

V. Braunmühl, Patrick: Entwurf für den Zweiten Korb des neuen Urheberrechts bringt weitere Nachteile für Verbraucher, ZUM 2005, 109

V. Hartlieb, Holger/Schwarz, Mathias: Handbuch des Film-, Fernseh- und Videorechts, 4. Auflage, München 2004 (zitiert: V. Hartlieb/Schwarz/*Bearbeiter*, Handbuch des Film-, Fernseh- und Videorechts)

Wandtke, Artur-Axel/Bullinger, Winfried: Praxiskommentar zum Urheberrecht, 3. Auflage, München 2009 (zitiert: Wandtke/Bullinger/*Bearbeiter*, Praxiskommentar zum Urheberrecht)

Wente, Jürgen K./Härle, Philipp: Rechtsfolgen einer außerordentlichen Vertragsbeendigung auf die Verfügungen in einer „Rechtekette" im Filmlizenzgeschäft und ihre Konsequenzen für die Vertragsgestaltung – Zum Abstraktionsprinzip im Urheberrecht, GRUR 1997, 96

Zypries, Brigitte: Neues Urheberrecht: Die Früchte des Zweiten Korbes, MMR 2007, 545

Ohne Verfasserangabe: Golden Globe Gala abgesagt – Autorenstreik in Hollywood verhindert Preisverleihung/Verluste für Filmgesellschaften, FAZ 09.01.2008, 9

Ohne Verfasserangabe: Popcorn raus, Brille auf! – Warum das Kino unbedingt dreidimensional werden will. Und was vielleicht dabei verloren geht, epd Film, 04/09, 32

Ohne Verfasserangabe: Die Zukunft des Kinos ist da: Eine 3-D-Technik, die das Auge nicht belastet, Cinema, 06/09, 47

Ohne Verfasserangabe: Kampf gegen Raubkopierer, Frankreich führt Internetsperre ein, Meldung vom 13.05.2009, abrufbar unter: http://www.spiegel.de/netzwelt/web/0,1518,624589,00.html

Literatur zum türkischen Recht:

Akkayan Yıldırım, Ayça: 4630 Sayılı Kanun Deĝisikliĝi Ve Gelişmeler Işıgında Sinema Eseri Ve Sinema Eser Sahipliĝi, S. 1 in: Hayri Domaniç`e 80. Yaş Günü Armaĝanı, Cilt 1, Istanbul 2001 (zitiert: Akkayan Yıldırım, Sinema Eseri Ve Sinema Eser Sahipliĝi in: Hayri Domaniç`e Armaĝan)

Apaydın, Eylem: Fikri Haklarına Komşu Haklar, FMR 2001, 75

Arkan, Azra: Eser Sahibinin Haklarına Baĝlantılı Haklar, Istanbul 2005

Arslanlı, Halil: Fikri Hukuk Dersleri II, Fikir Ve Sanat Eserleri, Istanbul 1954 (zitiert: Arslanlı, Fikri Hukuk Dersleri II)

Ateş, Mustafa: Fikir Ve Sanat Eserleri Üzerindeki Hakların Kapsamı Ve Sınırlandırılması, Ankara 2003

ders.: Fikir Ve Sanat Hukukunda Sinema Eseri Ve Eser Sahipliĝi in: Fikri Mülkiyet Hukuku Yıllıĝı 2009, Istanbul 2009

Aydıncık, Şirin: Fikri Haklara Ilişkin Lisans Sözleşmeleri, Istanbul 2006

Ayiter, Nuşin: Hukukta Fikir Ve Sanat Ürünleri, Ankara 1981

Baygın, Cem: Fikir Ve Sanat Eserleri Kanununa Göre Eser Sahibinin Hakları ile Bağlantılı Haklar, Atatürk Üniversitesi Erzincan Hukuk Fakültesi Dergisi, C. V, 1-4, 2001, 297

Belgesay, Mustafa Reşit: Fikir Ve Sanat Eserleri Kanunu Şerhi, Istanbul 2001

Beşiroğlu, Akın: Fikir Hukuku Dersleri, 4. Auflage, Istanbul 2006

Bozbel, Savaş: Fikri Hakların Ihlali Nedeniyle Ihtiyati Tedbir Yoluyla Internet Sitelerine Erişim Engellenebilir mi? in: Fikri Mülkiyet Hukuku Yıllığı 2009, Istanbul 2009

Çakar, M. Sait: Hukuk Sözlüğü, Ankara 1999

Erdil, Engin: Içtihatlı Ve Gerekçeli Fikir Ve Sanat Eserleri Kanunu Şerhi, Cilt 1, Cilt 2, 3. Auflage, Istanbul 2009 (zitiert: Erdil, Fikir Ve Sanat Eserleri Kanunu Şerhi)

Erel, Şafak N.: Türk Fikir Ve Sanat Hukuku, 3. Auflage, Ankara 2009; 2. Auflage, Ankara 1998; 1. Auflage, Ankara 1988

ders.: Fikri Hukukta Musiki Ve Sinema Eserleri Ve 3257 Sayılı Sinema, Video Ve Müzik Eserleri Kanunu nun Incelenmesi Ve Tenkidi, Yargıtay Dergisi 1987, 532 (zitiert: Erel, Musiki Ve Sinema Eserleri)

Genç, Arzu: Sinema ve Müzik Eserleri Açısından 5846 Sayılı Fikir ve Sanat Eserleri Kanunu Ile 3257 Sayılı Sinema, Video ve Müzik Eserleri Kanunu`nun Karşılaştırılması, S. 249 in: Bilgi Toplumunda Hukuk, Ünal Tekinalp`e Armağan, Cilt II, Istanbul 2003 (zitiert: Genç, Sinema Ve Müzik Eserleri in: Ünal Tekinalp`e Armağan)

dies.: Türk Hukukunda Eser Sahibinin Çoğaltma Ve Yayma Hakları, Istanbul 2003

Güneş, Ilhami: Uygulamada Fikir Ve Sanat Eserleri Hukuku, Ankara 2008

Hirsch, Ernst E.: Hukuki Bakımdan Fikri Say, Cilt II, Istanbul 1943

ders.: Das neue Urheberrechtsgesetz der Türkei, Baden Baden 1957

Kaçak, Nazif: Fikir Ve Sanat Eserleri Kanunu, Ankara 2004

Karahan, Sami/Suluk, Cahit/Saraç, Tahir/Nal, Temel: Fikri Mülkiyet Hukukunun Esasları, 2. Auflage, Ankara 2009

Karakuzu Baytan, Dilek: Fikir Mülkiyeti Hukuku Kavramlar, Istanbul 2005

Kendigelen, Abuzer/Bozbel, Savaş: Telif Hakları Açısından Internette Veri Paylaşımı (Peer-to-Peer File Sharing), S. 491 in: Atamer, Yeşim M., Internet ve Hukuk, Istanbul 2004

Kılıçoĝlu, Ahmet: Fikir Ve Sanat Eserleri Kanununda Yapılan Deĝişiklikler, Ankara Barosu Dergisi 1995, 13

Kınacıoĝlu, Naci: Sinema Eserleri Ve Bunlarda Eser Sahipliĝi, S. 209 in: Ali Bozer`e Armaĝan, Ankara 1997

Memiş, Tekin: Fikri Hukuk Bakımından Internet Ortamında Müzik Sunumu, Ankara 2002

Nal, Temel: Probleme des türkischen Urheberrechts aus der Sicht des deutschen und europäischen Rechts, München 2000

ders.: Das türkische Urheberrecht – Grundlagen und gegenwärtiger Entwicklungsstand, GRUR Int. 2000, 1

ders.: in: Quellen des Urheberrechts, Band 5, Türkei, 55. Lieferung, Herausgeber: Möhring, Philipp/Schulze, Erich/Ulmer, Eugen/Zweigert, Konrad, Neuwied 2004 (zitiert: Nal in: Möhring/Schulze/Ulmer/Zweigert, Quellen des Urheberrechts, Band 5, Türkei)

Özderyol, Teknail: Fikir Ve Sanat Eserleri Kanunu´nda Düzenlenen Suçlar, Istanbul 2006

Özergün, Deĝer: Cem Yilmaz´ın Korsanına „Var mısın Yok musun?", Meldung vom 13.03.2009, abrufbar unter: http://arsiv.sabah.com.tr/2009/03/15/gny/haber,B503506F23C141B28DF8F47695E9993F.html

Scognamillo, Giovanni: Türk Sinema Tarihi, 2. Auflage, Istanbul 2003

Suluk, Cahit: Telif Hakları Ve Korsanlıkla Mücadele, Istanbul 2004

Suluk, Cahit/Orhan, Ali: Uygulamalı Fikri Mülkiyet Hukuku, Cilt II, Genel Esaslar, Fikir Ve Sanat Eserleri, Istanbul 2005 (zitiert: Suluk/Orhan, Uygulamalı Fikri Mülkiyet Hukuku, Cilt II)

Tekinalp, Ünal: Fikri Mülkiyet Hukuku, 4. Auflage, Istanbul 2005

Tosun, Yalçın: Sinema Eserleri Ve Eser Sahibinin Hakları, Istanbul 2009

Üstün, Gürsel: Fikir Ve Sanat Eserleri Kanununda 4630 sayılı Kanun ile yapılan Değisiklikler ve Eleştirilerimiz, Istanbul Barosu Dergisi, C. 75, 1-3, 2001, 139

Yarayan, Ali: Der Schutz von Datenbanken im deutschen und türkischen Recht, Baden-Baden 2005

ders.: Gesetz über Geistes- und Kunstwerke, Übersetzung des türkischen Urheberrechtsgesetzes, Berlin 2004

ohne Verfasserangabe: Istanbul' da Korsan Operasyonu, Meldung vom 14.03.2008 abrufbar unter: http://www.milliyet.com.tr/default.aspx?aType=SonDakika&ArticleID=517344&Date=14.03.2008

ohne Verfasserangabe: Ankara'da bir yılda 206 bin korsan ürün ele geçirildi, Meldung vom 17.03.2009, abrufbar unter : http://arama.hurriyet.com.tr/arsivnews.aspx?id=11226469

Stellungnahmen

Arbeitsgemeinschaft Dokumentarfilm: Der Regierungsentwurf zum so genannten zweiten Korb, Eine erste Stellungnahme der Arbeitsgemeinschaft Dokumentarfilm, abrufbar unter: www.urheberrecht.org/topic/Korb-2/st/refentw/dokumentarfilm.pdf

Bundesjustizministerium: Referentenentwürfe zur Urheberrechtsreform, veröffentlicht durch das Bundesjustizministerium, Bonn 1954

Spitzenorganisation der Filmwirtschaft e.V. (SPIO) und Film20-Interessengemeinschaft Filmproduktion e.V.: Stellungnahme der Filmwirtschaft zum 6. Änderungsgesetz zur Regelung des Urheberrechts in der Informationsgesellschaft „Zweiter Korb", 29.10.2003, abrufbar unter: www.urheberrecht.org/topic/Korb-2/st/2003/2Korb_Stelln_Filmw_29-10-03.pdf

Spitzenorganisation der Filmwirtschaft e.V. (SPIO) und Film20-Interessengemeinschaft Filmproduktion e.V.: Stellungnahme der Filmwirtschaft zum Referentenentwurf für ein zweites Gesetz zur Regelung des Urheberrechts in der Informationsgesellschaft, „Zweiter Korb", 12.11.2004, abrufbar unter: www.urheberrecht.org/topic/Korb-2/st/refentw/Stellungnahme-RefE_UrhG-121104.pdf

Spitzenorganisation der Filmwirtschaft e.V. (SPIO) und Film20-Interessengemeinschaft Filmproduktion e.V.: Stellungnahme der Filmwirtschaft zum Gesetzesentwurf der Bundesregierung für ein Zweites Gesetz zur Regelung des Urheberrechts in der Informationsgesellschaft, „Zweiter Korb", Oktober 2006, abrufbar unter: www.bundestag.de/ausschuesse/a06/anhoerungen/archiv/08_4urheberrecht2_iv/04_stn/stellungnahme_spio.pdf

Telif Haklari Ve Sinema Genel Müdürlügü (Vorstand für Geistiges Eigentum und Kino): Stellungnahme zu Statistiken bezüglich Pirateriewaren, abrufbar unter: http://www.telifhaklari.gov.tr/BelgeGoster.aspx?F6E10F8892433CFFFE5C29E16A7D380839032A597340A318